中西恭子 *Kyoko Nakanishi*

ユリアヌスの信仰世界

Flavius Claudius Julianus

万華鏡のなかの哲人皇帝

慶應義塾大学出版会

ユリアヌスの信仰世界　目次

はじめに――天変地異とユリアヌス

「背教者」として知られる紀元後四世紀のローマ皇帝ユリアヌス（三三一―三六二年、在位三六一―三六三年）は、コンスタンティヌス一世（二七二／三年頃―三三七年、在位三〇九／一〇―三三七年）の甥として生まれ、ローマ皇帝として、はじめて幼児洗礼を受けた人物でもあった。出生直後に母を、またコンスタンティヌス亡き後の粛清のなかで父と長兄を亡くし、従兄であるコンスタンティウス二世（三一七―三六一年、在位三三七―三六一年）の後見のもとに孤独な少年時代をすごした。学芸に明るく、神さびた資質の持ち主ではあったが、政争の具として帝権に弄ばれるキリスト教と教義論争に幻滅し、文学と新プラトン主義に心を寄せた。単独統治権を得たのち、彼はコンスタンティヌス一世とコンスタンティウス二世の支持した親キリスト教政策を放棄し、イアンブリコスらの祭儀論を適用してオリュンポス＝カピトリウムの神々の宗教に明確な神学的倫理的体系を与え、詩と神々への感謝に生きる清新な生のあり方を探求した。しかし、わずか一年六ヶ月あまりの単独統治期のあいだに彼の思想と施策が広く支持を得られることはなかった。ペルシア遠征の途上で敵兵の槍を受けて死んだ彼は、後世においても学芸の守護者たるべき明敏な知性をもった人物として知られる一方、「最後の迫害帝」としての印象も根強い。彼の人となりと生涯は多くの謎と矛盾をはらんでいる。

ユリアヌスはまた、近現代日本の文人に「キリスト教の抑圧に抗した最後の異教徒皇帝」として特異な人気を博したローマ皇帝でもあった。日本において、彼の事績は主にフィクションを通して知られてきた。ヘンリク・イプセン

『皇帝とガリラヤ人』（原著一八七三年）[*1]に加えて、ドミートリイ・セルゲーエヴィチ・メレシコーフスキイ『神々の死』（原著一八九八年）、そして辻邦生[*2]『背教者ユリアヌス』（初出一九六九年、初版一九七二年）である。『神々の死』は第二次世界大戦以前の文人のあいだで熱烈な支持を受け、折口信夫と大川周明の思索と活動にも大きな影響を与えた。『背教者ユリアヌス』は学園紛争を経て出現した「日本人による本格的な西洋史伝小説」として、読書人のあいだで歓迎された。恐らくは辻の『背教者ユリアヌス』を通して古代末期に関心を抱いた歴史学徒も少なくはないであろう。

ところが、ユリアヌスの同時代人の著作からたちあらわれるユリアヌス像は、決して晴朗なだけの存在ではない。学芸に明るい賢帝となれたはずの人がなぜ、過度に神事に傾倒してあろうことか「父祖伝来の祭祀」の徒と共存していたキリスト教を冷遇するに至ったのか。彼の宗教政策の当否はその死の直後から議論の対象となった。紀元後五世紀以降には「キリスト教を裏切った悪帝」としての評価が西方でも東方でも定着した。ここにはメレシコーフスキイや辻がユリアヌスに託して描き出したロマン主義的な「晴朗な生の喜びにあふれた古代の春の終わり」からは想像もつかない状況があった。

ユリアヌスの死の二年後、三六五年七月二一日に東方の正帝ウァレンスと西方の正帝ウァレンティニアヌス一世の治世で東地中海沿岸一帯を襲った大地震[*3]までも、ユリアヌスの到来に結びつけられて語られる。同年九月二八日、ユリアヌスの母方の親戚プロコピオスが簒奪者としてコンスタンティノポリスで挙兵したことがその大きな要因であろう。プロコピオスはユリアヌスのペルシア遠征従軍の折にユリアヌス本人から帝位を約束された、と主張して簒奪帝を僭称し、ユリアヌスの師であった新プラトン主義者・神働術家マクシモスも蜂起に連座した。簒奪軍はビテュニアを拠点として小アジア一帯を制したが、ウァレンス帝の討伐を受けて翌三六六年六月二七日に捕縛され、マクシモスとともに処刑された。

この事件をアンミアーヌス・マルケリーヌスは三七八年のハドリアノポリスの戦いにおける歴史的敗北を予感させ

る挿話として『歴史』第二六巻で語る。

プロコピオスの蜂起に先立つ津波と東地中海沿岸一帯の被災は『歴史』第二六巻一〇章一五―一九節で、ユリアヌス去りしのちの不穏な時代の幕開けを予告する挿話として言及される。[*4]

一五かの簒奪者いまだ在りしとき――その者の所業と亡びは前述のごとくである――ウァレンティニアヌスとその弟が執政官を初めて務めた年、アウグストゥスの月の朔日一二日前、世界はそのはてまでもくまなく身震うばかりの恐怖に突如襲われた。いにしえの物語にもまことがたりにもかつて語られざるほどのできごとであった。

一六曙光射してまさにまもなく、刺し貫かんばかり幾筋も雷光はひらめいて先触れとなり、ゆるぎなくたしかな地面は揺らされてはみな震え、海は逆巻く波とともに散り散りに追われるごとくに退き、むき出しになった海の深い底では、海の生きものらが姿さまざまに泥濘のうちにばらばらに埋まるすがたが見てとれた。さるひとの意見するところでは、大いなる渓谷と嶺はそのとき陽の光を浴びたのだという、それらをもろもろの物質の初子たる水が広漠たる海原の下に隠していたのだから。

一七しかるに数多の船は乾いた土地に乗り上げたかのよう、おろかな人々は水のわずかに残った場所を何はばかることなく歩き回り、魚や海産物を手摑みに漁っていた。すると海は唸り声をあげ、あたかも突き飛ばされては怒りを覚えたかのように向こうざまに押し寄せ、浅瀬の水は牙を剝いて島々に、ひろやかなまとまりを持ってまっすぐに広がる陸地（訳者註：海岸平野？）に猛々しく挑みかかり、街々では無数のものが打ち砕かれ、波に見いだされるままに建物はなぎ倒されていった。諸元素は怒りに燃えて相和せぬまま、世界の隠された相貌が驚くべきすがたをもってあらわにされたかのようだった。

一八少しも予想せぬ頃合いに確かに退いた大いなる水の面は何千ものひとびとの命を奪いまた溺れさせ、退いてゆく荒波の渦は激しく泡立っていたが、湿気をもたらす存在のもつ衝動に操られるかのごとき力が尽きてはじめて、船が幾隻か破壊されて見いだされ、息をひきとった遭難者のからだが仰向けにまたうつむけに横たわっていた。一九ある巨大な船は荒れ狂う風にさらわれて屋根の頂に乗り上げた、アレクサンドリアで目撃されたように、そしておよそ二マイルほど内陸に放り出されていたのはまた別の船だった。メトネーの街のほとりを過ぎるとき、かつて見たあのラコニアの船のように、長く放置されて腐食し、崩れかけて。*5

アンミアーヌス・マルケリーヌスはアンティオキアに生まれた歴史家である。母語はギリシア語、近衛騎兵隊隊員として将軍ウルシキヌスの護衛官を務め、ユリアヌス治下のガリア・ゲルマニア戦線とペルシア遠征にも従軍した経験から、ユリアヌスの人となりと学識、そして統治に最大限の敬意を払っていた。宗教問題は彼の主たる問題関心ではなかったが、ユリアヌスの宗教現象への参与にかんしては比較的厚い叙述を行っている。彼はユリアヌスの「神々に対する過度の畏れ」と批判し、皇帝らしからぬ神事への傾倒という逸脱を非人情の境地をもって描いた。

紀元後四世紀は引証と修辞の世紀でもあった。ギャヴィン・ケリーはアンミアーヌスのこの描写を実景ではなく、修辞的効果を加えて描いた災厄の描写であると解釈する。志なかばで戦場に倒れたユリアヌスの、まさにその縁戚の蜂起とその挫折は、さきぶれとしての大地震の描写に結びつけられてさらに記憶に刻まれる。

修辞学者リバニオスは『ユリアヌス頌詞』において、ユリアヌスが三六三年三月にアンティオキアを去った後にシリアを頻回に襲った地震を回想する。*6

しだいに悲しみがこみあげて大地も、亡き人〔ユリアヌス〕をふさわしい哀悼をもって記念した。馬が騎手をふるい落とすように、大地はあまりに多くの都市を亡ぼした。パレスティナでは多くを、リビュアでは全てを。シチリアの大いなる諸都市は廃墟となり、ギリシアではひとつを除いて廃墟となった。うるわしのニカイアは残った。しかし、我々のもっとも偉大なる都市〔アンティオキア〕も揺さぶられ、いまはなにも持たざる者となった。

これが大地による哀悼である。そうと言いたければ、ポセイドーンの哀悼である。以来、飢饉と疫病が人とけものを襲った。かの人みまかりしのち、生き物は地に栄えることは義にかなうことではない、といわんばかりに。

(*Or.* 18, 292–293)

リバニオスは、三六二年七月から翌年三月までアンティオキアに冬営したユリアヌスの助言者でもあった。彼は皇帝の好誼に支えられた学芸の振興を期待して、ユリアヌスの宮廷とアンティオキア市参事会の仲介者を務めた。しかし、アンティオキア市参事会も市民も「父祖たちの祭儀を振興せよ」と説くユリアヌスの意図を理解できなかった。ユリアヌスは『ひげぎらい』において、市内の聖域を視察する宮廷随員と皇帝を歓呼とともに迎える市民の集団を「聖域では静粛を守れ」と譴責したエピソードを伝える。[*7] 市民が祝日を華々しく祝って楽しめば楽しむほどユリアヌスは不快感を示した。[*8] 祭祀の復興を求めたのは皇帝ではないか。なぜ我々を嫌い、ペルシア遠征への出立にあたって皇帝滞在地をアンティオキアからラオディケイアに移すのか。ユリアヌスは市民のこの疑問には応えなかった。リバニオスはユリアヌスへの嘆願書『アンティオキア市民について』(*Or.* 15)を執筆し、市民にはユリアヌスの意図にしたがって奢侈を慎み清貧な生活を送るように『皇帝の怒りについて』(*Or.* 16)を起草して訓告を試みた。しかし、この二つの文書は結果的にはついに公表されることがなかった。

さて、リバニオスがこの箇所で言及する地震は、ユリアヌスの治世にはすでに生じている。ニカイアを襲った地震はユリアヌス在位中の三六二年一二月二日夕刻の地震である。[*9] アンミアーヌス・マルケリーヌスはこの地震の日付とともに、ニカイアの大部分とニコメディアに壊滅的な打撃が生じたことを簡潔に伝える(22.13.5)。続いてコンスタンティノポリスを三六三年三月に地震が襲う。アンミアーヌス・マルケリーヌスは「コンスタンティノポリスを地震が襲ったとの伝令があった」と述べる(23.1.7)。リバニオスは『ユリアヌス頌詞』において「ポセイドーンがトラキアの大都に地震をもたらしたとき、ポセイドーンが宥められなければ都市に災いがもたらされるだろう、とたびたび伝令があった」(18.177)と回想する。パレスティナの地震は三六三年五月一八日から一九日の地震である。この地震はユリアヌスが麾下の軍勢を率いてアンティオキアを発ってペルシア遠征を開始したおよそ二ヶ月後のできごとである。リバニオスは『自叙伝』において次のように語る。

地震が起き、凶事の先触れをもたらした。パレスティナとシリアでは、一部が破壊された都市、また全体が破壊された都市が現れた。神が我々にかくも大きな苦しみを大いなる兆しとして与えたのだと私は悟った。どうか予感が的中しませんようにと我々は祈ったが、悲報が私たちの耳に届いた。ユリアヌスその人が棺に納められて運ばれ、言挙げするにも及ばぬ輩が帝位に就き、ペルシア人の手にアルメニアと我々の領土の彼らの望んだ部分が落ちたのだと。(*Or.* 1.134)

学識ある皇帝が去ってからシリア・コイレーには不幸が度重なって起きるようになった、そのユリアヌスはペルシア遠征の途上で帰らぬ人となった、彼の死を天地が悼んでいる。学芸の守護者にして神々を敬愛する者が去った嘆きのあまり、かつて壮麗だった「ヘラースびと」の都市が揺れて、揺さぶられて、壊れてゆく。リバニオスはぬかりなく、「父祖たちの慣習」にしたがうひとびとにとっての地震を司る海神ポセイドーンの名をあげ、その嘆きを喚起する。

天変地異をさきぶれとみなす態度は古代末期にも存在した。ときとして天変地異のエピソードは歴史的事件を彩る叙景(エクフラシス)としても用いられる。キリスト教作家も同様の修辞を用いた。

たとえばパレスティナに生じた三六三年五月一八日から一九日の地震は、ユリアヌスの命によるエルサレムのユダヤ教神殿の再建を途絶させたことでも知られる。キリスト教に帰属しない著作家では、唯一アンミアーヌス・マルケリーヌス(23.1)が言及する事件である。

キリスト教史料では、ナジアンゾスのグレゴリオス『ユリアヌス駁論』第二弁論(*Or.* 5.2–4)を嚆矢として、地震による出火と基礎の消失による工事の途絶のエピソードが「神の意志」として語られる。[*10] ナジアンゾスのグレゴリオスとテオドーレートス『教会史』(3.20) は、火災のさいに生じた無数の十字形の火花がユダヤ人の心を動かし、キリスト教への改宗に導いた、という伝承を語る。当時エルサレムに入市できなかったはずのユダヤ人がそこに存在しているというエピソードそのものがこの伝承が果たしてどこまで史実であるのか、にわかには判じがたいものを想起させるのだが、ナジアンゾスのグレゴリオスは追い打ちを掛けるようにユリアヌスの不敬とひとびとのよき信仰がこの事態をもたらしたのだと語り、キリスト教の聖地として構築されつつあったエルサレムにユダヤ教の聖域をふたたびもたらそうとしたユリアヌスの活動を阻止した「神の意志」を地震と火災のなかに見いだそうとする。

三六五年七月二一日の地震について語るキリスト教史料のなかには、この地震を「災厄をもたらす者」ユリアヌスとその縁戚にして簒奪帝プロコピオスの到来と結びつけて語る事例がみられる。ヒエロニムスは『聖ヒラリオン伝』において、ユリアヌスの死後に生じた地震による津波は世界を浄化する原初の洪水の再来であると説き、地震と津波調伏の呪法を行うヒラリオンを描く (29.1)。

ソクラテス・スコラスティコス『教会史』の叙述はアンミアーヌスよりも簡潔ではあるが、簒奪帝プロコピオスの到来の先触れとしてこの地震を描く (4.3)。ソーゾメノス『教会史』の叙述では、アンミアーヌスの描く三六五年七月の地震のイメジャリに重なる天変地異の伝承がユリアヌスの治世に起きたものとして言及されている。

> 彼〔ユリアヌス〕の治世を通して、神はその怒りをあらわにし、ローマの諸州にさまざまな災厄をもたらした。神は大地を揺さぶった。家は倒壊し、どこでも地割れが見られた。屋内にいるのがもっとも安全であった。私の見聞によると、彼の治世か、あるいは共治帝としての地位にあったときに、大いなる災厄がアレクサンドリア付近を襲った。海は最初にしりぞき、そしてあふれた。突然の力の噴出ではるか内陸にまで水が及び、船が屋根の上に乗り上げることもあった。(5.2.13–14)

ユリアヌスの治世そのものがキリスト教徒からみた神の怒りに彩られており、地震はその現れであったとするヴィジョンは、三六三年五月のシリア・パレスティナ地震をめぐるキリスト教系伝承とも通じる。神の怒りによって生じた地震由来の火災によって焼き浄められ、原初の洪水によって洗い流されなければならないほどの災厄のイメジャリがユリアヌスの到来をめぐって立ち上がる。

学識ある若き皇帝は帝王学を受けていないにもかかわらず、すぐれた側近に恵まれて軍事と政治に関しては公正な対処に務めることができた。しかし、なぜ神々に関することがらにかぎっては「神に対する極度の畏れ」ともいうべき態度を見せたのか。「学芸の守護者」であるならば、なぜキリスト教徒に諸学の礎としての文法学と修辞学を、そればかりか哲学も学ぶことを禁じようと試みたのか。突如として「父祖伝来の慣習」と称してすでにしかもキリスト教をあえて冷遇したのか。ユリアヌスの事績は見る者によってまったく異なる相貌を見せる。ユリアヌスは「父祖たちの慣習」を振興することによって、かえって災厄と混乱をもたらして去って行った者であったのか。それとも混沌の時代に秩序をもたらそうとした努力も空しく、ユリアヌス亡き後にさらなる混迷の世が訪れたのだったか。同時代人の描くユリアヌス像はむしろ愛憎と当惑にひきさかれる。まるで万華鏡のなかの像を見るようだ。

そして、現代におけるユリアヌス像の受容は決して無傷ではない。

たとえば反教権的な「戴冠せるロマン主義者」としてのユリアヌス像は、一九世紀の文人のみならず、ムッソリーニとヒトラーをも魅了し、両大戦期のイタリアとドイツの国家主義体制下において政治の美学化のアイコンとして利用された。[*11] 反教権的な宗教的価値の提示者としてのユリアヌス像は近現代エソテリズムの文脈においても、オルタナティヴな霊性の探求の正当化のアイコンとしてしばしば利用されてきた。ルドルフ・シュタイナーもユリアヌスの光の神学と人智学的な「太陽神キリスト」像を結びつけて称揚した。現代エソテリズムやネオ・ペイガニズムの実践家のあいだでは、儀礼の実践と継承が途絶した宗教現象をアカデミックな研究に依拠して再建する試みがみられ、ユリアヌスの事例もそのイメージソースとして利用されることがある。ニューイングランドを本拠とする再建主義的ネオ・ペイガニズム運動「ジュリアン・ソサエティ」が好例である。[*12]

ユリアヌスの信仰世界と宗教政策の模索の過程には、貴顕の責任感に基づく善意と尚古的な美意識による「世直し」の意志がかいまみられる。彼が理想として掲げた「文人と義人の国ギリシア（ヘラース）」の具現化への意志には、たしかに政治の美学化による大衆動員への欲望を喚起する危うさが内包されていよう。また、イアンブリコス派新プラトン主義と神働術は、ユリアヌスにとっては公的な意義をすくなからず備えた思想であり、営為であったはずである。イアンブリコス派新プラトン主義的な思想と神働術が近代において宗教現象の周縁に追いやられて神秘化され、いまなお「魔術」を肯定する営為とみなされ、オルタナティヴな霊性を探求するひとびとの精神的支柱となっていると知ったら、泉下の彼はさぞ当惑するかもしれない。

それでは、ユリアヌスその人の信仰世界とは、そして彼の見た同時代の宗教現象とは、はたしてどのようなものだったのだろうか。幸い、彼はローマ皇帝としては異例の量の著作を残しており、はるか時代を隔てた現在にあってもそこからその信仰世界の概要を再構成することが可能である。彼は同時代の宗教のいかなる側面を厭うてイアンブリコス派新プラトン主義による「父祖たちの習慣」の再解釈を企て、また実践に生かしてゆこうとしたのだろうか。散り散りになるユリアヌス像の向こうから聞こえる本人の声を聴きたい。

本書の探求はそこにはじまる。

第1章　万華鏡のなかの哲人皇帝

1　ユリアヌスの生涯と著作

フラウィウス・クラウディウス・ユリアヌス Flavius Claudius Julianus[*1] はアレイオス論争期の混沌の時代を生きた。彼はローマ皇帝としては異例の量の著作を後世に残した。自らの精神的形成の軌跡を著述したローマ皇帝は少ない。その点でユリアヌスの著作群はマルクス・アウレリウス『自省録』と並ぶ稀有な事例である。ユリアヌスの著作群は、養子相続制による帝位継承の原則が崩壊した時代にあって、帝室の傍系の出身であったために帝王学を伝授される機会のなかった人物にとっての理想の君主像の模索と自己形成の様相を雄弁に語る。彼の自己形成は典籍に依拠した修養と学び（エンキュクリオス・パイディア、諸学芸の一環）を通して行われた。その過程は古代末期地中海世界の「知の歴史」における典籍の存在意義の一側面を明らかにする。

マルクス・アウレリウスとアレクサンドロス大王はユリアヌスのヒーローであった。アレクサンドロスはアリストテレスを師として哲学を学び、東方遠征によってギリシアの文物を遠くインダス川流域にまで伝えた。マルクス・アウレリウスはライン河―ドナウ河流域の平定にその治世を通して力を注ぎ、ストア主義に立つ文人フロントーと文通を行い、ギリシア語で『自省録』を著して「哲人皇帝」の美徳の実践の意志を示した。彼らの達成したギリシア文化の伝承への貢献と武勲への憧れがユリアヌスを支えた。

単独統治期の著作からは、ローマ皇帝の一称号としての「大神祇官長」のうちに「ローマ帝国の祭祀の責任者」の職責の意義を読み取って「哲人祭司王」理念を模索した人物の宗教観が看取できる。教義論争と政争に翻弄されるキリスト教諸派に代わる、帝室成員が擁護するにふさわしい正当な威厳に満ちた神々と信仰とは何か。ユリアヌスはこの問いをギリシア的教養文化への憧憬のみならず、「神と出会う」儀礼としての神働術を肯定したイアンブリコスの思想に依拠して問うた。ローマ皇帝としてのユリアヌスの思索と信仰の実践の特異性は、帝位にある者みずからが新プラトン主義の影響の下に哲人統治論を生活実践に反映した点にある。しかし、ユリアヌスの「ギリシア贔屓」に貫かれた「哲人祭司王」としての君主像にもとづく実践は、混沌として、ひたすらに無力に映る。

ここでユリアヌスの生涯と著作の形成過程を概観しよう。[*2]

ユリアヌスは三三一年、コンスタンティヌス一世の異母弟ユリウス・コンスタンティウス Julius Constantius[*3] とその後妻バシリナ Basilina の嫡男としてコンスタンティノポリスに生まれた。ユリウス・コンスタンティウスと先妻ガッラ Galla[*4] とのあいだにはガッルス Gallus（三二七―三五四年）[*5] と名不詳の女子があった。バシリナは、イタリア半島での知事級総督としての行政手腕を評価されて東方近衛総監を務めたユリウス・ユリアヌス Julius Julianus[*6] の娘であり、ユリアヌスを出産してまもなく死亡した。

ユリウス・コンスタンティウスはコンスタンティヌスの異母弟であることから長く冷遇され、トロサやコリントスを転々とした。[*7] ようやく三三五年に彼はパトリキウス patricius の爵位を受け、筆頭執政官に任命されて名誉回復を果たした。彼の同母兄弟ダルマティウス[*8] とハンニバリアヌス[*9] はその直後、ともにノービリッシムス nobilissimus の爵位を受けた。また、ユリウス・コンスタンティウスの名不詳の娘はこの年、従兄コンスタンティウスと結婚した。

ところが、三三七年五月二二日にコンスタンティヌス一世が病没すると、帝権をめぐる帝室内粛清が軍団も加担して行われ、コンスタンティウスの異母弟の家系に連なる成人男子は粛清の対象となり、ユリウス・コンスタンティウスもともに殺害された。

粛清の結果、コンスタンティヌスの三人の嫡男が軍隊の推挙を受けて共治帝として即位した。次男コンスタンティヌス二世は西方の正帝に、三男コンスタンティウス二世は東方の正帝に、四男コンスタンスは西方の副帝となった。コンスタンティヌス二世は三四〇年春、イタリアを侵攻したコンスタンスにアクィレイア付近で討たれて逝去した。コンスタンスは西方の正帝の座に就き、ニカイア派を支持した。彼は三四一年から三四二年にかけてフランク族を制圧したが、三五〇年秋、オータン付近で叛乱軍を率いた簒奪帝マグネンティウスに弑逆され、逝去した。三五一年、ムルサ付近でマグネンティウスを討伐したコンスタンティウス二世は三六一年一一月三日に逝去するまで単独統治を行った。彼は教会の内部紛争にしばしばアレイオス系諸分派優遇の立場から裁定者として介入し、ニカイア派の側から批判を浴びた。

ニコメディア司教エウセビオスがユリアヌスとガッルスの霊的監督者となった。カルケドン司教マリスも彼らの霊的教育に参与した。*10 エウセビオスは宮廷にも権勢を振るった。両者ともアレイオス主義者であった。

粛清の後、ユリアヌスはニコメディアに邸宅を構える母方の祖父のもと、ゴート人宦官マルドニオスを家庭教師として育った。マルドニオスは亡母バシリナの家庭教師でもあった。マルドニオスはユリアヌスを文法学校へ送迎し、家庭では英雄叙事詩を題材に文法学・修辞学の初歩を教えた。

三四二年、ペルシアとの境界をめぐって係争中のコンスタンティウスは、最初の妻の兄弟であったガッルスとユリアヌスの後見人となり、二人をカッパドキア中部アルガイオス山麓の帝室領の離宮マケッルムに移送した。ユリアヌスはマルドニオスとは引き離された。マケッルムは広壮な庭園と美しい泉水を備えた離宮であり、ここで二人は学問と武術の鍛錬を受けながら常にコンスタンティウスの監視下におかれて生活した。

ガッルスは熱心なキリスト教徒となった。ユリアヌスは哲学・修辞学・神学への関心を養育係たちに認められ、やはりアレイオス主義者であったカッパドキアのゲオルギオスの蔵書を自由に用いることが許された。

三四八年、ユリアヌスとガッルスはともにマケッルムから解放された。ユリアヌスはコンスタンティノポリスへ、ガッルスはエフェソスへ移送された。三四四年以来、コンスタンティノポリスで同業者との競争に敗れてニコメディアで教鞭を執っていた修辞学者アンティオキアのリバニオス（三一二―三九二年）の講義への出席をユリアヌスは望んでいた。コンスタンティウスはリバニオスが「父祖伝来の祭祀」の支持者であることを理由にユリアヌスの申し出を却下し、キリスト教徒の修辞学者ニコクレスとヘケボリオスへの師事を勧めた。[*11] ユリアヌスはコンスタンティウスの指示にしたがってニコクレスとヘケボリオスの講義に出席しつつ、リバニオスの講義録を取り寄せて学び、リバニオスとも個人的に文通した。リバニオスはコンスタンティウス二世の好誼を受け、三四九年末以降四年間コンスタンティノポリス教校で修辞学を講じた。

この間のユリアヌスの宗教経験をソクラテス・スコラスティコス『教会史』第三巻が伝える。[*12] ユリアヌスはコンスタンティノポリスの教会で読師（誦経者）を務め、ほどなく「学芸と人徳と篤い信仰に恵まれた未来の帝王」として市民から人気を集めるに至ったため、脅威を覚えたコンスタンティウスからニコメディアの離宮への蟄居を命ぜられたという。三五〇年には、ユリアヌスはニコメディアの離宮で身辺に文人たちを集めて学芸と談論の場を設け、教会の典礼にも定期的に参禱した。[*13]

三五一年、簒奪帝マグネンティウスを倒して単独統治権を得たコンスタンティウスは、ペルシアとの領域確定戦争に直面して血縁から協力者を求め、ガッルスを東方の副帝に任じた。ガッルスはアンティオキアに赴任し、同市郊外の景勝地ダプネー内のアポロン聖域に殉教者バビュラス記念廟堂を奉献し、参詣者を集めた。アンティオキアで崇敬を集めていたバビュラスはデキウス帝治下の迫害で殉教したとされる司教（主教）であり、ダプネーの廟堂の建設以前には市壁外のネクロポリスで記念されていた。聖域内のカスタリアの泉で行われていたアポロンの水神託は当時すでに機能を停止していた。[*14]

コンスタンティウスから小アジアの学都歴訪を許可されたユリアヌスは、念願であったイアンブリコス派新プラトン主義を学ぶ。彼はイアンブリコス『エジプト人の秘儀について』において、儀礼への参入を許された熟練者のみに開かれた高次の「神々との遭遇」の手段として肯定される神働術（テウルギア）に関心を寄せていた。エウナピオスは『ソフィスト列伝』において、哲学者・神働術家であったサルディスのクリュサンティオスに師事した経験を生かし、ユリアヌスとイアンブリコス派新プラトン主義者との遭遇に言及する。

エウナピオスの見立てるところ、当時のイアンブリコス派新プラトン主義者のあいだでも神働術の評価は分かれていた。当初ユリアヌスが師事したアイデシオスは神働術の効用を「魔術」の延長上にある営為ととらえており、ユリアヌスにも神働術に接近しないように呼びかけた。[*15] アイデシオスはイアンブリコスの高弟であった。ユリアヌスは神働術への参入体験を求めてアイデシオスの許を去り、エフェソスで神働術の実践に熱心に関わっていた神働術家マクシモスに師事し、神働術をはじめ各種の秘儀の伝授を受けた。[*16] ユリアヌスはこの頃、哲学者・神働術家サルディスのクリュサンティオスとも知遇を得た。[*17]

一方、アンティオキアに駐在したガッルスは反対者の粛清も辞さずに恐怖政治を行い、市民の不興を得て三五四年に暗殺された。コンスタンティウスはふたたび血縁者の中から協力者を必要とし、唯一の父系男性親族となったユリアヌスを副帝に指名するため、メディオラヌムへ召喚した。コンスタンティウスは最初の妻を喪った後、三五〇年頃、三四七年に執政官を務めたフラーウィウス・エウセビウスの娘エウセビアと再婚していた。

エウセビアは学芸に明るく、ユリアヌスの資質に好感をもってよき話し相手となった。彼女はユリアヌスが学業を中途で放棄することを懸念し、コンスタンティウスにユリアヌスの副帝就任への指名を取り消すとともにアテナイで学ぶ機会を与えるよう嘆願した。副帝指名は延期され、ユリアヌスは学業をアテナイで続ける機会を得た。彼は『コンスタンティウス第一頌詞』とともに『エウセビア頌詞』を著して献呈し、従兄夫妻への返礼とした。『コンスタンティウス第一頌詞』には、コンスタンティウスの戦績を讃えつつプルタルコス『対比列伝』に言及されるヘレニズム・ローマ世界の過去の名君の美徳に倣うべきだとする提言がみられる。『エウセビア頌詞』には、ギリシア文明礼賛者として美化されたエウセビア像がみられる。この著作にはすでに、後年の彼の宗教観の支柱となった「ギリシア」像、すなわち民族的出自を超えた文人の精神的理想郷としての「ヘラース」理念が明確に提示されている。

ユリアヌスは三五五年一一月に副帝に指名されるまでアテナイで学んだ。アテナイでの師、修辞学者ヒメリオスは「父祖伝来の祭祀」の支持者であり、エレウシスの秘儀をユリアヌスに伝授した。ユリアヌスはまた、修辞学者・哲学者プリスコスとも知遇を得た。この時期にカイサレイアのバシレイオスとナジアンゾスのグレゴリオスはともにアテナイに滞在し、グレゴリオスは三五七年まで、バシレイオスは三五九年まで、キリスト教徒としても知られた修辞学者プロハイレシオスにともに師事していた。ナジアンゾスのグレゴリオスの回想するところ、グレゴリオスとバシレイオスは遠くヒメリオスとユリアヌスの追従者の集団を眺めていたという。両者の接触の実態は不明である。

三五五年一一月、ユリアヌスはコンスタンティウスによってアテナイからメディオラヌムへ召喚され、副帝に指名された後、三六一年までゲルマニアのライン河流域、ラエティアおよびガリア平定の任にあたることになった。ユリアヌスの副帝就任に際してコンスタンティウスは妹ヘレナとユリアヌスを結婚させた。ヘレナもガリアに同行した。三六〇年にヘレナはユリアヌスの子を死産し、ローマで没した。アンミアーヌス・マルケリーヌスは、エウセビアが嫉妬からヘレナ暗殺の計略を謀ったとする風説を伝える。[*18]

ユリアヌスは副帝就任に際して『第一頌詞』の内容をさらに発展させた『コンスタンティウス第二頌詞』を著し、コンスタンティウスに謝辞を述べるとともに、コンスタンティウスに仕えた修辞学者・宮廷哲学者テミスティオス宛に『テミスティオス宛書簡』を著して自らの帝権論を述べた。いずれもその基調には、ストア主義的な「市民の僕」とプラトン主義的な「哲人王」の両面を備えた君主像への共感と、カイサレイアのエウセビオスとテミスティオスにも共有されていた、神（々）の加護のもとで臣民から隔絶された権威を備えて統治を行う「神寵帝」理念への反発がみられる。

ユリアヌスはガリア・ゲルマニア遠征の間もエフェソスのマクシモスやプリスコスらと文通を続け、文人を側近に集めた。ガリア出身の宮廷医師オレイバシオスと当時ユリアヌスの随行員を務めていたサトゥルニーヌス・サルーティウス・セクンドゥスが代表的な人物である。サトゥルニーヌス・サルーティウス・セクンドゥスは三六一年から三六五年までオリエンス道管轄近衛長官を務め、ペルシア遠征にも同行した。コンスタンティウスはユリアヌスの軍事的成功をサトゥルニーヌス・サルーティウス・セクンドゥスの助言の結果と見て警戒し、三五八／九年にサトゥルニーヌス・サルーティウス・セクンドゥスをコンスタンティノポリスに召喚した。この際にユリアヌスは『サルスティウスを送る』を著して別離を悼みつつ、ガリア出身ながら「ヘラース」の文物の価値に深い理解と共感を寄せる友人の徳を讃えた。

ユリアヌスは三六〇年一月、ウィエンナで公現祭の典礼に参列した。この時点でのユリアヌスはいぜんキリスト教徒として公には行動していた。一二月、ユリアヌスはゲルマニア・ラエティア・ガリア平定の功績を認められ、ルテティア・パリジオールムで軍隊の推挙により「正帝」に推挙された。ユリアヌスはコンスタンティウスの対立皇帝に擁立された。ペルシア遠征に際してアンティオキアに冬営していたコンスタンティウスと麾下の軍勢はいよいよユリアヌス討伐のため西進を開始した。三六一年一月以来、ユリアヌスはコンスタンティウスとの対決に備えてガリアからバルカン半島方面へ東進したが、一一月にはコンスタンティウスが西進の途上キリキアで病没したため、ユリアヌスははからずも単独統治権を獲得することになった。彼はセルディカから帝国の主要都市に書簡を送付し、自らの単独統治権獲得の正当性を訴えた。このなかでは、アテナイ市民に対して「ヘラースの中心地の民」としての誇りの喚起を訴えた『アテナイ市民宛書簡』のみが現存する。また、三六〇年末以降にイアンブリコス派新プラトン主義を奉ずる旧友たちに宛てた書簡には、オリュンポス＝カピトリウムの神々を奉ずる「父祖伝来の祭祀」と「哲学」の振興の意図が明確にみられる。*19

一二月、コンスタンティノポリス無血入城を果たしたユリアヌスは、直後にカルケドン軍事法廷を開催して、前任者であるコンスタンティウスに協力した将校を粛清し、宮廷における奢侈の排除を主眼として料理人・理髪師らを大量解雇した。また、帝国諸都市から帝室に奉納される王冠金（アウルム・コローナリウム aurum coronarium）の慣習を廃止し、都市の財政の健全化を図った。[*20]

ユリアヌスは宮廷と政治におけるコンスタンティウスの影響を排除すると同時に、独自の宗教政策への関心を明確に打ち出すようになった。宮廷にはエフェソスのマクシモスとプリスコスをはじめとするイアンブリコス派新プラトン主義者の旧友に加え、母方の同名の伯父ユリアヌス、フェリクス、エルピディオスらキリスト教からの転向者をも側近として宮廷に招請した。彼の宗教政策に関する現存する法令とその補則からは、「よき信仰」の振興による世直しの意図が明確にみられる。単独統治期の最初期に公布されたとされる『祭儀と祭場の復興に関する勅令』（*Ep.* 61a Bidez）では、目下の使用の有無を問わず、帝国各地域の伝統的な祭場と祭祀を整備するよう命じたほか、アンミアーヌス・マルケリーヌスの伝えるところでは、諸宗教の共存を目指してキリスト教各派の代表者を宮廷に招き、対立の拡大を防ぐよう譴責した。[*21]

ユリアヌスはキリスト教対策に際しても、前任者コンスタンティウスの影響の排除を最優先の課題とした。教会内部の紛争に際して仲裁・介入を行ったコンスタンティウスは、自らが信奉するアレイオス派（およびアレイオス派系分派であるエウノミオス派）に敵対するニカイア派の指導者を教義論争に伴う紛争の原因としてたびたび追放したのであった。ユリアヌスは、コンスタンティウスによって追放された聖職者らに復帰命令を出す一方、キリスト教の聖職者からは教派を問わず、コンスタンティヌス治下以来賦与されていた免税特権を剥奪した。三六二年一二月にはまた、アレクサンドリアの司教座にあったカッパドキアのゲオルギオスが群衆によって殺害された。ユリアヌスは少年時代に親しんだゲオルギオスの蔵書を没収するようエジプト総督エクディキオスに命じた。[*22]

ユリアヌスは三六二年五月末に、ペルシアとの交戦に備えてコンスタンティノポリスからアンキュラ経由でアンティオキアへ向けて転進する。この間、彼は六月一七日に『教職に関する勅令』（Codex Theodosianus 13.3.5=*Ep.* 61b: 補則 *Ep.*

61c Bidez）を公布した。実質的にキリスト教徒を修辞学・哲学の教職から排除したとされる悪名高い法令である。アンティオキアへの道中ではペッシヌスの「神々の母」の聖域を視察し、小アジアのイアンブリコス派新プラトン主義者と面会して激励を与えた。[*23] さらに、神働術の文脈において「神託の神」とされる光の神アポロン＝ヘリオスへの讃歌と、大地と冥府の神ヘカテーへの讃歌を著した。『王ヘリオスへの讃歌』と『神々の母への讃歌』である。この両著には、ユリアヌスがイアンブリコス派新プラトン主義の祭儀論と宇宙論を通して再解釈した光の「神学」と地母神の「神学」の提要がみられる。

ユリアヌス一行は七月中旬にはアンティオキアに到着し、オロンテス河の中州に設置された宮殿に側近とともに入居した。

リバニオスはアンティオキアで都市参事会と宮廷の仲介者となった。アンティオキア教校への帝室の支援も恃んでのことであろう。彼は三五三年にアテナイの教校での教授職就任への誘いを固辞してアンティオキアに帰郷し、翌年から同地の教校で教鞭を執っていた。ユリアヌスとの交流におけるリバニオスの活動の公的性格と私的性格の境界は見定めがたい。[*24]

リバニオスはユリアヌスのアンティオキアへの入市式の際に『入市歓迎弁論』（*Or.* 13）を著してプラトン的「哲人王」としてのユリアヌスの資質を市民に伝えた。[*25] 入市式のさいに、歓呼に交えて市民らは干魃による食糧難と食糧の価格高騰を訴えたため、ユリアヌスは最高価格令を発布して食糧の価格高騰を防ごうと試みたが、商店主の物資買い占めが生じ、実際に市場には闇物資が出回ったため、必ずしも効果はなかった。この間にユリアヌスは市内の主要な聖域を側近団とともに視察し、整備と祈禱を行った。

ユリアヌスの最大の関心事であったアポロンの祭祀は、当時のアンティオキアではもはや公的な関心の対象ではなくなっていた。七月の例大祭の折には都市参事会からの奉納物はなく、かろうじて神官から鵞鳥一羽のみが奉納されていたため、ユリアヌスは国庫から牡牛一〇〇頭を奉納して燔祭（百牛祭）を行った。[*26] ついで、アポロンの水神託の停止の根拠をバビュラス廟堂内に安置された殉教者の遺骸に求め、水神託を回復させるべく、バビュラスを崇敬するキリスト教徒らに市域外のネクロポリスへのバビュラスの遺骸の移葬を命じた。バビュラス崇敬者らは遺骸の移葬の際に抗議の歌を歌って抵抗の意志を示した。一〇月二四日にはアポロンの聖域が火災で炎上した。この出火の根拠をユリアヌスはバビュラス崇敬者による放火に求め、バビュラス崇敬者の一員であった青年テオドーロスをはじめとする信徒数人を尋問した。「キリスト教徒は殉教者の出現を望んでいる」とのオリエンス道管轄近衛長官サトゥルニーヌス・サルーティウス・セクンドゥスの進言の結果、テオドーロスらは処刑を免れた。[*27]

ユリアヌスはこれ以降、急激にキリスト教批判に傾倒し、国庫からの出資で盛んに市内の聖域で供犠を行うようになった。[*28] 三六二年一二月には彼は『ガリラヤ人駁論』を著し、キリスト教に対する熾烈な批判を行った。同時期に『クロノス祭、あるいは皇帝たち』を著し、ヘレニズム・ローマ世界における君主の守護神選びのエピソードに託してマルクス・アウレリウスを至高の君主として讃えるとともに、権力欲と放埒の果てにキリスト教の「浄め」を欲したコンスタンティヌスとその息子たちの血に呪われた血脈を強調した。

この間に宮廷財務長官フェリクスとオリエンス道長官ユリアヌスはアンティオキア市内の「大教会」の教会財産と典礼用具を没収した。教会史家の叙述では、彼らの冒瀆的奇行と三六二年初の謎の突然死が強調される。[*29]

三六三年一月にユリアヌスはサトゥルニーヌス・サルーティウス・セクンドゥスを筆頭執政官としてともに執政官に就任し、宮廷で記念式典を行った。リバニオスは『執政官就任記念弁論』(*Or*. 12)を発表し、「哲人祭司王」としてのユリアヌス像を強調した。

ユリアヌスはペルシア遠征の際の協力を求めて、アルメニア王アルサケスに外交協定書簡を送付し、進軍ルートの途上にあるメソポタミアのユダヤ教徒共同体の支持を得るためにエルサレムのユダヤ教神殿の再建計画の実施を試みた。[*30] 飢饉と穀物の価格高騰をよそに供犠に耽るユリアヌスと、彼が燔祭の後に市内の聖域の祭壇に遺した犠牲獣の肉の焼け残りを貪り食らう軍隊の兵士たちの狼藉にも直面していたアンティオキア市民の不満はますます高まった。[*31]

2　物語を生む物語——史料と解釈史

その不満に応えてユリアヌスは、クロノス祭のカーニヴァル的な身分逆転を背景に想定した戯作『ひげぎらい』に託して、自らの宗教政策を「神の理法にかなった合法的なもの」として正当化し、アンティオキア市の「象の四面門」に掲示した。二月一二日には盗掘と昼間の葬儀の禁止を命じる『墓域と葬儀に関する勅令』を公布した。[*32]『墓域と葬儀に関する勅令』とその補則からは、神官の生活規定と祭儀の重要性について述べた「神官宛書簡断片」[*33]とならんで彼の死生観が浮き彫りにされる。

アンティオキア市民の不満さめやらぬ間にユリアヌスと麾下の軍団は三月四日、ペルシア戦役へ向けて出征した。出征にさいしてユリアヌスは、アンティオキアからは総督府所在地・皇帝滞在地の地位を剝奪し、港湾都市ラオディケイアをシリア州総督府所在地・皇帝滞在地に指定した。さらにオリエンス道長官ユリアヌスの後任者としてヘリオポリスのアレクサンドロスを指名し、アンティオキア周辺の神事の監督役に指名した。[*34]

リバニオスは、ユリアヌスに対しては市民の怒りの理由を説明し寛恕を求める『アンティオキア市民について』(*Or.* 15)と、アンティオキア市民に対してユリアヌスの宗教政策の意図を説明する『皇帝の怒りについて』(*Or.* 16)を著すが、いずれも公表を差し控えた。オリエンス道長官アレクサンドロスの強制的な祭儀と祭場の整備に対してリバニオスは再三にわたり警告を発している。[*35]

六月二六日、ユリアヌスはクテシフォン付近でペルシア軍と交戦中に戦死した。ペルシア軍の傭兵であった「サラケーノス」ことアラブ兵が槍で刺したと伝えられる。ユリアヌスの後任として東方近衛総監サトゥルニーヌス・サルーティウス・セクンドゥスが推挙されるが固辞、キリスト教徒の軍団将校ヨウィアヌスが後継帝となった。

史料

かつてはよきキリスト教徒として典礼に奉仕し、人品ともにすぐれた政治家になれたはずの人がなぜ、部外者にとってては得体の知れない秘儀に傾倒し、ことさらに祭儀を振興したのか。ユリアヌスの神事への傾倒は哲人皇帝たらんとする者に求められる「賢慮」の範囲を逸脱していた。彼の死の直後から、その事績を回顧する作品が書かれてきた。アンティオキアのリバニオス（三一二年―三九三年）とナジアンゾスのグレゴリオス（三三〇年頃―三九五年）の証言は、四世紀から五世紀にかけてのユリアヌスに関する歴史叙述に基礎的な材料を提供する。

この時期のリバニオスの手による頌詞・弁論（『ユリアヌス弁論群』）と書簡は、イアンブリコスの思想に必ずしも共鳴しない「父祖伝来の祭祀」の信奉者[*36]からみたユリアヌス像とアンティオキアにおけるユリアヌス治下の混乱を伝える。

『入市歓迎弁論』（*Prosphonetikos Logos, Or.* 13）はアンティオキア市内のヒッポドローミアーで挙行された入市式で朗読され、「古典の擁護者」にして神事にも通じた少壮の文人皇帝としてのユリアヌス像が紹介される。宮廷の新プラトン主義者たちを聴衆に三六三年一月に宮廷で朗読された『執政官就任記念弁論』（*Hypatikos Logos, Or.* 12）では「哲人祭司王」としてのユリアヌス像がより強調される。

未発表の『アンティオキア市民に告ぐ、あるいは皇帝の怒りについて』（*Or.* 16）では、皇帝の好誼をつなぎとめるために「父祖伝来の祭祀」と節制への関心を市民に喚起する一方、ユリアヌス宛の『アンティオキア市民について』（*Or.* 15）では、ユリアヌスのいう理想化された「ヘレネス＝ギリシア人」とは何者であるのか、ギリシア語圏にあって成熟した都市文化を享受しているはずのアンティオキア市民の示した無理解は、ユリアヌスが「ギリシア人」に求めるものを明確に伝えなかったがゆえに生じたものではないか、とする指摘がみられる（*Or.* 15.25ff.）。

リバニオスはダプネーのアポロン神殿の火災に際して、ユリアヌスの求めに応じて『ダプネー哀悼の詞』（*Monodia, Or.* 60）を著すことでユリアヌスの「ギリシア贔屓」に奉仕して得た好誼を、自らの友人の名誉回復のために利用した。

コリントスの都市参事会員アリストパネスの名誉回復のための嘆願書『アリストパネス擁護論』(*Or.* 14)では、ギリシア的学芸に通じ、神々を敬う心をもつ「真のギリシア人」としてのアリストパネスの資質を強調し、ユリアヌスからの称讃とアリストパネスの名誉回復を得た。

ユリアヌスの死の直後に書かれた『追悼弁論』(*Epitaphios Logos, Or.* 17)および三六五年に書かれた『ユリアヌス頌詞』(*Panegyrikos Logos, Or.* 18)はユリアヌスの評伝でもある。リバニオスは、一般市民の生活を配慮した政策を行った穏和でギリシア的学芸に造詣の深い哲人王としてのユリアヌス像を可能なかぎり強調する。

ナジアンゾスのグレゴリオスは『ユリアヌス駁論』(*Orr.* 4–5)において、宮廷に勤務した家族をもつ地方都市出身の新進の司祭の視点から、ユリアヌスの宗教政策の挫折を考察した。グレゴリオスは三六二年の復活祭から司祭としてナジアンゾスの教会に勤務していた。コンスタンティウス治下で宮廷医師として勤務していたその弟カイサリオスは、ユリアヌスから「哲学」への転向を示唆されて辞職し、帰郷した。ナジアンゾスのグレゴリオスは皇帝に諸宗教の保護者としての役割を期待しながら、「よきキリスト教徒哲人皇帝」となりえたはずのユリアヌスの資質と事績に言及し、ユリアヌスの宗教政策の限界を論じる。本作では、書き手自身が目撃したかのような鮮やかさで幼少期のユリアヌスの信仰体験が描かれている。グレゴリオスはカイサリオスからユリアヌスに関する情報を得て、少なくとも『ヘラクレイオス駁論』を参考にしてユリアヌスの宗教観への反駁を挑んだと考えられている。[*37] ナジアンゾスのグレゴリオスもまた、確たる焦点を結ばないユリアヌスの「哲学」と「ヘラース＝ギリシア」像に当惑を示している。

教訓詩・説教には早くもユリアヌスの死の直後から、「背教者」類型のなかでユリアヌスを描く作品が登場する。ニシビスのエフレム『ユリアヌスを駁す詩』[*38]は、シリア語で書かれたユリアヌス関連文献として貴重な史料である。エフレムはニシビス出身の聖歌作家・輔祭であり、シリア語で典礼を行う諸教会における重要な詩人として知られている。彼はギリシア的な教養教育を受けた人物ではない。本作でのユリアヌス像には、ギリシア語・ラテン語作家の描くユリアヌス像以上に「キリスト教の敵」としての性質が明確に打ち出されている。ニシビスはペルシアとローマ帝国の領域画定戦争の戦端にあり、三六三年のユリアヌス麾下の帝国軍遠征時にローマ帝国からペルシアに奪還された地でもある。本作でのユリアヌスの生涯は、供犠と秘儀に傾倒して殉教者崇敬を禁じた皇帝が神罰によってペルシアとの交戦のなかで殺されるまでの道行きである。

本作では、供犠は悪霊に対する崇敬として、秘儀への傾倒は「カルデア人」の行う「マゴスのわざ」として言及されている。[*39] これはイアンブリコスが『エジプト人の秘儀について』で「より高度な神々との交流の手段」として言及した神働術（テウルギア）を意味する。エフレムは神働術を魔術と同一視している。ここでは、ユダヤ教徒がユリアヌスの到来を歓迎したのは、彼らがアブラハムを父祖とする「カルデア人」であったからだ、という描写がみられ、ユダヤ教徒は神働術家＝魔術師と同一視されている。[*40] ユリアヌスは「カルデア人」の王、すなわち神働術を行う祭司王であると同時に、その信仰ゆえにキリスト教徒の共同体を混乱状態に陥れ、悪霊である「異教」の神々に供犠を捧げて酒池肉林にふける悪帝として描かれている。その姿は旧約の悪しき異教の王たちのようでもある。ローマ帝国によるキリスト教公認以後、少なくとも三六〇年代のペルシアでは、キリスト教は敵国の宗教として警戒されてきた。エフレムはキリスト教を弾圧するペルシア王ともユリアヌスの姿を重ねあわせて描いているとも考えられている。[*41]

『殉教者聖バビュラス講話』（三七九／八〇年）はヨアンネス・クリュソストモス（三四九―四〇五年）の初期の説教であり、アンティオキア司教メレティオス主導で行われたバビュラス廟の改築の際に公開された。[*42] 本作の英訳を手がけたシャトキンの見解によれば、この講話のナラティヴには史実の改変が多い[*43]という。歴史地理学の立場からアンティオキアの「聖地」の配置と伝承を検討したシェパードソンも、この講話をダプネーの「聖地」としてのキリスト教的側面を強調する作品として捉えている。[*44]

クリュソストモスはユリアヌスを多数の刑死者を出したデキウス帝の再来と位置づけ、「最後の大迫害」以後にもキリスト教に無理解な皇帝が出現しうる可能性を指摘した。本作でもユリアヌスは「悪霊」を奉じて供犠を行い、キリスト教の新しい習慣、とりわけ殉教者崇敬にあえてかたくなな無理解を示す君主として描かれている。

クリュソストモスは、アポロン神殿における出火の原因をバビュラス崇敬者に帰して拷問を行ってなお、ユリアヌスが命を永らえたのは神の恩恵によるものである、と述べながらも、[*45]信徒向けに「迫害された者たち」の姿を、逆境にあっても信仰を貫く模範的存在として語るために、ユリアヌスを殉教者崇敬に故意に理解を示さない傲岸不遜な「キリスト教の敵」として描く。[*46]

『殉教者ユーウェンティノスとマクシミノス講話』（三八八年）[*47]では、ユリアヌス麾下のペルシア遠征軍で軍旗の意匠をラバルムから鷲に変更することを拒んで制裁を受けた二人のキリスト教徒軍人の「英雄的」な死が語られる。ユリアヌスはキリスト教徒にそのアイデンティティの視覚的象徴であるラバルムの使用に対して理解を示さない「キリスト教の敵」として類型化される。クリュソストモスの目的は、『殉教者聖バビュラス講話』同様に、「最後の大迫害」以後の時代にも「迫害者」が出現する可能性を指摘し、思いがけない逆境のなかでも信仰を貫いた二人のキリスト教徒軍人の勇敢さを信仰の模範として語ることにあった。

紀元後四―五世紀の歴史叙述[*48]においても、ユリアヌスの宗教政策への評価は当惑に彩られている。

ウァレンス帝に仕えて、代々の皇帝たちの戦術に資する軍事史・政治史を核心に据えた歴史書を著したエウトロピウスでさえ、ユリアヌスを「同じ信仰をともにする者には親切に接しても、キリスト教に対する過度の弾圧を行った点で、彼の模範としたマルクス・アウレリウスのような哲人とは似て非なる存在」と見なした。[*49]

ユリアヌスの部下であったウルシキヌス麾下のペルシア遠征軍に従軍した経験をもつローマ帝国軍退役将校アンミアーヌス・マルケリーヌスは、軍事史・政治史を主な関心の対象として『歴史』[*50]を著した。アンミアーヌスは可能なかぎりユリアヌスに対して好意的であろうとしたが、こと神事に対する態度と「哲人皇帝」の資質からの逸脱に関しては当惑を隠さない。ユリアヌスの美点と欠点に言及した第二五巻第四章では、ユリアヌスは「哲人」の衣をまとって貞潔と節制に務め、[*51]喜捨を惜しまず行う人物であったが、[*52]民衆の人気を欲してやまなかったがゆえにとるに足りない人物とも交際を余儀なくされ[53]、神々に対する過度の畏れ（superstitio）に奔って占いと神託を恃み[54]、ほとんど抑圧的な政策をとらなかったにもかかわらず、「神威（numen）」の祭祀に転じようとしないキリスト教徒から哲学と修辞学を奪って弾圧し[55]、帝王にふさわしからぬ怒りの表出や多弁によって自らの威厳を損なうことがあった、と指摘する[56]。

エウナピオス（三五四年頃―？）は、新プラトン主義者サルディスのクリュサンティオスに師事し、神働術の伝授も経験した人物でもある[57]。ユリアヌスの宗教政策のもたらした状況については『ソフィスト列伝』で厚い叙述を行った。ここには、アパメイアや小アジアを拠点にユリアヌスと交流したイアンブリコス派新プラトン主義者の活動に焦点を当てた記事がみられる。エウナピオスは彼らの活動を支援したユリアヌスに対しては基本的には好意的であるが、「哲人王」にふさわしい宗教への参与からのユリアヌスの逸脱を「神々に対する過度の畏れ」の形態で招いた神働術に対しては懐疑的である。教会史家のなかではフィロストルギオスとソーゾメノスが彼の著作を参照している。

エウナピオスは『ソフィスト列伝』において、ユリアヌスの師であったアイデシオスとクリュサンティオスの神働術に対する懐疑について述べた後、ユリアヌスの師として後に腹心の側近となった神働術家エフェソスのマクシモスを「あまりに明敏すぎたために直接に神と遭遇できる神働術に奔った」人物として描く。エウナピオスの描くマクシモスは即位以前のユリアヌスを神働術を用いて幻惑し、後に宮廷で権勢をほしいままにした後、ウァレンス帝治下の簒奪帝プロコピオスの蜂起に連座して財産と名誉を剝奪され、処刑された人物である。このように。エウナピオスはユリアヌスに重用されたマクシモスの驕慢と悲惨な末路を描く[58]。マクシモスの「神々に対する過度の畏れ（δεισιδαιμονία）」は、ユリアヌスの宗教政策に翻弄されながらもキリスト教徒に対する柔軟な対応に務めたクリュサンティオスの態度と対比される。クリュサンティオスはユリアヌスの宮廷への招聘を辞退しながらも、サルディスに駐在する地域の宗教復興の監督役（「大神祇官」）に任じられた冷静な良心の人として描き出される[59]。

リーベシュッツは、エウナピオスのユリアヌス像とイアンブリコス像にはイアンブリコス派新プラトン主義の代弁者ならではの美化がみられることを指摘する[60]。確かにエウナピオスは、イアンブリコスの温泉採掘奇跡譚や空中浮遊譚を通していかにも人間離れした聖者としての神働術の達人像を描き出しており、断片のみで残る『歴史』においても、ユリアヌスの失策にはあまり注目してはいない。そのかわりにユリアヌスの周辺の「哲人」たちの活動を彼は活写する。エフェソスのマクシモスの宮廷内での専横、サルディスのクリュサンティオスによるユリアヌスの宮廷への伺候の辞退などのエピソードは、イアンブリコス派新プラトン主義者サークルの周辺にいた著者ならではの取材による情報として読むことが可能であろう。

他方で、エウセビオス『教会史』の後継となるアクィレイアのルフィヌス『教会史』を嚆矢とするキリスト教側の歴史叙述[*61]からは、ユリアヌス治下のキリスト教徒の混乱が強く印象づけられる。年代記形式で書かれたヒエロニムス『年代記』、オロシウス『異教徒論駁のための歴史』のほか、『ヒストリア・アケファラ』、『復活祭年代記』では、ユリアヌス像は「迫害帝」の様式のなかに封じ込められ、ユリアヌス治下で生じた混乱の代表例が点描される。[*62]「挫折した哲人王」の主題はむしろ教会史家群に顕著である。

アクィレイアのルフィヌスによる『教会史』はカイサレイアのエウセビオス『教会史』のラテン語訳に同時代史を付した著作であり、オリゲネス論争の渦中でニカイア派の聖職者の立場から書かれた。第九巻までのエウセビオス『教会史』のラテン語訳部分に補筆した第一〇巻・第一一巻が同時代史を扱っている。ユリアヌスについては第一〇巻で述べられており、ユリアヌスの転向と単独統治権獲得後の親キリスト教政策の放棄の影響のもとで生じたアレクサンドリアとアンティオキアでの混乱に関する情報が略述されている。[*63]

西方の教会史叙述では四一七年までの叙述を含むオロシウス『異教徒反駁のための歴史』がその後継となるが、年代記様式の叙述であり、ユリアヌスの宗教政策に関する情報は「供犠を行う皇帝がキリスト教を弾圧した」の域を出ず、公認以前の迫害帝描写を連想させる。[*64]

アノモイオス派信徒であったとされるフィロストルギオスの『教会史』第七巻では、ユリアヌスは典型的な「キリスト教に無理解な、供犠を行う異教の悪帝」として描かれている。フィロストルギオスは、ユリアヌスのキリスト教弾圧の結果、東方のアレイオス派およびアノモイオス派指導者・信徒が被った混乱を、時として聖人伝的叙述を交えながら詳述している[*65]。

ソクラテス・スコラスティコスとサラマネース・ヘルメイアース・ソーゾメノスの『教会史』もまた、ユリアヌス治下の教会のおかれた状況についてキリスト教内在的な情報を提供する[*66]。

ソクラテス・スコラスティコスの生涯については未詳の点が多い。彼は三八〇年代に生まれたと考えられている。『教会史』の記事の終結が四三九年であることから、彼の没年はそれ以降に想定されるが、『教会史』の成立は四四〇年頃から四四〇年代中葉ではないかと考えられている。従来、ソクラテスはコンスタンティノポリスで活動した法律家とされてきたが、作中に公文書に関する情報や宮廷人からの情報提供を喚起させる叙述に乏しいことから、現在、法律家説は否定されている。彼はノウァティアヌス派の信徒でもあったとされるが、『教会史』の叙述からはノウァティアヌス派に与する叙述はそれほど鮮明に現れない。教義論争期の各派の教義に詳しい解説を加えていることから、少なくとも教役者と関わる機会の多い立場にいたのではないかとも考えられている[*67]。

『教会史』では、第三巻がユリアヌスの治世に割かれている。ソクラテスはユリアヌスの棄教とキリスト教批判を同時代の真剣な知的営為として捉え、リバニオス『ユリアヌス頌詞弁論』とナジアンゾスのグレゴリオス『ユリアヌス駁論』に言及する(3.23)。彼は、小アジア・エジプト・シリアを中心とする帝国東方のキリスト教徒のユリアヌスの宗教政策に対する反応と、ニカイア派とアレイオス系諸派の対立を詳述し、ユリアヌスの意図を越えてキリスト教徒の間に生じた混乱について言及した。

サラマネース・ヘルメイアース・ソーゾメノスはパレスティナのガザ出身の著作家である。三八〇年頃に生まれ、コンスタンティノポリスには四二五／六年頃に上ったとされる。没年は四四六年以降と考えられている。『教会史』の成立年代には諸説あり、四三九年頃から四四四年の間とする説が有力である。『教会史』に公文書への言及が多いことから、テオドシウス二世の姉プルケリアのサロンとも関わりのある法律家であったと考えられている[*68]。彼の信仰上の立場はニカイア派に近い。『教会史』第五巻がユリアヌスの治世に割かれ、主に帝国東方の事例が紹介されている。ソーゾメノスの祖父の一族が、ユリアヌス治下のガザで祈禱師セラピオンから悪霊祓いを受けて治癒したことを契機に、一家でキリスト教に改宗した経緯の反映であろうか、ソーゾメノスは殉教者・証聖者行伝的挿話や奇跡譚に手厚い叙述を行っている。

キュロスのテオドーレートス[*69]（三九三年頃―四六六年）は、ニカイア派の聖職者の立場から、歴史叙述に加えて「異教哲学」のキリスト教による超克に関心を傾けた。『教会史』第三巻では、ユリアヌスは、キリスト教の恩恵に啓蒙されることなく悪霊を奉じて供犠を行う「邪悪な哲人王」となった人物として類型化され、「迫害帝」に抗するアンティオキア周辺の信徒の生態が活写される。アンティオキア周辺の聖人の事績を記した『宗教史』の成立は四四四年頃と考えられているが、『教会史』の成立年代については諸説あり、ヨアンネス・クリュソストモスの遺骸のコンスタンティノポリスへの到着についての言及から、少なくとも四三八年以降に書かれたことは確実であり、もっとも遅く見積もってテオドシウス二世の死以前に成立したと考えられている。[*70]

教会史家たちの描くユリアヌスは挫折した「哲人王」であると同時に、狡猾で洗練された戦略をもつ「迫害帝」でもある。彼は供犠に奔って「ギリシア人の宗教」の復興に力を注ぎ、ギリシア古典文学の神話叙述を「ギリシア人の宗教」の教説として独占し、公職と知的専門職からキリスト教徒を排除し、宗教的帰属を超えた知的共有財産としての修辞学・哲学を彼らから奪うことによって弾圧を行い、殉教の名誉さえも与えることのない人物として描かれる。

教会史家において、そのユリアヌスに棄教と供犠への傾倒を唆したのは「哲学者」と「魔術師」と「占い師」である。エフェソスのマクシモスに代表される「哲学者」と神働術家は同一視されており、ユリアヌスの推奨した「哲学」の学派には特定の固有名が与えられていない。「哲学者」たちはイアンブリコス派新プラトン主義者とは特定されていないのである。さらにアレクサンドリアのキュリロス『ユリアヌス駁論』は、ユリアヌスを五世紀の教父・教会史家の論敵としての一般的な「異教」哲学者像のイメジャリと重ねあわせて仮想敵とした。[*71]

解釈史の問題――「背教者」から「古典の擁護者へ」[72]

中世を通して西方世界・ビザンティン世界を問わず流布した「キリスト教の敵」としてのユリアヌス像は容易に払拭しがたい。西方ではポスト・ローマ期のカッシオドルス『三部の歴史』、スルピキウス・セウェルス『トゥールのマルティヌス伝』が嚆矢であろう。一三世紀のヤコプス・デ・ヴォラギネ『黄金伝説』のユリアヌス伝はカッシオドルスを典拠として、悪魔のような憎むべき「迫害帝」のイメジャリを加えてユリアヌスを描いた。[73]

ビザンティン世界でもユリアヌスは公敵となった。ユスティニアヌス治下で『ガリラヤ人駁論』は禁書とされて散逸し、アレクサンドリアのキュリロス『ユリアヌス駁論』やモスプエスティアのテオドロス『ルカによる福音書注解』などで引用された断片のみが現在伝えられている。「迫害帝」としてのユリアヌスの治下で勇敢に信仰を護って死んでゆく殉教者たちの物語も書き継がれる。ゲオルギオス暗殺事件に伴って処刑されたエジプト軍管区長アルテミオスの殉教を描く六世紀の『アルテミオスの殉教』、ヨアンネス・ダマスケノスが語る『殉教者メルクリウス伝』はその嚆矢であろう。九世紀の『テオファネス年代記』、一三世紀のコンスタンティノポリス総司教マナセスによる『年代記』、テオドロス・スクタリオスらの著作は憎むべき「背教者にして逸脱者、教会の敵」としてのユリアヌス像を提示する。

ユリアヌスの著作を後世に語り継がれるべき異端者にして棄教者の意見とみなし、写本として後世に伝えたのもまたビザンティン世界であった。六世紀のマララス『年代記』、九世紀のフォティオス、一二世紀のゾナラス『歴史』はユリアヌスの修徳修行者的側面に対して比較的好意的である。さらにプセロスやニコラオス・カバシラスらは教会と政権の腐敗を批判するさいにユリアヌスの著作を参照した。一〇世紀の『スーダ事典』のユリアヌスに関する項目（Suda, s. v. Ἰουλιανός）も可能なかぎり好意的に修徳者としての資質とその治世を解釈しようと試みており、現在は散逸した著作『三つの形相について』（Περὶ τῶν τριῶν σχημάτων）と『悪の来歴について』（Περὶ τοῦ πόθεν τὰ κακά）の存在にも言及している。[74]

西方では文藝復興期以降にユリアヌスの実像の再評価が始まる。アンミアーヌスと教会史家群の叙述が「真率質実な古典の擁護者にして教権の批判者」ユリアヌス像の典拠となった。ロレンツォ・デ・メディチはアンミアーヌス・マルケリーヌスを通して知ったユリアヌスの真摯な人となりに感銘を受けた。[75] エラスムスはカッシオドルスを読み、ユリアヌスの質実な人となりにふれて感銘を受けつつも、熾烈な教会への批判者としての側面に戸惑いを覚えた。彼にとってユリアヌスは教権への批判と自らの信仰のあいだで引き裂かれるルターを想起させる存在でもあったという。[76] 一六世紀にはジャン・ボダンとモンテーニュがユリアヌスの真摯なキリスト教批判に惹かれ、[77] 啓蒙の世紀には反教権主義のヒーローとしてのユリアヌスをギボン『ローマ帝国衰亡史』とヴォルテールが称揚する。シラーもまたユリアヌスの生涯の戯曲化を試みたという。[78]

フランス語圏では歴史研究に携わるカトリック司祭もまた、ユリアヌスの再評価に関わった。アベ・クロード・フルーリは『教会史』（一六九一―一六九七年）でユリアヌスを扱い、アベ・ド・ラ・ブレトリは評伝『ユリアヌスの生涯』を著した（初出一七三五年）。アベ・フルーリとアベ・ド・ラ・ブレトリはユリアヌスの熾烈な教権批判と「善君」としての側面の公平な評価に戸惑い、「称賛と批判どちらかに決めることができない」として確たる判断を保留した。[79]

ロマン主義以降のユリアヌス像は、硬直した権威としての教会を批判しつつも帝国の滅びの時代にあっておのれの理想に殉じた人物とみなされ、「戴冠せるロマン主義者」としてシュレーゲル、ラ・モット・フーケ、スウィンバーンら文人の想像力をかきたてた。「戴冠せるロマン主義者」との表現はダヴィッド・フリードリヒ・シュトラウスの著作『皇帝の玉座にあるロマン主義者あるいは背教者ユリアヌス *Der Romantiker auf dem Throne der Cäsaren oder Julian der Abtrünnige*』（一八四七年）のユリアヌス像に由来する。ヘンリク・イプセン『皇帝とガリラヤ人』（初出一八七三年）とドミートリイ・セルゲーエヴィチ・メレシコーフスキイ『神々の死』（初出一八九八年、初訳一九一〇年）のユリアヌス像もこの系譜に属する。ギリシア出身の作家コンスタンディノス・カヴァフィスは、生涯を通して歴史的ユリアヌスから喚起される暗鬱な反教権主義のモティーフを探求した。[*80]

一九世紀末に入って学問的な再評価が始まる。当時ベルリン大学に奉職していたテオドール・モムゼンは「戴冠せる浪漫主義者」としてのユリアヌス像の検証を試み、一八八五／八六年冬学期および一八八六年夏学期の講義でディオクレティアヌスからアラリックまでの皇帝を扱い、アンミアーヌスを主な史料としてユリアヌスにも言及した結果、その宗教政策の意外な狭量さに幻滅を覚えたという。ルドルフ・アスムスによるユリアヌスの立法と思想の翻訳と祖述的研究、理想化された哲人王としての側面に注目したヨハンネス・ゲフケンによる伝記、キリスト教からの影響を強調したポール・アラールによる三巻本の伝記が学問的考究として続く。[*81]

二〇世紀におけるユリアヌス研究の定礎となったのはジョゼフ・ビデによる評伝『ユリアヌスの生涯』（初出一九三〇年）である。[*82] ビデはアンミアーヌス・マルケリーヌスを規範史料として、公的祭祀の振興を願う古典の擁護者であると同時に、新プラトン主義に傾倒する神秘家的側面の二重性をもつ文人皇帝ユリアヌス像を描き出した。ビデはフランツ・キュモンの盟友でもあり、ユリアヌスの書簡の翻訳・校訂にもともに関わった。[*83] ビデの提示したユリアヌスによるミトラス教国教化説はキュモン・テーゼに沿うものである。フランス語圏では古代末期におけるオルタナティヴな宗教としての新プラトン主義と、宗教の寛容性の模索という視点からユリアヌスへの事績に対する考察が行われた。ユリアヌスの宗教政策を「異教教会の設立」とみなす定礎を提供したコッホの論考「いかにしてユリアヌスは異教教会を設立したか」（一九二七／二八）[*84] や、アレクサンドル・コジェーヴによる『ユリアヌスとその著作』もこの系譜に位置づけることが可能であろう。[*85]

キリスト教の圧倒的な存在感の前に理想に向かってドン・キホーテ的な努力を重ねて挫折を重ねる悲運の文人皇帝像は、全体主義体制における政治の美学化にも利用された。二〇世紀後半以降のユリアヌス研究はこの「政治の美学化」に利用されたユリアヌス像からの回復の過程でもあった。

イタリア語圏ではユリアヌスの著作の校訂・注解が盛んに行われる一方で、[*86] アロイス・リーグル、アルナルド・モミリアーノ、アドルフ・フォン・ハルナックらの先駆者の提言を受けてピーター・ブラウンが提唱した「古代末期」論の形成とともに、英語圏ではユリアヌスへの関心が形成される。外交官であったロバート・ブラウニングによる評伝『背教者ユリアヌス』(一九七五年)はユリアヌスのなかにジョン・F・ケネディのような刷新者をみる[*87]。バワーソックの評伝『背教者ユリアヌス』(初出一九七八年、邦訳一九八四年)はその応答として、社会主義国家のイデオローグ的独裁者を念頭において「禁欲的革命家」「異教的リゴリスト」としてのユリアヌス像を提示した。バワーソックはユリアヌスを偏狭な「宗教化されたヘレニズム」のイデオローグとしてきわめて辛辣に描き出しており、ブラウニングの評伝とは対照的である[*88]。

ユリアヌスが生きた「古代末期」という時代は長く「古代の頽落」あるいは「キリスト教の勝利」の時代とみなされてきた。二〇世紀においても、たとえばケンブリッジ儀礼学派の領袖であった神話学者、ギルバート・マレーは、『ギリシア宗教発展の五段階』(一九二五年)において、ヘレニズム時代以降の地中海世界における救済宗教志向を「ギリシア宗教の頽落」として描いた。『ギリシア人と非理性』(一九五一年)と『不安の時代の異教とキリスト教』(一九六三年)を著したE・R・ドッズは、新プラトン主義におけるテウルギアの役割を論じた論文「テウルギアと新プラトン主義の関係」(一九四七年)でもやはり、イアンブリコスの思想に秘教性を見出だし、新プラトン主義を「非合理」として断じた[*89]。

イアンブリコス派新プラトン主義は長く「神秘思想」として位置づけられ、過度に秘教視されてきた。そのためにビデ以来のユリアヌス像は顕教志向と秘教志向に引き裂かれる神秘家的な資質を強調する傾向にあった。バワーソックの描いたユリアヌス像が、強度の高い、体験に進んで身を委ねて他者にもその模倣を要請するリゴリスティックな人物であったこともその消息に属するものであろう。

しかし、一九八〇年代以降[*90]、古代末期における新プラトン主義の研究が進展し、イアンブリコス派の思想の実態の解明と脱神秘化が進んだ結果、ユリアヌスの思索に影響を与えた先行例の系譜論的な再検討も試みられるようになった。

ポリムニア・アタナシアディによる評伝『ユリアヌス　ある知的伝記』（初版一九八一年、第二版一九九二年）[*91]は、宗教に自ら深く関わるギリシア人国家の君主としてのビザンティン的皇帝の先駆としてユリアヌスを描き、「神秘主義的」新プラトン主義者としての側面を強調するとともに、ユリアヌスによるミトラス教国教化説を支持した。ロウランド・スミスによる評伝『ユリアヌスの神』（一九九五年）もユリアヌスの著作の系譜論的研究であるが、ロベール・テュルカン以降のミトラス教研究の成果を根拠として、「ミトラス教の国教化」説の非現実性を指摘した点が画期的である。[*92]そもそも祭祀施設の遺構の規模から判断して、ミトラス教はキリスト教と対抗するほどの規模を持ちえなかった。しかも女人禁制の外来宗教を国家祭祀の宗教として指定することは不自然である、とする立場である。

ジャン・ブーファルティーグ『ユリアヌスとその時代』（一九九〇年）[*93]は、ユリアヌスが参照した著作群の再構成を行うレファレンスワークである。テレザ・ネッセルラート『ユリアヌス帝と国家の再異教化』（二〇一三年）はユリアヌスの言動にみられるモティーフの先行例を模索する。[*94]両者の研究は画期的なユリアヌス像を提示するものではないが、レファレンスとして有用である。

プロティノス以後の新プラトン主義における哲人統治論の系譜を論じたドミニック・オマーラ『プラトノポリス』（二〇〇三年）では、ユリアヌスの「国民の魂の陶冶のための」公共的な儀礼観とイアンブリコスの「世界の浄化」にまで達する神秘的な儀礼観の類縁性とともに、ユリアヌスの理想とする哲人統治国家の宗教像がプラトン『法律』『国家』の祭儀論にも大きく依拠していることが指摘される。[*95]

近年のドイツ語圏の研究はユリアヌスの限界に目を向ける。クラウス・ブリングマンによる評伝『ユリアヌス帝』（二〇〇四年）はユリアヌスの楽観主義の挫折を指摘する。[*96]クラウス・ローゼンによる評伝『ユリアヌス　皇帝、神、キリスト教を憎んだ男』（二〇〇六年）はユリアヌスの思想に「原神話」としての光の神話があったことを指摘した上で、ユリアヌスとキリスト教との関わりを再検討し、ユリアヌスの宗教政策の背景にコンスタンティウス二世によるアレイオス派偏重への反発があったことも指摘する。[*97] ローゼンの評伝はユリアヌス受容の精神史に一章を割いている点でも貴重であり、ブローンとリシェ篇による受容史論集[*98]とあわせて参照することで、ユリアヌス受容の概観を得ることができる。

とはいえ、研究の深化と多様な方法論の援用の必要性もあいまって、ユリアヌスの事績の全体像をひとりの研究者が描き出すことが困難になりつつあるのもまた確かである。共同研究によるユリアヌス研究の事例としては、二〇〇八年にドイツ語圏の研究者を主な執筆陣とするシェーファー編による論文集『「背教者」ユリアヌス帝とキリスト教への哲学的応答』がある。このほか、二〇〇九年にフランス・イタリアの研究者を主な執筆陣として構成された *Antiquité Tardive* 誌第一七号の特集『ユリアヌス帝とその時代』[*99]、英語圏の研究者を執筆陣とするベーカー＝ブライアンとタファー編によるユリアヌス著作解題『皇帝にして著作家　ユリアヌスの著作』（二〇一二年）[*100]、同時代史料の再解釈と受容史研究の紹介を主軸におき、イタリアの研究者を執筆陣とするマルコーネ編の論集『ユリアヌス帝　史実と表象』（二〇一五年）[*101]などをあげることができる。*Antiquité Tardive* 誌に寄稿された動向紹介論文においてブーファルティーグは、ユリアヌスに関する新たな史料を見いだすことが困難になった現在、研究の視角を変えて新たな知見を得ることは可能ではあるが、新たに説得的な評伝を書こうと試みるならば、推察にもとづく共感的な心理的洞察の誘惑を避けることができない、と指摘した。[*102] 史料の行間を読んで empathic な洞察を行って歴史叙述を行うこと、それは実証的な歴史研究の職掌範囲を超える事業でもある。

ユリアヌスと同時代の著作家によるその信仰世界の観察には、伝聞と事実と推測と願望が混在している。彼らはユリアヌスの著作をどのように読んだのか。また、彼らはユリアヌス像の虚実に何を託したのか。今後の研究動向ではこのような側面が注目されよう。たとえばエルムの『ヘレニズムの息子たち、教会の父たち』（二〇一一年）[*103]におけるナジアンゾスのグレゴリオスの初期作品にみられる「共有財産としてのパイデイア」の概念の比較や、セレリエ『ユリアヌスの影に』（二〇一三年）[*104]における同時代史料におけるユリアヌスの作品の受容形態同時代のなかのユリアヌス像を抽出しようとする試みである。

日本におけるユリアヌス受容の特異性――歴史研究と創作のはざまで

日本での初期のユリアヌス受容は明治・大正期の正教会の翻訳事業に始まる。明治・大正期の正教会は翻訳事業を通して、初期キリスト教史とギリシア教父の著作の紹介を行っていた。[*105]正教会的文脈からみた規範的ユリアヌス像は、ポベドノスツェフ他『キリスト正教会史』(正教会編輯局、一八九三年)の第一四章「背教者ユリアン」において紹介されている。ここでは五世紀の正統主義系教会史叙述を典拠とする「異教徒皇帝」と「アファナシイ」(アタナシオス)の対立が描かれている。ロプヒン『聖金口の生涯と其事業』(正教会編輯局、一九一二年)収録の「猛烈なる異教の迫害「金口約翰蹶起の動機」「ユリアンの悶死と基督教の復興」では、若き「聖金口」(ヨアンネス・クリュソストモス)の回心の動機として、アンティオキアにおける「迫害帝」ユリアヌスの統治をあげ、ユリアヌスが「異教」と「魔術」を振興して「異教人」のキリスト教への嫌悪を喚起したために、ウァレンティニアヌス一世とウァレンス帝がキリスト教を擁護したのだと説く。[*106]ロプヒンの叙述はキュロスのテオドーレートス『教会史』第三巻に依拠するものと思われる。いずれも近代的ユリアヌス・ロマンの「古典の擁護者」としての文化英雄ユリアヌス像とは対照的な、ビザンティン以来の正教会内在的な伝統に立つ「教会の敵」としてのユリアヌス像が強く印象づけられる。

広く巷間に流布して読書人の共感を呼んだのはむしろ、ロマン主義以降のユリアヌス・ロマンであった。田山花袋・夏目漱石らが近代リアリズム文学の模範として支持したヘンリク・イプセンの戯曲『皇帝とガリラヤ人』(原著一八七三年、初訳一九一四年)、ドミートリイ・セルゲーエヴィチ・メレシコーフスキイによる小説『神々の死』(原著一八九八年、初訳一九一〇年)である。[*107]『神々の死』の紹介はエドワード・ギボン『ローマ帝国衰亡史』の翻訳よりも早い。[*108]

そして第二次世界大戦後の作品としては、辻邦生による小説『背教者ユリアヌス』(初出一九六九年、初版一九七二年)がある。[*109]

イプセン『皇帝とガリラヤ人』の最初期の翻訳としては、一九二三年に東京堂書店から刊行された島村民蔵訳が知られる。*110 本作ではバシレイオス、ニュッサのグレゴリオスとその長姉小マクリナの姉弟とナジアンゾスのグレゴリオスがユリアヌスと対決する。ユリアヌスはキリスト教に対して無理解な、学識あるエリート主義者の皇帝として描かれており、「異教古代」でもキリスト教でもない精神の自由にみちた第三の世界を求めるが、善意のキリスト教知識人と対論して敗れてゆく。

『皇帝とガリラヤ人』は歴史研究者による真摯な解説の対象となった。大類伸は『岩波講座　世界思潮』第七巻（岩波書店、一九二八年）において、『皇帝とガリラヤ人』と『神々の死』にみられる歴史意識を論じた。大類の論考「西洋思潮　第三講　皇帝とガリラヤ人」は日本語でユリアヌスとユリアヌス・ロマンを論じた先駆的な論考であろう。大類はヨハンネス・ゲフケンによる評伝『ユリアヌス帝』（一九一四年）を参照し、ユリアヌスを学識に富みながらも人心操作を伴う政治的才覚に欠ける文人皇帝と見なした。大類は『皇帝とガリラヤ人』のうちに、史劇に不可欠なデタッチメントとともに、古典的教養の幸う「異教古代」とキリスト教的中世を超克する世界の到来への希望という作者自身の歴史意識が明確に見られる作品であることを指摘した。大類はイプセンの歴史意識をヘーゲルの弁証法的歴史哲学からベネデット・クローチェの歴史哲学に至る階梯の中間に位置づけ、「不可知の力」と自由に導かれて個人がみずからの人生を選択する世界の到来への希望を作中の「第三の帝国」とよばれるユートピア像に託したのではないかと指摘し、『皇帝とガリラヤ人』が単純にキリスト教の勝利を謳う作品ではないことを喝破した。*111

ほととぎす叢書の一冊として刊行された島村苳三訳の『背教者じゅりあの』（ほととぎす出版所、一九一〇年）は、メレシコーフスキイ『神々の死』英語版からの抄訳である。同書には森林太郎による序文のほか、ラファエル・フォン・ケーベルによる推薦文と島村苳三による作品解説が収録されている。ケーベルの推薦文はドイツ語原文と魚住影雄（折蘆）による日本語訳で収録されている。ケーベルは、『神々の死』の掉尾でアレクサンドリアのクレメンス『ストロマテイス』を掲げて普遍の古典的教養の価値と万教一致の理想をうたいあげる作中のアンミアーヌス・マルケリーヌスの姿に、本作の核心となる主題を見いだした。この後、一九二一年に米川正夫によるロシア語からの翻訳による『神々の死』が新潮社から刊行され、のちに新潮文庫に収録され、広く読まれた。[*112]

大類伸は『神々の死』の叙述の特色を、歴史哲学に欠ける「記述的歴史」として理解した。しかし、『神々の死』は史伝ならではの生活誌叙述としての魅力を備えていたがゆえに、かえって戦間期の文人に「戴冠せるロマン主義者」ユリアヌスをいっそう身近な存在に感じさせた。[*113] なかでも大川周明のイスラームにおける新プラトン主義の受容への関心と汎アジア主義への影響と、折口信夫の歌論と歴史小説論、そして「神道宗教化論」への呼応には、ユリアヌスの思想にみられる「神（々）の愛に報いる人々にもたらされる地上の平和」「行いとことばの一致」を想起させる側面がある。[*114]

折口信夫の『神々の死』体験は、生きられた体験としての「日本の神々の死」の時代の宗教生活誌を映す歴史小説執筆への意志へと到達した。彼は『歌の円寂するとき』において、生を貫く営みとしての短歌の制作姿勢が作品そのものに一如となる境地こそが短歌の滅亡を救うと説き、「壽詞《よごと》をたてまつる心々」に述べられた「古代人の心にゆきふれる小説を書きたい」との悲願は、奈良時代を日本の「神々の死」の時代に見立てて中将姫伝説に取材した『死者の書』に結実した。折口は、二上山の彼方に顕現する阿弥陀仏に重ねられる招魂された死者との交歓を精緻な有職故実描写とともに「意識の流れ」の手法によって描き出した。また、戦後の折口は「神道宗教化の意義」において、天皇を神格化することなく、民衆を理不尽な暴力に動員することなく、清明心を回復するための明確な神学と倫理の体系を備えた神道の創設が必要であると説いた。この境地もまた、文人皇帝の夢想した理想国家の現出への意志を彷彿とさせる。

第二次世界大戦後の日本語話者によるユリアヌス・ロマンの作例である辻邦生『背教者ユリアヌス』（初出一九七一年）が読書人や歴史研究者に与えたインスピレーションは看過できない。辻は一九五九年に訪問したアテネ・パルテノン神殿での体験を「西洋的なもののなかにある高貴なもの」の身体的知覚の体験として生涯回想した。[*115] 古典古代の文物に宿る「西洋的なもののなかにある高貴なもの」を甘美な陶酔とともに永遠の相のもとに味わう瞬間は、東洋人にも直感的に把握可能である。そのようなヴィジョンを辻は提示する。[*116] 彼は自作の成立過程について意識的に言及する作家であり、歴史叙述に対するフィクションの優位性を確信していた。そのような視角は、彼が自作の制作過程を解説した「『背教者ユリアヌス』歴史紀行」にも、『辻邦生歴史小説集成』第四―六巻『背教者ユリアヌス』（岩波書店、一九九三年）の巻末解説および第九巻『歴史小説論』に収められた論考・執筆ノートにも伺える。

『背教者ユリアヌス』の執筆の動機はフランス滞在中の辻を悩ませたアノミーにあった。一九六九年、パリに滞在していた辻はフランスのキリスト教的風土から受ける抑圧を深く感じていたが、パリ市内の「ユリアヌスのテルマエ」跡を森有正とともに見学して以来、古代地中海世界への関心を深め、「キリスト教の抑圧と闘った青年文人皇帝」としてのユリアヌスに自らを重ねて惹かれるようになった。

『背教者ユリアヌス』におけるユリアヌスの為政者としての事績に関する叙述は、おおむねエドワード・ギボン『ローマ帝国衰亡史』とビデの『ユリアヌス帝の生涯』に拠っている。また、古代末期の地中海世界における「異教」とキリスト教の対立・拮抗関係の描写についてはモミリアーノ編著の『四世紀における異教とキリスト教の対立』（一九六三年）[*117]から着想を得ているという。辻はユリアヌス自身の著作にビデ、キュモン、ラコンブラード、ロシュフォールらが校訂翻訳編纂にあたったル・ベル・レットル版のフランス語訳（一九二二―一九六〇年）を介してふれている。[*118]

辻の『背教者ユリアヌス』執筆の目的は「歴史的ユリアヌス」を描くことではなく、ベルグソン的な意味での「生の躍動」としての「生の喜びと晴れやかさ」を、ある巨大な文明の落日の時代に美と理想を求めて生きた青年の宿命的な悲劇を通して追体験させる小説という形態で描くことにあった。辻はこの「生の喜びと晴れやかさ」を描くために、コンスタンティウス二世妃エウセビアとユリアヌスのあいだに想定したロマンスを虚実を交えて強調し、機械仕掛けの女神のようにトリックスターとなって登場するサーカスの少女ディアや、地理学者ゾナスのような実際には存在しないユリアヌスの友を作中に登場させることも厭わなかった。辻にとって『背教者ユリアヌス』の取材旅行と執筆は「詩的高揚」のうちに精神の健康を回復する過程でもあった。辻のいう「詩的高揚」は「生きてあることそのものが喜びである」という状態であり、ベルグソン的な「生の躍動」にも通じる。彼は古典古代を詩的高揚の具現化の時代とみなす。ロマン主義的な古代への憧れの残映がここにはみられる。辻は作中世界における「晴朗な古典の擁護者」としてのユリアヌス像を保つために、新プラトン主義の秘教的側面への参与やキリスト教との対立をあえて描出しなかった。この点で、彼の叙述は歴史哲学と思想のドラマとしての史伝をユリアヌスの生涯に託して書こうとしたイプセンやメレジコーフスキイとは対照的である。

『背教者ユリアヌス』の同時代における評価を回顧しよう。『辻邦生全集』第二〇巻には、中公文庫版『背教者ユリアヌス』に篠田一士が寄せた解説のほか、粟津則雄・山本健吉・高橋英郎ら辻の盟友たちによる『背教者ユリアヌス』評が収録されている。[*119] 彼らの讃辞からは日本語で西洋古代史に取材した大河小説を書いた同志の出現への賛嘆と、歴史研究以上に鮮やかな生活世界の描写と「生の躍動」を描きうる媒体としての史伝の可能性に対する信頼が看取される。

かつて大類伸が『神々の死』と『皇帝とガリラヤ人』の歴史意識を論評したように、西洋古代史研究者の側からも『背教者ユリアヌス』に対する真摯な応答が寄せられた。秀村欣二と高橋秀による書評である。両者とも、『背教者ユリアヌス』を、史実に沿いながらも、創作でこそ可能なみずみずしい生活世界の描写を行った叙事詩的作品として評価している。

秀村欣二は第二次世界大戦後の日本におけるユリアヌス研究の先駆者である。[*120] 秀村はキャリアの最初期からユリアヌスの精神的形成と宗教政策の探求をライフワークの一部とし、無教会主義キリスト者としてのコスモポリタニズムへの関心に立って議論を行った。秀村はユリアヌスを、諸民族の文化を越えた共有遺産としての「古典」を擁護するコスモポリタン的な哲人王として理解する。秀村のユリアヌス研究は、ユリアヌス自身の著作とアンミアーヌス・マルケリーヌス『歴史』および教会史家群の言及に基づいて、ユリアヌスの宗教復興に関する事績を「古典的な伝統的多神教／都市共同体的宗教」の復興として位置づけ、再構成する試みであった。そのような立場から秀村は書評「ユリアヌス・ロマンの白眉」を『世界』一九七三年五月号に寄せ、[*121]『背教者ユリアヌス』の叙事詩的資質を看破した。

秀村は日本におけるユリアヌス受容史にふれた上で、辻の歴史小説論「ユリアヌスの廃墟から」と「歴史小説の地平」を紹介し、作品世界を「生の躍動」を描く叙事詩として結晶化させる辻邦生の意志を指摘する。叙事詩として作品を成立させるために辻は思想描写を自制し、夫人であった辻佐保子の専攻領域である初期キリスト教美術の知見も交えて緻密な取材にもとづくみずみずしい生活誌的描写を行い、特に史料からは読み取ることが必ずしも容易ではない女性登場人物の心理描写を試みた。この点に、秀村は『背教者ユリアヌス』の史伝としての美質をみいだす。

高橋秀は日本YMCA同盟学生部発行の『大学キリスト者』五二号（一九七三年五月）に書評「辻邦生著『背教者ユリアヌス』歴史研究を超えるもの」を寄せた。[*122] 高橋のこの論考は、一般的な解釈をときに疑い、史料から明らかにしうるかぎりのことをありのままに見つめようとする歴史研究と、過去のことがらに生き生きとした息吹を吹き込むために想像力と直感を、そして史料に対する新しい解釈と固定的偏見を打破する史実の発見よりも一般に巷間に流布する解釈を優先させる文学の関係とを対置し、古代ローマ史に取材した日本語による叙事詩的作品に遭遇した歴史研究者から見た歴史学と文学の可能性をめぐる考察を伝える。

日本YMCA同盟学生部の機関誌という掲載媒体の性質を考慮した高橋の論評は、作中のユリアヌスと歴史的ユリアヌスそれぞれの宗教への関わりに注目する。高橋はまず、ユリアヌスの略伝とユリアヌスの著作の性質に言及し、以下のような見解を提示した。ユリアヌスのキリスト教批判は自身を不幸に追いやった王朝主義と、その根拠であるキリスト教の文化的な貧しさと反知性的な側面への反発に由来するものであり、教義論争のなかで権力と癒着するキリスト教の理想と現実の不一致をつくものであったが、帝室が親キリスト教政策に大きく舵を切った時代の流れには逆らうことができなかった。そしてユリアヌスによって提示された、反知性的であるがゆえに独善的になり、体制へ迎合する宗教への懐疑は、キリスト教という宗教じたいの問題として、そして信仰の問題として問われなければならない。高橋のこの指摘は簡潔にして正鵠を射ていよう。

そのうえで高橋は作中のユリアヌス像の特色を、「人間の限界にしたがって人間の品格を守り、狂信を拒む」側面にみいだし、本作の被献呈者である渡辺一夫のユマニスムの影響をみる。彼はその消息に立って、作中のキリスト教と「異教」の対立を、永遠性を体験したがゆえに「充実した澄み切った心をもって」地上的なものに献身する人物を叙事詩的作品世界に託して描くための舞台装置とみなす。辻邦生にとってのユリアヌスを描くことは歴史的ユリアヌスの探究よりもやはり自身の美意識を託す存在を描くことでもあった。

このように、日本においては歴史関連領域の研究に関わる研究者・実作者によるユリアヌス・ロマンの受容に対する論評を通して、むしろ歴史研究と創作の職掌範囲とその可能性への見解が明らかにされることとなった。この点で大類伸による『皇帝とガリラヤ人』評、秀村欣二と高橋秀による『背教者ユリアヌス評』、そして折口信夫の『神々の死』体験への言及は批評史上重要な示唆を与える。

一九八〇年代にはユリアヌスを扱った欧語研究文献の邦訳が現れる。一九八六年に刊行されたG・W・バワーソック『背教者ユリアヌス』（新田一郎訳、思索社、原著一九七八年）、一九八七年に刊行されたロバート・ウィルケン『ローマ人から見たキリスト教』（三小田敏雄・松本宣郎・阪本浩・道躰滋穂子訳、ヨルダン社、原著一九八四年）がそれである。[*123]

ポスト秀村世代における「古代末期論」の再検討の潮流のもとでの邦人によるユリアヌス研究としては、南川高志氏、南雲泰輔氏、小坂俊介氏による論考がある。『ひげぎらい』における統治の「法」的正当性のレトリックを南雲氏の論考は指摘し、[*124] 南川氏はかぎりなくローマ皇帝の理想から逸脱しつづける政治家としてのユリアヌス像を描き出した。[*125] 小坂氏の論考はアンミアーヌス・マルケリーヌスにみられる三五〇年代からユリアヌス治下にかけての官僚活動の叙述に注目するものであったが、近著ではカッパドキアのゲオルギオス惨殺事件の叙述の分析を通して、紀元後四世紀のアレクサンドリアにおける集合的な「異教」意識の希薄さに踏み込む。[*126] 彼らの論考は政治史・軍事史への関心に立つものであり、古代末期における在来の宗教的伝統の再解釈の系譜の上にユリアヌスを位置づけて宗教史的に考察したい、という筆者の問題関心とは相補的な関係にある。

3　研究の視角と本書の問題意識

本書の構成

歴史的ユリアヌス像と伝承のなかのユリアヌス像、そして文藝創作の産物としてのユリアヌス・ロマンに浮かび上がるユリアヌス像は、史実と歴史叙述、そして歴史研究と史伝のはざまにあって伝聞と幻想とを乱反射する。著者の立場が異なれば見えてくる像もまったく異なる。まるで万華鏡のなかを覗くようである。

本書の目的は、そのような状況を知ってなおユリアヌスの信仰世界を考察し、再構成することである。彼の信仰世界からは、所与の宗教に飽き足らずに新たな霊的価値を見いだそうとした当時のパイデイアの受益者の思索の痕跡がみられる。アレイオス派キリスト教徒として育ち、本来は帝位に就くことが期待されなかった人物がパイデイアの受益者として哲人統治を希求したとき、彼が見いだした「哲人の国」の宗教とは何であっただろうか。彼が見た当時の社会にあまたある宗教の欠点とは、また逆に彼が理想とした信仰とはいかなるものであっただろうか。

このような問いに立ってユリアヌスの思索を観察するならば、教育と物語の効用、詩人追放論的思考の現実への適用、哲学による儀礼と神話の再解釈にもとづく理想国家の宗教像の構築という、古代末期の宗教史の性質を考察するにあたって看過できない同時代的な論点が見出だされよう。彼の思索と実践は彼の見たキリスト教への対抗装置であるだけでなく、当時の社会に対する異議申し立ての表出でもあった。

本書の構成は以下のようになろう。

ユリアヌスはローマ皇帝でありながら徹底したギリシア贔屓を貫いた。彼は一度もローマの地を踏むことなく、イリュリアの血脈をひくトラキア生まれの「ヘレネス」を称した。このようなギリシア文化への憧れはいかに形成されたのであろうか。そして少年時代から副帝期に至るキリスト教への参与はギリシア文化への憧れといかに並び立ったたのであろうか。**第2章**ではユリアヌスの初期作品における「ギリシア贔屓」のあらわれと単独統治期の作品にみられる回想を典拠に、ユリアヌスの精神的形成とキリスト教の参与について考察し、彼の宗教観の理論化に大きな影響を与えたイアンブリコス派新プラトン主義の祭儀論を紹介する。

ユリアヌスは単独統治権獲得後、枢密院のメンバーにイアンブリコス派新プラトン主義者を招請して「哲人祭司王の宮廷」を形成した。外部からは「神働術師の宮廷」に見えた彼らの活動はいかなるものであったのか。そしてユリアヌスの宗教政策はどこまで影響力をもちえたのであろうか。**第3章**では、ユリアヌスの宗教政策の具現化の射程を論じる。

ユリアヌスの信仰世界には詩人追放論的な思考と「ミュートス」論がみられると同時に、信仰と行為の一致を重んじる倫理観がみられる。また、イアンブリコスの思想が提供する宇宙観・儀礼観は、ユリアヌスの思考をはぐくんだ。**第4章**ではユリアヌスによる同時代の宗教に対する批判を論じる。ユリアヌスの宗教観の根底には、『皇帝たち』にみられる好戦的で好色なキリスト教徒としてのコンスタンティヌス像に象徴される、享楽と反知性性への根深い懐疑と警戒がある。『ガリラヤ人駁論』にみられるキリスト教批判は、教義論争の議論構築に不可欠であった修辞学と哲学の援用を聖書の解釈に禁じたときにたちあらわれる裸形の解釈、特にキリスト教の聖性概念の根幹にある神論とキリスト論の貧しさを明らかにする。「通俗哲学者」としての犬儒派と、世俗に適応して祭祀に積極的な関心をもたない「堕落したヘレネス」への批判は、快楽と情念を「愛智」によって正当化する人々への懐疑を浮き彫りにする。

第5章ではユリアヌスのみた理想の宗教像を扱う。『ガリラヤ人駁論』ではギリシア人を至高の民族とする壮大なエトノス論が、また、『墓地と葬儀に関する勅令』の補則には生者と死者の領域をめぐる省察が展開される。また、「神官宛書簡断片」では、『教職に関する勅令』の補則同様に「哲人」の生き方の事例が「神々との交流」にもとづく救済論的スケールで省察される。彼の見た「哲人統治国家」の宗教の理念と実践の時空の構造を描き出すことがこの章の目的である。

第6章では、ナジアンゾスのグレゴリオス『ユリアヌス駁論』におけるユリアヌス批判の諸相を論じる。グレゴリオスのユリアヌス批判は信仰的帰属を超えた共有財産としての知的営為への信頼にもとづくものであり、ときに「迫害帝」類型のステレオタイプを容赦な援用してユリアヌスを描く場面もあるが、ユリアヌスのギリシア贔屓にもとづく修辞学と哲学の教理化・聖典化への懸念を提示しつつ、現実の帝国におけるギリシア語共通語圏の多様な在来宗教の現実を鋭く指摘する。

4　テクニカルタームの問題
──「ヘレニズム」「異教」「非理性」の相のもとにユリアヌスを観察することは適切か

各章の分析に入る前に、考察の前提となるテクニカルタームの用法について記しておきたい。

ユリアヌスの信仰世界の観察を行う上での大きな障壁は、「哲学」概念と「宗教概念」そして「異教」意識に関する理解であろう。古代世界における「哲学」（philosophia）の概念をより適切なかたちで伝える表現としては、本邦でもしばしば「愛智」という表現が採用されてきた。[*127] 「愛智」とは、世界の根源にある神的存在への敬愛と、神的な存在に発する世界の秩序の探求に貫かれた生を求める修養でもあった。「愛智」はたんなる思想の探求ではなく、近代以降の「宗教」概念が想定する「宗教」の機能の一端を備えていた。思想と「宗教」（θεοσέβεια εὐσέβεια/religio）の概念と機能は一貫して変わらない普遍のものであり、キリスト教に対置される集団としての「異教」（paganism）が存在する、という想定が、ときとして古代末期における在来宗教の再解釈の系譜の観察を妨げる可能性がある。

ユリアヌスは「ヘレニズム」に転向したのか？

ユリアヌスの転向を、アレイオス派から神働術を含むイアンブリコス派新プラトン主義の実践のみならず、「異教」および各種秘儀の儀礼実践をも包含する「ヘレニズム」への転向とみなす立場は今も有力である。[*128]

彼の宗教観は、大神祇官アルサキオス宛書簡（*Ep.* 84 Bidez）の冒頭部分を根拠に「ヘレニズム」と呼ばれることがある。

ヘッレーニスモスが、以前に私たちが合意した取り決めにしたがって行われていません。私たちの祈りのすべてより、私たちの希望のすべてより、はるかに神々の光輝は偉大にして力強いのです（私たちの嘆願によってアドラスティア様がお恵みを賜りますように）。これほどの短い間に、またこれほど完全に、あえて変化を起こすよう勧奨するということは少し前までは個人はしなかったものです。

この書簡では、ガラティアの大神祇官に向けて、キリスト教の慈善と同様の宿場と食糧供給の整備の要求、そして神官の威信を保つための生活規定が「神官宛書簡断片」同様の内容で語られる。

「ヘレニスタイ」にこのような務めを通して貢献するよう導いてください。そして「ヘレネス」の村々に神々に収穫を献げるよう励ましてください。また、「ヘレニコス」たちをかくのごとき善行に親しませてください、彼らにいかに我々の行いが古からあるものかを教えるのです。

「ヘレニスタイ」を「ヘッレーニスモス」を支持する者と見たてたコッホとビデ以来、この書簡を根拠としてユリアヌスが「ヘッレーニスモス」なる教団宗教型のキリスト教の対抗宗教の構築を試みたとする判断が通説的見解となってきた。

しかし、ユリアヌスの転向した「宗教」を、すでに濃密な教団意識を備えた「ヘレニズム」とよぶことは必ずしも適切ではない。まず、「異教教会」としての「ヘッレーニスモス」の構築の根拠として用いるにはこの箇所は説得力に欠ける。また、この書簡はユリアヌス写本群には含まれておらず、ソーゾメノス『教会史』(5.14.5–15)における引用のみで伝えられている。そして、ユリアヌスの著作のなかで「ヘッレーニスモス」「ヘレニスタイ」が用いられる箇所はこの部分のみであるからだ。

ペーテル・ファン・ヌッフェレンはこの書簡をソーゾメノスの創作による偽作と想定する。[*129]「異教」を含意する「ヘッレーニスモス」の用法がユリアヌスの著作群ではこの一例に限られていること、四世紀にはこの用法は定着しておらず、むしろ五世紀以降のギリシア語キリスト教史料に典型的な用例であることが彼の論拠である。

筆者はヌッフェレンのこの見解は妥当であると考える。ユリアヌスは後世の研究者が「異教」と呼ぶ現象を「父祖伝来の慣習(mos maiorum/παλαιὸς ἔθος)」「敬神のための礼拝、祭祀(θεοσέβεια)」「よき信仰(εὐσέβεια)」と呼ぶ傾向にある。したがって、アルサキオス宛書簡の「ヘッレーニスモス」「ヘレニスタイ」の用法はいささか唐突に感じられる。ナジアンゾスのグレゴリオスも『ユリアヌス駁論』では「ヘッレーニスモス」の語を用いてユリアヌスの宗教観を論評することがない。

Liddell-Scott-Jones Greek Lexicon では「異教」の意で例示される「ヘッレーニスモス」の用例はこの *Ep.* 84 とユスティニアヌス法典(1.11.9.1)のみである。[*130] *Oxford Patristic Greek Dictionary* にも「ヘッレーニスモス」は項目として建てられてはいない。「ヘレネス」関連語彙が「異教徒」「異教の実践」を明確に示す語彙は、いずれもユリアヌスの死後の事例に限られる。

バワーソックは『古代末期のヘレニズム *Hellenism in Late Antiquity*』(一九九〇年)において、古代末期における「ヘレニズム」の語の用法の変化について次のように述べている。「異教」を含意する現象はかつて『ヘルマスの牧者』やヒッポリュトス『全異端反駁』においては「エトニコス」と呼ばれたが、四世紀末には「ヘレニコス」と呼ばれるようになる。また、「ヘッレーニスモス」は同時に第二次ソフィスト運動における文体の範型としてのアッティカ式文体をさす表現でもあった。また、「異教教会」の設立を企てたのは唯一ユリアヌスのみであったが、彼はキリスト教から「異教」を照射していたにすぎず、そもそも「異教」には教会など存在しなかったのだ。[*131]

また、カルデリスは古代からビザンツ期にかけてのギリシア語話者の文化的アイデンティティと高級文化を包摂する分析概念として「ヘレニズム」を用いるが、「ヘッレーニスモス」が「エトニコス」に相当する宗教概念としての意義を帯びる時期をサラミスのエピファニオス以降と同定している。[*132]

ユリアヌスの宗教観と宗教政策が求めた現象を「ヘレニズム（ヘッレーニスモス）」と呼ぶことは、一見彼の「ギリシア贔屓」の性質を端的に示すかのような印象を与えるが、キリスト教史料によって照射された「異教」像を無批判にあたかも集合的な実在をもつ現象であるかのように援用することは、かえって彼の信仰世界の実態を不明瞭にする。本書では可能なかぎり「ヘレニズム」の語でユリアヌスの信仰世界を名づけることはせず、ユリアヌスの「ギリシア贔屓」を四世紀中葉における異教意識の創出と表出のひとつの試みとして考察したい。

ユリアヌスの「異教」とは何であったか？

解釈史上・研究史上ではユリアヌスが企図した「父祖伝来の慣習」の再興を表現するさいに、「異教（paganism）」ないしは「ギリシア人の宗教」という含意をこめて「ヘレニズム」の語を用いざるをえない事情があった。しかし、「異教徒」にあたる表現として paganus ないしは Ἕλλην という表現を用いる習慣はユリアヌスの生前にはまだ定着していない。[*133] ユリアヌスは彼の想定する「詩人と僧侶の国」の市民の総称として「ヘラースびと（ヘレネス Ἕλληνες）」を使用しているが、ナジアンゾスのグレゴリオスは「ギリシア語話者 Ἕλλην/Ἕλληνες」の宗教の多様性を根拠に、ユリアヌスの「ヘラースびと」概念の限界を指摘した。

この「異教」の語ははたして「伝統的多神教」の概念と交換可能であろうか。

一九九〇年代以降、ユダヤ教・キリスト教以外の「一神教」型の宗教が古代地中海世界の多神教社会のなかでおかれた状況に対する再検討の機運がみられる。アタナシアディとフレーデ共編論集『古代末期における異教的一神教 *Pagan Monotheism in Late Antiquity*』[*134]、二〇〇六年七月にエクセター大学で行われたシンポジウムにもとづくミッチェルとファン・ヌッフェレンの共編による論集『唯一神　ローマ帝国における異教的一神教 *One God: Pagan Monotheism in the Roman Empire*』[*135]が好例であろう。アタナシアディとフレーデ共編論集では、紀元後三世紀から六世紀における「異教的一神教」の事例として、根源的な存在としての至高神の観念をもつヘレニズム・ローマ思潮の事例としてプラトン主義、グノーシス主義、テオス・ヒュプシストス、カルデア神託のほか、マクロビウス『サートゥルナーリア』に引用されるウェッティウス・アゴリウス・プラエテクスタートゥスの弁論が紹介される。

ミッチェルとファン・ヌッフェレン共編論集では、アタナシアディとフレーデ共編論集の問題提起をふまえて、古代地中海世界の宗教思想には「一神教」的ともいえる根源的な存在としての至高神の観念が明確に看取されることを、また、一神教とその倫理的優位性を説く宗教観が古代末期以降の西洋宗教思想史において覇権を得てきたことを指摘する。ここでミッチェルとファン・ヌッフェレンは「一神教」的宗教観の顕在化の時代としてのローマ帝政期に注目し、「異教的一神教」に対して次のような概観を提示する。古代地中海世界、とりわけローマ帝政期の宗教文化のなかには集合概念としての「至高神」「高神」を想定する地域的慣習や、諸神格のなかから特定の神を選んで崇敬する結社ないしは慣習が存在した。これらの祭祀の痕跡と祭祀の実態、そして祭祀の背景にある思想は碑文史料からは必ずしも明確にはならないが、ユダヤ教・キリスト教の外部にあるローマ帝政期の宗教に「伝統的多神教」の総称を無批判に冠することは必ずしも適切であるとはいえない。

先行する思想からの影響——ユリアヌスはオカルティストか？

一九九〇年代以降進みつつあるイアンブリコス派新プラトン主義の宗教思想の再評価の潮流のなかで、『エジプト人の秘儀について』に描かれる儀礼はむしろ、覚醒した理性によって神的存在を把握する営為であり、結果的に死後の救済に相当する「魂の回帰」へと向かう階梯として理解されていることが明らかにされてきた。『エジプト人の秘儀について』のなかには、「神と出会う」場としての神託の勧請やオルギアを理性（ヌース）の覚醒を保ったまま「神と出会う」場とみなし、在来の地域的慣習も「魂の回帰」に資する営為として捉える見解がみられる。「魂の回帰」や「神との出会い」は特別な秘儀参入者としてのテウルゴスにのみ許された営為ではなく、むしろ望む者には誰にでも開かれている。このような儀礼観は従来考えられていたほどには秘教的な営為とは必ずしもいえない。ユリアヌスのイアンブリコス派新プラトン主義理解とキリスト教理解はそれほどに秘教的ではない。彼はキリスト教をも「哲学＝愛智」の一領域として把握していた。[*136]

古代地中海世界における愛智（philosophia）[*137]の営みは、たんなる講壇哲学の議論にとどまらなかった。それは、超越者とこの可視的な世界とのつながりを礎に人間の生の根拠と生の総体を問う営みである。またそれは同時に、超越者につらなる宇宙の秩序を可視的な世界に体現しようと試みながら「よい生き方」を実践する営みでもあった。これは同時に理想国家論と哲人統治理念の基底でもある。愛智はまた、現代の宗教研究者の立場からすれば「宗教」に相当する機能をも担っていたともいえる。

紀元後四世紀以降のキリスト教哲学者たちは、異教哲学[*138]を超克する真の愛智としてのキリスト教神学の普遍性を、迫害の時代よりもさらに明確に主張した。著作家の宗教上の帰属を超えて、ユリアヌスの存在は真の愛智と真の哲人王のありかたに関する意見を問う試金石となった。したがって、ユリアヌス自身にとっての真の愛智と悪しき愛智の観念を明らかにすることは、古代末期における愛智＝哲学のおかれた「生活の座」の解明にもつながる。ユリアヌスがその思索と宗教政策のなかで求めた「真の宗教」と「真の愛智」とは、どのようなものであったであろうか。この問題を宗教史的な見地から論じることもまた、本書の課題の一つである。

第2章　幻影の文人共同体を求めて

――単独統治期以前のユリアヌスの精神的形成

1　光と闇と「穢れた血」――ユリアヌスの家門意識と半生への回顧

キリスト教に対するユリアヌスの当惑は、教義論争に伴う排他的な暴力や、かつて人間であった存在を神のように崇敬する殉教者崇敬に向けられた。そればかりか、単独統治期の著作『皇帝たち』の叙述からは、彼のキリスト教に対する当惑と疑義が、コンスタンティヌス一門のキリスト教への参与にも向けられていたことを明らかにする。

『皇帝たち』の舞台は、クロノス祭、ラテン名ではサートゥルナーリアと呼ばれる祭日に設けられた宴席である。サートゥルナーリア祭は一二月一七日に行われる。天体神としての「土星」にも同一視されるクロノス＝サトゥルヌスの祭日で、参与する人々は身分にいっさい縛られることのないカーニヴァル的な祝祭である。この祭りを舞台として、ユリアヌスは頌詞文化のなかでは語られることのない皇帝の率直な品定めを行う。作中ではこの宴席にアウグストゥス以来ユリアヌス本人に至る歴代のローマ皇帝のほか、アレクサンドロスとユリウス・カエサルが参集し、神々の臨席のもとでみずからの事績を声も高らかに演説する。そして「史上最高の名君」を投票で決め、自らの人生の模範を与える守護神を選ぶ。ユリアヌスはここにコンスタンティヌスとその一門の姿をぬかりなく描き入れる。

『皇帝たち』において至高の君主の座を射止めるのはほかならぬユリアヌスのヒーロー、マルクス・アウレリウスである。神々は過去の名君たちから自身の事績に関する報告をきき、その実態と人となりについて対話を重ねた結果、投票を行って史上最高の名君を武勲にも優れた哲人皇帝マルクス・アウレリウスと定めるのである。ここでゼウスは神々を代表して、君主たちにそれぞれ自らの生の模範として生涯続く守護をもたらす守護神を選ぶことを許可する。このような守護神の存在は、作中では君主たちに神々から与えられるかぎりない恩恵として描かれている。

アレクサンドロスはヘラクレスを、アウグストゥスはアポロンを、マルクス・アウレリウスはゼウスとクロノスの二柱の神を選んだ。カエサルは決めかねて神々と君主たちの間を長い間走り回っていたのでアレースとアプロディーテーに憐れまれ、この二柱の神を守護神とした。トラヤヌスはアレクサンドロスに神格化された人間への崇敬の念とないまぜの同性愛的な欲望を抱き、その傍らに横たわろうとする。*1

ここでユリアヌスはコンスタンティヌス一世とコンスタンティウス二世のキリスト教に対する参与を描く。コンスタンティヌスは、あくなき権力欲と性欲に取り憑かれた史上最低の愚帝として登場する。彼はコンスタンティヌスのキリスト教への接近を、権力欲に満ちた好色者の回心と手軽で反知性的な救済志向のあらわれとみなした。コンスタンティヌスの回心のエピソードの描写にも、そのような側面が活写されている。キリスト教史料、とりわけ『コンスタンティヌスの生涯』にみられる、揺るぎない信仰に支えられた有徳の皇帝としてのコンスタンティヌスとその信仰のイメジャリよりもはるかに卑近である。『皇帝たち』で描かれるコンスタンティヌスとその一門の姿は、敬虔で模範的なキリスト教徒とはおよそ言いがたい。

コンスタンティヌスは彼（マルクス・アウレリウス）の後に語ることを許された。彼は名君を競う演説に勇気凛々で臨んでいたが、他の君主たちの行いをじっと観察して、自らの事績は実に取るに足らぬものであったと悟った。実は彼は君主を二人も殺していたのである。戦いを厭う柔弱な者（マクセンティウス）と、年老いて性根のねじ曲がった者（リキニウス）とを。神々からも人間からも二人はともに憎まれていたのだが、バルバロイとの対決をめぐることごとは、ある種の代償を払ったのだから、彼にとってはまさしくもはや笑うほかはない事績であった。「懶惰《トリユペー》」だけが彼の興味を惹いた。「懶惰《トリユペー》」はセレーネーの玄関のあたりに神々から離れて立っていた。彼女に恋情を覚えて興奮した。もう彼女しか眼に入らない。コンスタンティヌスは真理には何の関心ももたなかった。

どうしても口に出して言わなければならぬ。そう思ってコンスタンティヌスはひとりつぶやいた。「おれは他の誰よりも強いのだ。マケドニア人（アレクサンドロス）よりも強いのだ、アシアーのバルバロイの代わりにローマ人ともゲルマニアの民ともスキュティアの民とも戦ったからな。カエサルとオクタウィアヌスよりも強いぞ、やつらのように善良なる市民たちを敵にまわして戦うかわりに、君主たちのうちでもことのほか血に飢えて残虐な連中を撃退したのだから。おれは君主たちを相手に勇猛な事績をものにしたのだから、トラヤヌスよりも高い名誉をもちろん得られるだろう。領域を奪回することは加えることよりも偉大な事績でないとはいえ、彼が帝国に加えた領域を奪回したおれが彼と少しも違わないということが明らかになればよいのに。さてマルクス（・アウレリウス）だが、彼は自分のことは何も言わなかったのだし我々全員に先を譲るべきだな」。さてシレノスは言った。「だが、そなたが我々に賜ったのはアドーニスの園だけではないかね、コンスタンティヌスよ」。「いったい何のことでしょう」とコンスタンティヌスは言った。「あなたの言うアドーニスの園とは」。「女たちですよ」とシレノスは答える。「アプロディーテーの恋人にちなんで土くれを盛って苗床にした土に植わった花々のようなものです。しばらくは青々していても遠からず枯れてしまいます」。自身の行いはこの程度のものであったのか。つくづく悟ってコンスタンティヌスは赤面した。（*Caesares.* 30. 328d-329d）

雄々しく敬虔な「キリスト者皇帝」としてのコンスタンティヌスはここにはいない。過去の名君たちが誇らしげに報告する生前の卓越した事績をまのあたりにし、賢明な牧神シレノス（セイレーノス）と神託と伝令の神ヘルメスの二柱の神と問答するうちに、コンスタンティヌスは自らの人生が権力欲と性欲のみに彩られていたことを悟る。彼の成し遂げた業績は、ディオクレティアヌスの設置した四分統治制の発足によって結果的にもたらされた権力闘争に伴うローマ帝国の混乱の収拾と再統一などではなく、ひとりの正妻では飽き足りず、権力闘争のために最初の妻を殺して新しい妻をめとり、寵姫を咲いては枯れる草花のように侍らせて酒色に溺れる生活であったと気づかされるのである。

ここでヘルメスはコンスタンティヌスに守護神は誰がよいか、と尋ねる。彼は自らの権力欲と所有欲と性欲を満たしてくれる神がよい、と主張し、ヘルメスに「帝王の生にふさわしくない人生を選ぶおつもりか」と諭される。ここで描かれるコンスタンティヌスは自らの皇帝としての立場と役割を少しも自覚しておらず、むろん「哲人統治」にも思い至らない、帝位に相応しくない徹底的な愚者であることが明らかにされる。

> 対話の最後に、コンスタンティヌスに向かってヘルメスは問うた。「で、貴殿はどの神を良いと思っておいでか？」――「たっぷりと」と彼は言った「お持ちの方です。たっぷり私が欲するものをいろいろ与えてくださり、友人たちの望みを支えてくださる方を」。シレノスが呵々大笑するのももっともである。「そなたは銀行家のようになりたいと思っておいでですな」と言う。「ご自身から逃避して、料理人や髪結いのような人生を手に入れたいとお思いですか。敗れては髪も美貌も役立たず、といにしえの諺にもあったではございませんか。いまやそのお考えこそが貴殿を非難しておりましょうぞ」。（*Caesares*. 36, 336ab）

しかし、コンスタンティヌスは神々の中に自らの生の模範を見いだすことができず、彼自身の野放図な欲望をどこまでも肯定してくれる「懶惰《トリュペー》」と「放蕩《アソーティア》」に身を任せようとする。むろん、「懶惰《トリュペー》」と「放蕩《アソーティア》」は寓意として擬人化された女性像である。ここで彼はイエス・キリストに出会う。

コンスタンティヌスは、自身の生の原型を神々のあいだに見いだすどころか、「懶惰《トリュペー》」を近くに見いだして、彼女に走り寄った。「懶惰《トリュペー》」はものやさしげに彼を迎え、腕を回してかき抱いた。彼女は華やかな色と飾りのついたペプロスだけを身に纏っていた。「懶惰《トリュペー》」がコンスタンティヌスを「放蕩《アソーティア》」のもとへ押し戻したそのとき、彼は歩き回って教えを説くイエスを目に止めた。「誘惑する者は誰でも、血に飢えた者は誰でも、流血の呪いと穢れのもとにあるいとわしき者は誰でも、勇気をもって歩みなさい。その人をこの水で洗えばたちまち清くなるのだと、私が明らかにいたしましょう。また同じことをしたならば、胸を打ち、頭を叩いて痛悔すれば浄めがもたらされましょう」。コンスタンティヌスは大喜びで彼のもとへやってきて、居並ぶ神々のもとから我が子たちを引き戻した。だが、同胞の流血への償いとして彼とその子らを不敬のゆえに滅ぼしたのはやはり殺人の罪に穢れた血讐の霊たちであった。ゼウスはクラウディウス（ゴーティクス）とコンスタンティヌスを気遣って休息させた。

「では、そなたのことだが」私に向かって言う者がある。ヘルメスである。「ミトラスをそなたの父とみなそう。そなたはこの方の教えを守るのだ、舫綱と安全な港とをそなた自身の人生に備えるのだ、そこから出て行かなければならぬときにもいつも、「よき希望」と神の導きがもたらされるように」。(*Caesares*, 38. 336a-337c)

『皇帝たち』でユリアヌスは洗礼と悔悛による「赦し」を故意に皮相的に描き出す。ここに登場するイエスが洗礼と悔悛（痛悔）の儀礼によってもたらす救いはあまりにも手軽である。どんな誘惑者であれ権力闘争の流血に穢れきった人物であれ、洗礼を受ければそれまでの罪は許され、洗礼を受けてまた同じ罪を行っても痛悔すれば許される。つまり、原理的には無限に罪を犯しても許されるはずだ、という解釈がここにはみられる。

『皇帝たち』で権力欲に憑かれた「好色者」コンスタンティヌスが求める救済は、権力の掌握を保証する教えを提供すると同時に、従前通りの権力欲と色欲に溺れる生活を送っていても、良心の呵責を覚えて洗礼を受け容れれば浄められ、何度でも悔悛（痛悔）すれば罪が浄められる、かの「謀反人」イエスの提供する手軽な救済、として描き出される。

現実のコンスタンティヌス自身が洗礼を受けたのは死の直前である。コンスタンティウスは三四〇年代に洗礼を受けていたが、堅信を受ける機会を逃して三六一年に没した。彼らは教会のフル・メンバーではなかったにせよ、帝室に恩義を与えた新たな宗教としてのキリスト教とその信仰を拒むことなく権力闘争に参与し、自らに利益を供与する集団や教派を守り、騒乱や内紛を鎮圧するために皇帝としての任務に必要な暴力行為を時に行使することも厭わなかった。

『皇帝たち』で言及される悔悛の描写の背景にある、ニカイア公会議で定式化された信徒集団からの逸脱者に対する悔悛の規定を想起しよう。この規定は棄教者に対して厳格ではあるが、ひとたび信仰を否んでも悔悛の機会に与ろうとする者には教会への復帰を認めている。たとえばニカイア公会議議決第五条では、破門された者はふたたび信徒集団に迎えられることはない。[*2] 第一一条では、[*3] 信徒集団の中で信仰を否定した者が出現し、しかもその数が増大した場合には、逸脱者たちはまず三年間を聴聞者として典礼に与り、その後七年間は「謙虚に伏拝する者」として、その後二年間は祈禱の際にのみ典礼への参加が許されることになっている。ニカイア公会議議決第一四条によれば、洗礼志願者は教理学習中に信仰を否んだ場合、三年間を聴聞者として過ごしたのちに再び洗礼志願者として迎えられる。

ニカイア公会議のこの規定は「信仰を否んだ者」に対しては厳格であっても、信徒集団のなかにあって信仰を疑わずに悪行を重ねる者に対しての制裁を目的とするものではない。ユリアヌスの描くコンスタンティヌス一門の信仰と実践が彼らの信仰の現実の一側面を表しているのだとすれば、良心の呵責を鎮めるための儀礼としての洗礼による「浄め」と告解による「赦し」の儀礼は彼らの精神衛生にとって好都合であったのだろう。

『皇帝たち』で描かれるコンスタンティヌスは、「キリスト教へのよき共鳴者・保護者」となって、喜んで父祖伝来の神々からわが子らを引き離し、イエスのもとへ連れて行く。この描写では、洗礼への準備と洗礼式、あるいは痛悔への準備と痛悔の儀礼そのものが精神的・霊的な次元でそれぞれの信徒に与える内面的な識別と変容の可能性はまったく排除されており、欲望と闘争の血にまみれた現実の生活をそのまま肯定しながら続けてゆくために必要とされる良心の呵責を鎮めるためのプラグマティックな儀礼であるかのように描かれている。ユリアヌスは、現代の初期キリスト教研究者が教父の著作を通じて知る、あの豊かで輝かしい霊性を備えたキリスト教とはまったく異なる、発展途上の段階にあったキリスト教の儀礼・教理理解の現場に立ち会っていた。

さらにユリアヌスは『皇帝たち』のこの場面で、コンスタンティヌス没後の帝室内粛清を「同胞の流血」として認識している。コンスタンティヌスとその子らの死は、彼らが手軽な救済と赦しを求めて父祖伝来の神々を放棄するという「不敬」を犯したゆえの「殺人の罪に穢れた血讐の霊たち」の復讐として描き出される。

このような家門の穢れに対するユリアヌスの自覚は、プラトン『法律』第九巻が提示する理想国家における穢れの忌避感にも通じる。『法律』の叙述は、理想国家においては父祖の被った不名誉、特に父の被った不名誉が子に及んではならないとする観念と、殺人を犯した者が追放もされず罪の穢れを祓わないまま聖域に参詣することに対する禁忌感を提示する。[*4] 『法律』はさらに、親族間の殺人に関する「いにしえの神官」の伝承をも伝える。親族間の殺人は悪政が行われ、教育にも欠陥のある国家に起こるものであり、[*5] 親族を殺した犯人に対してはディケー（正義の女神）が同害による報復を行うため、犯人は子孫らの手にかかって同じように殺されることによってしか殺人の血の穢れは浄められない、したがって同族殺人は避けなければならないという。[*6]

『皇帝たち』における帝室内粛清の描写は、自らの父祖の血統が同族殺人の穢れに満ちているというユリアヌスの自覚を想起させる。

「ゼウスは彼らを気遣って休ませた」とする描写には、コンスタンティヌスが父祖と仰ぐ三世紀の皇帝クラウディウス・ゴーティクスが自らの子孫の愚行に直面して感じる不名誉の意識のみならず、自らの崇敬するイエスがあまりにも手軽な救いを愚かな父親にもたらす場面に遭遇してコンスタンティウス二世が感じる恥と不名誉の意識が暗示されている。

欲望と殺戮にまみれた父祖たちが選んだ安易な救済をもたらす信仰をすてて、父祖伝来の神々に帰らなければならない。そのようなユリアヌスの意識は、三六二年末の『皇帝たち』において回顧される祖先の「不敬」の描写に明らかに看取される。

マケッルム以降から副帝就任までの経歴とコンスタンティウスの干渉を人生の「闇」として捉えるユリアヌスの態度は、『アテナイ市民宛書簡』の中にも明確に見られる。

ユリアヌスはここで、出生の秘密と三三七年の帝室内粛清までの身の上を次のように回想する。コンスタンティウスと彼は父系を同じくする同胞であり、コンスタンティウスの父とユリアヌスの父は同じ父から生まれた兄弟であるにもかかわらず、コンスタンティウス自身とユリアヌス自身に共通する成年に達した六名の従兄弟、コンスタンティウスの叔父でもあるユリアヌスの父、ユリアヌスのもうひとりの叔父と長兄が裁判なしに殺され、ユリアヌス自身とその兄も殺される運命にあったが、コンスタンティウスはこの二人を引き離し、ガッルスをトラレスへ、ユリアヌスをニコメディアの母方の祖母の家へ送ったのち、マケッルムに幽閉することで妥協した。[*7]

この回想にみられる「キリスト教の擁護者」コンスタンティウス像は、たとえばナジアンゾスのグレゴリオスが理想化した「ユリアヌスをよきキリスト教徒に育てようとしたキリスト教の擁護者」としてのコンスタンティウス像とはまったく異なる。

ユリアヌスはつづけて主張する。父の遺産と邸宅を相続しようにもすべてコンスタンティウスが相続しており、私はもはや帰るべき場所を喪っていた。[*8] コンスタンティウスは自らの嫉妬と怒りを抑えられないという点で帝位にふさわしくないふるまいをした。[*9] 彼の人間としての過ちはユリアヌスとガッルスをマケッルムに幽閉したということひとつをとっても明らかである。コンスタンティウスはガッルスをトラレスから召喚し、少年であった私を文法学校から誘拐して外部の者は誰も近づけないようにしてマケッルムに幽閉した。[*10]

ユリアヌスは少なくともマケッルムの生活を「従兄であり、姉の夫でもある人」に保護された幸福な生活だとは思ってはいない。

マケッルム以前のユリアヌスにとっての幸福な思い出は、ニコメディアで彼の家庭教師・養育係であったマルドニオスとの交流に遡る。マルドニオスは家内奴隷であり、ユリアヌスの母バシリナの家庭教師・養育係を務めたスキュティア出身の宦官であった。おそらくゴート人であっただろう。彼は文法学校に通うユリアヌスを送迎し、英雄叙事詩の手ほどきを行い、「紳士」としての心構えを教えた。スキュティア出身の宦官が「ヘラース」の文物に通じていて、みずからにさまざまな善美なるものごとを教えてくれる。ユリアヌスの「ヘラース」体験の原体験は、このマルドニオスとの交流に遡る。[*11]

コンスタンティウスの措置によってマルドニオスとの幸福な交流が剝奪されると、[*12] ユリアヌスは読書と「愛智」に心の平安を求めるようになった。『アテナイ市民宛書簡』の悲痛な回想は続く。

　他人の所領に住まわされ、まるでペルシア軍のなかにいるかのように監視され、我々のもとにはよそ者さえも訪ねては来ず、旧い友達も訪問を許されなかった。自由な学問と自由な交際からは遠ざけられ、奴隷たちと同胞のようにして暮らした。同年配の友人達も近寄ることがなかった。私はその牢獄から解放されたが、兄は宮廷という牢獄に閉じ込められた。彼は山中で生活しているうちに残酷さを顕わにするようになった。心ならずもこのような生活をさせたという点では閲しては先帝に責めがある。哲学を通じて神々は私を浄いまま矯められぬままにしてくださったが、兄はその恩恵に与らなかった。兄が紫衣を着せられたかと思えばたちまち奪われたのは、コンスタンティウスの嫉妬のゆえである。[*13]

ユリアヌスはその前半生を、従兄の権力欲と嫉妬に苦しめられて、貴顕の自由人にあるべき生活を奪われた「闇」の時代として回想し、『アテナイ市民宛書簡』では、非業の死を遂げた兄の生と無念にさらに次のように言及する。コンスタンティウスは最大限の譲歩として我々二人をマケッルムから解放し、ガッルスをエフェソスの離宮に住まわせ、ユリアヌスに学問を続けることを赦した後、血を分けた政治の協力者を喪った後にガッルスをかろうじて東方の副帝に指名したが、ユリアヌスとガッルスは、ガッルスが副帝になってからも面会と書簡の交換すら禁じられた。結局ガッルスは副帝の称号を剝奪された上で暗殺され、先祖と同じ墓に葬られることさえ許されなかったという。ガッルスもまた、猛獣のような従兄の情念の犠牲になって人格と誇りをむしばまれ、ようやく与えられた栄誉もその従兄の気まぐれに剝奪されたのだ。[*14]

『皇帝たち』において、ユリアヌスはコンスタンティヌス一門を死の穢れにみちた一族として、また本来のローマ帝国の神々を捨ててあえてイエス・キリストを選んだ自らの伯父を愚帝として描いた。このようなコンスタンティヌス一門像と『アテナイ市民宛書簡』で回想される残忍で権勢欲にみちたコンスタンティウス像には一貫性がみられる。そして『皇帝たち』の掉尾でユリアヌスが自らの守護神にヘリオス＝ミトラスを選んだことを想起しよう。「闇」のなかにあって「光」の神を選ぶというヴィジョンは、ユリアヌスが三六二年五月中旬から七月中旬にかけての小アジア歴訪の間に著した『王ヘリオスへの讃歌』における少年時代の「光への憧れ」の原体験に関するエピソードにもつながる。『王ヘリオスの讃歌』では、ミトラスは一者が知解可能な世界に天体神として顕れた形態であるヘリオス＝ゼウス＝アポロンと同一視されている。[*15]

『王ヘリオスへの讃歌』でユリアヌスは、

少なくとも次のような言明を行うことは私にとっては正当で、冒瀆にはあたりません。

子供の頃から神の光へのただならぬ憧れは深く私にしみわたっていました。

と明言する（130c-131d）。

幼くして父と母を失い、少年期には常に権力欲に飢えた従兄コンスタンティウスによって「妻の弟たちを保護する」という名目による監視の下におかれていたユリアヌスにとっては、マケッルムでの生活は孤独な暗闇の時代であり、そのなかでただまぶしくあたたかく輝かしい太陽の光に照らされて日光浴をするときと「愛智＝哲学」の学びをするときのみが至福の時だったという。

ユリアヌス自身には、「闇」のなかに生きる前半生の自身をかろうじて「人間らしい」存在たらしめたのは「愛智」の光への愛であった、という自覚がある。『王ヘリオスへの讃歌』にみられる光への憧れの描写はどこか感傷的にすら見えるが、それは一方でユリアヌス自身の生活実感にもとづくあたたかな「光」としての「愛智」への憧れの表明でもあった。

2 「ヘラース」体験の萌芽と「よきキリスト教徒」としてのユリアヌス

単独統治権獲得に至るまでのユリアヌスは、表向きは帝室にあるよきキリスト教徒として生きようと試みた。少年時代から副帝期に至るユリアヌスの「よきキリスト教徒」としての信仰生活の状況を、ナジアンゾスのグレゴリオス『ユリアヌス駁論』の断片的な言及と、その情報を敷衍したソクラテス・スコラスティコス『教会史』（3.1）とソーゾメノス『教会史』（5.2）が伝える。ソクラテスの冷静な筆致に比して、ソーゾメノスはユリアヌスの信仰生活における転機の挿話を活写する傾向にある。ナジアンゾスのグレゴリオスとソーゾメノスはユリアヌスにとっての信仰上の転機の挿話を、後の棄教を予感させる天変地異や伝聞とともに事後予言的に語る。彼らの語る挿話がどこまで史実であるのか、あるいはキリスト教徒の生活世界において共有されていた「転向以前のユリアヌス像」を伝えているのか、にわかに判別しがたい側面があることは否めない。

少年時代のユリアヌスはキリスト教徒となるべく教育を受け、殉教者崇敬にも参与した。グレゴリオスの伝えるところでは、ユリアヌスはマケッルムに在ったころ、一般的な教養教育のほかに「わたしたちの哲学」としてのキリスト教を学び、洗礼を受けるべく教役者のもとへ通った（4.22–23）。ソーゾメノスはこの情報を敷衍して「信仰から逸脱しないように方向付けられ、教役者と篤信の人々を尊敬し、定期的に教会の補修に加わり、殉教者の墓廟を讃美する生活」をユリアヌスは教えられていたと語る（5.2.11）。

マケッルムでのユリアヌスの信仰生活の転機の挿話として、ナジアンゾスのグレゴリオスとソーゾメノスは殉教者ママス記念碑（あるいは廟）の奉献と倒壊を語る。ナジアンゾスのグレゴリオス『ユリアヌス駁論』（4.24–26）を初出とするこの挿話はカインとアベルの奉献の挿話を連想させる筆致で語られており、寓話めいた印象を与える。グレゴリオスは事件の経過を次のような筋書きをもって語る。

「慈悲深い」コンスタンティウスの命によってガッルスとユリアヌスが殉教者記念碑を建てた。ガッルスは「ほんとうの信仰」をもって神を畏れながら建てたが、ユリアヌスはすでに心のなかに後の棄教への萌芽を隠していた。兄ガッルスの奉献部分は地震による倒壊をまぬがれ、ユリアヌスが奉献した部分だけが倒壊した。これはカインの奉献の再来を避けようとする神の意志であった。

ソーゾメノスは次のような筋書きのもとに、ナジアンゾスのグレゴリオスの叙述を敷衍する。

ガッルスとユリアヌスが殉教者ママスの記念廟を奉献するべく建築にあたった。カインとアベルの挿話とは逆に、兄の建設した部分は設計図通りに完成し、弟の建設した部分は何度造り直しても崩壊する。そしてついに廟は崩壊してしまった（5.2.12–13）。これは弟の信仰がすでにキリスト教から離れつつあったことの予兆であったから、廟の建設自体が神に受け入れられなかったのだ（5.2.14）。

グレゴリオスとソーゾメノスの描写は、この事件をユリアヌスの後年の棄教を連想させる「凶兆」としてこの事件を印象づけ、読者にこのときのユリアヌスの心理的状況を推察させる。キリスト教著作家も天変地異や物理的現象や自然現象に何らかの予兆や神の意志を読み込む時代である。地上の秩序を超えるものへの憧れを抱きつつ、従兄と養育係の宦官たちや霊的指導者となった聖職者たちの目を恐れていた少年が、地震が生じて倒壊する記念碑やあるいは何度建てようとしても倒壊する記念廟という偶然のできごとに不吉な感情を抱かなかったはずがない。そのような心理の推察はしかし、歴史研究の職掌を超える想像につながるものでもあろう。

三五一年から三五五年にかけての小アジア・アテナイ遊学期におけるユリアヌスの旅はより確かな「神々との出会い」を分かち合う友を求める旅でもあった。この間にユリアヌスは哲学者・神働術者エフェソスのマクシモス、サルディスのクリュサンティオス、ヒメリオス、プリスコスらと知り合い、ギリシア古典とプラトン・アリストテレス・ストア主義を中心とする哲学への関心を共有し、「神との出会い」の場としての秘儀伝授を探究する学問と信仰の友を得るようになった。

エウナピオスが伝えるところでは、エフェソスのマクシモスはきわめて明敏かつ大胆な人物であり、秘儀や神働術の実践にはきわめて積極的であった。マクシモスらの手引きでユリアヌスはミトラスの秘儀のほか、エレウシス秘儀をはじめとするギリシア起源の様々な秘儀を体験する。また、イーリオン司教ペーガシオスのような、キリスト教側の聖職者でありながら都市の伝統的多神教の祭場の事情に通じた人物との遭遇をも通じて、彼は「父祖伝来の慣習」における神々との交流のありかたを模索するようになる。[*16]

この転向の状況をキリスト教史料は「魔術」への転向として語る。

ナジアンゾスのグレゴリオス『ユリアヌス駁論』は、ユリアヌスが天文学を通して象意を解釈する方法と魔術を学ぶために「神なき教え」の地である小アジアに赴いた（4.31）と記す。ソーゾメノスはグレゴリオスの記述を敷衍し、ユリアヌスは未来を予測するために占星術を学んでマクシモスらと親交を保ち、小アジアでもアテナイでもガリアでも「占い」を行ったと語る（5.2.16.18–19）。

キリスト教史料のいう「占い」「魔術」とはイアンブリコス派新プラトン主義の「神との出会い」を司る神託の秘儀としてのテウルギアであり、占星術と神託は未来を予見するための手段として理解される。ユリアヌスは自らの利益のために神霊と交信する魔術師に近い存在として捉えられている。

さらにユリアヌスの転機を印象づける挿話として、ナジアンゾスのグレゴリオス『ユリアヌス駁論』（4.55–56）とソーゾメノス（5.2.5–6）はマクシモスらの手引きで各種の秘儀に初めて参加したユリアヌスの挙動をめぐる挿話を伝える。至聖所で「機械仕掛けの幻影」や「恐ろしいもの」を見てしまったユリアヌスは恐怖のあまり「子供の頃からの習慣で」十字を切ってしまう。

秘儀の至聖所をあえておどろおどろしい場所として描き、未知の儀礼に接して「恐怖のあまり十字を切ったのだ」と断言したユリアヌスの言動を活写する彼らの筆致は、まるで目撃してきたかのようになまなましく「よきキリスト教徒」として外面上は生活してきたユリアヌスの内心の動揺を想起させる効果をもつ。ユリアヌスにとって「十字を切る」という身体表現はすでに習慣化されたものであって、容易に放棄することができなかったという印象を与える。このいかにもありそうなできごととして描かれる事件が伝聞に従う風説であるのか、あるいは史実であるのかはやはり判然としない。ここから先は、それぞれのキリスト教史料における「背教者」描写の意図を問う作業によって考察されるべき問題であろう。

小アジア遊学期以降、副帝期に至るユリアヌスの「善きキリスト教徒」としての服飾と暮らしぶりをソクラテス・スコラスティコスとソーゾメノスは伝える。[*17] 髭を蓄えず、「哲人の衣」を身につけることなく有徳の貴顕として、ときに修道士のようにふるまうユリアヌス像がそこにある。ユリアヌスは哲学者たちとの親交を始めると髭を伸ばして哲学者の装束を着るようになったが、コンスタンティウスの知るところになると髭を剃り、外見上は修道士のように見えるように生活していた[*18]という。

三五三年頃からユリアヌスは著述活動を行うようになった。ユリアヌスのギリシア贔屓の片鱗はコンスタンティウスとエウセビア妃に宛てた頌詞からもうかがい知れる。

『コンスタンティウス第一頌詞・第二頌詞』では現実の「キリスト者皇帝」コンスタンティウスの事績に対する讃美や皇帝の権威に対する過剰な称賛はみられない。三五三年以降のコンスタンティウスが強硬策もいとわず優遇したアレイオス派への称讃もみられない。英雄叙事詩、トゥーキューディデース、プルタルコス『対比列伝』を念頭においたと思われる過去の英雄への称讃が前面に出ている。

『エウセビア頌詞』では、皇妃エウセビアへの称賛とともに、アテナイ遊学の許可への報恩が語られる。テサロニケ出身で「ヘラースびとの教養（παιδεία）と愛智」に親しむ、徳と教養と美貌にあふれた理想的な「真のヘラースびと」としての皇妃が描き出される。エウセビアもアレイオス派を支持していたが、ユリアヌスはまったくその点には言及しない。理想的な「ヘラースびと」の夫に相応しい名婦の鑑として提示されるのはオデュッセウスの妻ペネローペーである。

『テミスティオス宛書簡』においても、ユリアヌスはローマ皇帝の先達たるマルクス・アウレリウスと卓越した君主としてのアレクサンドロスを理想の君主として例示する。しかし、神寵帝理念を肯定する宮廷哲学者テミスティオスに対する彼の弁明には、神に近い存在として祀りあげられるのではなく、人間として神の理法を尊重して生きたいという願望が顕著にみられる。

『テミスティオス宛書簡』からは、テミスティオスがユリアヌスに、「哲学」を捨ててアリストテレスを学び、ソローンとピッタコスとリュクルゴスのように国難を打開するに相応しい法を制定し、活動的な生を生きよ、と常々求めいたことが看取される[*19]。

テミスティオスの意見にユリアヌスはプラトン『法律』を引用しつつ反対する。彼は、活動的な生と愛智者としての生を両立した君主を模範としながらも、閑暇の中で愛智の学びと観想の「重荷」を共に歌って担う生を愛する友の存在のかけがえのなさを強調する。[20]

『テミスティオス宛書簡』でのユリアヌスは、アリストテレスよりも救済の哲学としてのプラトン派を支持し、「汝自身を知る」ことを第一の格率に挙げる。プラトン派の死生観の根源にある宇宙を統べる「法」の存在は、人間の生きる世界に宇宙との照応を想起させ、情念の桎梏を去ることを可能にするものであり、現在ある人のためだけではなく、未来の人間のためにもあるべきだとする解釈に彼は立っている。[21] このような帝権観と「法」の観念は、単独統治権以降のユリアヌスの帝権観にみられる神の理法に従う「哲人祭司王」とその統治の理念の萌芽的形態であろう。

三五五年一一月以降、副帝としてのユリアヌスは公的にはキリスト教徒として行動した。彼は三五六年以来、コンスタンティウスと連名で供儀と卜占を禁ずる勅令を再三にわたり公布した。[22] 三五七年一月二五日公布の勅令（*Codex Theodosianus*, 9.16.4）では、臓物占いと占星術のほか、「カルデア人およびマゴスの業」、「好奇心で占いを行うこと」も禁令の対象とした。臓物占いと鳥占いと占星術は三五八年七月五日公布の勅令（*Codex Theodosianus*, 9.16.6）でも禁止されている。三五六年二月一九日公布の伝統的多神教祭儀の禁令（*Codex Theodosianus*, 16.10.6（三五六年二月一九日、メディオラヌムで公布））では、供犠と神像の設置を制裁の対象とした。

そのかたわら、ユリアヌスはガリア駐在中にも、修辞学とイアンブリコス派新プラトン主義に共鳴する同志とめぐりあう。『サルスティウスを送る』は、その一人であるサトゥルニーヌス・サルーティウス・セクンドゥスがコンスタンティウスによってコンスタンティノポリスに召喚された折に書かれた著作である。ここでは、ガリア出身でありながら「真のヘラース」を知る友とのプラトンへの「信仰」への共感に結ばれた友情のかたちが語られる。

ユリアヌスは「同じ資質を持つ「戦友」ともいうべき友人との友情」を讃える。[23] そのような友情は常に新鮮なものであり、テーセウスとペイリトゥースのように誓約抜きでも裏切りのない忠実な関係であるだけでなく、同じ心、同じ目的を備えたものであり、仲違いと対立によって周囲を傷つけることがないという[*24]。ユリアヌスは自らがサルーティウスにとってこのような同僚であることを強調し[*25]、伝プラトン『第七書簡』(325c) を引用して「プラトンは「よい統治を行うことはもっとも難しいように思われる。よき友人と忠実な同僚なしではなしえないばかりか、そのような人を得ることもたやすくはないからだ」と言っている」と主張する。

ガリア人サルーティウスは、ガリアに勤務するユリアヌスを同胞のガリア人と見なしているが、ユリアヌスはコンスタンティノポリスへ向かうサルーティウスをもっとも傑出した「ヘラースびと」のうちに数える。サルーティウスはガリア人であるが、行政手腕と徳、雄弁と愛智に通じた文明人であるために、ユリアヌスにとっての「ヘラースびと」となりうるのである。ユリアヌスにとっての「ヘラースびと」は、理性の力を借りて蛮族《バルバロイ》の唱えるミュートスに耳を傾けることがなく、「愛智」に抜きん出た本性を持つ者である[*26]。ギリシア人が「愛智」に傑出した民族である、という主張の根拠には、ユリアヌスにとっての先哲である「愛智者」プラトンの存在が想定される。

ユリアヌスはサルーティウスとの友情をむすぶ絆に、プラトン的な世界観に培われた知と霊性の理想郷として民族を超えて共有される「ヘラース」を想定しているため、プラトンの教えに共感する有徳のガリア人をも「ヘラースびと」であると断言せずにはおかない。ユリアヌスはサルーティウスとの友情を、すぐれた資質をもつ者どうしが民族を超えた同胞として互いを認め合う友情として描く。

この時期のユリアヌスはプリスコス、マクシモス、オレイバシオスらプラトンとイアンブリコスの思想に共鳴する友人とも書簡を交換した。特に三六〇年以降には転戦先でも密かに地域の哲学者の支援を行うなど、自らの「よき愛智」の共同体を保とうと努力してきた[*27]。このような彼の態度には、「愛智者」ならば「よき敬神」の人であるはずであり、ともに観想的で浄福な生を送る同志としてこの戦闘と権力欲の世にあっても生きてゆけるはずだ、という素朴な信頼が看取される。

三六〇年一月、ユリアヌスはウィエンナで公現祭の典礼に参列した。『アテナイ市民宛書簡』には、この時点でのユリアヌスはすでにガリア宮廷の（イアンブリコス派新プラトン主義に共感する）有志と秘密裏に秘儀を行っていたが、コンスタンティウスの動向を恐れて信仰を表に出すことは控え、安全な人間であるかのようにふるまい、宮廷を留守にするときには他者に転向を知られないように宮廷医師オレイバシオスに蔵書の管理を任せた、という言及がみられる。[*28] 同年一二月、ユリアヌスはゲルマニア・ラエティア・ガリア平定の功績を認められ、ルテティア・パリジオールムで軍隊の推挙により「正帝」に推挙され、コンスタンティウスの対立皇帝となった。

三六一年一月以来、ユリアヌスはコンスタンティウスとの対決に備えてガリアからバルカン半島方面へ東進したが、一一月には西進の途にあったキリキアでコンスタンティウスが病没したため、ユリアヌスははからずも単独統治権を獲得することになった。これ以後、ユリアヌスははっきりと公に自らの信仰を言い表すようになった。また、三六〇年末以降にマクシモスをはじめとするイアンブリコス派新プラトン主義を奉ずる旧友たちに宛てた書簡には、オリュンポス＝カピトリウムの神々を奉ずる祭祀の復興の意図と、「哲学」の振興の意図が明確に見られる。[*29] 彼の主張した「ギリシア古典の栄える理想郷」としての「ヘラース」の理念を共有する同志たちとの出会いがユリアヌスの「転向」を支えている。

ソクラテス・スコラスティコスとソーゾメノスの伝えるところでは、強硬なアレイオス主義者であったコンスタンティウスへの背反の意図が明るみに出て制裁を受けるのではないか、という脅威がコンスタンティウス自身の死によって消滅した結果、ユリアヌスはキリスト教徒としての「修道士らしさ」を捨てて浄祓と厄払いのための供犠と浄祓を行って自らの受けた洗礼を取り消し、公に「占い」と「ヘレネスの祭祀」を再開したという。[*30] ユリアヌス本人がナイススからエフェソスのマクシモスに宛てた書簡には、あらゆる学派の哲学者の活動の保護を要請すると同時に、ひそかに「神々への祭式」を守りはじめたことが告白されている。[*31] 同地から修辞学者エウテリオスに宛てた書簡では、ユリアヌスは「ヘレネス（ヘラースびとら）」の共同体のために神の加護を祈るよう求めている。[*32]

ユリアヌスは、セルディィカから帝国の主要都市に書簡を送付し、自らの単独統治権獲得の正当性を訴えた。この種の書簡では「ヘラースの中心地たるべき都市の民」としての誇りの喚起をアテナイ市民に訴えた『アテナイ市民宛書簡』のみが現存する。

単独統治権獲得以後、ユリアヌスは自らの文人共同体としての「ヘラース」の理想を明示するようになった。その範型を彼はソクラテスとプラトンの生きた時代のアテナイにみる。『アテナイ市民宛書簡』において、彼は紀元後四世紀中葉の現実のアカイアー州都アテナイの市民を鼓舞するために、「すべてのヘレネス」が共有しうるアテナイ人の栄光として「蛮族にも他の諸都市にも勝って覇権を手中にした」直接民主政期の事績を語る。[*33] ペルシア戦争の勝利の後にギリシア軍の艦隊に民会決議を経ずに秘密裏に炎を放とうとしたペリクレースの謀略を見抜いた市民たちの高貴な生の挿話[*34]を例にあげ、アテナイ人は他の都市の市民に比して優れた徳を備えている[*35]と主張した。ユリアヌスはさらに、支持と理解を得るためにアテナイ市民のみならず全ギリシア人に向けて自身の過去と事績の正当性を公表する必要がある[*36]、と述べる。

ある人がユリアヌスの想定する「ヘラースの友」となるためには、まず「愛智」、とりわけプラトンの教説への共感と自由学芸への関心、そして英雄叙事詩の登場人物やプルタルコスやトゥーキューディデースらの著作において言及される過去の「ヘラース」における政治上あるいは哲学上の英雄的存在を共有できる姿勢が出身地を問わず必要であったようだ。後に『ひげぎらい』でのユリアヌスは「血はトラキアの民でも、くらしぶりはヘラースびとである」とみずからについて述べる。[*37] この発言からも、出身地・出身民族を越えた「愛智」と文人の理想郷としての「ヘラース」という認識をユリアヌスがもっていたことを想起させる。

3　先行する思想 I——三三〇年代から三五〇年代までの教会情勢

ユリアヌスの精神的形成のみならず、ガッルスとユリアヌスに対するコンスタンティウスによる過干渉ともいえる監督の背景には、ニカイア公会議以降の混沌とした教会情勢があった。[*38] この状況のもとで、コンスタンティウスが父の遺志をついで、ニコメディア司教エウセビオスとカッパドキアのゲオルギオスら、帝室に浅からぬ影響力をもつアレイオス派を支持する教役者たちの助力を得て、ユリウス・コンスタンティウスの遺児たちを帝室の次世代を代表する「よきキリスト教徒」として育てるということは、ひとつの実験でもあった。

ニカイア公会議において正統とされたはずのニカイア派は、決して多数派ではなかった。近年の研究によって、アレイオスの教説がこの時期のゲルマン系諸部族のあいだに広く支持されていたことが明らかにされている。[*39] また、正統とされたはずのニカイア派は三三〇年代から三六〇年代にかけて帝室の支持を必ずしも得ることができなかった。アタナシオス、ポワティエのヒラリウス（三一五頃―三六七年、ポワティエ司教叙階三五〇頃（あるいは三五三／四年）、カリアリのルキフェルらニカイア派を支持した司教たちは帝室の意向に活動と命運を左右された。公会議と教会会議において定められた信条の権威は決して盤石ではなかった。アタナシオスは『教会会議について』において、公会議議決の権威がこの時代には容易に覆されるものであったことを指摘している。アタナシオス自身は三三五年に開催されたテュロス教会会議以降、混迷する教義論争と政局に翻弄され、三六六年までののべ五回、一七年にわたるアレクサンドリア司教座からの追放を経験することになる。皇帝たちはアレクサンドリアにおける不和と騒乱の責任を彼に帰した。第三回の追放にはコンスタンティウスが、第四回の追放にはユリアヌスが関わっている。[*40]

三四〇年代から三六〇年代前半のアレイオス論争とその帰結としての信条の制定は混沌と変転のなかにあった。東方ではニカイア信条にかわる信条の制定が模索された。三四一年、ニコメディア司教エウセビオスの主導下に、アンティオキアの「黄金八角堂の大教会」の献堂に際して、アンティオキア教会会議が開催され、エウセビオス派の正当性が確認された。三四三年、サルディカ西方教会会議がコンスタンティウス二世とコンスタンスによって招集され、アタナシオスとマルケロスの復権が議論された。東方の司教たちはフィリッポポリスでアタナシオスとマルケロスの追放を支持する教会会議を開催し、サルディカに残った西方の司教たちは「サルディカ信条」を起草して子の永遠性とロゴスの受肉の教説を支持し、アレイオス派の異端性を再確認した。三四五年にはニカイア派を支持する西方の教会とアレイオス派優勢の東方の教会の関係の改善を目的としてアンティオキアで教会会議が開催され、ニカイア派の教説に沿う信条「マクロスティコス」が起草されたが、ニカイア信条に加えて新たな信条を提出する必要はないとして退けられた。ここでもアレイオスの教説のほか、モナルキア主義と父受難説（サベリオス主義）が警戒の対象とされた。

三五〇年代にはアレイオス派の神学にも新たな潮流が出現した。アンティオキアのアエティオスらがアリストテレス哲学と修辞学を駆使して提唱した「父」と「子」の「非相似説」（アノモイオス派、新アレイオス主義）と、アンキュラのバシレイオスとカイサレイアのアカキオスが主唱した「父」と「子」の本質の「相似説」（「ホモイオス」派）である。[*41]

三五七年、コンスタンティウス臨席のもとで行われたシルミウム教会会議では、従属説的な傾向を顕著に示す「相似説」の正統性を確認する「シルミウム第二信条」が承認された。三五六年にベジエ教会会議で西方のアレイオス派の主唱者であったアルルのサトゥルニーヌスに反駁して以来、フリュギアに追放されていたポワティエのヒラリウスもこの会議に出席し、「シルミウム第二信条」を「冒瀆」と名指して批判した。「シルミウム第二信条」では、「聖書的に根拠がない」として「ホモウーシオン」「ホモイウーシオン」の術語の使用を避けるよう勧告が行われている。

同年五月二二日、アレトゥーサ司教マルコスの起草による「日付信条」（「シルミウム第四信条」）が承認された。「日付信条」で提唱された「ホモイオス」説は、コンスタンティウス二世の支持を受けながらもアリミヌム教会会議で否決された。三五九年一〇月、トラキアの小村ニケで開催された教会会議で、コンスタンティウス二世はニカイア派に対しても「日付信条」に改訂を加えた「ニケ信条」への署名を強要した。同年、西方のリミニ教会会議と東方のセレウケイア教会会議が開催されたが、論争は終結せず、翌年一月一日、コンスタンティウス二世はコンスタンティノポリス教会会議において、司教団によって批准された「ニケ信条」を宣言し、相似説支持の立場を明らかにした。「日付信条」にみられた「受苦と情念のない存在」として定義される「子」への言及は「ニケ信条」では削除されているが、術語「ウーシア」「ヒュポスタシス」は「聖書に根拠がない」として使用を回避するよう指示されている。

後年のユリアヌスの著作『ガリラヤ人駁論』では、「ヨハネによる福音書」における「ロゴス＝キリスト論」と共観福音書における歴史的実在としての人間イエスの聖性を架橋する論理が聖書に内在していない、とする批判が展開されている。『ガリラヤ人駁論』で展開されるキリスト教批判には、「父」と「子」の聖性を正当化する教義論争を支える論理に聖書に由来しないテクニカルタームが用いられているという論点のほかに、さらに以下の二つの論点が含まれている。旧約の「嫉む神」の存在と聖性の確証たしかならざる「開祖」の存在が「ガリラヤ人＝キリスト教徒」の好戦性を肯定する根拠となっている。また、殉教者崇敬は本来聖書には根拠をもたない習慣である。ユリアヌスは『ガリラヤ人駁論』において、あえて修辞学と哲学の精華を援用せずに聖書の文言を解釈することによって、聖書に内在する根拠をもたない聖性理解と、習慣に大きく支えられた同時代のキリスト教諸派の教義と実践の抱える矛盾を彼なりに明らかにした。このような議論は、同時代の教会政治と神学論争の状況に対して継続的な関心をもたなければ展開しえないものであろう。

4　先行する思想 II――「世界市民」としての君主像とイアンブリコスの祭儀観

「ギリシア贔屓」と武勲にも秀でた「哲人王」への憧憬。みずからは所与の宗教としては体験することのなかった共同体的多神教祭祀の再定義と追体験の試み。これらはユリアヌスの信仰世界を特徴づける重要な要素である。彼の作品には「哲人王」の先駆としてのマルクス・アウレリウスとアレクサンドロス大王への敬慕が、また理想国家論の原型を提示する先哲としてのプラトンへの敬慕が折りに触れて表明される。

ユリアヌスの夢想する「哲人王」は、神にも紛う神聖な権威に飾られた存在ではなく、「世界市民」のひとりとして生きる有徳の君主でもある。この君主像は、紀元後二世紀以降「君主の鑑」として読まれたディオン・クリュソストモスの王政論の君主像にも通じる。[*42]

ユリアヌスは「神官宛書簡断片」において、神慮によって人間に与えられた生活の技芸と労働を讃美し、都市共同体において「持たざる者」にもひとりの人間としてフィラントローピアを示す有徳の士の生き方を勧め、『王ヘリオスへの讃歌』では、季節のめぐりと光をもたらす太陽神を礼賛した。ユリアヌスのこのような価値観は、ディオン・クリュソストモスがトラヤヌス帝への奏上を想定して著した『皇帝の幸福と友情』(*Or.* 3) にみられる快楽への節制を行ってより持たざる者を配慮する君主の美徳 (*Or.* 3.60–62) や、「季節をもたらすもの」としての太陽神の讃美と労働礼賛 (*Or.* 3.73–84) の記述と酷似する。

ディオン・クリュソストモスは、『少年アレクサンドロスの熱弁』(*Or.* 2) と『アレクサンドロスとディオゲネスの対話』(*Or.* 4) において、アレクサンドロス大王を語り手のひとりとする対話編に託して理想国家の君主像を考察した。作中のアレクサンドロスは学芸を愛する哲人王の資質を備えた少年として登場する。『アレクサンドロスとディオゲネスの対話』では、シノペーのディオゲネスがアレクサンドロス大王に「フィラントローピア」と富の用い方を教える。このディオゲネス像は後年のユリアヌスの犬儒者批判に登場する理想化された修徳修行者としてのディオゲネス像に通じる。

『少年アレクサンドロスの熱弁』(*Or.* 2) では、神々の模倣による高潔な生き方の推奨 (*Or.* 2.25)「高貴な王者的な魂」にふさわしい詩としてのホメーロスやヘシオドス、そして神々の讃歌と頌歌の学びのすすめ (*Or.* 2.27–28)、「君主にふさわしくない詩と音楽」としてのサッポーやアナクレオンらの恋愛抒情詩への言及 (*Or.* 2.28–30)、「君主にふさわしくない娯楽」としての「放縦で自堕落な歌と踊り」の拒絶 (*Or.* 2. 55–56) がアレクサンドロスの発言として提示される。ユリアヌスが『ひげぎらい』や「神官宛書簡断片」で語った「魂の陶冶に資する技芸」としての音楽・芸能観と文学観は、この『少年アレクサンドロスの熱弁』の作中世界におけるアレクサンドロスの発言と酷似する。古代末期は引証の世紀である。読書によって理想の君主に近づこうとしたユリアヌスもまた、ディオン・クリュソストモスの描く学芸を愛するアレクサンドロス像にみずからをなぞらえて、理想国家の学芸を作中で語った可能性は否定できない。

ユリアヌスの信仰観により明確な影響を与えているのは、プラトン主義の理想国家論の宗教像である。[*43] ユリアヌスはその著作において『国家』『法律』『ティマイオス』『パイドロス』への言及をしばしば行った。それ以上にイアンブリコス『エジプト人の秘儀について』の祭儀観は、帝国領内におけるさまざまな民族宗教に共通してみられる「神々との交流の手段」としての供犠と祈りの意義を体系的に思考するための枠組みをユリアヌスに与えた。イアンブリコスの儀礼論は、三世紀のポルピュリオスとアルノビウス以降顕著な潮流となった在来の共同体的多神教世界の信仰構造の再定義と再検討の潮流に属する。

イアンブリコスの「宗教哲学」ともいえる儀礼をめぐる省察は『エジプト人の秘儀について』において展開される。この著作は、ポルピュリオス『アネボーへの書簡』への反論である。ポルピュリオスは供犠と神託の意義と効用に懐疑を示したが、イアンブリコスは『アネボーへの書簡』の名宛人であるエジプト出身の神官アネボーの発言に託して、神働術と在来の共同体的多神教の祭祀のみならず、オルギアや秘儀などの当時のひとびとにとっても「非合理」と映った儀礼の存在意義を、理性を保ったままに神々と交流するための営為として再解釈した。

『エジプト人の秘儀について』では、祈りと供犠が特に肯定の対象となる。祈りは古代地中海世界の諸宗教に共有される営為であり、供犠は古代地中海世界の在来の共同体的多神教祭儀と秘儀結社にも、第二神殿破壊以前のユダヤ教にも核心的な儀礼として共有されていた。祈りと供犠はまた、神働術においても不可欠な儀礼であった。イアンブリコスは祈りと供犠の意義を、機能と参与者にとっての実存的意義、そして形而上的意義の各側面から検討し、魂の陶冶と救済に資する「神々との交流の手段」として肯定する。志した人にのみ開かれた神働術を、後ろ暗いところのない理性的な営為として肯定するために、イアンブリコスはローマ帝国領内に存在する在来の共同体的多神教祭儀や民族宗教の祭儀のなかにも、魂の陶冶に資する機能を見いだす。本来、在来の共同体的多神教祭儀や民族宗教は明確な修養の体系を必ずしも提供するとは限らないが、イアンブリコスはこれらの祭儀をも、人間の霊魂の究極的な救済としての「魂の回帰」に至る一般人向けの初歩的な階梯として肯定した。在来の宗教儀礼のうちに精神の涵養に資する可能性を見いだして肯定的に解釈する点で、イアンブリコスの祭儀観は在来の宗教儀礼に対する古代末期人による再検証の系譜のうえでは特異な事例である。

イアンブリコスの祭儀観の前提

宇宙の最下層の生々流転の世界に生きる人間の救済は、イアンブリコスの祭儀論における最重要課題である。死後、人間の霊魂が肉体のくびきから解き放たれ、究極の存在である「一者」へと回帰すること、すなわち「魂の回帰」が救済の究極の形態となる。

人間にとっての肉体のくびきの好例として、イアンブリコスは生殖活動をあげる。人間の生活の基盤である共同体は、避けえない肉体の穢れとしての生殖行為を介して形成され、また、維持されている。そのこと自体が、人間が自然界の力の支配を逃れることができず、物質の世界に結びつけられた存在であることの証座となる。[*44] そして、人間は霊魂の内なる理性を働かせることによって非物質的な神々に思いをはせることはできても、肉体をもつかぎり、完全に肉体を滅却して物質的な世界から離れることは不可能である。[*45]

イアンブリコスの肉体観と生殖観はこのように暗い。しかし彼は、清浄な霊魂と穢れに通ずる肉体を併せ持つ人間は、究極的には死後「魂の回帰」へと至る可能性をもつ存在である、という認識を放棄してはいない。彼はそのような視座に立って、月下界＝物質界に閉じ込められた人間が肉体の限界に縛られずに生きる方法として、「神々との交流」を行う生活を提案する。『エジプト人の秘儀について』においては、神々と人間のあいだの互恵的な贈与の儀礼としての供犠と観想によって神々との交流を不断に行う生活が人間を「魂の回帰」へと導く可能性が肯定される。

儀礼の正当性

まず、『エジプト人の秘儀について』第五巻の議論のなかから、儀礼の正当性に関する議論に着目しよう。イアンブリコスは祈りと供犠の意義を、機能と参与社にとっての実存的意義の両面から説明する。人間は可視的な事物を用いてはじめて、感覚を通して神々との交わりを実感することが可能になる。儀礼は神々との交流を可視化する手段であり、物質的な世界に囚われた霊魂を物質性の限界から解放する手段でもある。それは完全に善なる存在としての神々の意志を知り、神々が人間に与える恩恵に与るために行われる。その結果、神々との交流を実感させる儀礼を排すれば、人間はみずからの感覚によって理解可能な儀礼を通して神々と交流することができなくなり、霊魂の次元での神々との交流を感覚を通して理解することもできなくなる。

このような観念がイアンブリコスの儀礼肯定論の核心を形成している。この儀礼観は祈りと供犠への参与に実存的な意義を与える。祈りと供犠に参与することで、参与者の情念（παθός）と肉体（σῶμα）からは過剰と無秩序と混沌が取り去られ、自身が浄められてゆく、とイアンブリコスは指摘する。儀礼の参与によってもたらされる内観による変容の可能性の示唆であろう。[*46]

イアンブリコスはまた、宇宙論的視座に立って、「肉体に閉じ込められた人間への、月下界に横溢する神霊たち（δαιμόνες）の絶えざる呼びかけへの応答」として祈りと供犠を捉える。[*47] 秩序をもたない現実という可視的世界の内部へと関心を閉ざしがちな人間にとって、祈りと供犠は宇宙の秩序への敬意を喚起し、表明する機会ともなりうるのである。[*48]

ここでイアンブリコスは祈りと供犠を以下の三種類に分類する。[*49]

（1）可視的な世界を司って横溢する神々としてのダイモーンたち、すなわち一般に「父祖伝来の祭祀」の神々、「多神教の神々」として理解される民族宗教の神々の祭儀

（2）人間と神々の交流の仲介者として訓練を受けた神働術の神官（テウルゴス）の司式による祈りと供犠

（3）熟練者としての訓練を受けた神官たちによる、高次の神々との交流の方法としての神働術

祈りとは何か

イアンブリコスはさらに、祈り（εὐχαί）と供犠の効用と意義を精査する。

「祈り」は、神々と人間の交流を完成させる要件として肯定される。

イアンブリコスは祈りの目的を次の二段階に分類する。

（1）人間の打算から現世利益のために行われる祈り

（2）普遍的で超越的な存在や、世界を支配する超越的な原理を想起する手段としての祈り

前者の現世利益型の祈りは、人間どうしの互恵的贈与を祖型にもつ。イアンブリコスは現世利益型の信心を、神に対しても見返りを要求する人間の打算的な態度として理解する。魂の浄化や、疫病・飢餓・干魃などの当座の可視的な不幸の克服を求める祈りのうちには、見返りを求める人間の打算が反映されているのである。そのことを神々が察知して人間との交流を絶ち、所期の目的であったはずの恩恵の享受が不可能になることさえあるかもしれない。[*50] 互いに見返りを期待する人間の贈与から類推された機能を持つ祈りは、祈りとして不完全である、という認識は、イアンブリコスのこのような現世利益理解に基づいている。イアンブリコスは後者の祈りを現世利益的な祈りよりも上位におく。可視的物質的な世界における個別具体的な事象よりも上位に存在する神的存在への祈りは、情念に囚われて穢れた人間の魂が情念の穢れを脱出するために必要な営為として理解される。[*51]

このような普遍的で超越的な存在への観想と人間の心の浄化に資する祈りを、理性と魂、そして神々を感受する人間の能力を高める営為としてイアンブリコスは理解する。継続して行えば、人間に神とともに歩んでいるという確信を与え、神々をより身近な「友人」のように感じさせる。この「友人としての神」の体験が蓄積されると、人間はいっそう神に近づいたという実感を覚えるという。[*52]

ここでイアンブリコスは祈りが求める「神々との交流」の形態を三段階に分類する。

（1）神々との交流を求める祈り

（2）神々と共感し、神々と連なろうとする祈り

（3）「炎の満たし」による言語化不可能な神秘的合一を求める祈り

これらの祈りはいずれも、人間と神々との友情を余すところなく表現する祈りとして理解される。人間の住まう領域と神々の存在する領域はまったく隔絶されているわけではないので、神々との接触は祈りと供犠を献げることによって可能になると考えられている。とりわけ第二段階の「神々と共感し、連なろうとする祈り」の段階では、神々と人間を隔てることのない円居（κοινωνία）の場が供犠と祈りによって開かれるため、神々に向かって人間が自らの願いを表明しても有害な現象はおきないとされている。[*53] 第三段階の祈りは神働術の祈りである。[*54]

正当な供犠とは何か

そもそも『エジプト人の秘儀について』は、ポルピュリオスの供犠否定論に対する反論の書として書かれた著作であった。

ポルピュリオスは主張した。犠牲獣の脂を焼く香りそのものは神々のもとに供物となって到達することがない。犠牲獣の焼ける臭いは、死んだ獣の焼ける臭いを喜ぶ悪しきダイモーンを喜ばせる結果につながる。より低次の神的存在を喜ばせる結果になるのであれば、神に供犠を献げても意味はない。したがって供犠を行うことは神々を礼拝するには適切な行為ではない。[*55]

このようなポルピュリオスの主張に対して、イアンブリコスは供犠をさまざまな角度から肯定しようと試みる。

第一の論点は、供犠に関して当時一般的に共有されていた観念に依拠する反論である。イアンブリコスは、当時一般に共有されていたという「悪しきダイモーンたちは死んだ動物ではなく生きている動物の発する臭気に惹かれる」

という観念を紹介し、ポルピュリオスの説との矛盾を指摘する。[*56]

第二の論点は、供物における死の穢れの問題である。

イアンブリコスは動物犠牲と臓物占いにおける死の穢れについても言及する。犠牲獣を用いた供儀や、犠牲獣の肝臓の色彩で神の意志を占う臓物占いに際して、動物の屠殺は避けることができない。しかし、動物は人間と違って、理性のよりどころである魂をもたない存在である。したがって直接に神々やダイモーンたちのような高次の存在と、動物は理性と的確な儀礼の方法を用いて交流することができない。屠殺された犠牲獣の骸は人間が的確な手続きを経て浄化することによって神々やダイモーンたちへの供物という聖なる物体となる。したがって、あらかじめ魂をもつことのない動物の骸に触れることも、可視的な世界に働きかけつつも可視的な肉体をもたないダイモーンたちに守護されて行われる臓物占いに供される死んだ動物の臓物に触れることも、穢れとはならない。[*57]

第三の論点は、思いそのものが供物となるという観念にある。

イアンブリコスは、供犠を行う人の思いそのものが非物質的であるために、その思いじたいが神への供物となりうる、という見解を提示する。供物が炎で焼かれ、宇宙の原理や神々に向かって上昇することで物質性を失っても、犠牲獣の脂を焼く人間が神々に捧げる思いは諸天球の高みに達しても損なわれることがない。[*58]物質性を滅却した供物としての思いを神々は喜んで受け取ることになる。[*59]この「炎で焼く」という行為にイアンブリコスは物質性の消尽の意義を見いだす。「焼く」ことは神《ゼウス》が雷光を地上にもたらす行為の模倣であり、供物は「焼く」ことによって物質性を消尽することで、物質性を滅却した存在としての神に献げるにふさわしい状態になる。この「焼く」という行為は、神々からの友情を享受するために人間にとって必要な神々の模倣として位置づけられる。[*60]供物を「焼く」という行為に宇宙論的なスケールで積極的な意義を与える解釈がここにはみられる。

第四の論点は、宇宙論的・救済論的なスケールで肯定される供犠の意義である。

自然界の物質を供物とすることじたいも、創造の意義と宇宙の秩序への貢献という文脈において肯定される。この世界では、動植物をはじめとする被造物はより高次の存在の守護のもとに、直接に高次の存在と交わる力をもっており、月下界の物質的で可視的なものごとでさえ、魂の領域と自然界の双方を支配する神々に奉仕することで、宇宙の秩序の保持に貢献する。また神々が被造物を生み出すことは造物主である神々自身にとっての喜びの源泉となる。[*61]

イアンブリコスはまた、供犠を情念の苦しみから人間の魂を解放し、浄められた理性の世界を司る至高神のもとへ立ち返らせる「魂の回帰」に貢献する営為として位置づける。テウルゴスとしての訓練を受けていない万人向きの方法としての在来の多様な儀礼もまた、「魂の回帰」に貢献する。供犠を反復して行うことによって、人間は「魂の回帰」に近づくことが可能になる。[*62]ここでは修徳に資する営為として供犠の意義が肯定される。

ここでイアンブリコスは、人間が供犠を通して神々に求める成果の本質と響き合う儀礼の必要性を説く。[*63]彼は供犠によって働きかける対象を以下のように分類し、その意義を解釈する。

(1)より低次の自然界の現象に働きかけ、所期の祈願の内容を達成する供儀
(2)地上や宇宙に遍在するダイモーンの力に働きかける供儀
(3)造物主、あるいは至高の完全なる神的存在に働きかける供儀

これらはまた、

(a)可視的かつ感覚的な世界を司る神々に具体的な効果の授与を期待して行う供犠
(b)非物質的な領域を司る神々に恩恵を乞う供犠

に大別される。

これらの供犠の実践の方式は人間が作ったものであり、目的に応じて選択される。[*64]供犠を通じてより具体的で単純な問題を解決したい場合には、単純な供儀の方式を採用すればよく、複数の神的勢力を召喚する必要があり、神々の地上への顕現と霊的領域への回帰の過程が儀礼の展開に含まれる場合には、神働術者が捧げる供犠を選べばよい。[*65]

(a)の供犠として想定されるのは、肉体に囚われて物質的な世界に生きる市井の人々のための「物質的で、具体

的な変化（μεταβολή）を伴う」公的祭祀の供犠である。この供犠はまた、一般人の生活空間に内在する神々に働きかける営為でもある。イアンブリコスは物質的な領域を司る神々を、物質的な世界を支配する変容・誕生・破壊・消滅などの効果をつねに具体的な事物に与えることによって人間と交わる存在として理解する。そのような神々を動かす適切な礼拝（θεραπεία）の方法として想定されているのは、変容・誕生・破壊・消滅を模した動物犠牲と、犠牲獣の肉を供する饗宴を適切な共感をもって挙行することである。[*66]

（b）の供犠はテウルギアの供犠であり、熟練者としての訓練を受けた「神官たち」（テウルゴス）にふさわしく、具象的で可視的な世界を越えた領域に存在する神々に近づくための営為として位置づけられる。非物質的な領域を司る神々は、具体的な供物の贈与を受けて人間の日常生活の必要を満たすことはない。また、一者に直接連なる神々は可視的な恩恵を人間の上にもたらすことはない。非物質的な世界を司る神々への供犠は（a）の供犠とは異なる性質の儀礼を必要とする。テウルギアはこのような機微にしたがって「物質的な領域と非物質的な領域の閾にあって、生産活動とは無縁であるが、完全に非物質的とも言い切れない儀礼（ἱερουργία）」の意義をもつ営為として要請される。テウルギアは同時に、魂と自然を支配する神々を礼拝し、すべての神々を讃える行為として理解される。[*67]

神働術の供犠に参入する者には、魂の中の完全な善や、徳と智恵がもたらす事象などの霊的・倫理的な美徳が人間の魂のうちに具現化された状態そのものを供物として、神々の「栄光」に一致する態度が求められる。人間が善い存在になろうと努め、世界の美しい秩序の増進に努めることじたいが神々への供物となりうるのである。[*68] また、自然界と魂の領域の双方を仲介する儀礼として神働術を行うさいには、自然界の供物と人間の善とを捧げるべきであるとイアンブリコスは説く。[*69]

ところでイアンブリコスは、形態の類似性や、偶然に左右される数秘術に依拠する供物の選択を「古くからの伝統であるから」との理由で肯定することは必ずしも適切ではないと考えている。[*70] 供犠の性質に応じて供物は選択されるべきであり、供犠を行う人間の魂が善であれば善なる神々から善意を受ける可能性も高まるため、神々との親しい交わりを目的にする場合に適切な供物を選択することも重要になる。[*71] このような供物観はギリシア的な祭儀観のなかの「同じ本性をもつ物事には同じ本性をもつ物事に相応しい」供犠を勧める立場と通底しているが、[*72] イアンブリコスの解釈は、人間の魂を善なる状態に保つ意義を供犠に見いだす次元にまで拡張される。

供犠を行う人間が神々に対して積極的なコミュニケーションをとろうとする試みが神々の完全な顕現には不可欠である、とイアンブリコスは説く。人間は神々に向かって信仰の宣言（ἔκφασις）を行い、捧げた供物を受けるよう召喚し、神々の顕現のさいには神々を歓迎しなければならない。[*73] このようにして供犠は、恩恵をかぎりなく与える神々とのコミュニケーションを人間側が贈与を通して実感するための場として定義される。

場所と音楽の役割

『エジプト人の秘儀について』では、祭場と神像と儀礼用品と音楽の役割を「神のよりしろ」として肯定する。神働術の技術は、誓願の対象となる神々の性質に応じて石・植物・動物・香気などを媒介にして、月下界の最底辺にまであふれてあまねく照らす至高の存在の光を受け止める浄められた「器」（ὑποδοχή）を作り出す。テウルゴスは、この至高の存在の光を受け止めるにふさわしい「器」となるべく、観想と実践を通じた訓練を受ける。

神働術の修行に至る前段階として、イアンブリコスは在来の公的祭儀の祭場と祭具の整備を勧奨する。祭場の整備には、誓願の対象となる神々に応じて、その神々の性質に合わない事柄を排除しながら、その神々に応じてふさわしい祭具を選び、聖域、神殿、祠など「神々のすまい」となる場所を造り、神像を設置する必要がある。適切な儀典にしたがって祭場を整備し、供犠を行うだけでなく、神の壮大な恩恵の授与を語る場面では特にその恩恵に関する信仰をもつ必要がある。適切な祭儀の段階を整え、神々の偉大さと恩恵に対する信仰をもたなければ人間は高次の存在と交流することができないからである。[*74]

また『エジプトの秘儀について』第三巻では、天界の秩序を人間の魂に与え、世界の実相を開示することによって魂を救済する「神的な力が加わった音楽」としての礼楽の効用が語られる。この「神的な力が加わった音楽」は、どの神の礼拝にもふさわしい音楽として聖化された音楽や、天界の秩序と神的な諸勢力や宇宙の運行、至高神から流出する天界の調和を表現する音楽である。このような音楽を演奏すると、人間は「神々に似る」ための階梯を昇りつつ、神々から力を賦与されて、世界の実相に覚醒して霊肉の調和を回復することができる。サバジオス、コリュバンテス・「神々の母」の祭礼のようなオルギアを行う秘儀結社の儀礼で演奏される管楽器と打楽器（アウロス、キュンバロン、テュンパノン）を用いた音楽は神的ではないとされる。そこには人間の身体と感情に強く働きかける要素が強く、神との円居をもたらす「入神」（ἐνθουσιασμός）ではなく、むしろ肉体からの「魂の離脱」（ἔκστασις）を喚起するものとして捉えられる。[*75]

ここではまた、人間の魂の陶冶に資する音楽の役割も定義される。音楽は移ろいやすく、人間の感情に訴える媒体であって、人間の気質（κρᾶσις）や感情の状態（διάθεσις）を変化させる効果を備えている。[*76]礼楽の演奏のさいに、適切な様式を用いずに人間の耳に快い様式を優先させることで、静寂よりも騒音を儀礼にふさわしい音楽として選ぶ傾向が生じ、音楽が堕落する。[*77]人間は本来、調和ある歌と踊りによって魂の喜びを表現する能力をもつ存在であるので、礼楽を演奏する際には、魂の喜びの表現と伝承されてきた音楽とを調和させて演奏する必要がある。[*78]

祈りと供犠に関する議論と同様、イアンブリコスは音楽や祭祀に関わる物質文化との接触も「魂の回帰」に資する修徳と関連づけて論じている。

神託とオルギアの正当性

イアンブリコスは神託とオルギアを理性的な営為として正当づける。神託に関する問題は『エジプトの秘儀について』第三巻の主な議論の内容である。睡眠中の人間の夢に具体的に顕れる影像を介して実感できる夢の託宣（III. 2–4）、神託の神官・巫女が神意を受けるさいの「入神（ἐνθουσιασμός）」（III. 7–8）という一見非理性的で身体的なものに支配されたように見える状態、そして神々との交流をはかるさいに用いられる音楽（III.9-11）という人間の身体性に強く働きかける事象が主な検討の対象となっている。

イアンブリコスは、これらの実践に見られる物質性や表面的な非理性にとらわれることなく、その深奥にある神慮に注目せよ、と訴える。

託宣夢の意義

古代末期においても、夢による神託（託宣夢）は公的な場面でも私的な場面でも一般的に親しまれていた。[*79] イアンブリコスはまず、アスクレピオス崇敬における託宣夢を介した治療法の処方を正当化する。託宣夢とそれにもとづく治療法は不可分の関係にある。イアンブリコスは託宣夢を見る人間の心理と託宣の解釈という行為を、日常的な論理整合性の範疇を超えた非合理の領域へと追いやるのではなく、あくまでも理性的な営為として位置づけようと試みる。睡眠中の人間の夢に現れる象徴を正当な託宣・神慮の顕れとして解釈することを可能にするために必要な条件がここでは問われる。

託宣夢をイアンブリコスは次のように理解している。

人間が日常生活に対して抱く懸念が夢に影像として顕れるとき、それじたいの真偽は象徴の解釈を通して明らかになる。神的な存在が介在していれば、その夢は真実に関する深い洞察を与える。ところが、睡眠という状態は理性を意識的に行使できる覚醒時とは異なり、自覚的に理性的な判断を行うことができないため、真偽の判断を行うには無力な状態である。覚醒時の日常性に縛られている人にとって、神慮の夢への出現をおしはかることは容易ではない。夢で告げられる神慮を悟り、現実の生活にそれを生かすには、まず夢の中で神々が真実を語る方法を識別する能力を培う必要がある。[*80]

また、睡眠中の人間は、身体の束縛から比較的解放された状態にある。理性の座としての魂はこのときも人間のなかで覚醒している。神は託宣夢を通して人間の霊魂に適切な助言を与え、覚醒時の生活で乱れた秩序を回復する。[*81] そして覚醒時に与えられる神々からの託宣は、理性と感覚の両者を働かせることによってかえって深く理解できるものである。[*82]

イアンブリコスは、恣意的な解釈をも許容する信頼性に欠ける幻影の一種として夢一般を矮小化する危険を退け、訓練による神慮の識別能力の向上を説いた。

エクスタシスとエントゥーシアスモス

イアンブリコスは神託の正当性を検討するさいに、「魂の離脱」（脱魂、エクスタシス ἔκστασις）と「入神」（エントゥーシアスモス ἐνθουσιασμός）の相違を論じるべき課題としてとりあげている。ここでも彼は、人間は霊肉不可分の存在であるからこそ、神々と交流するさいには身体と理性の調和を保つべきだ、という見解を貫く。

イアンブリコスの示唆するところでは、当時の神託観のなかでは、「魂の離脱」は日常生活よりも高次の霊感を受けた状態として、「入神」を人間が神聖な世界に略奪される状況として理解する傾向が広く支持されていたようである。「魂の離脱」と「入神」に対するイアンブリコス自身の解釈はこの通念を覆す。

イアンブリコスは「魂の離脱」と「入神」を次のように解釈する。まず、「魂の離脱」とは、人間の身体的感覚が喚起された結果、身体と霊魂の調和がかきみだされ、理性を司る魂が文字通り肉体から離脱する状況である。「入神」は、巫女たちが神々の意志の「器」となって神々の意志を読むとき、臨在する神（々）とともに時間と空間とを共有する状態である。人間は霊魂と肉体の双方を備えた存在であって、神々の意志の「器」となる巫女といえども身体をもつ人間であることには変わりない。だから「入神」の状態に入っても人間の存在の身体的な側面が完全に失われて神聖な世界にさらわれてゆくわけではない。このとき、神々の意志の受容体となる巫女は、理性を略奪された「魂の離脱」の状態にはなく、神々との円居である「入神」の状態にある。また、神々の託宣を人間が感受するための正当な営為としての占いや神託に関わろうとするときには、霊魂と肉体の調和を保って接することが重要になる。[*83]

イアンブリコスの見解では、秘儀の場で生じる「入神」とは、「入神」状態に入る者とその周囲の環境、あるいは情念と「霊感の吹入」（ἐπίπνευσις）の状態が複雑に関わりあって喚起される現象である。これらをたんに非理性的な現象として退けることはできない。

非理性的な営為としてのオルギア、という一般的に共有されていたであろう観念に対してもイアンブリコスは反論を試みる。彼はサバジオス講のオルギア、コリュバンテスのオルギアのほか、生命力を附与する「神々の母」のオルギア、ニュンペーたちやパンのオルギアに対する自身の解釈を例示する。

サバジオス講のオルギアやコリュバンテスのオルギアに加わる人々も、まったく非理性的なものに動かされて活動しているわけではない。実際にはそれぞれの秘儀的結社に特定の神（々）を崇敬し、魂の浄化と先祖の犯した血の穢れ（παλαιὸν μήνιμα）からの浄めを求めて集まっている。人間の目には非理性的に見えるオルギアも、それを提供する秘儀的結社で崇敬されている神々の加護のもとに行われている。[*84] これがイアンブリコスのオルギア観である。浄化を求めて特定の神を崇敬し、その神の加護のもとに儀礼を行うという点では、オルギアを伴わないより理性的な儀礼と変わらぬ共通点をオルギアも備えている。

「神々の母」のオルギアに男性が参加するとき、彼らは「入神」状態になって生命力を賦与されると一般には理解されているが、そこで生命力を賦与されるのはむしろ女性や男性的な生命力に欠ける男性である、とイアンブリコスは指摘する。[*85] イアンブリコスは、「神々の母」のオルギアを、スキャンダラスな営為ではなく、生命力を増し加えられる必要のある女性や生命力に欠ける男性に「神々の母」が降って必要な生命力を与えるある種の癒しの場として再定義する。「理性的で男性的な生命力をもつ性」に属するのであるから、秘儀に参加して理性を失っているかのように見える姿を参加者の前に示してまで生命力を増し加えられたいとは思わない「健康」な成人男性がイアンブリコスの議論の聴衆にも想定されているのであろう。イアンブリコスの解説には、「神々の母」の祭祀に対する男性の去勢不安を若干でも和らげようとする意図も看取される。

水や山野の神的勢力であるニュンペーたちやパンのオルギアについては、イアンブリコスは次のような解釈を施す。ニュンペーたちやパンのオルギアでは、これらの自然界の神的勢力の霊力が参加者に降るため、参加者は一連の儀礼のなかでふざけまわったり、山で過ごしたり、縛られて人前に現れたり、人間であるにもかかわらず供犠を捧げられたりもする。しかし、参加者はオルギアが終われば日常生活に戻らなければならないから、このような身体的・霊的な日常からの逸脱を浄化する儀礼を経た上で日常に戻る必要がある。[*86] 日常の理性的な行動規範を逸脱した狂躁に陥って自然界の霊力を身に受けた後に日常へと戻るための浄化の儀礼の必要性をイアンブリコスは説く。彼は、オルギアに参与すれば理性を失うのではないか、と考えるひとびとの不安をほどく必要性を想定していたと考えられる。

「神官」の資質と役割

イアンブリコスの議論においては、「神々と交流する」ための専門的かつ霊的な訓練を受けたわけではない一般のひとびとは、自然界と宿命に支配されて生殖の穢れを免れることができずに物質的な世界に囚われているため、「神々と交流する」ために可視的な儀礼としての公的祭祀を必要とする存在として想定されている。「神官」としてのテウルゴスは、この一般のひとびととより高次にある霊的存在との仲介役であり、自然界と魂の領域のあいだに存在する媒介者として人間を「魂の浄化」へと導く役割を担うことが想定されている。

このような観点から、「仲介者」としての神働術の神官＝テウルゴスのありうべき信仰をイアンブリコスは定義する。『エジプト人の秘儀について』第五巻はテウルゴスの倫理規定・行動規定としての性質を帯びる。テウルゴスの倫理規定と生活規定を以下のように再構成することも可能であろう。

神々と人間は一つの見えない絆によって結ばれている、という信念を神官＝テウルゴスは内面化しなければならない。テウルゴスは自然の領域よりも上位に位置する諸力に支えられた宗教者であり、一般人に接するときには、上位の諸力の存在を認識する力に欠けた人々が上位の諸力の存在を受け入れられるように、また自然界と魂の領域を一致させる力に与りながら、妬みなき（ἀφθόνος）関係性によりつつ、その役割を果たすべきである。[*87]

神働術もテウルゴスも、人間に悪念を起こすことのない清浄な存在でなければならない。テウルゴスは人間の情念を超えた神的な秩序に従い、秘められた象徴を用いて神々と交流する者であって、秘儀で召喚されるダイモーンたちは神に近づくための奥義にかかわる存在であるからである。[*88]

神官＝テウルゴスは「神と接触する」ための訓練を受ける。その目的は、可視的な自然界の限界を超えてゆく理性を用いて、自然界の力を克服し、超越的で清らかな叡智（νοῦς）の世界に向かうことができる選ばれた者となること、そして「完全に生殖の穢れを免れた浄い魂」を持つ存在になることである。[*89] テウルゴスは性的禁欲を通して「穢れ」を回避する霊的実践者として想定されている。

民衆を魂の回帰へ導く神官（ἱερεύς）たちは同時に、高次の次元の供犠に通じたテウルゴス（神働術者、θεουργός）でなければならない。彼らは自然界と魂の領域の双方を媒介し、自然界から高次の魂への回路を開く神官としての役割を担うに相応しい立場にある者たちであり、[*90] 神々を崇敬することで人間に与えられた肉体と身体の限界を超えることができ、可視的な世界を超えて神々と結ばれる道へと招かれている。

神官たちは、「儀典」（ὁ τῆς θρησκείας νόμος）の行使の方法に通暁していなければならない。供犠と祈りの相補的な作用を知り、より完全な供犠と祈りを「神官の業」とともに行ってより効果の高い「神々との交流」に携わることも彼らの任務の一環である。

神官＝テウルゴスは一般人と神々の仲介者でもある。テウルゴスは儀礼の際に祭祀全体を損なう事柄を知り尽くした上で、確実に祭祀を損なう要素、たとえば礼楽には不適切な音階や、調和と対称を乱すような音を排除するべきであることを経験則として知っていなければならない。このような境地に達するためには「神官の業」に参与するまでの長年の準備期間に耐える努力と、「神官の業」に関わることがらを究める必要がある。[*91]

「究極の供犧」とは、造物主が人間から寄せられる嘆願の内容に直接に共感（συμπάθεια）し、親しみを籠めた働きかけ（οἰκειότης）を行うことによって、人間の個人的な問題から歴史や都市共同体の問題に至るまで、嘆願者の抱えるあらゆる問題に利益をもたらすように人間が働きかけるために行う供犧である。「究極の供犧」に精通するためには、神官たちは効果的な祈りや神々との合一を可能にする関係の継続方法を学ばなければならない。[*92]

神官＝テウルゴスは「神官の掟（ἱερατικῆς θεσμός）」にしたがって生きる存在である。

この「掟」は、究極の「神々との交流」の手段としての神働術に携わるために必要な儀礼の方法と生活規定であり、自然界からの束縛を断ち切る理性的な営為としての意義をもつ。[*93]「神官の掟」はまた、究極的には「魂の回帰」という救済へ至るために、ばらばらに分断された可視的な事物に秩序を与え、一つの体系に再構成する営為として肯定される。共同体的祭祀や民族宗教において供犧がすたれようとも、テウルゴスが「神官の法」にしたがって「究極の供犧」が行われるかぎりにおいて、人間には宇宙のあらゆる階層に存在する高次の存在と交流をもつ可能性が開かれる。このようにしてイアンブリコスはテウルゴスの存在を肯定する。

展望

供犧と祈りと神託を核心にもつ神働術を理性的な営為として肯定するために、イアンブリコスの儀礼肯定論は在来の「非合理」とみなされるきらいのあった諸儀礼をも肯定し、宇宙論的な救済論にまで拡大してゆく。

しかし、「魂の回帰」に至る高次の階梯としての神働術と「神官の掟」は志した者にようやく開かれるものである。縁なき衆生にとっては必ずしも在来の共同体的多神教祭儀や民族宗教の祭儀がイアンブリコスの説いた効用をもって理解されないかもしれない。それでもなお、イアンブリコスは説いてやまない。自らの儀礼論はすべての律法を超克したエリート的な修行者たちのみならず、「神との出会い」を求めるあらゆる人間に対してその道と掟を示唆する議論である、と。[*94]「神との直接の出会い」に到達できる者は限られているとはいえ、神々との交流の方法を学ぶことでやがて「究極の秘儀」に至る道は、志す者には開かれている。人間の霊性と知性の向上の可能性に対するイアンブリコスの見解は楽観的である。

イアンブリコスはまた、神働術に関わろうとするひとびとが常人とは異なる透徹した霊的感受性をもつ可能性を示唆するが、一般のひとびとを迷妄にある愚者として見下すことはしない。彼は選ばれた神官のための神働術とならんで、神事に通じていない、訓練を受けていないひとびとでも参加可能な伝統的な祭祀の意義を肯定する。そして一般人のあいだにも霊的な存在を感受する能力にすぐれた者が存在することを指摘し、誰もがその個人的・民族的本性に合った形で「魂の回帰」へと歩むことが可能であると説く。[*95]

そして、人間は象徴に惑わされない理性をもたなければならないとイアンブリコスは説く。予兆や神託の結果が人間に負の非理性的な感情を抱かせるような象徴として現れた場合でも、人間にとって暴力的で理性では解釈できないと感じられる象徴として現れた場合にも、そのような感情に囚われずに対応することが必要になる。[*96]神々との交流はあくまでも人間の魂を上昇に誘う営為であって、理性に裏付けられ穢れをまぬかれた正当な行為であるべきだ。そのような祭儀観がここにはうかがわれる。

イアンブリコスはまた、神々と人間の仲介者としての神官の職務と修養についても示唆を与える。神官には「神々と人間の交流」に関する「愛智」の学びと、その具現化の方法としての儀典の学習が特に必要であると説く。彼は人間の霊的感受性の多寡に着眼して信徒と聖職者の役割分担を想定した上で、ひとそれぞれの資質に合った「神々との交流」の手段を示唆する。信徒と指導者の職階の区別を明確にし、それぞれの意欲と能力によって「神々との交流」への参与のあり方も変化するという観点は、同時代のキリスト教の教会組織の運営に関わる議論の占有物ではない。

古代末期の新プラトン主義者の一角にも魂の救済を真剣な知的検討の対象とする人々が存在し、より権威ある先哲の思想に依拠して洗練された儀礼と教説を鍛え上げ、在来の共同体的祭儀や民族宗教や秘儀結社を多様な「神々との交流」の場として肯定しようと試みたことを、イアンブリコスの思索は示唆する。神働術は新プラトン主義者のあいだでも評価が分かれる儀礼ではあったにせよ、その是非は三五〇年代のイアンブリコス派新プラトン主義者にとって切実な議論の課題であった。キリスト教の外部に、魂の救済のための修養と儀礼への参与の方法を真剣に検討する「哲人」たちが存在することじたい、小アジア歴訪期のユリアヌスにとっては新鮮な驚きであったことは想像に難くない。

しかし、「神官」＝テウルゴスとは誰であろうか。

神働術の「神官」は、現実の公的祭儀の神官を兼務して衆生の霊魂を救済に導くことができるのか。あるいは公的祭儀の神官が神働術の「神官」をめざすことは可能なのか。『エジプト人の秘儀について』で語られる神官像と神官の職掌はあくまでも理念上のものであり、実際の社会における「神官」の地位への参入と機能は詳述されない。祈りと供犠と神託の肯定論もまた、同書ではあくまでも理念として提示されるにすぎず、その「伝道」の方法までも示唆されているわけではない。

イアンブリコスの流れを汲む発想に依拠して在来の祭儀を「魂の回帰」に資する営為として広く伝えようとするとき、そのヴィジョンの具現化の方法には幅広い解釈の余地がある。単独統治権獲得後のユリアヌスの信仰世界と宗教政策はこのようなイアンブリコスの祭儀観の自由な変奏のもとに展開されてゆく。

第3章　理想の潰走

――ユリアヌスの宗教政策とその具現化の過程

1　哲人たちの宮廷

枢密院の振興と「哲人たちの宮廷」

ユリアヌスは単独統治権獲得とコンスタンティノポリス入市に伴って、「哲人祭司王」にふさわしい宮廷を模索した。彼はカルケドン軍事法廷によって軍隊からコンスタンティウス二世の協力者を排し、「哲人祭司王」にふさわしい生活を送るために調理師・理髪師らの廷吏を大量解雇して奢侈を排した。[*1]ユリアヌスはイアンブリコス派新プラトン主義と「父祖伝来の慣習」としての共同体的多神教祭儀に共感する助言者を宮廷に招請し、枢密院（consistorium）の一員とした。

この「友人たち」の招集と側近団の形成の根拠は、元首政期の皇帝の私的諮問機関である「皇帝の友人たち」（Amici Caesaris）にある。紀元後四世紀における枢密院は、皇帝の個人的な友人たち（amici）や随行員たち（comites）を中心とする公的な役割を帯びた国政の最高諮問機関となっていた。枢密院は内政・外政にかかわる重要な事件への対応、最高法廷としての機能のみならず、地方・他国からの使節への対応や、爵位・栄誉の授与、国家における宗教・儀礼をめぐる問題を管轄し、そのメンバーには多くの場合、元老院議員身分出身で高位行政官を歴任した人物が皇帝の指名で選ばれることが多いが、場合によっては身分・役職にかかわらず、時の皇帝が重用した人物が就くこともあった。
枢密院を構成する役職は流動的であったが、ユリアヌス治下では少なくとも次のような役職にある人々を含んでいた。随行員（comites）の長である随行員兼秘書官（comes et quaestor）、随行員兼国務尚書（comes et magister officiorum）、宮内出納長官（comes sacrarum largitionum）、帝室財産管理長官（comes rei privatae）——これらの官職は枢密顧問官（comites consistoriani）と総称される。

皇帝随行員の一員である近衛長官（praefectus praetorio）も枢密院の成員となりえた。武官では、近衛武官のほか、護衛長官（comes/comites domesticorum）、二名の随行員兼司令長官（comites et magistri militum praesentales）も枢密院の成員となりえた。[2]

ユリアヌスの側近団のなかでは、三六一年にコンスタンティウス二世の治世以来ひきつづき宮内出納長官を務め、三六二年二月以降イタリア・イリュリア道管轄近衛長官として三六五年までその任にあったクラウディウス・マメルティヌス[3]と、ガリア戦線以来ユリアヌスの信望厚く、ペルシア遠征にも同行したゲルマン人護衛長官ダガライフス（在職三六一—三六三年[4]）のユリアヌスの宗教復興政策への関与は不明である。クラウディウス・マメルティヌスは三六一年一二月にユリアヌスの単独統治権獲得に際して『即位記念弁論』（*Gratiarum Actio*）を著したが、帝権讃美の形式もむしろコンスタンティヌス一世以後のキリスト教皇帝たちと共通する「人民から隔絶した至高の権力をもつ皇帝」であって、ユリアヌスの理想とした「市民の第一人者としての皇帝」ではない。

側近団のなかで、「哲人祭司王」としてのユリアヌスの宗教活動に関与したことが明らかな人物は、神働術家マクシモスとプリスコスに加え、クラウディウス・マメルティヌスの後任となった宮内出納長官フェリクス[5]、帝室財産管理長官エルピディオス[6]、オリエンス道管轄近衛長官サトゥルニーヌス・サルーティウス・セクンドゥス[7]と宮廷医師オレイバシオスをあげることができる。

エフェソスのマクシモスとアテナイのプリスコスの二名は特に官位を受けてはいないが、マクシモスはエフェソスでのユリアヌスの師であり、プリスコスはアテナイでの学友であった。両者はともにユリアヌスにテウルギアと秘儀を伝授した人物である。彼らは宮廷でも影響力をもち、ユリアヌスのかかわる各種の秘儀や犠牲式、哲学的な歓談に積極的に参加した。[*8] オレイバシオスはガリア宮廷以来、ユリアヌスの宮廷に医師として勤務しており、医学者としての声望も高かった。彼は古典文学と哲学の素養ある人で、ユリアヌスの単独統治権獲得の支援にもあたった人物として信頼を受けていた。[*9]

『神々と世界について』の作者と同定されるサトゥルニーヌス・サルーティウス・セクンドゥスはガリア宮廷でユリアヌスの随行員（comes）を務めたのち、三六一年一二月以降オリエンス道管轄近衛長官に任じられた。古典文学・哲学にも造詣が深く、共同体的多神教の支持者としてイアンブリコス主義にも関心を寄せた。[*10] 三六〇年以降書記官（notarius）として宮廷に勤務していたフェリクスは、イタリアおよびイリュリクム道管轄近衛長官となったクラウディウス・マメルティヌスの後任として宮内出納長官に、また三五五年以来宮廷に勤務していたエルピディオスは帝室財産管理長官に抜擢された。フェリクスとエルピディオスはユリアヌスの治下でキリスト教から離れ、「父祖伝来の慣習」へと転向した。[*11] 国務尚書を務めたアナトリオスは「父祖たちの慣習」を奉じており、ユリアヌスの友人としてペルシア遠征にも随行したが、彼の祭祀への参与は不詳である。[*12]

ユリアヌスは「宮廷の哲人たち」の一員に、アンティオキア駐在の宮廷で宗教復興に関わったオリエンス道長官ユリアヌスをあげる。彼は皇帝ユリアヌス自身の母方の伯父であり、自身も妻もキリスト教徒であったが、オリエンス道長官就任にあたって「父祖たちの慣習」に転じた。[*13] 彼は皇帝に先んじてアンティオキアに赴任し、アンティオキア周辺の祭場と祭儀の整備の監督役を務めた。

ユリアヌスの「宮廷の哲人たち」の活動は、観想的な生と活動的な生の双方を通じて徳の完成をめざす「異教の聖者たち（pagan holy men）」の活動を想起させる。

ユリアヌスはコンスタンティノポリスでもアンティオキアでも、また小アジア・シリアを中心とする訪問地でも協力者たちとともに祭場の視察を行った。コンスタンティノポリスとアンティオキアの宮殿には祭壇を設置して浄祓を行い、協力者たちとともに日常的に昼の神々と夜の神々に供犠を捧げ、秘儀を伝授し合ったという。協力者たちは夜間には宴席で「愛智」の語らいを行い、オレイバシオスやサトゥルニーヌス・サルーティウス・セクンドゥスのように皇帝とともに著作活動に励んだ者もあった。[*14]

「宮廷の哲人たち」はユリアヌスの宗教政策の展開のさいに、それぞれに個別の事件への対応を担当した。マクシモス、プリスコスのほか、キリスト教から共同体的多神教に転向したオリエンス道長官ユリアヌス、フェリクス、エルピディオスはいずれも、キリスト教徒に対しては厳格な姿勢を保った。

ユリアヌスは、おもにシリア・コイレー周辺における祭儀と祭場の回復の監督役としてオリエンス道長官ユリアヌスを指名し、私邸や公共建築物に神殿の資材を転用した者にはその宗教的帰属を問わず私費による神殿再建を命じた。[*15]フェリクスとオリエンス道長官ユリアヌスはアンティオキアの「大教会」の教会財産の強制的な没収に関わったが、その直後に突然死をとげた。[*16]

サトゥルニーヌス・サルーティウス・セクンドゥスは、アポロン神殿放火のかどで喚問を受けたキリスト教徒を殉教者とすることがないようにユリアヌスに助言したことから、キリスト教側の著作家から高い評価を受けている。[*17]「宮廷の哲人たち」による「悪しき宗教」の排除への関与は対症療法的であった。これは、宗教復興に際して強制的な対策を嫌ったユリアヌスのキリスト教に対する対応と同様である。

招請されなかったひとびと、招請を拒んだひとびと

ユリアヌスは宮廷を「哲学的な生」の実践の場とするために、このような場の論理を共有しない人物を宮廷から排除した。

ナジアンゾスのグレゴリオスの弟カイサリオス[*18]の宮廷医師辞職の例が好例である。カイサリオスは、コンスタンテ

ィウス二世の治世以来宮廷医師として勤務し、信頼を受けていた。一方、ユリアヌスはガリア宮廷の医師であったオレイバシオスを重用していた。ナジアンゾスのグレゴリオスの書簡（*Ep.*7）と『カイサリオスへの弔辞』（*Or.*7）の伝えるところでは、ユリアヌスはカイサリオスに対して、宮廷に「心身の癒しを行う者」として勤務するための条件としてニカイア派キリスト教の棄教を勧めた。カイサリオスは棄教勧告を拒否して辞職を選び、ナジアンゾスへ帰郷した。ナジアンゾスのグレゴリオスは、カイサリオスは公職者に対しても忌憚ない意見を述べる「言論の自由」（παρρησία）という「哲人の美徳」を備えた人物であり、自らにとっての切実な真理としてのキリスト教の信仰を貫いたためにユリアヌスの不興を買ったのではないかと観察した。[*19]

ナジアンゾスのグレゴリオスの書簡からはカイサリオスとオレイバシオスとの間の不和の有無は判然としない。カイサリオスは闊達な人柄の人物で宮廷人からも信頼を受けていたため、ユリアヌスも容易に辞職させることができなかったという。棄教勧告をめぐる論争の結果としてユリアヌスはカイサリオスの辞職の意志を認めることになったのではないか、とマクガキンは指摘する。[*20] ユリアヌスにとってはカイサリオスの所属教派は関係なく、宮廷医師として信頼されていた彼がキリスト教徒であることじたいが問題であった。

宮廷への伺候を申し出ながらも採用されなかった文人たちも存在する。かつてコンスタンティノポリスでユリアヌスに修辞学を教えたヘケボリオスは、キリスト教から「父祖たちの慣習」に転向して宮廷への伺候を申し出たが、ユリアヌスの信頼を得ることができなかった。[*21]「犬儒者」こと通俗哲学者ヘラクレイオスとその友人たちはコンスタンティノポリスで再三宮廷を訪問し、通俗哲学に対する共感的理解をもつようユリアヌスに迫り、活動の保護を求めた。ユリアヌスは安易に救済と覚知を得ようとする「悪しき愛智」としての通俗哲学に「愛智」としての意義を認めなかったため、ヘラクレイオスらの伺候は許されず、その活動も保護されることがなかった。[*22]

情報の提供あるいは宮廷への伺候を要請されながらも応じなかった文人たちの例としては、アエティオスとエウノミオス、カイサレイアのバシレイオスのほか、サルディスのクリュサンティオスの例がある。

アエティオスは副帝時代のガッルスの霊的指導者であった。彼はユリアヌスとも交流を保っていたが、ガッルスとユリアヌスと親交を深めすぎたゆえにコンスタンティウスから疎まれ、追放処分を受けた経歴をもつ。ユリアヌスは治世当初にアエティオスに書簡を送付して彼の追放処分を解き、アノモイオス派側からの情報提供を要請したが、アエティオスは高弟エウノミオスとともに招請には応えなかった。その後ほどなくアエティオスは病没したことが伝えられている。[*23]

ユリアヌスはアテナイで同時期に修辞学を学んだバシレイオスにも書簡を送付したが、バシレイオスも招請には応えていない。[*24] ペルガモンでの師であり友であった新プラトン主義者、サルディスのクリュサンティオスにもユリアヌスは治世当初に協力を要請したが、クリュサンティオスは伺候要請に応えなかった。ユリアヌスはクリュサンティオスをリュディア州大神祇官に任命し、サルディス周辺の宗教復興の監督に当たらせ、[*25] 宗教政策への協力者として遇した。クリュサンティオスはエフェソスのマクシモスの友人でもあった。[*26]

周辺諸州の協力者たち

ユリアヌスは小アジア・シリア一帯の支持者を各州の「大神祇官」(ἀρχιέρευς)に任じ、各州の祭祀振興の監督に当たらせた。エフェソスのマクシモスのもとで同門であった新プラトン主義者を彼は重要な協力者候補と見なした。サルディスのクリュサンティオスとその夫人メリテー、アシアー州大神祇官テオドロスらが好例である。[*27] ユリアヌスとテオドロスはともにエフェソスのマクシモスを「共通の師(κοινὸς καθηγεμών)」と呼ぶ。[*28] リバニオスの友人であったセレウコスはキリキア州大神祇官に任じられた。[*29] ルテティア・パリジオールムにおける皇帝推戴の折に重要な役割を果たし、ユリアヌスにエレウシスの秘儀を伝授した神官はギリシア本土の神事の監督役に任じられた。[*30]

ペッシヌスの大地母神およびデメテルの女神官であったカリクセイネー、[*31] リバニオスの書簡の名宛人でもあるアレクサンドリア・トロアースの神官ヒエラクス[*32]と神官ヘーシュキオス[*33]、女神官テオドーラー[*34]、およびユリアヌスの書簡(*Ep.87*)の無名の名宛人らも祭祀振興の協力者であったと考えられる。[*35]

イーリオンの元司教ペーガシオスのように、キリスト教から転向してユリアヌスの宗教政策の支持者となり、「大神祇官」の職位を得る場合もあった。ペーガシオスはイーリオン司教の座にあったとき、同地を訪問した小アジア遊学中のユリアヌスにヘラクレス神殿やアキレウスの墓などの共同体的多神教の祭場を案内し、禁制下にも地域の人々の崇敬を集める状況を知らしめた人物である。[*36]

神官ではなくとも、ユリアヌスの宗教政策を父祖伝来の共同体的多神教の復興として理解し、共感と支援の意欲を示した文人たちも存在した。

リバニオスの知人ケルソスは、当時キリキア州執政官級総督を務めており、リバニオスとユリアヌスの仲介役となり、キリキア州における祭儀の復興に参与した。[*37]

リバニオスはユリアヌスの宮廷へは当初招請されなかったが、ユリアヌスがアンティオキアに冬営した三六二年七月以来、アンティオキアの都市参事会と宮廷の仲介役を務め、ユリアヌスの哲人王の立場からの見解を都市参事会に説明する役割を担った。彼はユリアヌスの文化政策のうちギリシア的教養の振興には関心を寄せていた。リバニオスはユリアヌスの宗教政策の真意には通じてはいなかったが、アンティオキアで市民の希求する「自由」の代弁者としての役割を担ってゆく。彼はアンティオキアとシリア・コイレー州近辺で廃寺の建材を私邸・公共建築・教会の会堂に流用して財産を没収された人々の名誉回復にもあたったほか、三六三年三月から六月までアンティオキア周辺の宗教復興の監督役に指名されたヘリオポリスのアレクサンドロスの強制的な宗教復興の具現化を諫める際に手腕を発揮した。

ユリアヌスは文人同士の交友関係を基盤に、神官および地方総督との連絡を通してよき愛智とよき敬神の振興を願っていたようであるが、現場の事件への対応は各役職者の裁量に任されていた。

2　勅法のコスモロジー

ユリアヌスの宗教政策に関連する勅法とその補則には、彼の信仰観があきらかに提示されている。三六一年一二月以降に公布された勅法には、宗教政策の方向性を示すものが少なくとも三件あったことが現在知られている。現存しない「祭祀と聖域の再建に関する勅令」（ELF42）[*38]のほか、後に『テオドシウス法典』に収録された『教職に関する勅令』（*Codex Theodosianus* 13.3.5=*Ep*. 61b, 附則 *Ep*. 61c）と『墓域と葬儀に関する勅令』（*Codex Theodosianus* 9.17.5=*Ep*. 136a, 附則 *Ep*. 136b）が知られている。

いずれもユリアヌス自身が起草と公布に参与したものと想定される。『教育に関する勅令』と『墓域と葬儀に関する勅令』にはギリシア語の附則があり、彼自身の「哲人統治国家の宗教」のヴィジョンが明確に示されている。[*39]

祭場と祭儀の整備のコスモロジー

祭場の整備と祭儀の「復興」を扱った勅令としては、三六一年一二月頃に公布されたと想定される『祭場の復興に関する勅令』（ELF42）と三六三年二月一二日に公布された『墓域と葬儀に関する勅令』（*Codex Theodosianus* 9.17.5 = *Ep*. 136a 補則 *Ep*. 136b）がある。『祭場の復興に関する勅令』の本文は現存しないが、ナジアンゾスのグレゴリオス、リバニオス、アンミアーヌス、協会史家らの伝える記事から知られるかぎりでは、ユリアヌスは単独統治権獲得直後に勅令を発し、祭儀と祭場の復興に着手したことがわかる。この勅令の内容は端的であったようだ。つまり、「父祖伝来の神々」の聖域を、現在用いられている場所も、廃れて用いられなくなった場所をも含めてかつて祭祀が盛んに行われていた時代の「原状」に回復すること。また、必要な時にはいつでも祭祀を行うことが可能な場所として整備すること。それがこの勅令の主眼であった。この施策はまずなによりも先に「神々と人間の交流の場」を確保する目的と、祭壇と神像の設置された聖域を不可視の神々のよりどころにふさわしく整備する、という目的を兼ね備えていた。破壊されて、あるいは自然に用いられなくなってもはや宗教施設としての利用価値を喪失したと考えられている聖域にもなお神々が宿っているのだ、とユリアヌスが考えていたとするならば、このような措置を行うことは彼にとっては必然的であったと考えられる。

ここでユリアヌスが要請した清浄な聖域とは、視覚的にも聴覚的にも死の穢れや不敬を感じさせない状況のなかで、魂を高める儀礼が行われる場である。ユリアヌスが振興した儀礼は「父祖代々の神事」、すなわち供犠と神託である。それは「神々から与えられた」[*40]という理由で正当化されており、その正当性と清浄性をユリアヌスは疑うことはない。彼はその清浄性が自明であることが一般に広く受け容れられているという前提のうえで勅令を発している。

祭場の整備はたんに建築物の整備と清掃にとどまらず、不敬を喚起させる一切の状況の除去が前提とされている。整備された祭場は、「魂を高める清浄な儀礼」の挙行のために清潔に保たれる必要があった。各都市の聖域の周辺からは「不敬な感情」を喚起させるさまざまな現象の排除が要請された。

祭場における清浄性は聴覚的側面にも求められた。祭儀における身体表現へのユリアヌスの態度は、古典的な祭儀理解の範疇を明らかに逸脱している。彼は祭礼の行列に欠かせない管楽器・打楽器の演奏[*41]のみならず聖域に参拝する皇帝と側近団への歓呼の習慣を懐疑的に捉えている。聖域参拝のさいには、皇帝と側近たちへの歓迎や歓呼よりも、「神々との交流にふさわしい沈黙」を群衆に要求した[*42]。また、リバニオス宛書簡（*Ep*.98）では、シリアの小村バトナイでユリアヌス一行を迎えた行列がアウロスやテュンパノンを用いてにぎやかな音楽を奏でていたことにユリアヌスは強い懸念を示している。

三六二年一〇月頃に、アレクサンドリアのセラピス祭祀の活性化のために少年聖歌隊の編成を命じたエジプト総督エクディキオス宛書簡にも、「音楽は宇宙の秩序を認識し、魂を浄め、高めるために用いられるべきだ」という言及がある。[43] つまり、祭礼のための音楽や舞踊は魂の浄化の促進を助けるものであることが望ましく、感覚的な喜悦や快楽をもたらす要素を取り除くべきである、という観点がここにはみられる。プラトン『法律』の理想国家論における、青少年の魂の涵養のための音楽教育の必要性を説く定式（7.795e）ともこの見解は合致する。ユリアヌスのこのような発想は神を想起し、魂を浄め、そして高める適切な方法としての音楽を求めるイアンブリコスの儀礼音楽観からも正当化される。儀礼で用いられる音楽もまた感覚を通して「聖性」の介在を意識させるからである。

死者と生者の領域

『墓域と葬儀に関する勅令』の附則（*Ep.* 136b）でも、ユリアヌスは宇宙論的救済観の次元から葬儀を捉えている。昼は生者の神々が司る生者の領域であり、夜は冥府の神々が司る死者の領域である。都市は生者の領域であり、墓域は死者の都市、ネクロポリスである。したがって葬儀は夜間に行われるべきである。このような発想は当時の社会において組織的に成文化された形態では必ずしも意識されなかった空間感覚を示す。

ユリアヌスの死者理解をより明確に示しているのは、『テオドシウス法典』および『ユスティニアヌス法典』には収録されなかったギリシア語で書かれたこの附則（*Ep.* 136b）である。この条文には盗掘の禁止・日中の祭儀の禁止の根拠として、死者の領域と生者の領域の区別がより明確に提示されている。

Ep. 136b における葬制に関するユリアヌスの論点は以下の三点に集約される。

（1）葬制の根幹にある死生観の提示（Julianus, *Ep.* 136b, p. 198.10–199.7 Bidez）
（2）昼間の葬儀・葬列の禁止に関する見解（Julianus, *Ep.* 136b, p. 199.8-p. 200. 16 Bidez）
（3）違反者に対する制裁の規定（Julianus, *Ep.* 136b, p. 200. 17–24 Bidez）

この禁令は「父祖伝来の慣習（τὸ παλαιὸν ἔθος）の復興」の一環として位置づけられる。ユリアヌスは葬制を設定した

「過去の偉大な立法者たち」の存在を喚起しているが、この「過去の偉大な立法者たち」が誰であるのかは、本文では明らかにされない。[*44] また、勧告に従わずに、少なくとも日没の二時間前にあたる「十の刻」[*45] よりも前に葬列と埋葬を行った者は譴責と「最も重い判決」を受ける制裁の対象となる。この規定は *Ep*. 136a にはみられない。

ユリアヌスは、死者と生者の領域を空間的にも時間的にも分ける正当な根拠として「静寂の領域」としての夜と「遮られることのない安息」としての死の相似性を指摘する。死は大いなる静寂と安らぎであり、闇と夜を司る冥府の神々に護られた場所であり、生者の領域である昼、すなわち現世は吉凶の反転する動的な営みの行われる場所であって、オリュンポスの神々によって司られている場所として理解される。

昼間の葬儀の禁止の前提としてユリアヌスが説く死生観は、イアンブリコス『エジプト人の秘儀について』にもみられる「魂の回帰」に資する儀礼の教説に通じる側面をも備えている。

ユリアヌスもまた、人間の魂は「もっとも旧い光の神」、すなわち至高神のもとから地上へ降下し、死後にはこの神のもとへ回帰すると考えている。彼のいう「もっとも旧い光の神」は可視的な領域においては太陽神として顕現し、人間に季節と昼と夜のめぐりを与えると同時に、それぞれの民族にふさわしい土地と慣習と神々との交流の手段を与える神でもある。したがって、この可視的な世界に生きる人間は、死後の最終的な救済としての「魂の回帰」の備えとして、神的なるものを模倣しつつ神の与えた秩序を守りながらこの生を生きなければならないことになる。[*46]

冥府の神々とオリュンポスの神々の存在は、この究極的な至高神の存在とは矛盾しない。ユリアヌスは『神官宛書簡断片』[*47] でも、慣習的に崇敬されてきた共同体的多神教の神々は人間の生きる可視的な世界を司る「第三級の神」であると述べているが、『墓域と葬儀に関する勅令』の附則ではさらに、冥府の神々とオリュンポスの神々について、この「もっとも旧い光の神」によって死者と生者にそれぞれ与えられた「主人」として言及している。また彼は、生者の領分と死者の領分の区別を念頭においた「偉大な立法者たち」が、夜には死者のための浄めを行い、昼には日常の営みを行うように定めてきた、とも言及している。この「父祖伝来の慣習」と「偉大な立法者たち」の権威によって、昼間の葬儀の禁止は正当化されることになる。

葬儀が昼間では夜間に行われるべき理由について、ユリアヌスは「父祖伝来の慣習」と「偉大な立法者たち」の権威や、死と闇や夜の類縁性のほかに、「屍体の穢れ」をあげている。

ユリアヌスがその祭儀観を形成するうえで大きな影響を受けたと考えられるイアンブリコス『エジプト人の秘儀について』第六巻には、人間の遺骸の「穢れ」に関する次のような見解がみられる。人間にとって、霊魂は神的な存在の性質を分有する聖性の座であるから、肉体的な死を迎えて霊魂が脱出した肉体は神性を失うことになる。したがって、屍体は物体となり、穢れを帯びた物体となる。[*48]

「屍体の穢れ」が昼の領域、とりわけ聖域に「穢れ」をもたらすとするユリアヌスの主張には共通点がみられる。[*49]この箇所における昼間の神々の領域と「屍体の穢れ」の相互関係にかんして、ユリアヌスは次のような議論を展開する。

昼は、オリュンポスの神々が生者の日常的な活動を護る領域である。したがって、闇と夜の領域に属する死の存在が昼間に誇示されるようなことがあってはならない。また、オリュンポスの神々は儀礼上の穢れを嫌う存在であるから、生者は儀礼上の穢れを避けて日常の営為を行わなければならない。葬儀との遭遇は「屍体の穢れ」との遭遇であり、都市空間のなかにも穢れをもたらす。聖域の門と神殿の扉が開いているときに葬列がその前を通れば、聖域と神殿の中は死の穢れによって穢れることになる。儀礼上の不浄を身に負ったまま神々との交流をはかるならば、神々は儀礼上の穢れを嫌って生者に意志を伝えようとしない可能性がある。したがって、死者の領域と生者の領域は分かたれるべきであるということになる。[*50]

生者には、神々によってそれぞれの人に与えられた完遂すべき任務としての宿命が与えられている。生者の生活が「安らぎとしての死」を経て魂の浄化に至る階梯であるならば、聖域で行う祈禱や供犠のみならず、日常生活や人生儀礼もまた、神々から与えられた役割を「神々と人間の交流の場」となる可能性を秘める。「安らぎとしての死」に至る階梯への配慮を、人間は生きているあいだは、神から与えられた役割を、神の存在を模倣して全うすべきである。したがって、神々から与えられた使命としての「魂の浄化」の過程を生きる生者と生者を護る神々を、生者自身によって故意に「不浄」に直面させることはふさわしくないことになる。共同体の一員としての生者には、生者の生きる空間を「神々と人間の交流の場」とするために、生者を護る神々の嫌う「儀礼上の不浄」を避ける配慮が要求される。[*51]

葬儀が昼間に行われようと夜間に行われようと、死者はすでに身体的な知覚能力を失っているので、葬儀の行われている時間帯を知覚することができない。また、遺族は「生前と同じ守護神」に死者が護られるべきだと期待している可能性がある。このことをユリアヌスは指摘した上で、死者は「地下の神々」に護られるべきである、と主張する。死者を護る神々は「地下の神々」であって、生者からも畏敬の対象とされるべき存在である。死者は死者を護る「地下の神々」のいる「死者の領域」に行くのであるから、生者は「地下の神々」に対してさらに敬意を払うべきだからである。そして死者当人にとっての死とは、生者に与えられた役割を全うしたあとに初めてもたらされる安らぎであって、誰もそれを破る権利はないからである。生者は生前に死者への配慮を怠ってはならないということになる。この死者への配慮とは、死者の魂の平安のために、死者の領域を司る神々を等閑視せず、死者の供養と地下の神々への祈りを行うことである。

このようにユリアヌスは、物体に還った肉体の「屍体の穢れ」と死者にとっての「安息」としての死の意義を別個の事象として捉えている。死者の安息が保障されるためには、遺族や共同体成員の配慮も必要となる。「儀礼上の穢れ」を生者の領域とそれを司る神々にもたらさない配慮。死んで夜と闇の領域に移った死者の安息の尊重。夜と闇の領域を司る冥府の神々に対する敬意。これらは昼間の葬儀・葬列を避ける大きな根拠となる。死者の哀悼は、死者の領域である夜にならば、他者への誇示をおもんぱかることなく行うことができる。

ユリアヌスの議論では、喪服および死装束の色彩は問われていない。キリスト教以前からのヘレニズム・ローマ世界における共同体的多神教の葬儀では、黒あるいは暗色の喪服および死装束が用いられてきた。黒は闇に通じる色だからである。古代末期のキリスト教徒のあいだでは、黒あるいは暗色の喪服または死装束を用いる場合もあれば、死後に約束された救済を祝福するしるしとして白い喪服または死装束を用いる場合もあった。[*52] プラトン『法律』の神官の葬儀に関する規定では、白い喪服が指定されている。ユリアヌスは喪服と死者の装束の色を特に問題にはしていない。それが日中の光を象徴する白色であっても神々を悩ませることにはならないからである。[*53] ユリアヌスがここでいう「昼間を司る神々」とは、可視的な人間の生の領域を司るオリュンポスの神々であるが、そのような神々もまた物質的な事象に惑わされることがないとする観念が背景に想定される。

ユリアヌスは死者儀礼を「徳の涵養」と「魂の浄化」に至る第一の階梯の一環に位置づけている。さらに彼は、「生の領域」と「死の領域」を空間的にも時間的にも画然と分ける観点を臣民に共有させることによって、死者が安らかに眠る権利、遺族が哀悼を行う権利、生者が儀礼上の穢れを被らない権利を保障しようと試みる。この議論では死者を護る地下の冥府の神々の存在を想定するギリシア語圏における古典的な他界観と、人間にふさわしい環境を与える至高神のもとへ死後肉体を離れて回帰する魂の不死と救済を説くイアンブリコス派新プラトン主義的な他界観が接合される。一般の人々が供犠と祈禱を捧げる対象となる可視的な領域を司る神は、至高の光の神とそれに次ぐ知解可能な神々のさらに下位に位置する神であって、至高神の存在と矛盾する存在ではない。したがって、「過去の立法者たち」の提唱する「地下の神々」への崇敬は、「魂の浄化」に至る第一の階梯としての「社会的・倫理的な徳」を涵養する伝統的な祭儀への関与として位置づけられる。[*54]

『墓域と葬儀に関する勅令』におけるユリアヌスの遺骸観には、墓域における魔術の行使の忌避に関する議論が見られない。コンスタンティヌス一世およびコンスタンティウス二世治下の共同体的多神教祭儀の禁令のもとでも、魔術に関わる夜間の供儀に対する禁令がみられる古代末期に隆盛した各種の魔術は現世利益的な意義を備えており、祭場には死と冥界に関わりの深い墓地が用いられた。ユリアヌスの見解には、魔術と関わりのない「清浄」かつ正当な営為として夜間の祭儀を位置づけようとする試みが認められる。

一般人のための学びと癒し――『教職に関する勅令』『医師に関する勅令』

ユリアヌスは一般人の霊的指導者として「祈るひと」としての「神官」たちのほかに「教理を教え、癒すひと」としての教師の役割と「身体のみならず魂をも癒すひと」としての医師の役割を重視した。三六二年五月一二日に公布された「医師に関する勅令」（*Ep.* 75=Codex Theodosianus 13.3.4）と三六三年六月一七日に公布された『教職に関する勅令』（*Ep.* 61b=Codex Theodosianus 13.3.5）にはそのような見解が反映されている。この二つの勅令は結果的に自由学芸、とりわけ修辞学と哲学の教師にとどまらず医師からもキリスト教徒を排除する口実として用いられたため、ユリアヌスの宗教復興政策に関わる勅令のなかでももっとも悪名高い勅令として理解されている。

研究史上ではこの勅令におけるユリアヌスの宗教観については言及せず、主としてキリスト教徒排除の目的から「異教哲学」を「異教教会」の確立のために用いることを正当化した勅法として扱い、その施行がもたらした帰結と関連づけて論じている。[*55]「教職に関する勅令」に顕著にみられる「すべての人に開かれた愛智の学びによって獲得された知恵（*ἐπιστήμη*）が霊的な成長をもたらす」とする見解は、ピュタゴラス主義とプロティノス以降のプラトン主義における学問観の系譜上に位置づけることが可能である。さらに、アタナシアディが指摘したように、この勅令にもみられる「ギリシア的なものはすべて神聖であって、ギリシア人に属するべきものだ」とする見解はキリスト教国教化以後の「東ローマ帝国」およびその後継国家としてのビザンツ帝国における宗教文化ナショナリズムの先駆的な発露として捉えることも可能であろう。[*56]しかし、それ以前にまず、この条文にみられるユリアヌス自身の「よき愛智」「よき信仰」について検討することがこの節の課題である。

ユリアヌスは勅令の主文において明確に彼の宗教観を提示しているわけではない。この点は先に論じた『墓域と葬儀に関する勅令』の場合と同様である。『医師に関する勅令』の主文（*Ep. 75a=Codex Theodosianus* 13.3.4）の目的は、都市参事会員身分に属する医師に課せられた都市の景観の美化や祝祭への出資などを命ずる公共奉仕（munera/*λειτουργία*）の生涯にわたる免除である。この時代には地方都市の自治を支える都市参事会員に課せられた公共奉仕が重税とともに過剰な負担となり、しばしば公共奉仕からの逃亡を求めて免税特権のある職業を志す都市参事会員身分の市民も少なくはなかった（キリスト教保護政策が行われている時点では、キリスト教の聖職者もその有力な「脱出先」であった）。そのため、医師に対する公共奉仕の免除は、医師を医業に専心させて医療の水準を保つために必要な対策であったとも考えられよう。

『教職に関する勅令』の主文（*Ep.* 61b=*Codex Theodosianus* 13.3.5=*Codex Justinianus* 10.53.7）の目的は自由学芸諸科の教師・教授を採用する各都市の都市参事会に対して、有識者の判断を参考にして「徳（mos）と能力（facundia）に優れた人物」を採用するように努めた後、採用決定時には皇帝に報告書を提出して監査を受けるよう要求するものであり、同時に教職志望者に対して熟慮したのちに志願するよう要求している。採用と志願のさいに「自由学芸諸科の教職」に相応しい人物であるかどうか志望者にも採用側にも徹底した検討を求め、皇帝の監査の対象とするのは自由学芸諸科の教職を「より栄誉ある」職業とするためである。

紀元後四世紀中葉には速記術と法学の知識が帝国官僚の実務的教養として重視されるようになり、弁論術（修辞学）と哲学の知識は必ずしも栄達への最善の教養ではなくなっていた。[*57] ここで自由学芸諸科の名誉と権威の保証に関わる勅令を公布する意義は十分にあったと思われる。この勅令は紀元後五世紀中葉の段階、そして紀元後六世紀の段階のキリスト教徒皇帝の時代にも『テオドシウス法典』『ユスティニアヌス法典』の勅撰法典集に収められていることに注意したい。これらの条文の内容はキリスト教徒皇帝の治下に公布された法文であってもまったく違和感がないのである。

ユリアヌスの意図はラテン語の主文よりもむしろギリシア語で書かれた附則により明確に打ち出されている。これらの附則がラテン語ではなくギリシア語で書かれていることに注目したい。ユリアヌスは明らかに帝国東方のギリシア語共通語圏を彼の宗教政策振興の場として意識している。

『医師に関する勅令』の附則（*Ep.* 75b）では、人間を健康にすると同時に肉体の脆弱さと病という身体性の限界を克服する知識としての癒しに関する知識（ἐπιστήμη）の有益性が説かれ、「その知識が天からもたらされた」と主張する哲学者たちの存在指摘する。[*58] この表現は、先にあげた人間に恩恵をもたらす「文化の賦与者」である神々の存在のみならず、人間に宿命づけられた肉体の限界を克服するための技術と知識を医師たちが学びまた実用に供していることに言及することで、「癒す者」に対する敬意を喚起する。『教職に関する勅令』附則（*Ep.* 61c）からは、共同体的多神教の全盛期に書かれたギリシア典籍に「神々との交流」の模範を仰ぐ態度を自由学芸諸科の教師も共有しなければならない、という暗黙の要請が看取される。

正しいパイデイアは、表現（ῥῆμα）と弁舌のなかにみられる重々しくみやびな調和ではなく、理性ある判断が健康なかたちで展開されている状態に、またさまざまな善とさまざまな悪、さまざまな美しさとさまざまな醜さについての真の教えのなかにあるのだと私たちは了解しています。そのいずれかをめぐる考察を加えたり、そのいずれかに近づこうとする者を教え導いたりするときに、そのようなパイデイアを自家薬籠中のものにすることに成功していない者は善き人物（χρηστὸς ἀνήρ）ではないと私は考えます。[*59]

ユリアヌスは『教職に関する勅令』において、「真のパイデイア」を「健康で理性ある判断の配列、善と悪と美と醜に関する真の教え」として位置づける。このようなパイデイア観にはプラトン『国家』の学問論の残響も想起されよう。ここでユリアヌスが想定する「パイデイア」は主に修辞学と文法学と哲学をさす。しかし、「パイデイア」は、たんなる言語操作と雄弁の技術ではない。人間の魂の陶冶に資する学びである。このような視点をユリアヌスは明確に打ち出す。そのなかにも「真の教え」は善と悪、美と醜のような両極を結びあわせ、理性ある判断を健康に行うことを可能にする知の探求が含まれているはずだ。このような確信にしたがって、ユリアヌスは知識の切り売りを行う教師たちを批判する。

修辞学と哲学は当時の自由学芸の上位に位置づけられる教養である。その準備段階には文法学がある。これらの領域ではギリシア・ラテン典籍が基礎的な教材となるが、それらもまた個々人の宗教的帰属を超えた文化的共有遺産であり、特定の宗教的信念の根拠となる教典や教義の教育を担っていたわけではなかった。

しかし、ユリアヌスにとってパイデイアと信仰は一体である。パイデイアによって提供される知的技法を語るテクストの背景にある「神々と人間の関係」に関する教説は、「魂の回帰」のための霊的読書に資する教材となることが想定される。具現化されるべき理想的な教育像を提示するさいに、文化的共有遺産であるはずの事象に過剰に倫理的な価値判断を加えて信仰の対象に祀りあげる見解はこの時代の文人としては特異である。それでもユリアヌスは教師たちの徳の完成と「魂の回帰」のためにあえて次のように言及する。


教えることを職業としている者は誰でもその職にふさわしい生き方をするべきであり、公の場で扱っていることと矛盾する考えを魂に抱いてはなりません。私の考えるところでは、とりわけ若者たちとことばを用いて心を通わせようとしている人々はだれでも、いにしえの書物を解釈する方法を知っている者であろうと、弁論家や文法学者であろうと、とりわけやはりソフィストならば、そのような生き方をするべきです。このような人々は弁舌の上のみならず倫理の上でも人々の師であろうと望んでおり、それらに加えてポリス的な愛智も自らのものであると主張しているのです。[*60]

ユリアヌスは『教職に関する勅令』において、パイデイアを「神々に対する正しい認識」を伝える器として再定義した。世俗の領域一般に共有されている教育と知の階梯としての「パイデイア」をあらゆる人々に接近可能な「聖典」として用いる姿勢は、共同体的多神教支持者の側にとってきわめて異例であった。むろんキリスト教徒にとっても異例である。彼は「ひとはだれでも学ぶ意欲を備えている」[*61]という認識に立って、パイデイアの存在意義を考察している。誰もが意欲さえあればこの「真のパイデイア」に接近できる可能性をもっているのだ。誰もが「神々に対する正しい認識」に到達しうる状況を創出するためには、「神々に対する正しい認識」を適切な方法で教える教師が必要になる。

修辞学と文法学の教材となる英雄叙事詩と法廷弁論も、霊的読書の一環に位置づけられる。その著者たちに神々は霊感を与えたのであるから、そこに描かれている神々の存在が真実であると信じるべきだ。それがユリアヌスの主張である。

ホメーロスのみならずヘーシオドスとデーモステネースとヘーロドトスとトゥーキューディデースとイソクラテースとリューシアースを神々はあらゆるパイデイアでもって導いたのではありませんか。彼らは自身をヘルメスが、あるいはムーサたちが高め浄めたとは信じなかったでしょうか。[*62]彼らの著作に注解する者が、まさに彼ら自身のあいだで崇敬されていた神々を軽んじるとは、道理に合わないことだと私は思います。[*63]

まず彼は「正しい神々に関する認識」の具体的な事例を示した「教典」として、アルカイック期の英雄叙事詩（ホメーロスとヘシオドス）、そして古典期アテナイの歴史家（ヘロドトス、トゥーキューディデース）、法廷弁論（デーモステネース、イソクラテスとリューシアース）を提示する。『神官宛書簡断片』において神官の必読書目録にあげられたプラトン、アリストテレス、クリュシッポス、初期ストア派の著作家たちと並んで、いずれも古典期までのギリシアの著作家である。悲劇と抒情詩、およびラテン語の典籍キケローやリーウィウスやタキトゥス、セネカさえも言及の対象とはなっていない。ユリアヌスの想定する「ヘレニズム文化の優越性」の観念はここにも看取される。都市共同体単位で行われる聖域の整備の際に、ユリアヌスが地域の公職者たちと帝国官僚にも出資や監督を要請したことを想起するならば、これらの著作は古典期アテナイのような都市国家、あるいは英雄叙事詩の舞台や都市国家以前の社会において緊密な人間関係を生み出す社会的紐帯として想定される神事と「神々と人間の交流」の範型、すなわち、地域に密着して共有される都市の祭暦に準拠して形成される祝祭空間としての祭祀・祝祭・神聖競技会・奉納演劇という「神々と人間の交流の場」を支える公職者たち・神官たち・市民たちに模範的な役割を教える教材として位置づけられたものと理解することが可能である。

ユリアヌスの論拠は、前古典期および古典期のギリシア文学に描かれている神々が著作者自身に霊感を与えたことによってその作品自体が書かれたという発想にある。そして彼は、霊感に導かれて書かれた著作をたんなる作品として、またたんなる言語運用技術の教材として扱う立場を彼は批判する。作品の背景に存在すると想定される神々の恩恵に対する共感的理解をもたなければ、作品の霊感を真に共有することはできない。このような立場からユリアヌスは過去の古典的作品の背景にも介在する神々の恩恵を想起することを教師たちにも求める。

イアンブリコス派新プラトン主義の神観念では、神々の存在の清浄性が保証されており、在来の民族宗教を「魂の回帰」の第一の階梯とみなすことによって、明確な定義と存在意義を集合的にもたなかった民族宗教に正当性を与えることが可能になる。また、寓喩的理解に依拠して民族宗教の神話（ミュートス）の清浄性を正当化することも可能である。イアンブリコスの師であるポルピュリオスは『ニュンペーたちの洞窟について』においてホメーロス英雄叙事詩における寓喩的解釈の正当性を主張した。その結果『オデュッセイアー』は「魂の回帰」の範型を提供する物語として解釈されるようになった。ユリアヌスはこのような解釈の方法を用いて、ギリシア的教養の階梯に含まれる修辞学・哲学の特定のテクストを聖典と見なし、そこから注意深く猥雑な想念を喚起する要素（とその具現化された形態としての演劇の上演）を排除した。ユリアヌス自身、この勅令と同時期に執筆した『王ヘリオスへの讃歌』や『神々の母への讃歌』のなかで、英雄叙事詩の挿話や民族宗教の神話に新プラトン主義的な宇宙観にもとづく寓喩的な解釈を施している。彼は一見非合理的にみえる神話（ミュートス）を寓喩的解釈によって霊魂の救済の教説に読み替える「プラトン的ホメーロス」的な読解[*64]の立場からミュートスを解釈している。このような解釈を恐らく彼はパイデイアの教材ともなる英雄叙事詩や法廷弁論や歴史書にみられる宗教現象の表現にも適用することを想定しているのであろう。プラトンが『国家』第一〇巻において主張した詩人追放論を想起させる要素がユリアヌスの哲人統治論のなかにみられるとすれば、倫理と死生観の根拠としての神話・伝説の選択的援用と、その具現化された形態としての演劇に対する警戒感がそれにあたるであろう。

しかし、寓喩的解釈を通して作品を聖典として解釈する立場を現実の紀元後四世紀のローマ帝国の修辞学・文法学教師たちに共有させるとき、彼はイアンブリコス派新プラトン主義によって再解釈された共同体的多神教祭儀への転向を強制しようとは考えていない。まず、それらのテクストが論理整合性に欠けるものではなく、神々の霊感をうけて書かれた聖典に相応しい威厳と権威を備えていることを議論して納得させ、それらを学び、解釈し、教えることによって徳の完成へと向かう生き方と、そのミュートスとしての価値を疑いながら生活のためにパイデイアを教える「恥知らずにも貪欲に利益を求める生き方」を対比して教師自身に示すことで、転向という選択肢を与えようとする。

道理に従わないからといって、教える立場にある人々は転向してから若者を導くべきだとは私は申し上げているわけではありません。むしろ私は選択の余地を与えているのです、尊敬に値すると彼らが思うことのない事柄を教えないでいるのか、あるいは希望者にはまず行いによって手本を見せてから、ホメーロスもヘシオドスも彼らが解釈を施した著作家の作品も……神々に対する不敬（ἀσέβεια）と理性の欠如（ἄνοια）と逸脱と判断されるものだと生徒たちを納得させるのか。彼らはこのような著作家たちが書いたものによって生計を立てているのですから、恥知らずにも貪欲に利益を求め、わずかなドラクメー貨のためにあらゆる苦難を堪え忍んでいるのだと告白しないわけにはゆかないでしょう。[*65]

ユリアヌスの見解に立つならば、これらの「ヘレネス」の著作家が描き出す「神々との交流」には何らかの真実が含まれていると確信して、なおかつそのような作品に描かれる神々を信じる者のみが、文法学・修辞学・哲学を教えるにふさわしい人物ということになる。「正しい神々に関する認識」を扱った著作を教えながらも、実際には新プラトン主義を介して理解される神々の清浄性と善性の観念を共有しない修辞学・哲学教師や、また「善き生」の方法を説きながらも実際には放縦な生活をよしとしている修辞学・哲学教師を言行不一致の徒として理解している。教育者のなかにはむろん、自らの職業を生活の資と名誉を得るための手段として認識している者もある。ユリアヌスの見解では、そのような人々は自らを欺いていることになる。

コンスタンティヌスの単独統治権獲得以後抑圧されていた共同体的多神教の神々を、ユリアヌス治下では自由に崇敬できるようになった。したがって、先哲の崇敬していた神々の教え、とりわけユリアヌスにとって真実であると考えられたテウルギアを介した「魂の回帰」に資する宇宙観にかんする教説も自由に教えることができるようになった。もっとも、それらの現象を真実だと思わない者には、それを真実ではないと考える自由はある。しかし、英雄叙事詩や古典文学で描写される神々に対する敬意の真率さを知ったひとびとが、寓喩によって解釈されたミュートスが示す「魂の回帰」の教説に転向する可能性がまったくないわけではない。しかし、「魂の回帰」に資する神々の物語の教説を誤謬であると考える者はたしかに存在する。その代表として、ユリアヌスは福音書を釈義するキリスト教徒をあげている。

今までは、聖域に参詣せずにいる理由は実にさまざまでありました。あらゆる方向から恐怖がのしかかっていたので、神々の教えにかんするもっとも真実なることがらを人目に立たないように隠したままにしておこうという言い訳もできたのです。ともかく私たちに神々は自由をお授けになったのですから、その人たちが健全だとは思わないことを教えることは意味が無いと私は思います。しかし、釈義を加えたり予言者のようにそばに座ったりしている対象こそが智者たちなのだとわかったら、その人たちはまず智者たちが神々に対して示す敬虔の心を模倣することになるでしょう。比類なく尊敬に値する神々にかんする解釈が誤謬であると考えるに至ったとき、人びとはガリラヤ人どもの教会へ行ってマタイオスやルーカを解釈し……（以下空白）[*66]

ただし、この附則はすでに「神々と人間の交流」に関して何らかの見識を持つに至った成人である教師たちに適用されるものであって、学校に通って学びを続けたい青少年たちは適用対象にはならない。

導師たちと教師たちには以下のように共通の法を定めましょう。若者たちのなかでも、学校に通いたい者が教育から排除されることはありません。どの方向に進むべきかを知らぬ子供たちをもっともよい道から締め出し、父祖たちの伝統にしたがって望まない方向に導いて威圧することは〈穏当なこと〉でもなければ道理に合ったことでもありません。したがって、その者たち自身の病のすべてを許容することなく、興奮にとりつかれた人を癒すように、それらの人々を、有無を言わせず癒すことは道理にかなっているのです。わたしたちは無知な者たちを譴責するのではなく、教育しなければならないからです。[*67]

ことばは魂の秩序を形成するものであるから、ことばを通じて若者と心を通わせあう教育者は徳の面でも教師でなければならない。彼らはいわば平信徒を「神々に関する正しい認識」の信仰に基づく徳の完成に導く役割を担っているのであるから、むろん「神々に関する正しい認識」を備えている必要があると同時に、生活倫理と神々に対する敬意の模範を担うべき存在となる。彼は修辞学と哲学の教師に知識の伝授者以上の役割を求めている。教師は倫理と「正しい敬虔さ」の担い手であるべきであって、なおかつ自発的にそのような役割を担うことが望ましく、新たに教師に志願するさいには自らがそのようなある種の「聖職者」としての役割に向いているか否か慎重な識別を経て志願するべきであり、もし「神々に関する正しい認識」に関心もなく若者たちの生の模範となる意志もないのであれば、そのような人々は教壇を去るべきである――このような発想は「神官宛書簡断片」にみられる神官の資質に関する議論とも共通する視角を備えている。

ユリアヌスは帝国各地に伝わる民族宗教としての「父祖伝来の祭祀」の振興と振興にさいして、具体的な儀礼実践の模範を示す役割を担う聖職者と、「父祖伝来の祭祀」の背景にある神話の正しい解釈を伝える釈義家の必要性を想定してこのような理念的な施策を提示したものと考えられる。これは同時に、神話と生活規範に明確な体系性と理念性をもたなかった「父祖伝来の祭祀」に決定的に欠落していた要素を補う試みといえるだろう。

ユリアヌスは「教育にかんする勅令」「医師にかんする勅令」にもとづく措置を「病者に対する癒し」として位置づけている。ユリアヌスは「神々と人間の交流」に対する「正しい認識」が共有されていない状態に「病」を見出した。これは同時代に至るキリスト教著作家が提示してきた「病としての異教の愛智」に対する癒しを提供する「真の愛智」としてのキリスト教信仰という視角の裏返しでもあろう。

3　具現化の過程 I――碑文にみる宗教復興の実態

現存する碑文にみられる忠誠表明と宗教復興の状況は、予想以上に広範にみられる。しかし、必ずしもユリアヌスの宗教政策の意図が思想的な次元では理解されていなかったことを示す。

ユリアヌスの宗教復興を裏付ける奉献碑文に関する情報はきわめて断片的である。Conti の『ユリアヌス碑文集成』[*68] に収録された碑文では、オリエンス道アラビア州ボストラ（現ボスラ Busra）出土の神殿奉献碑文、[*69] フェニキア州ベリュトス（現ベイルート）近郊出土[*70] および同州パネアース／カイサレイア・フィリッピ近郊（現イスラエル、マーヤン・

バルーフ Ma'ayan Barukh のキブツ）出土の半円柱に彫られた皇帝への献辞にみられる[71]「諸神殿の再建者 templorum restaurator」、マケドニア道マケドニア州テッサロニケー出土の祭壇[72]に記された皇帝への献辞にみられる「もっとも敬神の念に富む諸神殿の再建者」およびアフリカ道ヌミディア州ティビリス Thibilis（現アルジェリア、アンヌーナ Announa）出土のティビリス市民の奉献による皇帝の彫像の礎石[73]にみられる皇帝の称号としての「諸祭祀の復興者」がユリアヌスの宗教政策の意図を汲んだ称号といえる。アシアナ道アシアー州エフェソスの劇場の北東出土の礎石[74]、ペルガモン近郊の現ベルガマ―ディキリ間の街道沿い出土の礎石[75]にみられる「愛智の第一人者 philosophiae principi」の称号はユリアヌスに限らず四世紀以降の皇帝の称号として一般的である[76]。

ローマ的解釈を施された多神教祭儀の振興の例はむしろ北アフリカ中部の諸州に散見される。アフリカ道アフリカ・プロコンスラーリス州アラディー近郊（現チュニジア、ブー・アラダ Bou Arada）出土の不敗太陽神に捧げられた正方形の石版[77]、同道ヌミディア州コンスタンティーナ（現アルジェリア、コンスタンティーヌ）出土の都市の公費で「皇帝のゲニウス」のために奉献された祭壇あるいは礎石[78]、同州マコマデス Macomades（現アルジェリア、ムリケブ・タルハ Mrikeb Talha）出土の、ヌミディア州プロコンスル級総督ウルピウス・マリスキアーヌス Ulpius Mariscianus の奉献による皇帝の彫像の礎石[79]、同州ティビリス Thibilis（現アルジェリア、アンヌーナ Announa）出土のティビリス市民の奉献による皇帝の彫像の礎石[80]には、皇帝の称号としての「諸祭祀の復興者」がみられる。

断片的ではあっても、このような「諸祭祀の復興者」としてのユリアヌス像を地方都市が奉献するという行為自体が、時の皇帝の宗教政策の支持を通じた地方都市住民からの忠誠の表明につながった可能性を示唆している。

街道の里程標にはしばしば皇帝への忠誠表明の表現がみられる。ユリアヌス治下で街道に設置された里程標にみられる皇帝の称号は Dominus Noster（我らの主人）であって、Princeps ではない[81]。ユリアヌスの統治はディオクレティアヌス以降の専制君主制の延長として捉えられていたことがここからも推察されよう。

少なくともこのような事例は、多くの研究者が想定してきた「元首政期の統治と宗教の復興[82]」としてのユリアヌスの宗教復興像を大きく裏切っている。[*83] 帝国各地の街道沿いに設置された里程標に見られる忠誠の表現からは、ユリアヌスの宗教復興がアントニヌス朝期やあるいはより旧いポリス時代のアテナイにおける共同体的多神教の復興を要求したものであるという仮説を証明する確かな証拠は見いだせない。

4 具現化の過程 II――都市への関心

コンスタンティノポリスの場合

当時のコンスタンティノポリス[*84]は、旧名ビュザンティオンからの改名・遷都からわずか三〇年余りを経たばかりの新しい都市であった。コンスタンティウスによる聖ソフィア教会の定礎など、帝室成員によるキリスト教的ランドマークの設置が相次いだ場所でもある。

ユリアヌス自身がコンスタンティノポリスに滞在したのは、政権発足まもない三六一年一二月からペルシア遠征に向けて冬営地アンティオキアに移動する三六二年五月中旬までの半年余りである。この間にユリアヌスは政権の基盤形成のみならずアレクサンドリアにおける対立の仲裁を余儀なくされたこともあり、宗教復興と宗教間対立に関するエピソードの量は少ない。

共同体的多神教の振興の例としては、アレクサンドリアのヒッポドロームに設置されていたオベリスクのコンスタンティノポリスのヒッポドロームへの移設と、宮殿付近のバシリカへのテュケー像の移設と神殿化の事例をあげることができる。

ユリアヌスはバシリカにテュケー像を設置し、コンスタンティノポリスの守護女神テュケーの神殿として転用した。ここでも彼は供犠を行った。カルケドン司教マリスはこの供犠の際にテュケー神殿に転用されたバシリカを訪問し、ユリアヌスに向かって直接に衆人環視のなかでキリスト教からの離反を譴責した。[*85] しかし、この譴責を契機にユリアヌスはテュケー像を撤去することはなかった。

コンスタンティノポリスのヒッポドロームへのオベリスクの移設は、アレクサンドリアのヒッポドローム周辺における「聖なる環境の浄化」と軌を一にしている。アレクサンドリアのヒッポドロームに設置されていたオベリスクは、アンミアーヌス・マルケリーヌスによれば本来、「至高の天空神」(dis superis) としての太陽神 (Deus Sol) に捧げられたものであった。[*86]

ユリアヌスは「アレクサンドリア市民宛書簡」(*Ep.* 59) のなかで、当時その周辺に恒常的に集っていたキリスト教系修徳修行者と思われる「礼拝する者たち θεραπευταί」の群衆を、オベリスクの周囲で儀礼的入眠を行う不浄の人々と断ずる。[*87]「礼拝する者たち」の集団が太陽神への敬意の視覚化を損なう以上は、ユリアヌスにとってはこのオベリスクは「アレクサンドリアには不必要なもの」であった。[*88] 彼はここで、本来は太陽神に奉献された記念建造物としてのオベリスクを首都コンスタンティノポリスのヒッポドロームに移設するよう命じる。これは、キリスト教的聖都としての首都コンスタンティノポリスに新たに「光の神」としての太陽神祭祀の象徴を設置する試みとしても理解することができるだろう。

ユリアヌスはコンスタンティノポリスから「キリスト教的ローマ帝国」の首都としての意義を剥奪し、イアンブリコス派新プラトン主義的な民族宗教観にもとづく「ヘラースびとの信仰の首都」たらしめようと試みた。彼はバシリカとヒッポドロームという公共施設を新たに宗教施設として転用した。都市の好運を護るテュケー像や、ユリアヌスのいう至高の「知覚可能な神々」である「光の神」の顕現の一種としてのエジプト渡来の太陽神のオベリスクというモニュメントをそこに設置することで、「神々の霊」のよりしろとなる場が設置され、礼拝の対象を可視化する意図がそこには看取される。

アンティオキアの場合

アンティオキアは皇帝滞在地としての伝統をもつ都市でもあり、東方の副帝に任じられたガッルスも、またコンスタンティウス自身もここに滞在して親キリスト教的な施策を展開した。三五一年にはガッルスが郊外の景勝地ダプネーのアポロンの聖域に隣接する位置に、デキウス帝治下の迫害で刑死したアンティオキア司教バビュラスの遺骸を都市の墓域から移葬して記念礼拝堂を設置し、多くの参詣者を集めた。三五七年以降、コンスタンティウスはペルシア遠征の冬営地としてアンティオキアをしばしば選んで滞在し、当地の多神教祭祀への弾圧を強化すると同時に、アンティオキア市内の「八角堂の大教会」に依拠するアレイオス派を優遇した。[*89]

三六二年初めの段階では、アンティオキアのキリスト教徒は司教エウゾイオス（在位三六一―三七八年）率いる「八角堂の大教会」に依拠するアレイオス派、コンスタンティウスによる追放から召還されて間もない司祭メレティオスの教会、ニカイア派系分派エウスタティオス派司祭パウリーノス率いる教会に割拠していた。多数派はエウゾイオスの教会である。メレティオスは旧市街の「使徒教会」と市壁外の礼拝堂で集会と典礼を行い、パウリーノスは市壁内の小規模な教会で集会と典礼を行っていた。[*90]リバニオスの証言からは、ユリアヌスのアンティオモア冬営下における「父祖伝来の祭祀」の振興を大いに期待した都市参事会員たちの存在が示唆される。[*91]

三六二年七月から三六三年三月のアンティオキアにおける祭祀の整備の事例は、ユリアヌスの宗教政策の錯誤の一側面を浮き彫りにする。

三六二年七月一七日、ユリアヌスの入市当時のアンティオキアでは干魃による食糧難が生じていた。ユリアヌスはエジプトからの緊急の穀物供給対策や食糧の価格の統制に失敗しながらも、アンティオキア市内の聖域の整備に過剰な関心を抱いて国庫からの多額の支出を行ったため、市民からの反発を受けた。

コンスタンティウスのアレイオス派優遇政策の結果として顕在化した教派間対立も殉教者崇敬も、ユリアヌスにとっては排除すべき対象であった。彼はアンティオキアのみならずエメサとアパメイアをも射程に入れて、シリア・コイレーからキリスト教の影響力を可能なかぎり削ごうとしたが、聖域と祭祀の整備にあたって現実の「ヘラースびとの都市」の住民との祭儀観の齟齬に直面することになる。

『ひげぎらい』の叙述から、アンティオキアにおけるユリアヌスとその「哲人王の宮廷」の活動ぶりが再構成できる。まず、彼らの活動の主眼は、宮殿内での供犠と秘儀伝授に加えて聖域の視察と整備にあった。ユリアヌス自身は側近たちとともにアンティオキア市域内および近郊の聖域を視察した。

> 皇帝はゼウスの聖域に一度供犠を捧げ、それからテュケーの聖域に、それからデメテルの聖域に三回続けて参詣した。私は実際ダプネーの聖域に何度参詣したか忘れてしまったが、そこは以前には監督役たちの怠慢で放置され、後には神無き人々の無謀なふるまいで失われてしまったのだった。シュリアーの新年が来ると、皇帝は改めて友誼のゼウスの聖域に参詣した。そして「人々に共通の祝日」が来ると、皇帝はテュケーの聖域を参詣した。不浄の日（アポフラデース）を避けた後、また友誼のゼウスに参詣して父祖達にしたがって祈りを捧げた。[*92]

ユリアヌスは都市のテュケー、近郊のカシオン山のゼウス（Zeus Kasios）と市域内の友誼のゼウス（Zeus Philios）、デメテルとダプネーのアポロンの聖域を視察した。友誼のゼウスとテュケーの聖域への参詣は、都市の安寧と人々の好運を祈願しての活動でもあったであろう。この叙述からも、彼が特にダプネーの聖域を重視していたことがうかがわれる。しかし、この聖域はすでに、都市をあげた支援を必要とする公的祭儀の場としては認識されてはおらず、さらに「神無き人々の無謀なふるまい」、すなわちキリスト教徒による殉教者崇敬の拠点への転用によってもはや純粋にアポロンのみを祭神とする場所ではなくなっていたこともわかる。

　リバニオスによれば、ユリアヌスはさらにアンティオキアの守護女神であるカリオペーの聖域のほか、ヘルメス、パーン、アレースの聖域にも参詣し、供犠を捧げた。[*93] アンティオキア市内の重要な聖域の視察と整備、および「神々との交流」を彼は率先して行ったことになる。

ダプネーのアポロン聖域の整備に関する事例は、ユリアヌスの宗教政策の誤算をさらに明確にする。アポロンはユリアヌスの宇宙観において、至高の太陽神とも同一視される神託の神としてきわめて重要な存在であったから、ユリアヌスは必然的にアポロンの聖域における「神との正しい交流」の推進と水神託の復興を志すことになる。アンティオキアにおけるユリアヌスの政策とキリスト教徒との対立はこの聖域の宗教上の帰属をめぐる事件から顕在化する。

第一の段階は例大祭の整備に関する問題である。ユリアヌスはアンティオキアに到着して間もない三六二年七月に、アポロンの例大祭に対する都市参事会の出資と市民の参列を期待した。まず彼は、カシオン山のゼウスの聖域を参詣し、続いてアポロンの聖域に参詣した。[*94] しかし、実際には香・神饌・犠牲獣・灯明のためのオリーヴ油・灌奠の葡萄酒の奉献も市民の参詣も見られず、神官が自宅から提供した一羽の鵞鳥を犠牲獣として奉献したにすぎない。[*95] 彼は都市参事会で演説を行って出資と市民の参加を促したが、はかばかしい反応が得られなかった。[*96]

ユリアヌスは「父祖伝来の習慣を守って盛んに行列・供犠・灌奠・讃歌の合唱・献香・魂の備えをして白い服を着て神殿に詣でる若者たちの姿が富と名誉を愛する心の発露としてみられる」[*97] ことを市民達に期待した。このとき彼は街区ごとに少なくとも一頭の雌牛の奉献を、それが不可能な場合としてアンティオキア市民の総体に一頭の牡牛の奉献を求めた。[*98] 彼はアンティオキア市民にアポロン崇敬を神官と任意の崇敬者のみが担う祭祀としてではなく、全市民が担うべき営為とするよう求めた。しかし、当時のアンティオキアではアポロン崇敬はすでに任意の営為と化していた。コンスタンティウス政権下の共同体的多神教に対する弾圧という、ユリアヌスのいうところの「無神論の雲によって神々が追われた」事件以来初の「父祖の設置した年大祭」としてのヘリオス＝アポロンの例大祭[*99]がアンティオキアで行われる可能性に対して、ユリアヌスは過剰な期待を寄せていたのである。

第二の段階は殉教者崇敬施設とアポロンの聖域の共存をめぐる事件である。[*100]

当時のアンティオキアにおいても殉教者崇敬・聖人崇敬は新たな宗教現象であった。[*101] 本来市域外の墓所で迫害の時代で致命した教会指導者および教会員の英雄的な死を追悼する死者儀礼の延長として始まった殉教者崇敬も、この時代にはしだいに墓域外の記念施設へ舞台を移しつつあった。殉教者と聖人の遺骸は死の穢れを免れた聖なる物体であり、殉教者を崇敬することによって奇跡に与ることができる、という信念も各地で共有されるようになりつつあった。このため、本来墓地として利用されていない市街地や村落の一角殉教者の墓廟を兼ねた記念施設を設置して、この施設内に信徒の墓廟を設けることも、少なくとも信徒の側にとっては違和感のない習慣として受け止められるようになっていた。よって、すでに効力をもたなくなった聖域に、新たな時代に即した聖性を帯びた施設としてキリスト教側の殉教者記念礼拝堂が新たに設置されても、特別に問題視されることがなかった。[*102]

ガッルスの奉献によってアンティオキア郊外の景勝地ダプネーに設置されたバビュラス廟兼記念礼拝堂はその好例である。アポロンのダプネーへの恋慕の挿話にちなんで名付けられた景勝地は、アンティオキア市民の憩いの場としても知られていたため、[*103]ここに新しく宗教施設を設置することはキリスト教徒の側から見れば風紀の矯正にも効果的な「快い場所をさらに快くする」として歓迎された。バビュラス廟はダプネーにおける新たな聖地としてキリスト教徒から好感をもって遇されていた。[*104]

他方でユリアヌスは、アポロンの聖域の「神託の聖域」としての機能の整備に注目した。聖域内のカスタリアの泉における水神託はハドリアヌス帝の時代には機能を停止しており、神託の聖域としての機能はこの聖域からは失われていた。[*105]神託の機能を失ったアポロンの聖域はバビュラス廟の設置によって新しい霊性の宿る場所として刷新された。ユリアヌスにとってアポロンはテウルギアの神託の神でもあったから、神の意志を聴き、神と交流する場所としての神託の聖域は重要であった。ユリアヌスは水神託の停止の直接の原因を「死者の穢れ」としてのバビュラスの遺骸に求め、神託の回復を目的としてこの「聖域」から殉教者の遺骸を撤去し、アンティオキア市壁外の共同墓地に改めて埋葬するよう命じた。殉教者崇敬を行うキリスト教徒たちにとってはこの措置は不当な命令となる。バビュラスを崇敬するキリスト教徒らは移葬のさいに詩編を歌い、抗議した。[*106]

殉教者の遺骸はユリアヌスと神託の支持者たちにとっては死の穢れを意味した。アンミアーヌス・マルケリーヌスは、ペイシストラトスがデーロス島のアポロンの聖域から遺骸を除去して浄祓を行った故事に言及し、ユリアヌスもこの「デーロス島の浄祓」と同じ方式でダプネーのアポロンの聖域に浄祓を加えたと述べる。[*107] ソクラテス、ソーゾメノス、テオドーレートスは、ガッルスによる殉教者の遺骸の埋葬と記念礼拝堂の設置以来、カスタリアの泉の神託が停止したことがアポロンの聖域の雰囲気を「心地良い」ものとしたと伝えている。[*108] キリスト教側の立場からすれば「殉教者の遺体が恐ろしいので霊が沈黙していた」という叙述は聖遺物としての殉教者の遺骸の聖性を正当化する叙述である。神託の支持者から見れば、逆に刑死者の遺骸の死の穢れゆえに神託が完全に停止したことになる。この事例からもまた殉教者崇敬施設の設置による聖域の機能の変化が伺われる。

殉教者バビュラスの墓廟兼記念礼拝堂の撤去命令からほどなく、一〇月二四日にアポロンの聖域で火災が発生した。ユリアヌスはこの事件を「キリスト教徒が神々に対して行った行為の浄め」と認識していたが、都市参事会はこの事件に際して特別な対応をとらなかった。[*109] ユリアヌスは自ら容疑者に対して尋問を行った。この措置に続いて三六二年一二月頃、ユリアヌスは『ガリラヤ人駁論』と三六二年二月にアンティオキアの「象の四面門」に掲示された『ひげぎらい』を続けて著した。また彼は、司教エウゾイオス率いるアンティオキアのアレイオス派の活動拠点であった「大教会」の教会財産をオリエンス道長官ユリアヌス、フェリクス、エルピディオスに命じて没収させ、「大教会」を閉鎖した。このような施策はアンティオキアのキリスト教徒の反発を呼んだ。[*110]

5　具現化の過程 III——キリスト教徒との対立のエピソード

キリスト教側の著作家は、ユリアヌス治下のキリスト教徒の混乱のエピソードを、「わたしたちではないひとびと」

とキリスト教徒の対立を前提として描く。そこではキリスト教徒の英雄的な活動という美談のみならず、聖域の再開を「迫害帝の再来」とされる皇帝が漠然と命じた結果としてのキリスト教徒の混乱と当惑が強調される。ユリアヌス側の失策は「不敬な異教徒」の行いとして戯画化される。教会史家の描写は、当時明らかに「異教徒」の党派が存在したのではないかという印象を読者に与える。しかし、ユリアヌスが想定した「父祖伝来の慣習」を奉じるひとびとは現実には必ずしも明確な輪郭をもって現れているわけではない。「異教」意識をもつひとびとは、ユリアヌスが想定するほどには当時の社会のなかでは濃密な党派性を示していない。

『教職に関する勅令』へのキリスト教徒への反応[*111]

『教職に関する勅令』によって、英雄叙事詩・悲劇・法廷弁論の背景にあるオリュンポス的神格体系、および新プラトン主義の神学の背景にある「神々にかんする正しい教説」を信仰しない、という理由でキリスト教徒修辞学者・哲学者が罷免させられた。代表的な例として、アウグスティヌスが『告白』で言及するミヌキウス・フェリクスのほか、エウナピオスが『ソフィスト列伝』で言及するアテナイのプロハイレシオスの事例をあげることができる。ユリアヌスは修辞学者の実績に応じて罷免を撤回する場合もあった。プロハイレシオスは罷免撤回の恩恵を受けた[*112]。

ソクラテス・スコラスティコスもソーゾメノスも、ユリアヌスが「よき愛智」としてギリシア典籍の霊的・精神的感化力を重視していたことに注目している。しかし、キリスト教徒側からの抵抗に関する教会史家の言及は、シリアのラオディケイアのアポリナリス父子による文法学・修辞学の教科書の制作のエピソードに限られる。父アポリナリスは文法学者であったので、キリスト教の信仰に沿った例文を用いた文法書を造り、ソクラテス・スコラスティコスの伝承によればモーセ五書（ソーゾメノスの伝承ではヘブライ人の古代からサウルまでの時代）をホメーロスの英雄叙事詩の文体で書き換え、全二四巻に分けた。旧約聖書の歴史書の喜劇的な部分を喜劇の韻律と文体で、一部を悲劇の文体の詩文で、詩編と哀歌をピンダロスの文体で再話した。修辞学者であった息子は福音書と使徒書をプラトンの対話篇の文体で再話したという。[113]ソーゾメノスは彼らの活動について、「全体のそれぞれのテーマを聖書からとって、ごく短時間で文体、表現、性質にかんする作品を書き、ギリシア文学のそれと数においても説得力においても同等のものに仕立てあげたのである。これが贔屓目でない証拠に、アポリナリスの作品は古典作家のそれと同等に高い評価を受けた」と称賛している。[114]この叙述は明らかに美談であるが、並行例は知られていない。

アレクサンドリアにおける対立の挿話[115]

アレクサンドリアにおけるアレイオス派の司教ゲオルギオス殺害事件に関する叙述も、アンミアーヌス・マルケリーヌスの叙述とキリスト教側の叙述を比較すると、「異教」とキリスト教の対立を強調するキリスト教側の党派性が顕著である。

カッパドキアのゲオルギオス殺害事件とアタナシオスの処遇をめぐる問題がアレクサンドリアにおけるユリアヌスのキリスト教徒対策の核心を占めている。アレクサンドリアの争乱に対してユリアヌスは首謀者と思われる人物を除くことで対応しようと試みた。

前史を振り返ろう。アレクサンドリアとコンスタンティウスの因縁は深い。暗殺されたゲオルギオスはコンスタンティウスの宗教政策のアレクサンドリアにおける代理人であった。アタナシオスはコンスタンティウスの単独統治権獲得闘争の途上で三五〇年に暗殺された副帝コンスタンスの霊的指導者であり、熾烈にアレイオス派を批判し続けたため、コンスタンティウスから冷遇されていた。

コンスタンティウスは三五三年以降、共同体的多神教祭儀および夜間の墓地における魔術の行使を禁ずる勅令を相次いで公布し、自らの支援するアレイオス派に有利な教会政策を強行した。三五三年のアレラーテ教会会議でポワティエのヒラリウスを、三五五年にはメディオラヌム教会会議でローマ司教リベリウスを追放した。アタナシオスは三四六年一〇月中旬に追放処分から復帰して以来アレクサンドリア司教の座にあったが、三五六年二月に聖テオナース教会での晩禱中に当時のコンスタンティウスのエジプトにおける軍事上の代理人であるエジプト駐在軍司令官シュリアーノスとその書記官ヒラリウスの襲撃を受け、逃亡・潜伏を余儀なくされた。アタナシオスの支持者は同年六月にアレクサンドリアのニカイア派系諸教会から追放された。同年六月一〇日にエジプト総督カタフロニオスが着任し、アレイオス派の首長ファウスティーノスとともにニカイア派と「群衆」を弾圧した。かつて皇帝礼拝の祭場として用いられていたカエサリオンは三四〇年代にアレイオス派司教グレゴリオスの監督下で「大教会」に転用されたが、この事件の直後に男女の多数の群衆が占拠し、かがり火を焚き、燃える乳香の樹脂を蒔いて供犠を行い、セラピスとオシリスの祭祀と関連をもつディオニューソス祭祀のテュルソスを振って讃歌を歌い、アレクサンドリアにおけるセラピス祭祀の存在を誇示したという。

三五七年二月二四日にコンスタンティウスの指名により、アレイオス主義者であったカッパドキアのゲオルギオスがアレクサンドリア司教に着座した。着座後まもなくゲオルギオスはニカイア派と共同体的多神教者に対する弾圧をコンスタンティウスの方針を踏襲して強め、ニカイア派と「群衆」の憤激を買うようになった。

三五七年五月にはエジプト駐在軍司令官麾下の兵士がアレクサンドリアの市域外の墓地で集会を行っていたアタナシオスの支持者らに暴行を加えた上、そのうちの生存者を大オアシスに追放した。ゲオルギオスはテュケーの聖域を冒瀆し、軍隊を派遣してセラペイオンを略奪した。このときエジプト駐在軍司令官アルテミオスはゲオルギオスの忠実な協力者として行動し、セラペイオンの略奪を幇助した。彼らの攻撃の主眼は「群衆」とニカイア派であり、ユダヤ教徒に対しては特別な対策を講じてはいなかった。ゲオルギオスは三五八年八月に聖ディオニュシオス教会内で市民から暴行され、一〇月初旬には一度市外に退去した。彼の強硬策はアレイオス派内部でも恐れられ、三五九年のアリミヌム教会会議では追及の対象となった。

三六〇年六月には書記官パウルスが宮廷からニカイア派・共同体的多神教者弾圧を命ずる新たな勅法を携えてアレクサンドリアに到着し、アレクサンドリア周辺の陰謀の芽となるニカイア派および共同体的多神教者勢力を掃討した。

三六一年一一月二六日にアルテミオスとともにゲオルギオスはアレクサンドリアに帰還し、直後から共同体的多神教者に弾圧を加える。一一月三日にペルシア遠征からの期間の途上に死亡したコンスタンティウスの訃報が、一一月末にはアレクサンドリアに届けられた。ユリアヌスの即位とともに新たにエジプト総督ゲロンティオスが着任した。この直後、一二月二四日にゲオルギオス殺害事件が発生した。この暴力事件に対してユリアヌスは激しい怒りを示した。[*116]

ソクラテス・スコラスティコスとソーゾメノスの記述によれば、一二月二四日に発生したゲオルギオス殺害事件に伴う暴動の契機は、ミトラス教神殿跡の礼拝堂への転用をゲオルギオスが許可したことにあった。ソクラテス・スコラスティコスの記述[*117]では、「地下の至聖所でキリスト教徒が発見したとされる頭蓋骨を「ミトラス教の秘儀伝授者たちの魔術行使の証拠」として掲げて市内を練り歩いた」とあるが、[*118]これはミトラス教の秘儀伝授者たちの行う秘儀を魔術と同一視したうえで、「ヘレネスの神」を支持するユリアヌスとその支持者たちに対するネガティヴ・キャンペーンともいえる叙述である。

ソーゾメノスは、ゲオルギオスがミトラス教神殿跡を清掃中に地下の至聖所で発見した祭具を「秘儀のいかがわしさ」を誇示するために掲げて彼の支持者とともに市内を練り歩いたため、日頃から共同体的多神教を軽蔑し弾圧してきたゲオルギオスとその支持者らからの魔術行使の嫌疑によって侮辱されたと感じた市民の憤激を買ったと伝える。[*119]

アンミアーヌス・マルケリーヌスの並行箇所にはこのような魔術行使への言及はない。ゲオルギオスは群衆から捕縛されて暴行を加えられ、殺害されたと語るのみである。この群衆の宗教的帰属も明らかではない。ソクラテス・スコラスティコスとソーゾメノスは他方で、アレクサンドリアのアレイオス派支持者は同信の司教ゲオルギオスの暗殺の責を共同体的多神教者ではなく、アタナシオスの支持者に帰したと伝える。[*120]

ゲオルギオスの殺害に対してユリアヌスは遺憾の念を示した。彼はアレクサンドリア市民を品性のない殺害方法を選んだことで譴責し、かつてマケッルムで親しんだゲオルギオスの蔵書を没収した。[*121]

ゲオルギオス殺害事件後、アレクサンドリアのアレイオス派は司教座教会を追われて家庭集会を開くようになり、ゲオルギオスの後任の司教としてルキオスを選出した[122]。アタナシオスはゲオルギオス殺害の直後、ユリアヌスによる「追放された教会指導者たちへの前任地への復帰命令」を受けて、三六二年二月後半にはふたたびアレクサンドリアの司教座に復帰し、歓迎を受けた[123]。彼はカラーリスのニカイア派司教ルキフェル、アンティオキアのニカイア派の代表者であったメレティオスらと協力し、三六二年の早くとも復活祭の直後にアレクサンドリア教会会議を開催し、ニカイア公会議で正統とされた三位一体論の原則を確認した。

ユリアヌスは追放された聖職者の前職への復帰を認めていなかった。彼はまた、アタナシオスが「ヘレネス（ヘラースびと）」の婦人のキリスト教への入信を認め、復活祭の際に洗礼を授けたことを「ヘレネスへの侮辱」と見なした。彼は再びアレクサンドリア司教の座からアタナシオスを追放した。アタナシオスは三六三年六月にユリアヌスが戦死するまでスケーティスの砂漠に潜伏した[124]。

ゲオルギオス殺害事件から約一年後、コンスタンティウスとゲオルギオスから信頼を受けていたエジプト駐在帝国軍司令官アルテミオスが処刑された。アルテミオスはアレイオス派キリスト教徒であり、長年ゲオルギオスとの協力体制のもとで反対勢力の弾圧を行ってきた。彼は三六二年のアレクサンドリアにおける争乱の調停のさいに、セラピス神殿を占拠し、破壊活動を行ったとされる[125]。ユリアヌスは、コンスタンティウスの影響の排除とアルテミオスの破壊活動に対する制裁措置としてアルテミオスの処刑を決定したものと考えられる。

アンティオキアにおける対立の挿話

ユリアヌスの冬営下におけるアンティオキアの事例を、キリスト教史料は「異教徒」とキリスト教徒の対立を鮮やかに強調して描く。キリスト教史料はユリアヌスの宗教政策の経過を単純な事件の経過として描くようにみえて、随所にユリアヌスの宗教政策の展開によって喚起された「私たちではないもの」としての「ギリシア人」との対立をおどろおどろしく描き入れる。

まず、ユリアヌスの聖域の再設置と整備の目的を「殉教者を出さないがために強制を嫌うが、本人は供犠と神託に熱心である」とする叙述がソクラテス・スコラスティコス（3.12）とソーゾメノス（5.4.6-8, 5.5.1）には見える。ソクラテス（3.11）もソージメノス（5.5.10）も、コンスタンティウスへの反感と嫌悪と恐怖がユリアヌスを「ギリシア人の宗教」の確立へ駆り立てていることも見逃さない。

アンティオキアにおけるユリアヌスと市民との対立は『ひげぎらい』、リバニオス『ユリアヌス弁論群』、アンミアーヌス・マルケリーヌスにも描かれるが、キリスト教史料ではより鮮烈かつ類型的な「キリスト教」と「異教」の対立の構図で描かれる。

ユリアヌスのもたらした混乱のうち、ダプネーのアポロン神託の回復の試みとバビュラス廟の撤去の経過は、殉教者崇敬に対するユリアヌスの態度とキリスト教徒の態度の描写から、著者の立場を明らかにする。神託の回復の試みに関する挿話のキリスト教史料初出は、ナジアンゾスのグレゴリオス『ユリアヌス駁論』である（5.41）。ソクラテス・スコラスティコス（3.17）は『ひげぎらい』の存在にも言及する。

この事件過程はおおむね次のような時系列に沿って語られる。

（1）ユリアヌスによる神託の回復の提唱
（2）ガッルスによるバビュラス廟奉献の影響の除去
（3）ユリアヌスによる移葬命令と抗議の行列
（4）一〇月二四日の火災
（5）ユリアヌスは殉教者を出すつもりはない
（6）バビュラス講の指導者テオドロスを捕縛
（7）サルーティウス・セクンドゥスの懇願による恩赦

アンミアーヌス・マルケリーヌス（22.13.1–4）はこの事件の原因として「哲学者アスクレピアデスが残した蠟紙による失火」説に言及し、アンティオキアの「大教会」の閉鎖までの経過を描く。

バビュラス廟をめぐる事件の挿話のキリスト教史料初出はシリア語ではニシビスのエフレム『ユリアヌスを駁す歌』であるが、ギリシア語ではヨアンネス・クリュソストモス『殉教者聖バビュラス講話』である。エフレムとクリュソストモスはユリアヌスを「邪悪なキリスト教の敵」類型のもとに描く。

教会史家ではアクィレイアのルフィヌス（10.36–37）、ソーゾメノス（5.19–20）、ソクラテス・スコラスティコス（3.18–19）、テオドーレートス『教会史』（2.11.4–12.1）、フィロストルギオス（7.8a）がダプネーとバビュラス廟をめぐる状況を伝える。ソーゾメノスはダプネーの環境に関する詳報と、ディデュマのアポロンの聖域でも殉教者の遺骸の撤去が行われた事例を紹介する。また、ソクラテスは、ユリアヌスの暴力性とサルーティウス・セクンドゥスの温情を対置し、テオドロスに対して「ディオクレティアヌスのような対策」を採りたくなったユリアヌスはサルーティウス・セクンドゥスに捕縛と尋問を依頼するが、サルーティウス・セクンドゥスにはどうしてもテオドロスを拷問にかけることができなかったため、彼を釈放してキリスト教徒に感謝されるという挿話にふれる。テオドーレートスはテオドロスの事例とともに、バビュラス廟事件をめぐって連座したアンティオキアの証聖者たちの事例を描く。

バビュラスの移葬のエピソードも教会史家の手にかかれば美談化される。ソクラテス・スコラスティコスとソーゾメノス、テオドーレートスは、バビュラスの遺骸の移葬のさいに「偶像礼拝者たちは恥を知れ」と歌う群衆を指導したキリスト教徒の青年テオドロスの勇敢さと、彼に放火の嫌疑をかけて尋問を行ったユリアヌスの残酷さ、そしてテオドロスの処刑を撤回するよう求めたサルーティウス・セクンドゥスの寛恕のエピソードを美談として伝える。*126 また、ソーゾメノス、テオドーレートス、フィロストルギオスはユリアヌスの側近であったオリエンス道長官ユリアヌスとフェリクス、エルピディオスを「不敬な異教徒」として戯画化し、大教会の閉鎖に伴って聖杯および祭壇への冒瀆を行った結果、奇病によって怪死したとの因果応報譚を加える。[*127]
三六二年末以来のユリアヌスによるキリスト教徒兵士への制裁のエピソードも、アンミアーヌス・マルケリーヌスは、職権濫用の嫌疑をかけられた親衛隊長ローマーヌスとウィンケンティウスの処刑は綱紀粛正を目的とする制裁であったと伝えるのだが、[*128]キリスト教徒側の叙述では「殉教と迫害」のトポスにしたがって描かれる。
ヨアンネス・クリュソストモス『殉教者ユーウェンティノスとマクシミノス講話』がその嚆矢である。クリュソストモスは皇帝謀殺計画の疑いで三六三年一月に処刑されたユーウェンティヌスとマクシミヌスの事例を紹介する。[*129]『ボーノーススとマクシミリアーヌス行伝』では、帝国軍軍旗の紋章としてコンスタンティウス一世からコンスタンティウス二世までの時代に採用されたラバルムにかわり、ユリアヌスがコンスタンティヌス以前の帝国軍旗に用いられていた鷲の紋章を復興させたために、ヨウィアーニー軍団およびヘルクリアーニー軍団の旗手ボーノーススとマクシミリアーヌスが、軍旗への忠誠を拒否して三六三年一月に処刑され、司祭メレティオスと信徒たちが処刑場となった練兵場へ抗議のために詰めかけたと伝える。[*130]ゲオルギオスと結託したエジプト駐屯軍司令官アルテミオスの処刑が行伝『アルテミオスの殉教』のなかで伝説化されたのもこの機微によるものである。

エルサレム神殿の再建と途絶の挿話

三六三年初に元ブリタンニア総督アリュピウスを協力者として発されたエルサレムのユダヤ教神殿の再建命令[*131]に関する叙述の初出は、ナジアンゾスのグレゴリオス『ユリアヌス駁論』第二弁論である（5.2–4）。後半生にエルサレムの教会共同体と関わったヒエロニムス『年代記』にはこの事件に関する叙述がない。アンミアーヌス・マルケリーヌス（23.1）を除けばこの事件への言及はキリスト教側の史料に限られている。ナジアンゾスのグレゴリオス『ユリアヌス駁論』における三六三年五月一七日・一八日の地震と火災による工事の途絶と、そのさいの十字の火花の発生による「ユダヤ教徒作業員」の改宗を神慮によるものとみなす挿話は、教会史家も継承している。キリスト教系著作家はユリアヌスの再建令の意図に「二度破壊されたユダヤ教神殿は二度と再建されることがない」という「ダニエル書」と「マタイによる福音書」の叙述の転覆を読み込み、それに対する神罰として地震を捉える傾向がある。アンミアーヌスには地震と火災によるユダヤ教神殿再建工事の途絶の叙述はあるが、工事に従事するユダヤ人の改宗や神罰への言及はない。

ユリアヌス本人はエルサレムには赴かなかった。現存する彼の書簡にもこの事件に関する詳細な言及はない。また、エルサレムをユダヤ教の聖地として整備しようとする計画がもし現実に皇帝主導で行われていたとすれば、この計画はユダヤ教徒にとっても重要であったはずであるにもかかわらず、バビロニア・タルムードなどユダヤ教系の史料にはいっさいこの事件に関する記述はみられない。[*132]

エルサレム神殿の再建計画の挫折は、三六三年五月一八日・一九日の地震による途絶と火災のエピソードに彩られる。ナジアンゾスのグレゴリオスは、突風と火災による十字の火の輝きの出現に驚いたユダヤ教徒の大量改宗を伝える。テオドーレートス『教会史』の叙述はナジアンゾスのグレゴリオスに従う(3.20)。アクィレイアのルフィヌス『教会史』は地震による工事現場の基礎の沈下と工事現場で働くユダヤ教徒の死亡を伝える(10.38–40)。

ソーゾメノスの叙述はユダヤ教徒へのユリアヌスの交渉の痕跡を伝える(5.22)。ユリアヌスはユダヤ教徒の好誼をはかるために神殿再建を書簡でパトリアルフやラビたちに提案し、ユダヤ人にふたたびエルサレム神殿で供犠を行わせようとした。しかし、神殿再建のための基礎工事のために掘削した段階で地震が生じ、工事現場が倒壊したため、再建は中断される。

ソクラテス・スコラスティコス『教会史』では具体的な地震の描写が行われる(3.20)。

夜通し大地震が神殿の旧い礎石を引き裂き、隣接する建造物とともに全てばらばらにした。この一連の出来事はユダヤ人を怯えさせた。この場所で起きた出来事の評判は遠い場所に住む人々にまで届いた。そして大勢の人々が集まっていると、また別の恐るべき徴が現れた。空から炎が降り、工人らの大工道具を焼き尽くしてしまった。

ソクラテス・スコラスティコスは天変地異の描写を行うが、ナジアンゾスのグレゴリオスやテオドーレートスのように十字の光の輝きのもたらす奇跡譚には言及しない。

また、当時エルサレム司教であったエルサレムのキュリロスもこの事件に関して明確な言及を残していない。エルサレムのキュリロスが唯一この事件に言及したものとされる書簡は六世紀に遡るシリア語版のみ現存しており、ギリシア語版は現存していない。被災状況の叙述があまりに詳細であることから、セバスティアン・ブロックはこの書簡が偽作である可能性も示唆している[*133]。

(3)主を殺したがゆえに廃墟となったエルサレム神殿の礎を掘削した折りに、大地震が起き、エルサレムの周辺でも地震が起きた。……(5)詳述はしないが、これは神の怒りのゆえであった。キリスト教徒もユダヤ教徒も相当の数住んでいたが、地震だけではなく、嵐と豪雨によって被災した。……(6)地震の前の日曜日に神殿の定礎を行おうとしたが嵐と豪雨のためにその日は定礎を行うことができなかった。その晩、大地震が起きた。そのとき我々は証聖者教会にいた。……(11)壊滅的な被害を受けた都市の名を記そう。ベイト・グブリンの大半、バイシャンの一部、セバスティアとその領域のすべて、ニコポリスとその領域の全て。リュッダとその領域の半分以上。アスカロンの半分以上、アンティパトリスとその領域のすべて、カイサレイアの一部、サマリアの半分以上、ＮＳＬの一部、パネアスの三分の一、アゾトスの半分、ゴフナの一部、ペトラの半分以上。肌の半分以上、都市エルサレムの郊外、エルサレムの半分以上。火が降り、ユダヤ教徒の導師たちを焼いた。ティベリアスの一部とそしてその領域の一部、セフォリスとその領域のすべて、アイナ・ド・ガデル。ハイファでは三日間血が流れた。ヤッフォ全域が壊滅した。そして'D'NWSの一部。（12）このできごとは月曜日の第三時に起き、夜の第九時にも起きた。多くの人が死んだ。これはギリシア人の王アレクサンドロス建国紀元六七四年イッヤール月一九日（三六三年五月一九日）のことであった。

研究史上では、ユリアヌスのこの施策の意図は主に二つの動機から説明されている。ペルシア遠征の際の進軍ルート上の諸都市に居住するシリアからメソポタミアに散在するユダヤ教徒にたいする協力の要請[*134]、そしてキリスト教側の史料に従う解釈として、「ダニエル書」および「マタイによる福音書」に提示されたエルサレム神殿が破壊された後は二度と再建されることはないであろう、とする預言を転覆させる試み[*135]である。

ユダヤ教史料における証言の欠如もあいまって、ユリアヌスの指令のユダヤ教共同体における効力のほどははかりがたい。第一次ユダヤ戦争でエルサレム神殿は破壊された。ユダヤ教徒共同体を率いる指導者層は第二次ユダヤ戦争以後、エルサレム神殿の再建を試みることがなかった。第二次ユダヤ戦争の敗戦の帰結として皇帝直轄領となったエルサレムでは、神殿跡地にカピトリウム十二神を祭神とする聖域が建設されていたが、ユリアヌスはカピトリウム十二神の神殿ではなくユダヤ教神殿の再建を命じている。彼の意図はアブラハムを神働術の祖としての「カルデア人」と見なし、ユダヤ教徒に「カルデア人」アブラハムへ回帰せよと説くユリアヌスの視点からは自然な発想であるが、同時代人には容易に理解されがたいものであった。

キリスト教史料は、エルサレム神殿の再建工事の途絶を天変地異と結びつけて描写する。天変地異による工事の途絶をユリアヌスの宗教政策と信仰世界の錯誤を打ち砕く天与の災厄の例証として描こうとする欲望が看取されよう。

キリスト教徒への対応——ユリアヌスの書簡から

ユリアヌスはキリスト教徒が関わる動乱に対して都市や州知事・総督宛に書簡を送付した。キリスト教徒の行動に暴動や排他的対立を好む「ガリラヤ人の愚行」という類型の見出し、動乱の発生にさいしては可能なかぎり身体的な暴力を伴う制裁を行わず、説得によって平和を保とうとする意志がみられる。エウフラテンシス州知事アタルビオス宛書簡（*Ep.* 83）には次のような文言がある。

> 私は神々のためにガリラヤ人を殺すことも、正義に反する者を打擲することも、何らかのむごい仕打ちで苦しめることも望んではおりませんが、神々を尊崇する者たち（θεοσεβεῖς）を尊敬の念をもって遇したいと声を大にして申し上げなければなりません。それゆえにガリラヤ人の愚行が倒されなければなりません。また、それればかりか、神々の厚誼（εὐμένεια）を通して私たちが救われるのですから、神々を、また神々を尊崇する人々と都市が大切にされなければなりません。

エデッサ市民宛書簡（*Ep.* 115）にも同様の文言がみられる。

> 私はすべてのガリラヤ人を広い心とフィラントローピアをもって遇してきました。決して誰にも暴力を行使しないように、決して神殿に強いて人を引きずり込むことのないように、何かことを起こしたという理由でその人を意志に反して酷く扱わないようにと。

とはいえ、この書簡の後半でユリアヌスは、アレイオス派教会から財を徴収し、軍隊に分け与えよ、と命じている。ボストラ市民宛書簡（*Ep.* 114）においては、「ガリラヤ人皇帝がむしろサモサタ、キュージコス、ビテュニア、パフラゴニアで追放や弾圧を行ったのであり、ガラティアではコンスタンティウス治下で村全体が焼かれる事件があった」と述べる。

ユリアヌスは対立と拷問を望まなかったが、前任者コンスタンティウスが介在することで教会と共同体のなかに喚起された分断に注意を促して「神々への尊崇」の美点を示し、教会の資産の徴収などの「洗練された方法」でアレイオス派勢力を弱体化させる方法を好んだことがここからも看取されよう。

アレクサンドリアではエクディキオスに書簡を送付して、少年時代に親しんだゲオルギオスの蔵書の回収を（*Ep.* 106–197)、さらに給費制の少年聖歌隊と礼楽の整備を求め（*Ep.* 109)、またアタナシオスが「ヘレネス」の女性に洗礼を授けて市民の分断を図っているという見解に立ってアタナシオスの再追放を命じた（*Ep.* 112)。アレクサンドリア市民宛の書簡ではアタナシオスの追放と召喚の経緯を「騒乱の原因となったアタナシオスを追放し、また召喚したのは国家の安寧のためであって、教会を慮ってのことではない」と説明し（*Ep.* 110)、そのうえでアレクサンドロスによって建設されてアウグストゥスの好誼を得た都市に生きる誇りを喚起し、「これだけ多くの神に愛されながら、父を誰も見たことのないイエスを「ことばの神」として信じる人を信じるのか」と市民に語りかけ、ギリシア化されたエジプト宗教に加えてオリュンポスの神々と同一視された天体神への回帰を説いた（*Ep.* 111)。

自らは決して手を汚さず、身体的暴力を伴う措置を避けて「ヘレネス」の誇りと「父祖伝来の祭祀」の美点を推奨するユリアヌスの意欲がここにも現れる。教会史家の叙述には逸脱者への怒りに貫かれたユリアヌスが騒乱の首謀者の捕縛と尋問を行う挿話がよくみられるが、ユリアヌスの施策はその暴力性とは必ずしも一致しない印象すら与える。しかし、財産の供出を伴う聖域の再建命令や書簡による追放命令は、ユリアヌスが予想する以上に地域共同体に対して暴力的な印象を与えた。教会史家の描く帝国東方の小都市の事例はその消息を伝える。

教会史家群の叙述はユリアヌスの曖昧な「神殿再建令」によって動揺する帝国東方の小都市の事例を紹介する。「私たちと同じ神を信じない人々」と闘うキリスト教徒、聖職者あるいは熱心な信徒による「神殿破壊」、そして、ユリアヌスの聖域再建命令によって顕在化する対立の挿話を彼らは活写し、地方都市で生じたユリアヌス治下の混乱の描写には、殉教と証聖の挿話を入念に折り込む。帝国の東西の境界地域におけるアレイオス派の重要な拠点であった[*136]トラキアー（モエシア・インフェリオル州）のドーロストリス（Dorostolis）において州総督カピトリーヌスの目前で火刑に処せられたアエミリウス[*137]の挿話以外、ほぼ東方諸州の事例である。なお、これらの都市にユリアヌスは視察を行っていない。

事例1　シリアのアレトゥーサ司教マルコスの証聖

経過――アレトゥーサで宣教を行い、コンスタンティヌスの治世以来「ヘレネス」をキリスト教へ改宗させてキリスト教徒に慕われ、コンスタンティウスの治世には神殿を破壊して教会をその跡に建設していた司教マルコスが、ユリアヌスの即位とともに民衆の怨みを買って私刑の対象になった。ユリアヌス治下では彼はすでに高齢であったが、ユリアヌスの聖域復興令を知った市民たちから聖域の破壊を批判され、再建あるいは出資を選ぶよう迫られた。[*138]

言及の初出はナジアンゾスのグレゴリオス（4.88–90）であり、ソーゾメノス（5.10.8–14）とテオドーレートス『教会史』（3.7）でも言及される。神殿の閉鎖を行う司教が民衆の怨みを買う事件としてはカッパドキアのゲオルギオス暗殺事件を想起させるが、教会史家たちはこのエピソードを「証聖者」の勇気にかんする挿話として描く。「蜂責め」による拷問の挿話が入る点では、やはり殉教者行伝の叙述に通じる印象を与える。

テオドーレートスの伝えるところでは、マルコスは逃亡を試みた自身の身代わりに信徒が捕縛されたと聞いてアレトゥーサに帰還し、「処刑人」の元へ出頭する。彼は破壊した聖域の再建資金を出資するよう尋問され、拷問を受けたが、出資を拒否した。市民たちは代わりに半額の供出を申し出た。マルコスは処刑されずに解放された。蜂責めの拷問に耐える彼の姿に打たれて改宗者が続出した。[*139]

ソーゾメノスの伝えるところでは、聖職者に神殿再建あるいは再建への出資を求める勅令が発布された結果、マルコスは再建も出資も経済的・信仰的理由から困難であると判断し、アレトゥーサから逃亡するが、逃散者には拷問が加えられると聞いて帰還する。その彼を待っていたのは、彼の逃亡を「愛智者らしくない」と批判した「ヘレネス」側の老若男女の市民たちによる暴行と蜂責めであった。私刑を受けてもなお翻意しないマルコスの勇気にサトゥルニーヌス・サルーティウス・セクンドゥスは感動し、マルコスを解放するよう懇願した。その結果、マルコスは解放された。[*140]

マルコスの帰還の動機は自らの身代わりになった信徒を救うためであるのか、あるいは罰金への恐怖であるのか。蜂責めを行う者は「処刑人」であるのか、あるいはユリアヌスに共感する「ヘレネス」であるのか。蜂責めに遭って耐える姿に感動したのは「ヘレネス」の市民であったのか、あるいはユリアヌスの宮廷の「善玉」としてキリスト教史料に記憶されるサトゥルニーヌス・サルーティウス・セクンドゥスであったのか。テオドーレートスのマルコス像とソーゾメノスのマルコス像の印象は大きく異なる。

事例2　フリュギア・メルムの殉教者たち

経過——フリュギア総督アマキオス（アマコス）がメルムの神殿の再開と清掃を命じた。キリスト教徒は不満だった。マケドニオス、テオドゥーロス、タティアノスが夜のうちに神殿に侵入して神像を破壊し、総督の怒りを買った。総督はメルム市民の代表として三人に引責の死を選ぶか、浄祓を行うよう彼らに迫った。マケドニオス、テオドゥーロス、タティアノスは供犠を拒否し、拷問を受けた後火刑に処せられた。

ソクラテス・スコラスティコス（3.15）とソーゾメノス（5.11.1–3）が言及する挿話である。ソーゾメノスは「フリュギアのミーソス」での事件として言及する。ユリアヌスの命を受けた総督によって神殿の再開を命じたことに不満を覚えて破壊行為を行ったキリスト教徒が総督裁判権のもとで裁かれる。共同体的多神教に与する世俗の権力者がユリアヌスの宗教復興への忠誠表明の徴として聖域を再建した。そのことを批判するキリスト教徒が総督から厳しい制裁を受けた事例である。供犠の拒否と拷問の後の火刑の挿話は殉教者行伝の語り口に似る。

事例３　エウクラテス派の証聖者ブシリス

経過——ガラティアのアンキュラの人。ガラティア総督から「ギリシア人」を侮辱したかどで拷問にかけられるが耐え、投獄される。ユリアヌスの死とともに釈放され、テオドシウスの治世まで生き、ニカイア派教会に転会した。

ソーゾメノス（5.11.4–7）が伝える挿話である。ここでも総督の怒りと拷問の挿話への言及がある。拷問を耐えて生き延びた人物の証言として語られる。

事例４　カッパドキアにおける制裁の事例

この事例はユリアヌスが直接に制裁を命じたとされる事例であるが、ソーゾメノス（5.4.1–4, 5.11.7–9）から知られる事件であり、ユリアヌス本人の書簡と著作では言及されていない。

経過(a)——ユリアヌスはアルガイオス山麓のカイサレイアをテュケー祭祀の不徹底ゆえに批判、市域内のキリスト教徒と教会から財産を没収、その一部を神殿再建の資金として国庫に参入した。神殿再建を命じて人口調査を行い、村落にも重税を課した上でカイサレイアを都市から村落へ降格した。

ソーゾメノスが伝える挿話である（5.4.1–5）。アルガイオス山麓はかつて少年時代のユリアヌスが生活した離宮マケッルムの近在でもあり、ソーゾメノスは「ユリアヌスはかねてからこの地によい感情を抱いていなかった」と記す。ソーゾメノスの記述によれば、このテュケーの聖域は当地に三六一年末までに唯一存続していた共同体的多神教の聖域であったが、ユリアヌスの即位以後に破壊された。ソーゾメノスはこの事例を、ユリアヌスの宗教政策への忠誠を示さない、予想もしない暴動の種を秘めた都市に対する制裁として描き出す。神殿再建の進捗の遅れを案じたユリアヌスがカイサレイアを再訪すると、キリスト教徒が全員逃亡していたというエピソード、そして司祭を州駐屯軍司令官麾下の軍団兵士として雇用するよう命じたというエピソードもあわせて語られるが[*141]、どこまでが事実でどこまでがソーゾメノスの創作であるのかはこの箇所のみでは判然としない。

経過(b)――アンキュラの助祭バシレイオス、カッパドキアのカイサレイアの信徒・都市参事会員エウプシュキオスの殉教。

アンキュラのバシレイオスはニカイア派を支援しており、供犠を免れるためにカイサレイアで逃亡生活を送っていた。エウプシュキオスはこの当時新婚であったが、テュケー神殿破壊の嫌疑で告発されて刑死した。また、アンキュラの助祭（輔祭）バシレイオスはコンスタンティウス治下でアレイオス派に抗してニカイア派の信仰を守ったため、エウドクシオスの一派に教会への立ち入りを禁じられていたが、ユリアヌスの即位に際してキリスト教徒たちを励まし供犠と灌奠を避けよと説いた。そのため彼は「ヘレネス」からも憎まれた。供犠を行う者の傍らで呟いた「キリスト教徒が同じ穢れに染まらぬように」との発言を聞かれた彼は、供犠に対する冒瀆の嫌疑で告発され、州総督のもとで拷問を受け、刑死した[*142]。

同じくソーゾメノスが伝える挿話である（5.11.7–9）。経過(a)の事件の続きである。この箇所でソーゾメノスは、都市の守護神たるアポロンとゼウスの聖域がキリスト教徒によって破壊されたことにユリアヌスはそもそもよい印象をもっていなかった、と記す。ソーゾメノスの筆致は、都市の運営を支えるべき立場にあった都市参事会員による聖域の破壊が、たとえ資材の転用を目的としていたにすぎなかったにしても、ユリアヌスにとって許し難い裏切りと冒瀆に映ったのではないかという印象を読者に与える。アンキュラのバシレイオスの事例は、教派間対立と、キリスト教徒と＝ユリアヌスを支持する共同体的多神教者との対立の狭間に立たされた聖職者が「ヘレネス」の宗教を侮辱した結果、告発された挿話として理解することが可能である。

事例５　棄教を拒むキリスト教徒公職者に供犠を要求するユリアヌス

経過――総督法廷で体刑を下すことにキリスト教徒が抵抗を示すかもしれないという理由で、ユリアヌスは州知事・総督にキリスト教徒を任命しない施策を試みる。

ソクラテス・スコラスティコスが伝える挿話である（3.13）。この施策の対象地域は明記されていない。ソクラテスは「ほんとうのキリスト教徒と名前だけのキリスト教徒を分かつ事件となった」と述べるが、離職するキリスト教徒公職者が増える一方、職を得るためにユリアヌスにへつらって供犠を献げ、ヨウィアヌスの治世にキリスト教に復帰した修辞学者ヘケボリオスのような保身を求める転向者も存在することを想起しよう。ソクラテスは「供犠を拒否した者にはユリアヌス臨在の場合にもユリアヌス不在の場合にも体刑を伴う罰金が科された」とも伝える。ユリアヌスは可能なかぎり身体的な暴力を伴う制裁措置を避けようとしたが、総督法廷で裁かれる案件ならば「体刑」を許容したのであろうか。この点にも疑問が残る。

他方で、殉教や証聖のエピソードを伴わない神殿破壊の事例も伝えられる。

事例6　ポントゥス州の港湾都市キュージコスにおける神殿破壊

経過――コンスタンティウスはノウァティアヌス派の司教エレウシオスの対立司教としてアレイオス主義者エウゾイオスをキュージコス司教に任じ、当地のノウァティアヌス派の教会を接収させた。コンスタンティウス没後に司教の座に復帰したエレウシオスは神殿破壊と共同体的多神教の弾圧を行い、神殿の跡地に「聖なる処女たちの家」を建設した。市民はエレウシオスの神殿破壊と共同体的多神教弾圧を告発し、神殿再建を嘆願する請願書をユリアヌスに送付した。

ユリアヌスの対応に関する記述は、ソクラテス・スコラティコスとソーゾメノスの場合では少々異なる。ソクラテス・スコラティコス（3.11）は次のように経過を伝える。

エウゾイオスが破壊したキュージコスのノウァティアヌス派教会を二ヶ月以内に再建し、「聖なる処女たちの家」の撤収を行うようユリアヌスは司教エレウシオスに命令した。エレウシオスは再建と出資の負担に応じなかったため、宗教間対立を避けるために支持者とともにキュージコスから追放された。

ソーゾメノス（5.15.4–9）の場合は次のように経過を伝える。

キュージコス市民に「ヘレネス」の神殿を再建させるために、ユリアヌスが司教エレウシオスとともにキュージコスの治安を乱すキリスト教徒に追放命令を下した結果、毛織物工場と貨幣鋳造所で働くキリスト教徒はキュージコスへの入市許可証を求めてユリアヌスに請願書を送ることになった。

キュージコスの基幹産業は軍隊支給品の軍服を主な産品とする毛織物産業と貨幣鋳造であり、その担い手の多くはキリスト教徒であった。コンスタンティウスによるアレイオス派の優遇と、神殿の再建をめぐるノウァティアヌス派司教の責任と進退問題に加えて、聖域の再建に対する市民の責任が問われていたことがこの挿話からはうかがえる。

事例7　ニシビスの市民からの救援要請の拒否

経過――ローマとペルシアの交戦地帯である帝国東方境域に位置するニシビスの市民がユリアヌスに保護と救援を要請するが、彼らが聖域と祭儀を復興せずにアレイオス派を支持していたために、ユリアヌスは要請を拒否した。[*143]

ソーゾメノス（5.3.5）が伝える事例である。ニシビス市民が「父祖伝来の祭祀」に帰ることはなかった。これは忠誠表明要請への裏切りの挿話である。

また、コンスタンティヌス以後、キリスト教徒側から「異教」への攻撃が恒常的に行われていた地域にかんしては、より深刻でスキャンダラスな事例が言及される。

事例8　エメサとヘリオポリスの事例

テオドーレートス『教会史』（3.7）が報告する事例である。エメサはシリアの太陽神祭祀およびイアンブリコス派の学術の拠点でもあったが、四世紀中葉のフェニキア・セクンダ州における司教座都市でもあった。[*144]

経過――エメサでは新設された教会を群衆が占拠し、両性具有のバッコス（バッコス・アンドロギュネース）に奉献してその立像を設置した。[*145] ヘリオポリスではコンスタンティウス政権下から神像破壊を行ってきた助祭キュリロスに対して「ヘレネス」が報復を行った。[*146] コンスタンティヌスが廃止した神殿売春施設の跡地に建設された「キリスト教徒の処女たち」の家が破壊され、「処女たち」が暴行された。

コンスタンティヌスによるヘリオポリスのアプロディーテー神殿の破壊と神殿売春の禁止、跡地への教会と「聖なる処女たちの家」の建設の挿話は『コンスタンティヌスの生涯』（3.58）とナジアンゾスのグレゴリオス『ユリアヌス駁論』(4.88–90)に言及があるが、テオドーレートスはこの伝承をスキャンダラスに描き出す。テオドーレートスはヘリオポリスでの処女たちにたいする暴行のきっかけには、結婚前の娘たちに神殿売春を強制する習慣の廃止があったと伝え、この処女たちが受けた侮辱を、「衆人環視の前で裸にされ、侮辱され、体毛を剃り、腹を割いて、とりだした臓物は豚のえさに混入された」という性的でスキャンダラスな描写を用いて描く。この描写はヘリオポリスで「異教徒」のあいだに神殿売春が行われていたとする伝承にもとづく、「わたしたちではないもの」の慣習を性と暴力のスキャンダルを交えて描くネガティヴ・キャンペーンの典型でもあろう。エメサの「バッコス・アンドロギュネース」の祭祀の復活の描写にもキリスト教側からみた「わたしたちではないもの」としてのシリアの土着の祭祀に対する悪意が感じられる。

さらに、都市の宗教を介した皇帝に対する忠誠の表明が、在来の宗教間対立・教会間の勢力闘争の顕在化に結びつく事例としては、ソーゾメノスの伝えるガザとその外港マイウーマにおける紛争の挿話がある(5.17)。[*147]

第一の挿話(5.3.6–9)

コンスタンティヌスは、ガザの外港マイウーマにおけるキリスト教の教勢の進展を高く評価して、マイウーマを都市に昇格させ、「コンスタンティア」の名を与えた。当時のガザは、ソーゾメノスが「ヘレネスの宗教」と呼ぶ地域の伝統宗教の拠点であった。ガザ市民はユリアヌスの即位とともに、コンスタンティアを都市に昇格させたコンスタンティヌスの法を廃止するべきだと主張した。その結果、ユリアヌスはこの法を廃止し、「ヘレネスの宗教」の波及を期待して、コンスタンティアをガザ市域に編入し、旧名マイウーマに改名した。[*148]

両地域は教会法上それぞれ独立した都市であったことから、両地域のキリスト教徒側の勢力闘争がユリアヌスの措置によって顕在化する。ガザとコンスタンティアは各自の司教と司祭団を擁しており、地域ごとに殉教者崇敬と代々の司祭たちの記念祭を行っていた。しかし、ガザ司教は両市の教会の結束を固めるために「一つの都市に二人の司教は不要である」として、マイウーマ司教の暗殺を試みた。マイウーマ市民はこの決定に反対し、両都市間のキリスト教徒のあいだで争乱が生じた。州の教会会議はこの争乱の収拾のために新たに両都市の司教を叙階した。[*149]

第二の挿話（5.9.1–10）

ガザでは、エウセビオス、ネスタボス、ゼノンの三名の司祭がユリアヌスの即位以前から「ヘレネスの宗教」とその祭祀の拠点に対する攻撃と侮辱を恒常的に行っていた。ユリアヌスの宗教復興を知った「ヘレネス」の住民は彼らに暴行を加えた。キリスト教皇帝の統治下では常にキリスト教徒からの攻撃の対象となっていた「ヘレネス」の住民は、この三名の潜伏先を暴いて捕縛・投獄し、劇場で決起集会を開き、老若男女からなる暴徒となって彼らに暴行を加え、殺害した。この三名は市中を串刺しにされて引き回され、火を放たれて死んだ。[*150]駱駝と驢馬の骨に混ぜて焼かれたその遺灰をガザ在住のキリスト教徒の女性が発見し、殺された三名の従兄弟でもあった潜伏中のゼノンに渡した。ゼノンはガザから二〇スタディア離れた都市アンテドンへ逃亡したが、アンテドンも「ヘレネス」の拠点となっていたため、ゼノンはアンテドンの「ヘレネス」から暴行されて市外へ引きずり出され、ガザに戻って潜伏した。[*151]

このような暴動の当事者となった市民たちを州総督は捕縛し、判決が出るまで投獄した。市民たちは暴動を行ったことでユリアヌスの報復を恐れていたが、ユリアヌスはアレクサンドリアのゲオルギオス殺害事件の場合と異なり、ガザ市民に譴責書を送らなかったが、キリスト教徒からの長年の侮辱に対する共同体的多神教側住民の報復を処罰した州総督を罷免し、尋問を加えた。[*152]

ソーゾメノスの伝えるところでは、ユリアヌスはコンスタンティヌス以来の親キリスト教政策に翻弄されて対立の渦中にあったガザ＝コンスタンティア市民を譴責せず、キリスト教徒への怨みを晴らそうとした「ヘレネス」を捕縛した州総督に、事件に対する責任を見いだした。直接に市民に対する警告を発する書簡が残るボストラやアレクサンドリアやアンティオキアの事例とはこの点が異なっている。

また、この挿話では、ガザで殺された三名の遺灰と、その友人であったネストールの遺骨をともに隠し持っていたゼノンが、テオドシウス一世の即位後に彼らを追悼するために設置した礼拝堂に安置するまでが美談として描かれる。ゲオルギオスの遺骨が「殉教者を生まないように」処置された事例とは対照的であり、記念すべき死者の遺灰の扱いに対する示唆を与える。

7　ユリアヌスの宗教政策の暴力性

アンミアーヌス・マルケリーヌス（22.5.1–4）とナジアンゾスのグレゴリオス（*Or.* 5.42）は、ユリアヌスが当初すべての宗教の共存を旨として鷹揚な態度を示そうとしたことに言及する。しかし、ユリアヌスの宗教政策は一見「寛容」に見えるが、暴力性とは決して無縁ではない。すべての宗教の共存と「それぞれの立場の遵守」を命じる措置は結果的に前任者コンスタンティウス二世の時代からくすぶり続けていたキリスト教内部の対立を激化させると同時に、共同体的多神教者とキリスト教徒のあいだの局所的な対立を顕在化させた。アンミアーヌス・マルケリーヌスはこの状況を、キリスト教諸教派が激しい対立の果てに自滅することを目的とした措置（22.5.5）として解釈している。

ユリアヌスのキリスト教に対する敵意は、直接的な身体的暴力には及ばないながらも、金銭の徴収や精神的活動の制限、特権の剝奪など、より巧妙な措置をもって現れた。キリスト教に対する保護の剝奪もその一環である。

この経過をソーゾメノスは巧みに描く。ユリアヌスはキリスト教の聖職者の地位と身分を保障した法律を廃止し、コンスタンティウス治下で栄誉ある職として認定された聖職者に与えられた特権を奪った。コンスタンティヌスは都市から徴収した税金を財源に帝国全域の聖職者に活動のための補助金を交付していたからである。また、ユリアヌスはキリスト教徒で独身生活を守る「処女たち」と寡婦たちに国家から支給されていた給付金を返納するよう命じた。この措置は厳密に施行されたという。[*153] ここではユリアヌスがキリスト教を他の諸宗教と同等に、特権的な権威をもたない、そして改宗することによって生活上の利益も一切得られることのない「帝国の一民族宗教」の地位にある宗教に「復帰」させようと試みたかのように描かれている。ユリアヌスの試みはキリスト教側から見れば、迫害の時代を経て帝室の手厚い保護を受けるようになったキリスト教の特権的な宗教としての地位の剥奪にほかならない。

ソーゾメノスは、ユリアヌスのキリスト教に対する敵意を強調する。彼は教会の指導者の追放と集会の禁止を「供犠を拒否した者たちに対する復讐」として解釈する。ユリアヌスは世俗権力の側からは活動の実数を把握しがたい平信徒に対する制裁よりも、指導者を失った集会がやがて解散することを見越してこのような施策を行ったという解釈である。[*154] このような座に立てば、教会の財産・奉納品・聖杯の没収もキリスト教徒に対する物質面からの報復の一環であり、コンスタンティウスが追放した宗教指導者の召還も教会の内部分裂を目的とした施策として解釈できる。さらに、会堂建設の責任者である司教や司祭に対する神殿の再建あるいは再建費用の出資命令も、宗教指導者の権威の弱体化によって教会共同体の弱体化あるいは解散の契機をもたらす施策として解釈可能である。

キリスト教徒側からは、ユリアヌスの主観に照らして「冒瀆を行った者」への制裁と処罰が不当に行われているように見える。このような施策の結果、キリスト教徒のなかには具体的な暴力的措置をもって弾圧を受けていないにもかかわらず、聖域や祭儀に対する「冒瀆」に対する制裁を恐れて都市から都市へと逃亡するひとびとが出現する。[*155] ソーゾメノス自身の証言は祖父とその家族、そして彼らの霊的指導者であったセラピオンもこのような「逃亡」の体験者であったことを伝え、[*156] その叙述は切迫感を帯びる。

教会史家が描くユリアヌスの判断は一見、彼の施策が「非暴力的であり強制を伴うものではなかった」とする見解と矛盾するように見える。しかし、「聖域の復興にかんする勅令」をきっかけに、コンスタンティヌスとコンスタンティウスの治世に神殿の破壊を行った者が告発され、再建あるいは再建費用の出資が命じられた結果、再建あるいは出資が不可能な多くの聖職者たちが制裁を受ける過程は、キリスト教側の判断からすれば紛れもない「暴力」であった。[*157]

ユリアヌスの宗教政策の暴力性は、彼から見た「堕落したヘレネス」に対してもいかんなく発揮された。そもそも祝祭から饗宴や踊りのような身体性を伴う喜びや楽しみを共有する場や娯楽につらなる側面を排除する、という彼の発想は、地縁／血縁共同体の成員がハレの場において社会的結束を非日常的な喜びのなかで新たに確認する場を排除することにつながる。「清浄」な聖域、「清浄」な祭祀、「清浄」な祝祭空間。ユリアヌスはそれを求めた。現実の都市の祝祭日において市民たちが「親しい人との出会い」を楽しむ様子は、祝祭日の本来の意義である「神々との交流」を忘れたかのように彼には映る。このような祝祭日の過ごし方や、神々への奉納の機能をもはやもたなくなった戦車競技などの催事や演劇、とりわけ神々や哲学者の姿を揶揄する喜劇とミーモス劇の上演に対してユリアヌスは禁制を加えたわけではない。しかし彼は、そのような場に臨席することを避けた。訪問地や駐在地の祝祭や催事に臨席してその都市への愛顧を表明することが常であった当時の皇帝としては異例のふるまいである。催事への臨席の回避は、猥雑さや快楽も包摂しながら催事を提供するその土地の市民に対してユリアヌスがそのような場を快く思っていないことを暗黙に伝える手段となった。彼の不在は、競技場や劇場という場を市民とともに楽しみ、そこに臨席するだけでひときわ晴れがましい空間をもたらす君主の不在を強く印象づけることとなったであろう。

さらに、ユリアヌスの「祭場と祭祀の復興に関する勅令」に従うことを求められるとき、不利益を被るのは廃れた聖域の廃材・建材を用いて教会の会堂を建設したキリスト教徒には限られなかった。キリスト教徒であれ、伝統的都市共同体宗教の支持者であれ、廃れた聖域の廃材・建材を用いて私邸や公共建築を建設した者は、彼らが建設した現行の建築物を解体して聖域を再建するように求められたのである。すでに用いられなくなった聖域の廃材は、ユリアヌスの立場からすれば「神の宿る場」として本来の姿に復元されるために用いられるべき物質であったが、それを私邸や公共建築に用いる者たちにとってはすでに聖性を喪った物質にすぎなかった。この齟齬をユリアヌスは看過している。

教会史家たちは、この勅令が契機となって可視化されたユリアヌスへの忠誠を求める伝統的都市共同体宗教の支持者とキリスト教徒の対立の事例をさまざまに報告する。その対立の矢面に立ったキリスト教徒側の指導者ないし熱心な信徒が、州総督法廷で騒乱の原因として有罪とされ、処刑あるいは拷問を受けた場合、教会史家たちは彼らを「殉教者」「証聖者」として描く傾向にある。

教会史家はユリアヌスの宗教政策の帰結を「流血なき迫害」として位置づける。彼らの叙述は、この「流血なき迫害」がユリアヌス当人の予想しなかった波紋を呼んだことを印象づける。急進的なキリスト教徒と共同体的多神教者との対立の顕在化である。

本来ユリアヌスは強制的な施策を用いずに宗教政策展開を志したはずである。キリスト教的ユリアヌス像の原型を描いたナジアンゾスのグレゴリオスはもとより、ルフィヌスもソーゾメノスもソクラテスらも、本来のユリアヌスの宗教政策は暴力的な手段に訴えるものではなく、名誉の感覚に訴えて巧妙にキリスト教徒の転向を迫る傾向を備えていたと指摘する。そのうえで彼らは、ユリアヌスは迫害者として認識されることを拒み、[*158]「愛智者」を自負して暴力的な手段を避け、心理的な圧迫を加えてキリスト教徒に転向を迫ったと分析する。[*159]それでもやはり、排他的な「迫害の再来[*160]」としての印象をキリスト教側からみたユリアヌスの宗教政策の像から拭い去ることはむずかしい。このようにしてユリアヌスの宗教政策は教会史家たちによって「ヘレネス優遇策」として理解される。

ソクラテスは語る。ユリアヌスが「死刑が必要な犯罪者に対して剣を抜くことができない」という理由で新たにキリスト教徒を州総督[*161]として採用することを禁じた結果、名誉ある職に就くために喜んで「ヘレネスの宗教」に改宗する人物も出現したのだと。そして「ヘレネス」らがキリスト教徒を襲撃し、「愛智者」たちが誰をはばかることなく秘儀を行うようになった[*162]」のだと。

ソーゾメノスは語る。ユリアヌスは「ヘレネスの宗教」が繁栄している都市に、協力者を求めて書簡を送って必要な贈物を問い、公然と棄教を宣言し、典礼に出席して教会に「皇帝臨席の栄誉」を与えることを拒み、キリスト教側の指導者たちからの譴責を受け入れようとしなかったのだと。[*163]そしてユリアヌスは全都市における聖域と祭場・供犠の整備の具現化に飽き足りず、かえって少なからぬ「ヘレネスの神官」の妻子らと使用人らがキリスト教に改宗した事実を知ったためにキリスト教徒への心理的圧迫を強めたのだと。[*164]

ソーゾメノスはユリアヌスの宗教復興の核心にある意図を「異教教会の設立」として回顧し、ユリアヌス治下で可視化された「異教」の組織化の可能性の像を次のように描き出す。

ユリアヌスはキリスト教の教勢の拡大の原因を「キリスト教徒の修辞学者・文法学者・哲学者たち」による学生への精神的・霊的な感化とみなしていたので、「ヘレネスの宗教」にも聖職の位階と戒律・時課・悔悛の習慣のほか「教説を教え励ます教師」としての霊的指導者の役割を導入し、哲学的な隠遁生活を送るための施設を設けて男女の信徒を受け入れ、聖域に宿坊を設けて旅人や貧者の宿泊施設とした。[*165]

「ガリラヤ人の慈善事業」と宗教施設に併設された旅人と貧者のための宿泊施設に共感し、それを「ヘレネスの信仰」にも導入すること。聖職者と平信徒の役割分担の設定。「人々の敬神の模範」としての神官に課せられた戒律と「時課」としての朝夕の供犠の習慣の導入。戒律への共感。これらはユリアヌスの理想国家における信仰実践の要件として、いずれも「神官宛書簡断片」にも鮮明に看取されるが、ソーゾメノスの記述のように具現化された確証はない。

ソーゾメノスはまた、『教職に関する勅令』とその補則にみられる「若者の魂を教え導く者」としての教師の役割を「霊的指導者としての教師」の役割として理解している。ソーゾメノスのいう「僧院」は、「神官宛書簡断片」で提案された神官の参籠期間における「観想と祈りと供犠」の習慣をキリスト教の修道制に惹きつけて解釈した描写と考えられる。ユリアヌスは男女問わず信徒に修行の道を開いていたとソーゾメノスは指摘する。[*166]ソーゾメノスはユリアヌスの書簡にふれうる環境にあって、過去を回顧する視座から四世紀の段階では必ずしも明確ではない「私たちとは異なる神を信じる者たち」の集団の実在を想定してユリアヌスの宗教政策を描き出そうとしているように思われる。彼の見解は、ユリアヌスの宗教復興がまぎれもなく教理を欠いた共同体的多神教の復興に留まらない性質を備えた試みとして五世紀中葉にはキリスト教徒側にも認識されていた可能性を示唆する。

キリスト教徒も「ヘレネス」も暴動に直面する群衆も、そしてユリアヌスとその宮廷じたいも有形無形の暴力性からはまぬがれることができない。しかし、キリスト教史料によるユリアヌスの宗教政策を介して引き起こされた混沌の描写は、どの程度真実であるのか。著者たちが虚実を交えて描くことも辞さない姿勢をあえてとったのであれば、彼らにとってのユリアヌスの治世の真実とはいったい何であったのか。制裁を受けた人々の勇敢な行動の描写と、キリスト教徒側から見た「わたしたちではない存在」側の残虐な応対の描写に接すると、このような疑問がおのずと喚起される。

信仰の求める歴史と、近代的実証性の求める歴史像は相異なるものである。教会史家とキリスト教著作家たちの歴史観のなかで、ユリアヌスの治世はみずからの信仰に立つひとびとの栄光を記念する悲惨の時代を描くとともに、すでに棄却されるべき蒼古たる過去の信仰たるべき「父祖伝来の信仰」の旧弊性を強調するためにふさわしい題材だったのであろうか。あるいはエウセビオス『教会史』を継承するキリスト教的な信仰を正当化し、また鼓舞するための歴史叙述を求める態度がユリアヌスの「公敵化」を生んだのであろうか。教会史家・キリスト教系著作家によるユリアヌス像を全面的に史実であるとして受け止めることは困難である。この問題を改めて考察するためには、キリスト教史料におけるユリアヌス像の形成過程を、宗教的帰属を超えた当時の歴史叙述の作法と背景的事情の文脈において分析する作業が必要になることはいうまでもない。

第4章　ユリアヌスの信仰世界 I

——現状の認識　悪しきミュートスを語る者たち

ユリアヌス自身が「父祖伝来の慣習」と呼んだ現象は、彼の在位中には明確な輪郭をもって具現化されることがなかった。聖域再建と供犠の勧奨や精選された典籍の聖典化の勧奨の結果、むしろ混乱が到来した、キリスト教界における教派間対立は収拾されることがなかった。

ユリアヌスは帝国における「よき哲学」「よき信仰」の不在の現状に対する不満を著作に託した。彼は『ひげぎらい』では祝祭日の饗宴や舞台興行を楽しむアンティオキア市民を「堕落したヘレネス」として指弾した。『ガリラヤ人駁論』では、国家反逆罪で処刑されたはずのイエスと救世主としてのキリストの聖性を架橋する議論の不徹底と旧約聖書の神の暴力性とをキリスト教徒の排他性と暴力性の根拠と見なした。さらに彼は、シノペーのディオゲネスの後裔を名乗って社会からの逸脱者を気取る「犬儒者」を「偽りの哲学者」とみなし、『無学なる犬儒者を駁す』では始祖たるべきディオゲネスからの逸脱を、『犬儒者ヘラクレイオス駁論』ではその神話観を批判した。ユリアヌスはこれらの状況を「神なき状態」(ἀθεότης)と見なした。彼はキリスト教と犬儒派を「愛智＝哲学」の一派とみなし、それぞれ回帰するべき原点を想定した。イアンブリコス派新プラトン主義を媒介に神働術者と同一視された父祖アブラハムと、ディオン・クリュソストモスの王政論に登場するストア主義的ディオゲネスである。

本章では、ユリアヌスの見た紀元後四世紀中葉の「堕落した信仰」「悪しき哲学」の様相を分析する。彼の「堕落した信仰」「悪しき哲学」への批判の根底には、神話と教説の解釈が信仰に生きる人の言動と行動を規定するという観念が行動を規定する神話と教説の解釈への懐疑があった。

1　「堕落したヘレネス」の祝祭観

『ひげぎらい』には「ギリシア人の堕落」に寄せるユリアヌスの失望と「ガリアで質実な尚武の気風を学んだローマ皇帝」としての自覚がないまぜに吐露される。ここに描かれるアンティオキア市民の像は「神なき状態」（ἀθεότης）に陥った「堕落したヘレネス」[*1]としての像である。

ユリアヌスの描く「堕落したヘレネス」の都市としてのアンティオキアは、「街路に踊る老若男女と富と快楽があふれる」都市である。[*2]市民は日常的に供犠を行うことよりも、教会が提供する慈善・奉仕活動に出資を厭わず支援を行うことにより魅力を感じていた。彼らは饗宴を伴う年中儀礼を好み、とりわけ五月のマイウーマ祭での家族・親族・友人知人との饗宴や、個人の人生儀礼への出資を惜しまず、その饗宴のさいの食事と舞踊を楽しんだ。[*3]

アンティオキア市民はまた、老若男女問わず奢侈を好み、美容に過度に配慮し、性愛を楽しむ「柔弱な好色者」として描かれる。[*4]彼らが愛する祝祭日は饗宴を伴う祝祭日（ἑορτή）であって、節度をもってふるまわなければならない聖なる祭日（πανήγυρις）ではない。彼らは見せ物興行とミーモス劇と喜劇の舞台に出演する舞踊手（ὀρχηστής）の踊りを好む享楽の民として描かれる。[*5]

ユリアヌスは市民の態度を、プラトン『国家』第八巻にいう「自由を求めすぎて放縦になる人々」が追い求める猥雑な快楽への耽溺として断じた。[*6]このような「柔弱で好色で頽廃的なギリシア人」は、帝政初期のラテン語作家たちがローマ人の美徳としての質実と尚武に対照して描く悪徳のギリシア人の像でもあった。そして彼は、市民の信仰上の「堕落」を、アポロンの年祭に向けた犠牲獣と灯明用のオリーヴ油と献酒用の葡萄酒の奉納要請の拒否に、[*7] また聖域を訪問する自身と宮廷成員に対する歓呼に見いだした。

群衆が聖域に押し寄せて、大勢の公職者たちも姿を見せると、聖域の中であるのに劇場の中と同じように陛下に賑やかに拍手をし、そして歓声をあげます。それなのに陛下はなぜ愛情を示してお褒めくださらないのでしょう。それどころか陛下はこの種の話題にはついてピューティアーの神よりも賢明な判断が下せるかのように群衆に向かって演説なさいます、そして歓呼の叫びをあげる者には厳しい言葉でお叱りになります。「神々を礼拝するために諸君はめったに聖域へ詣でることなどしないのに、それどころか私を讃えようと神殿にこのように大勢で詰めかけて無秩序を生み出しているありさまだ。賢慮ある男たちにふさわしい行動とは、秩序を守って祈ることだ。そして沈黙のうちに神々に善きことを願うことだ[*8]」。

ユリアヌスは市民たちと都市参事会員に対して、歓呼のかわりに沈黙と「節度をもった礼拝」を要求した。彼は忠誠表明儀礼としての歓呼を、人間が人間を神のように讃える営為として、また聖域の本来の機能を忘れて行う阿諛追従として批判した。[*9] 市民は皇帝を前に歓呼によって忠誠を表明し、場合に応じて政治的なメッセージを伝えようと試みた。聖域を忠誠表明の場として用いるべきではないという非難は、市民にとっては皇帝から受けた不本意な誤解として映ったであろう。彼は、その消息をも把握した上で、聖域の本来の使用目的を市民に説く自身の宗教政策をアンティオキア市民が「神々に人間を隷属させる試み」として指弾していたことを看破する。[*10] 市民から寄せられる自らへの評価を冷徹に見据える視点がここには看取されよう。

ユリアヌスはさらに、市民の不興の根拠を自らの「哲人王」としての生の探求にも求め、いかにも哲人王らしくふるまおうとする自らの姿を戯画化して描く。

『ひげぎらい』では「いかにも哲人王」らしい人物としてのユリアヌスの自画像が提示される。そこに現われるのは、羊毛地の長衣である「哲人の衣」をまとい、長髪とあごひげを蓄えて見るからに「哲人王」らしい装いに身を包み、厳格な禁欲的な生活を選び、豪華な饗宴の際にも食欲を節制して藁敷きの寝台で眠る人物の姿である。この「いかにも哲人王」は、愛智と秘儀の学びや著作活動を好み、宗教色のない祝祭的な空間である劇場にもヒッポドローミアーにも関心を示さない修徳修行者のような人物である。「いかにも哲人王」は、天覧試合への臨席を求められてもコンスタンティウスやオリエンス道長官ユリアヌスや異母兄ガッルスのように一日中観戦することはなく、神々の祝日に行われる試合の六試合のみを観戦する。*11

アンティオキア市民の目に映る「いかにも哲人王」ユリアヌスは、節制に耐え奢侈を好まぬ「粗野な人柄 ἄγροικος ἦθος」の持ち主であり、統治の方法を教育されていない。彼はプラトンとソクラテスとアリストテレスとテオフラストスに子供の頃から傾倒し、彼らを模倣すればよりよく生きられると思いこんでいる。しかも彼の好む哲学者たちとは喜劇でしばしば揶揄の対象とされてきた存在である。*12

この描写にはユリアヌスの典籍を通じた自己形成の自負と、理想国家論を唱える哲学者を笑う者たちに与するひとびとから寄せられる無理解に対する不本意な思いがにじむ。

帝王学を伝授されたことのない者がよき君主になるには、過去の哲学者たちが提起した理想国家論の系譜に学ぶほかはない。プラトン主義にせよ、アリストテレス主義にせよ、ストア主義にせよ、理想国家論で語られる君主像は多少なりとも意識的に修徳修行を行って霊魂の陶冶を行うことによって市民に奉仕する存在である。しかし、どこにも存在しない理想国家を論じる哲学者たちは同時に喜劇的揶揄の対象でもある。理想国家論と修徳修行者としての君主像を本気で信じている「いかにも哲人王」の君主は市民たちから見れば滑稽な存在に映る。このことをユリアヌスは明確に認識して戯画としての自画像を描き出す。

ユリアヌスはさらに、理想国家の君主たらんとして選んだ禁欲的な生を、副帝時代に尚武の気風をもつガリア人のなかで鍛えられたと述べて肯定する。文明化された社会の中で奢侈に溺れる柔弱なギリシア人と対置して、高貴な野蛮人としての辺境の民族を称讃する態度は、カエサル『ガリア戦記』・タキトゥス『ゲルマーニア』などに見られる辺境観とも通ずる。[*13] 本来は高貴な文明を享受して市民としての徳を培うことができるはずのローマ人やギリシア人が都市文明によって提供される快楽に溺れているというのに、文明を知らないバルバロイですら尚武と質実の気風を培っているではないか。このような辺境の民に対する称揚は、ユリアヌスから見たアンティオキア市民の「堕落したヘレネス」としての資質を対比のもとに強調するが、ギリシア文化とパイデイアの恩恵に浴さないものを「バルバロイ」として軽蔑するユリアヌスのギリシア贔屓とは矛盾する。

ユリアヌス自身は「哲人祭司王」としての模範たらんとして選択した行動が市民の期待する皇帝像と祝祭感覚との間に齟齬を生んでいたことを自覚していた。なぜ祝祭の饗宴を楽しむことが、「ギリシア人の宗教」に反することになるのか。コンスタンティウスもキリストも都市アンティオキアの文化を破壊することはなかったのに、ユリアヌスの修徳趣味が都市を破壊する――このようなアンティオキア市民の批判に応えて、ユリアヌスは自嘲をこめて『ひげぎらい』を執筆し、アンティオキアの「象の四面門」に掲示したのであった。[*14]

2　通俗哲学者としての「犬儒者」への疑念

『ヘラクレイオス駁論』での回想によれば、三六二年五月以前にユリアヌスはコンスタンティノポリスの宮殿で「通俗哲学者」と面会した。「犬儒者」アスクレピアデース、セレニアノス、クリュトン、「黄色い髪の背の高い少年」とヘラクレイオスが彼の宮廷を訪問したのである。ユリアヌスは当初「犬儒者」らとの面会を躊躇したが、結局面会に踏み切ったところ、「犬儒者」の一行は自著を献呈して理解と支持を乞うた。ユリアヌスは彼らの「愛智」に関する半可通ぶりと追従と恫喝混じりの態度に辟易したという。[15]

この面会の体験から、ユリアヌスは「犬儒者」を、キリスト教諸教派の一致の勧告のためにコンスタンティノポリスに諸教派の代表者を召喚したさいに遭遇した修徳修行者系分派「アポタクティータイ *ἀποτακτῖται*」[16]に似る「悪しき愛智」の徒と見なすようになる。

「犬儒者」という呼称を、哲学の学派としてのキュニコス学派の支持者ではなく「通俗哲学者」の含意をこめて用いる事例は、ルキアノス『哲学者の売り掛け』とアエリウス・アリステイデス『弁論第四九番』にみられる。ルキアノスとアエリウス・アリステイデスは「犬儒者」を、世俗内での快楽を追求しつつ市民としての生活を放棄した世捨て人に我が身をなぞらえることに快楽を覚える人物として描き出すと同時に、「犬儒者」のそのような性質を、修徳を志しながら現世的な快楽を享受するキリスト教徒にも見いだしている。[17] このような修徳修行者像をユリアヌスは『神官宛書簡断片』でも都市に背を向けて自集団の成員の救済を求める者として描いた（*Ep.* 89b, 288b）。ユリアヌスが「犬儒者」を都市に背を向けるキリスト教系修徳修行者の団体と同類とみなす機微もこの系譜の上にある。

ユリアヌスの通俗哲学者批判には、ミュートス解釈の是非を問うた『ヘラクレイオス駁論』と、「帰るべき原点」としてのシノペーのディオゲネスの生と通俗哲学者たちの生態を対比する『無学なる犬儒者を駁す』[18]がある。この二つの著作では、通俗哲学者は「哲人を僭称する者」として扱われる。「いかにも哲学者」のまた他の類型である。彼らは「現世的快楽を追求しても最小の努力で魂の救済という最大の効果が得られる」という教説を吹聴することによって追従者と称賛とを獲得し、故郷を捨てて世界中を遍歴し、自説を曲げずに権力者の保護を得ようとする。[19] ユリアヌスは通俗哲学者を半獣神シレノスに例え、共感の対象とはしない。[20]

『無学なる犬儒者を駁す』において、ユリアヌスは、「犬儒者」が模範と仰ぐシノペーのディオゲネスの本来の姿をストア主義的な哲人として描く。ユリアヌスはシノペーのディオゲネスを「特定の都市の人間的な限界のある法に縛られずに自由な精神を保とうとした世界市民」とみなす。ディオン・クリュソストモスはディオゲネスのトリックスター的な資質を強調したが、ユリアヌスはトリックスターとしては描かず、より端正な世界市民としての哲人としてディオゲネス像を描き出す。

ユリアヌスはありうべきディオゲネスの原像と通俗哲学者としての「犬儒者」を次のように対比する。シノペーのディオゲネスは世界市民たろうとして、硬直化した市民のモラルを疑ったが、通俗哲学者はディオゲネスの真意からかぎりなく逸脱して、ディオゲネスの世捨て人としての生活を表面的に模倣することで、市民の常識から自由なアウトサイダーを気取って「哲人」を僭称するようになる。通俗哲学者たちは、あらゆる事物に対する真摯な思索を避けて快楽と欲望をむさぼりながら、「徳の完成への近道を歩む者」を僭称する。[*21]

このように安易な救済を求め、反知性的な態度と快楽を肯定する通俗哲学者の態度は、ユリアヌスにとっては「哲人の僭称者」の典型的な態度として映った。この点でユリアヌスの通俗哲学者批判は、ストア主義者の視点からみた通俗哲学者批判の系譜の影響圏にある。世界市民という理想化された市民像から逸脱する「哲人」の僭称者への批判である。[*22]

通俗哲学者の生活

外見を「哲人」風に整えながら世界市民的な生からかぎりなく逃走する通俗哲学者の生態を、ユリアヌスは戯画として描き出す。

『ヘラクレイオス駁論』では、通俗哲学者の整容と生活と修養が呵責なく描写される。通俗哲学者もまた、哲人風の服装を選んで身につける。彼らは杖を持ち、「哲人の衣」であるトリボーンを着て長髪をたくわえる。ディオゲネスが生肉を食べた、という逸話を根拠に生肉を食べ、禁欲行者のように振る舞う。彼らは外見だけが「哲人」なのである。

いくら外見を整えても、通俗哲学者の怠惰は拭いがたい。彼らは本来の愛智に備わる学問と徳の完成に至るための厳しい鍛錬を拒否し、説得的な議論を行って議論に勝つための学びを怠る。彼らが欲して止まないのは称賛である。無知で傲岸不遜な言動をほしいままにして自らを省みることがないのに、自らの道こそが美徳への近道であると彼らは強弁してやまない。[*23]

彼らはまた異論のための異論を好み、なにごとに対しても真剣な関心を向けずにあらゆる人々と物事を批判してやまず、称讃を行うときには思慮を欠く生き方を貫く。それゆえに、彼らの著作は真摯な探究と読書の対象に値しないものとなる。[*24] 安易な達成と世への揶揄を楽しむ生き方を称賛する通俗哲学者の議論が、俗世にあって成功や名誉を求める人間の弱さと不安につけこむものであることをユリアヌスは指摘し、[*25] 不幸な禁欲行者であるかのように見せかけながら、世俗的な快楽に浸る姿を誇示する通俗哲学者たちの生き方を「悪しき神霊に憑かれているようだ」と談ずる。[*26]

『無学なる犬儒者への反論』では、欲望にふける通俗哲学者たちが戯画化される。彼らは公衆浴場で同性間の性行為に耽り、売春宿で情欲を満たし、酒場で泥酔し、都市共同体住民の倫理を嘲笑し、情欲と快楽の実践を肯定する享楽家として描かれる。性と食と他者の嘲笑に向けられた欲望と快楽を全肯定する彼らの生態をユリアヌスは「聖域で神事（ἱερά）と秘儀（τελεταί）がなされる都市の神聖な空気を穢すもの」と断じる。[*27]

ユリアヌスは通俗哲学者の食生活もまた、始祖ディオゲネスから逸脱した奢侈に満ちた営為として描く。彼はここでディオゲネスの調理観を次のように紹介する。ディオゲネスがアパテイアの獲得のために食の快楽を避けたのは、「調理に時間がかからず、食べても身体に害や不調を及ぼさず、具体的な益をもたらすなら肉を食べてよいが、そうでなければ調理によって素材の本性に暴力を加えるので避けるべきだ」という理由があった。[*28] 通俗哲学者は生肉を食べるディオゲネスの野蛮を恥じながら、生の牡蠣・海胆・蛸・烏賊・貝を食べ、調味料を用いる。彼らはディオゲネスの調理観に反して自然状態にある食材に暴力を加えており、アパテイアのために食の快楽を避けたディオゲネスの生き方からも逸脱していることになる。[*29]

ユリアヌスは、動植物にも霊魂が備わるとするプラトン主義の観点からも通俗哲学者の食生活を批判する。すべての生物には霊魂が備わっているのだから、調理しようとしまいと肉は肉としての本性を失わない。したがって調理の有無が食べ物の清浄を決定するわけではないという論理である。プラトン主義の観点から判断するならば、調理法と食物の浄不浄に関するディオゲネスの見解もまた恣意的な判断の一種にすぎない。しかし、ディオゲネスは生肉を食べるという方法で魂の情念からの解放を助ける食事を探究した。したがって、快楽と欲望の充足を求めて感覚の快不快を基準に食物を選ぶ通俗哲学者たちの態度はディオゲネスの求道的な態度とは矛盾する。[*30]

ユリアヌスが哲人の生に求道性と真摯さを、そして節制による魂の陶冶をありうべき態度として求めたことがこの見解からも看取される。欲望と快楽の全肯定、そして反知性への傾倒は「哲人」にあるまじき態度として否定される。

通俗哲学者の先哲とミュートスに対する態度

『無学なる犬儒者を駁す』には、「正統的」な形而上学としてのプラトン主義、アリストテレス主義、ストア主義、そしてピュタゴラス派の真摯な営為を嘲弄する通俗哲学者への批判がみられる。[*31]

「通俗哲学者は「愛智」の模範たるべき先哲が提示した神（々）に関する教説にも、先哲たちが尊敬の対象とした神々にも敬意を払わず、先哲が示した神々に対する敬意を模倣することすらしない」。[*32] ここでもユリアヌスは、「愛智」と神（々）に対する敬意と生活のなかでの倫理と道徳の実践を一体の現象として捉える。

『無学なる犬儒者を駁す』においても『犬儒者ヘラクレイオス駁論』においても、ユリアヌスは通俗哲学者の冷笑のうちに、何ら偉大なことを達成するに至らない怯懦の現れを指摘する。ユリアヌスのみる犬儒者たちは弾圧に抗して勝利をかちとった経験をもたない。死の恐怖におびえる人を「死は悪ではない」と励ますこともしない。神々と人間を信頼して心身ともに美しい人（καλοκἀγαθός）となることの大切さを教えるわけでもない。このような「哲人」ではない人々をよき生に導こうとしない冷笑的な生き方を彼は「ディオゲネスの自由な発言（παρρησία）」に対する誤解の現れとみなした。[*33]

ユリアヌスは『無学なる犬儒者を駁す』において、犬儒者の冷笑の生に「神託による哲学」のモットーであるデルポイのアポロンの神託「汝自身を知れ」を対置し、プラトン主義的な「神を模倣し、神に似ることによって自らを知る生」の道を唯一の真理に近づく道として提示した。ここでは通俗哲学者は「神託による哲学」と「汝自身を知れ」に向かう道を知らぬまま[34]「哲学者らしさ」を僭称し、世の真実を知る世捨て人のようにふるまう存在として描き出される。[35]ユリアヌスはこのような通俗哲学者を、自らを知ろうとすることなく蒙昧の闇に生き続ける「無知なる者」と断じた。[36]

このように先哲の事績を軽視する通俗哲学者のミュートスの語り方に、ユリアヌスは大きな欠点を見いだす。神々に対する侮辱である。『ヘラクレイオス駁論』における指摘は辛辣である。[37]

ユリアヌスにとって、「犬儒者」のミュートスの再話は神を侮辱する挿話を多く含むものであった。それらは神話語彙の起源を卑俗な日常に惹きつけて考える傾向にあり、人間を神々に対する正しい認識に導く意図を欠いたものとして、以下の特徴とともに言及される。[38]社会の中に定着したミュートスには倫理的勧告を含む寓話が盛り込まれる場合があるが[39]、ユリアノスにとっての現在の「犬儒者」のミュートスの再話は倫理的勧告を欠く。「犬儒者」たちは神々への敬意（εὐλάβεια）と人間の賢慮を否定するためにミュートスについて語り、神々への敬意と人間の賢慮を護ることが人間にとっての名誉ある生き方であり正義であると説くすべての法や、神々が人間の魂に刻み込んだよき生の方法を嘲弄し、人々にそれらを放棄させようと試みる。「犬儒者」たちは神々など存在しない、だから神々に対して敬意を抱く必要もなく、人間は愚かであってよいのだ、という教説を民衆に信じさせようとする。[40]通俗哲学者の冷笑と反知性的な態度に対してユリアヌスは断固とした挑戦的態度をもって臨む。

ミュートスに倫理的勧告を盛り込むことのない通俗哲学者たちを、ユリアヌスは奴隷身分にある医師に例える。つまり、奴隷の医師が主人をおだてて治療するように、通俗哲学者たちも彼らの主人である大衆をおだてて自らの信じる道に導こうとしているという論理がここにはある。奴隷であるが故に言論の自由をもたず、たとえ話に託して勧告を行ったサモスのアイソーポス[41]のように寓意に包んで倫理的勧告を語ることさえしない通俗哲学者たちは、人間をよき生へ導くという「愛智者」の役割を放棄する存在として位置付けられる。[42]ユリアヌスはこのような論理に立って通俗哲学者たちのミュートスがたりを、よき生の規範を与える効用を持たぬ信頼に値しない論理であると断じた。

3　キリスト教への幻滅

「悪しき神霊《ダイモーン》」によって導かれているがゆえに、信頼性の低い教説を選んでそれを生活に生かす「悪しき愛智」を生きる者、としてユリアヌスがみなした「愛智者」の集団。それは通俗哲学者のみにとどまらなかった。ユリアヌスはキリスト教徒をもそのような「悪しき愛智者」の集団として理解し、両者の生活倫理の裏付けとなる教説と世界観の背後に根本的な欠陥や矛盾をの介在を想定した。『ガリラヤ人駁論』ではユリアヌスのキリスト教への幻滅の根拠が明快に語られる。

堕落としてのキリスト教への改宗

ユリアヌスにとって、「ヘレネス」を堕落させるものは奢侈と快楽のみではなかった。オリュンポス的な「父祖伝来の神々」を奉ずるギリシア語話者のキリスト教への改宗もまた、堕落を意味する営為であった。

ユリアヌスは、ギリシア語話者のキリスト教徒の「不敬（ἀσέβεια）」の特徴を、生活の便宜と快楽のためにあえて戒律を看過することも厭わない折衷的な態度と、神を求めながらも快楽のために安逸に流れる「卑俗さ」に見いだす。彼はこの瑕疵の現れを、「父祖伝来の神々」に対する信仰と供犠の放棄という儀礼への無関心として、そしてキリストに倣うことで新たに選んだはずのモーセ律法に従う信仰生活の放棄に見る。[43]つまり彼は、キリスト教を世俗の生活に適応した「民族宗教」としてのユダヤ教の一派として理解しようと試みている。イエスと弟子たちがガリラヤで伝道を始めたことを根拠にキリスト教徒を「ガリラヤ人」と呼ぶユリアヌス独自の蔑称もこの見解に立脚するものである。この瑕疵は、ギリシア語話者のキリスト教徒が従来の都市共同体的な生活と聖書の生活規定が合致しないときに、「聖書的な生き方」を放棄する場面に特に顕著に表れる。

さらに『ガリラヤ人駁論』においてユリアヌスは、ギリシア語話者のキリスト教徒を、金銭と奢侈と快楽を求める「卑俗さ」[*44]をどの「民族」にも増して誇り、商店主・徴税人・オルケステス・蓄妾者の模倣をする強欲な人々として描き、その頽落をパウロの時代に遡る現象と見なした。[*45]

旧約聖書に精緻な規定のみられる食物禁忌に関するキリスト教徒の態度も、ユリアヌスにとっては彼らの享楽的な折衷性の証しとなる。「神の造ったもので浄くないものはない」というイエスとパウロの主張を根拠に、彼らはユダヤ人の奉ずるモーセ律法の食物禁忌を放棄し、食の快楽を貪る。モーセ律法の食物禁忌規定が、豚肉と血の抜かれていない獣の肉・反芻せず蹄の割れていない獣の肉・家禽以外の鳥類・バッタとイナゴ類以外の昆虫類・うろこのない水棲生物、そして発酵させたパンを食用に供することを禁じていることを、ユリアヌスは知っていた。しかし、彼の知るギリシア語話者のキリスト教徒はモーセ律法に照らせば「浄くない」食物を平気で喜んで食べるひとびとであった。[*46]

キリスト教徒が供犠を拒否する理由が、ペテロとパウロの主張する「一回かぎりの供犠」としてのイエスの十字架上の死であり、[*47]アブラハムが神から命じられて男児への通過儀礼としての割礼を放棄する理由が「肉の割礼ではなく霊の割礼が必要である」とするパウロとペテロの主張に由来することも、[*48][*49]ユリアヌスは知っていた。彼はまた、食物禁忌規定と供犠と割礼の拒否に「私は律法を破壊するために来たのではない」[*50]というイエスの主張との矛盾を見出した。[*51]『ガリラヤ人駁論』において、食物禁忌規定と割礼の拒否は、都市における実生活の便宜を優先して「神から与えられた法」に背く折衷的な態度として解釈される。供犠は第二神殿崩壊以前のユダヤ人の神殿祭祀とギリシア・ローマの伝統的多神教に共通にみられる慣習であったから、供儀の拒否もまた「神から与えられた法」に背く態度と見なされることになる。このような慣習的な儀礼への態度を、ユリアヌスは清浄（ἁγνός/καθαρός）な信仰の実践からの乖離として理解した。

ギリシア語話者のキリスト教徒は律法に従う生を求めながらも、現実には世俗に適応した生を送っている。だからこそ彼らは罪の穢れからの解放を求めて洗礼を受けるのだが、ユリアヌスは「罪の穢れの浄祓」としての洗礼の効力を認めない。「レビ記」において「穢れ」に定められた皮膚病[*52]や、魂の穢れまでが一回の洗礼で浄められることはありえない、とする見解が彼の議論の根拠にある。[*53] 彼は洗礼を信徒集団への参入儀礼ではなく、即効性のある魔術的効果をもつ浄祓と捉えた上で、洗礼を受けることによって安易に「清浄」を獲得しようとするキリスト教徒を批判した。

不浄としての殉教者崇敬・暴力行為・修道制

ユリアヌスにとって、キリスト教徒の生活の「不浄性」（μίασμα）の印象を決定づけたのは、当時のキリスト教徒のあいだに広がる新しい習慣としての修道生活と殉教者崇敬であった。教義論争に伴う暴力事件やキリスト教徒による伝統的多神教の祭場の破壊も「不浄性」の根拠となった。

「神官宛書簡断片」では、ユリアヌスは砂漠の独居型の修道士を念頭において「都市的な生活を放棄して修行に集中する」修道生活を「人間の本性に逆らう者が神の恩恵を独占する行為」と見なす。[*54] ユリアヌスは「大神祇官テオドロス宛書簡」でも、公認以前のキリスト教徒が弾圧に際して選んだ殉難の死、を旧約の預言者たちとイエスおよび使徒たちの殉死の模倣として捉える。[*55]『ガリラヤ人駁論』では、イエスをはじめとする殉教者が帝国の秩序を破壊しようと試みて法に背いた結果、謀反の罪で処刑された犯罪者でもあったことを指摘する。[*56] 彼らは生よりも死と永遠の生命を選んだ人々である。善意にあふれる神々への崇敬を放棄したために、至高神ですらない下級の悪しき神霊《ダイモーン》としての旧約の神に唆されて魂を奪われ、霊魂と肉体の亡びへと誘惑された結果としてキリスト教徒はこのような信仰を選んだのだとユリアヌスは見なす。[57]

『ガリラヤ人駁論』では、明確にキリスト教徒の暴力性が指弾されている。「ガリラヤびと」らが謀反人らを模範として仰ぎ、「ヘブライびと」とその神の特質としての「激しやすさと残酷さ」を模倣した。そのことが彼らの暴力性の根拠にある、とユリアヌスは考える。共同体的多神教者の神殿と祭壇を転覆し、「祖達の教えに忠実な人々」のみならず意見を異にする分派のひとびとをキリスト教徒が大量に殺したことを彼ら自身の暴力性のあらわれとしてユリアヌスは捉える。彼は訴える。この流血は、「ガリラヤびと」らの考えるイエスの十字架上の死という犠牲の一回性に依拠して禁じられた共同体的多神教祭祀の供犠よりもさらに悪いものではないだろうか。[58]

ユリアヌスは、教派間対立や宗教的帰属を異にするひとびとへの暴力を、本来はキリスト教が肯定していないということを知っていた。彼は原始キリスト教の段階に遡って次のような説明を加える。まず、イエスやパウロは自身の教説の世界宗教化を予測してはいなかった。彼らは奴隷や下層民、男性と同様の政治的経済的権利をもたなかった女性たち、そして決して英雄にはなりえない歴史上の無名の人物を対象に宣教する一方で、有力者の宣教への野心は薄かった。彼らは、「使徒言行録」に登場する百人隊長コルネリウス[59]やプロコンスル級総督セルギウス[60]のような人物を改宗させれば満足だったのである。つまり無名のひとびとや異邦人に宣教することがイエスとパウロの宣教活動の主眼であったから、本来キリスト教は教派間闘争や他宗教の信徒・指導者・祭場を対象とした暴力を聖戦としては肯定していない。[61]このような観点から、ユリアヌスは教派間対立と宗教間対立における暴力の行使に懸念を示した。

殉教者崇敬は、「神から与えられた秩序」としての帝国の平和を破壊しようとかつて試みた人々を信仰するという行為が反社会的行為に映るという理由で否定される。ここでユリアヌスは、生者と死者の領域を市壁の内外で明確に分かつヘレニズム・ローマ的な都市空間理解に照らして、墓地にも市壁の内部にも廟を設けて殉教者の遺骸を積み上げて崇敬するキリスト教徒たち[62]を「世界中を墓と棺で満たす[63]」いかがわしい屍体崇敬の徒として位置づけた。

ユリアヌスは紀元後四世紀の教義論争の核心がイエスの聖性の保証をめぐる問題であったことを認識した上で、キリスト教の典礼暦の核心にある祝祭としての復活祭となる議論がイエスの死と復活を記念する死者儀礼として理解し、殉教者崇敬も各教会共同体に実在した英雄的信徒・指導者を記念する死者儀礼の一環として捉えていた。ここで彼は、殉教者崇敬の主な拠点となる墓地を、遺骸を用いた魔術の行われる温床と見なす。このような祭場理解も城壁の外に墓域を設定するヘレニズム・ローマ的な都市空間理解に基づくものである。「イザヤ書」六五章における、供犠を行って豚を食べる「反逆の民」が「墓の周りに住んで夢のお告げを得るために洞窟に眠る者がいる」[*64]という描写を、彼は「魔術」（*μαγγανεία*）を行って夢のお告げを得る者たちへの言及として理解する。その上で彼は、イエスの復活を弟子たちが埋葬されたイエスの遺骸に対して行った屍体蘇生のための魔術的儀礼（*μαγγανεία*）の結果生じた事件として解釈する。[*65] ユリアヌスは、イエスの弟子たちによる屍体蘇生技術に信をおくキリスト教徒を魔術師の群れとして想定した。

その上で彼は、聖書においては魔術につながる屍体崇拝は律法に照らして遵守すべき習慣に数えられておらず、イエス自身も律法学者とファリサイ派を「あなたがたは白い墓のようだ、墓の外は美しくても中は死者の骨と不浄で満たされている」[*66] 偽善者と評して墓地と遺骸を明らかに不浄と見なす観点をもっていた、と指摘する。ここで彼は、「教祖」であるイエス自身が不浄として定義した墓域をそして、遺骸を崇敬の対象とする殉教者崇敬の場を、死の穢れを含まない神聖な存在と出会う可能性をもたらすことのない空間として理解した。[*67]

他方でキリスト教が多くの人々の支持を受けた理由が教会の提供する救貧活動にあったことをユリアヌスは知っている。そして彼には在来の共同体的多神教祭祀には社会福祉の基盤を提供する機会や宇宙論の学習にもとづく修養の体系が欠けているという実感があった。神性を十二分に説明しえない発展の途上にあった教説の不備や、教会の先人の遺骸に聖性を見出すという部外者にはにわかに理解しがたい慣習の不審さを補ってあまりある福祉への関心という要素をキリスト教は備えていた。「神官宛書簡断片」では、従来の共同体的多神教祭儀の神官たちが救貧活動に無関心であったがゆえに、教会が救貧活動（とりわけ「愛餐」「食卓奉仕」「施し」）によって信徒を獲得するに至る経過が言及される。救貧活動は貧者たちに布教を行うとともに、施しを行う側の富者たちをも惹きつける絶好の機会であったが、ユリアヌスの目には、神聖性の保証の不明確な対象への信仰に信徒を招く活動に映った。救貧活動によって信者を獲得する教会を彼は「菓子で子供を釣って奴隷船に売り飛ばして苦しみ多い人生に縛り付ける悪人」に例えた。[*68]

「愛智」としてのキリスト教の普遍性の保証に対する疑義

ユリアヌスは、ユダヤ人の民族宗教の神を普遍宗教の神として読み替えようとするキリスト教の「普遍性」の論理を疑う。

『ガリラヤ人駁論』の批判は辛辣である。ユリアヌスはます、イエスの本来の宗教的帰属に遡って次のような考察を加えている。

モーセとイエスの神は本来、ユダヤ人のみを「選ばれた民」として配慮する神[*69]であったはずである。[*70] しかし「ローマの信徒への手紙」でユダヤ人出身の信者と「異邦人」出身の信者がともに食卓を囲む場合などのように、パウロは講話の聴衆層に応じてこの「イスラエルの神・ユダヤの神」を「ヘレネスをも救う」普遍的な神と見なそうと務めることがある。[*71] イエスは本来ユダヤ人だったのだから、イスラエルの神が人間の救済に遣わした神は旧約の預言者たちがいうように「イスラエルの民」だけを救う神であって、神像を礼拝しているヘレネスにも預言者や、塗油や、道を説く教師や、神の愛を説く先触れとしての洗礼者ヨハネという恩恵を与えない神であったはずだ。[*72] モーセ律法は変更してはならないはずの神から与えられた律法であり、違反者には呪いがもたらされる律法[*73]であるはずなのに、パウロは「キリストは最後の法である」[*74]と述べて、神から与えられた本来の律法に変更を加えることも辞さない。キリスト教の初期の指導者が示した折衷的な態度をユリアヌスはポピュリズムの現れとして理解した。[*75]

ユリアヌスはここでも、キリスト教の本来のユダヤ性を強調しようと試みる。彼は旧約の「契約」と預言者の神の概念を「イスラエルの民」に限定される信念とみなし、「異邦人」出身のキリスト教徒には本来は分かちあいがたいものとして解釈する。彼は各民族に文明をもたらす神々の恩恵を肯定的に捉えようとするあまり、「ヘレネス」出身のキリスト教徒の改宗の動機を、そして「神の前には穢れたものはない」と力説して宗教的出自を超えて愛餐という恩恵を信徒とともに受けようとするパウロの動機をあえて看過する。

彼はまたギリシア語話者のキリスト教徒を、本来それぞれの地域にそれぞれに相応しいありかたで与えられる神々の恩恵を地域性を度外視した特定の党派で独占しようとする者として捉えた。所与の民族宗教の神々の与える恩恵を無視する態度をユリアヌスは「病」(νόσος)と表現し[*76]、多様な地方宗教の多神教の神々の存在を否定するキリスト教徒には「神なき者たち」(ἄθεοι)という呼称を与える[*77]。このような「病」「神なき者たち」という表現は、キリスト教側の著作家が異教哲学者やキリスト教的な聖性理解を共有しない伝統的多神教徒を批判する場合に用いられることが多いが、この箇所はその裏返しとして異教哲学者側がキリスト教徒を批判する用例と考えられる。

さらにユリアヌスは、修辞学と哲学の精華を用いずに聖書解釈を試み、ユダヤ教とキリスト教における「至高の存在」の教説に批判を加える。彼の批判は次の二点に集約される。

(1)旧約の神は「嫉む神」であって、新プラトン主義的な至高神のような超越性をもたない。
(2)イエス・キリストの神性と処女懐胎の教説は虚構である。

旧約聖書

ユリアヌスは『ガリラヤ人駁論』において、旧約聖書を「神の全知全能性を否定する不名誉なミュートスに満ちた書物」と見なした[*78]。彼は、旧約の神の悪意に関する代表的な挿話として、「創世記」一―三章における創世神話の情念の挿話と、イスラエルの民の民族的苦難、そしてモーセに律法とひきかえに熱誠を求める「出エジプト記」「申命記」の「悪意ある神」の挿話をあげる。「悪意ある神」の教説は、プラトンが『国家』第一〇巻の「詩人追放論」におけるミュートス＝ロゴス論で述べた意味での、偽りを語るための虚構、すなわち悪しき「ミュートス」として理解される[*79]。

『ガリラヤ人駁論』では、創造神話じたいが旧約聖書の論理整合性の欠如の証座として扱われる。ユリアヌスは旧約聖書の創造神話の神を、『ティマイオス』における造物主（デーミーウルゴス δημιουργός）と同一視する。しかし、『ティマイオス』の宇宙像が想定する「造物主よりも上位に位置する神々および神霊たち」に関する記述は旧約聖書には見られない。「創世記」では造物主による原初の光の召喚から天地創造に至る過程が詳述されるが、至高神からの神々の流出や、不可視の世界のなかに立ち現れる可視的な世界の詳細な創造過程についての言及はみられない。

『ティマイオス』では不可視の世界のなかに立ち現れる可視的な世界の意義が語られる。『ティマイオス』の宇宙における可視的な世界は、はじまりもおわりもなく永遠に存在する不可視の非物質的な世界のなかに物質的世界の造物主によって啓かれた世界として、また至高神の配慮（先慮、プロノイア πρόνοια）によって魂を与えられ、心魂によって把握可能な領域として開かれた世界である[*80]。しかし、旧約の造物主は原初のかたちなき混沌に秩序を与えた存在にすぎない。宇宙そのものの顕現の意義とその階層構造が詳述されていないことを論拠として、ユリアヌスは創世記の創造神話を、精緻な整合性に欠ける素朴な「蛮族（バルバロイ）」の神話として捉える[*81]。挿話にリアリティを与える詳細な設定への言及が創世記に欠けていることも、ユリアヌスにとっては「モーセの教説」を未熟な「蛮族」のミュートスとみなす根拠となった[*82]。

ユリアヌスはまた、キリスト教側の神的存在のイメジャリの核を担う聖霊の性質や、天使の存在とその創造過程に関する詳細な記述が旧約聖書に欠けていることも、旧約聖書的宇宙論の論理性と体系性の欠如の根拠と見なす。キリスト教徒がキリスト教的聖性の顕現の一位格として重視する聖霊（πνεῦμα）に関しても、「創世記」はただ「神の霊が水の面を漂っていた」と言及するのみで、その性質については詳述しない[*83]。この創造神話では、淵（ἄβυσσος）や闇（σκότος）や水（ὕδωρ）のような不定形の物質は「神が命じてあるようにさせた」事象であり、創造の過程において神によって作られた事象である。ここでは不定形の物質が創造以前から存在する物質であるという言及を欠いている。[*84]

「創世記」の創世神話の神は、愛をもって世界をつくりあげ、神の似姿としての人間を塵から創造しながらも、蛇に唆されて智恵の果実を食べておのれを越えようとした人間を楽園の外に追放する。[*85] この神をユリアヌスは、原初の人間の裏切りを予想できなかった「全知全能ではない神」、すなわち神を越えようとした人間に対する嫉妬の情念を顕わにする「嫉む神」(θεὸς βάσκανος)として理解する。

ユリアヌスは、蛇を智恵の象徴とするギリシア的な神話解釈の伝統に立って、エヴァに智恵の果実を勧めて人間に善悪の判断を行う賢慮を与えた蛇を、蒙昧な人間に智恵を開示するという善を行った存在とみなす。[*86] エヴァに智恵の果実を薦めた蛇は誘惑者ではありえない。この蛇は人間に善悪の判断を可能にする賢慮(φρόνησις)と人間の心をひとつに統一する智恵(γνῶσις)を与えたはずであったが、神は蛇の示唆した賢慮と智恵に人間が接近する機会を奪い、永遠の生命を与えるはずの生命の樹木への接近をも禁じ、アダムとエヴァを楽園から追放した。[*87] その神をユリアヌスは「嫉む神」とみなす。この神は、アダムの助手として造られたエヴァがアダムの助手としての役割を果たさないであろうことも、アダムにとって不幸をもたらす存在になるであろうことも予想できなかった。神にさえ予測不可能な事件を語るこの挿話は、聖書が主張する神の全知全能性の教説とは矛盾することになる。また、神に対する裏切りの「罰」としてアダムとエヴァには労働が与えられる。ユリアヌスはこのような神の態度を、本来恩恵として与えられたはずの労働の技術を否定し、労苦を避ける享楽性につながると考えている。

次に、ユリアヌスは「バベルの塔」の挿話に言及する。この挿話は言語と民族の多様性の起源に関する挿話であるが、同時に人間の傲慢に対する神の怒りの挿話でもある。ユリアヌスにとって、「バベルの塔」の挿話の神はそれぞれの民族にふさわしい文化と言語を与えない嫉妬深い神となる。新プラトン主義においては「神に似ること」が人間の究極的な生の目的とされる。したがって、天に到達しようとする人間から暴力を加えられることを恐れてバベルの塔を破壊する神は、人間に「神に似ること」を禁ずる嫉みの情念に取り憑かれた神ということになる。ユリアヌスはこのような挿話を、新プラトン主義的な神の恩恵に対する信頼性を損なう物語であると考えている。[*88]

ユリアヌスにとってこれらの聖書のミュートスは、人間の傲慢に対する神罰の物語ではなく、悪意と嫉妬に憑かれた旧約の神の無能性の挿話に映った。神の嫉妬心は神を超えようとしてその愛情を裏切った原初の人間としてのアダムとエヴァへの復讐心に由来するため、人間が神に対する無関心と裏切りを示せば、神はその復讐として嫉妬を何度でも繰り返して提示することになるのではないかとユリアヌスは懸念する。[*89]

ユリアヌスはモーセへの律法の授与の挿話にも言及する。神はシナイ山でモーセに律法という恩恵を与えながらも、「わたしの他に神はいない、わたしを否む者には父祖の罪を子孫に三代、四代まで問う」「安息日を憶えよ」[*90]と民の熱誠を求めて人間の他の神々に対する崇敬と愛情を否定し、人間の愛情を独占しようとする独占欲に囚われた神として立ち現れる。[*91]彼はまた、「民数記」二五章の祭司ピネハスの挿話にも言及し、異邦人の神にも供犠を捧げて友好的な姿勢を示したというだけで同胞どうしの粛清と殺し合いを命じ、神の命令に従った同胞の命までも奪う神の怒りを「非合理」であると断じている。[*92]

旧約聖書の神の怒りと妬みの情念に関する挿話を、ユリアヌスは神と人間の人格的交流の挿話とは解釈しない。[*93]新プラトン主義的な至高神のもつ完全な善性と対置させるとき、旧約聖書の神の善性の不完全さが際立つからである。ユリアヌスはここでもイアンブリコス的な「民族ごとに相応しい存在として与えられた神々」の教説を根拠に、旧約聖書の神の全知全能性を否定する。旧約聖書の神は全知全能であるはずだから、イスラエルの民以外の他の民族が他の神々を奉じていることも知っている。旧約聖書の神が他の民族にも「私以外の神を崇敬するな」と願ったとしても、他の民族にはそれぞれに合った神々が与えられているのだから、それぞれの民族にふさわしい神々を崇敬するだろう。したがって、旧約聖書の神は自らの意志とは関係なく自らの他の神々が崇敬される可能性を阻止することもできなければ、そのような事態の発生を予測することもできない、およそ「全知全能」とはいえない神となる。[*94]このようにしてユリアヌスは旧約聖書の神の無謬性を否定し、全知全能の至高神を僭称する一民族宗教の神として矮小化した。[*95]人間が情念を滅却して神に似ること／神のようになること（θέωσις）はプラトン主義の系譜でもアリストテレス主義の系譜でもストア主義の系譜でも肯定される。ユリアヌスはキリスト教徒が「嫉み深い神」に似ようと努力して激しい怒りと嫉妬を獲得した結果、神に似る者として信徒たちのあいだで尊敬される状況を警戒する。彼は、人間の心の平安を乱す情念（πάθος）を滅却して、情念から自由になるアパテイア（ἀπάθεια）を獲得するための教説と実践を「文明人」にふさわしい柔和さを備えた営為と見なした。[*96]

ユリアヌスは旧約聖書のたとえ話を字義から得た印象をもとに恣意的に解釈する。彼は他方で、論理的整合性や倫理的正当性を欠くミュートスがギリシア神話にもみられることは認識している。たとえば我が子を呑み込んでは吐き出すクロノスの挿話や、神々の法に外れた婚姻や恋愛関係の挿話、ディオニューソスの死体化生の挿話などの挿話である。彼はそれらを「堕落したヘレネス」が作り上げた「信じるに値しない奇怪なミュートス」とし、寓喩的な解釈を加えても霊的な解釈が得られない挿話として棄却する。[*97] 人間と自然界に近い存在として描かれる神（々）の挿話は、民族宗教の神話体系には顕著にみられる。ギリシア神話も例外ではない。しかし彼はこのような挿話を、可視的で卑俗な世界を描く想像力のもとに造られた物語として退けた。

ユリアヌスはヘレニズム・ローマ宗教の神話に言及する場合、新プラトン主義的な寓喩的解釈を施せば善美かつ倫理的であると感じられる宇宙論を導き出すことが可能な挿話を選んで言及する。彼にとってのよりよい「神話」は完全に善美な至高の存在を神格体系の頂点に戴く形而上学的な宇宙論であるからだ。彼にとって、形而上的・寓喩的な解釈を施されない素材そのものとしての民族宗教の神話は「文明化されない現象」であった。

「神を超えようとする人間の傲慢」に対する神罰の挿話は旧約聖書にもギリシア悲劇にも共通に見られる。ユリアヌスはこの主題を解釈するさいに、神を模倣しても神には敵わない人間の無力さよりもむしろ、ストア主義的な「指導理性の模倣」や新プラトン主義的な「神の模倣」の価値を優先させる。その結果、旧約聖書の「傲慢」に関する挿話は、神々に近づこうとする人間に賢慮の獲得を禁ずる嫉み深い神の情念の現れとして解釈される。彼は悲劇作家が言及した傲慢と神罰に関する挿話の存在には言及しない。

　旧約の「人間とともにいる神」と人間の歴史的時空のなかにおける人格的な交流の挿話がもつ積極的な意義は、新プラトン主義的な至高神の教説に照らして否定される。したがってここでは、人間を苦しめる情念を滅却しえない「神」を「創造主・律法の授与者・模倣の対象」として仰ぐユダヤ教徒とキリスト教徒は、荒ぶる神の情念の模倣を正当化する悪しき習慣を身につけた「神なき者」（ἄθεος）でありながら、自らの陣営の推奨する神への尊崇の様式こそが高貴であると主張する逸脱者[*98]として認識される。

新約聖書

『ガリラヤ人駁論』においてユリアヌスは、修辞学と哲学を用いずに裸形の聖典としての新約聖書の解釈を試みる。これは当時のキリスト教徒が聖書に根拠のない教説を信じようとしていたことを証明しようとする試みでもある。ユリアヌスの議論からは、彼の同時代の教義論争が「神の子」としてのキリスト論と、実在したユダヤ人宗教的治療師としてのイエスの存在意義を説得的に架橋する議論を欠いていたことが示唆される。ユリアヌスは帝室成員が率先して奉じるべき品位と威厳を備えた宗教を模索していたため、無名の庶民を当初から伝道対象とした「謀反人」イエスの教説がはたして帝室成員の奉じるべき宗教としてふさわしいものであるか、その適切性を検討する必要があった。ユリアヌスはアレイオス論争の重要な議題であったイエスの神聖性を正当化する議論の整合性を問うことで、これらの課題に挑んだ。

　ユリアヌスは新約聖書の教説の正当性を解釈するさいに、まずイエスの神聖性をめぐる問題に注目する。そもそもキリスト教は彼にとってはたかだか三〇〇年しか歴史のない新興宗教にすぎず、ユダヤ総督キュレーニオス（キリニウス）統治下の戸口調査に両親の名が記された（「ルカによる福音書」二―二）帝国の一臣民である生前のイエスも、無名の宗教的治療者兼祓魔師にすぎない。共観福音書では奇跡と悪霊祓いを行った人物として描かれるイエスも、現実にはユダヤ人からの支持を受けたわけでもなければ、身近な人々の回心に成功したわけでもない。[*99] この無名の人物がなぜ「神」とされなければならないのか――そのような疑問に立って、ユリアヌスは共観福音書と「ヨハネによる福音書」におけるイエスの神聖化を試みる挿話の矛盾を証明しようとする。

まず彼は、ガリラヤ地方の「田園の貧者」の息子であるイエスの血統とダヴィデの血統の関連性（「マタイによる福音書」一・一―一七）、マリアの処女懐胎の説話、「ヨハネによる福音書」冒頭のロゴス・キリスト論（「ヨハネによる福音書」一・一―六）が互いに矛盾する教説であると結論する。

ユリアヌスの主張に立つならば、現実のイエスはガリラヤ人の「大工」ヨセフとその妻マリアという人間の両親の間に生まれ、ガリラヤの貧しい漁師たちに伝道を行い、国家反逆罪に問われて刑死した一介の人間にすぎない。予型論的解釈を施すことによってはじめて、その描写がイエス＝キリストの到来の予告として理解される預言書の箇所は、「聖霊によって神の子を産む女」マリアとその息子の到来にかんする明確な言及ではないとして退けられる。さらに彼は、「マタイによる福音書」冒頭のダヴィデからイエスに連なる系譜への言及についても、「マタイによる福音書」以外の共観福音書に並行記事がなく、ダヴィデ王家の最後の王はゼデキヤ王であって、ヨセフがダヴィデ王家の子孫であるという確証はない、という理由をあげて真正性を疑っている。ユリアヌスはこのようにして、イエスは世人の尊敬を受けるにふさわしい「王者」としての出自をもたぬ人物であると断じる。教祖が庶民の出であることは、帝室成員や元老院貴族らの貴顕までもが自らを卑下する「貧しき者の宗教」の信徒となることを合理化する根拠になる。[*100]

ユリアヌスにとって、天使ガブリエルによる受胎告知とマリアの処女懐胎[*101]は物理的に実現し得ない伝説にすぎない。彼は「聖霊によって胎に宿った」とマリアに告げるガブリエルのことば[*102]を、聖霊と人間の女の交合の暗示と見なす。彼はマリアの処女懐胎を、ギリシア・ローマ神話における神々による人間の女たちの略奪の挿話との並行現象と見なしている。つまり、キリスト教徒の主張のとおり、マリアが聖霊と交わってイエスを産んだのならば、彼女は人間の許婚ではなく聖霊と交わった姦淫の女であって、処女ですらないことになる。[*103] そして、次のような議論に立って、ユリアヌスはイエスの出生の聖性と「神の母」としてのマリアの聖性を否定する。処女懐胎の教説が正当であるなら、イエスは半神半人の神霊ともいうべき存在になるはずだが、あくまで彼が人間であることが、この教説の矛盾を物語っている。しかもマリアは処女であるから、「男性を識らない女」の懐胎は論理的に実現しえない。マリアは半神半人、あるいは完全に人間であるはずの者を生んだ人間の女性であるから、「神の母（θεοτόκος）」と呼ばれるには値しないことになる。この挿話は、人間と聖なる存在の不義の挿話を認めつつ多神教の猥雑な神話を批判する宗教としてキリスト教を批判する根拠をユリアヌスに提供した。[104]

ユリアヌスは、パウロもマタイもルカもマルコもイエスを「神」とは呼ばなかったことを根拠に、イエスの人間性を強調する。[105] 後代の釈義家たちがイエスの神聖化に援用したロゴス＝キリスト論でさえもユリアヌスには、イエスと殉教したペテロとパウロに対する信徒の崇敬をまのあたりにしたヨハネが苦し紛れに造り出した教説と見なして断じた。[106] ユリアヌスは、ヨハネが「ヘラースとイタリアの多くの都市」で大勢の人々が「病」としてのキリスト教に冒され、ペテロとパウロの墓が崇敬の対象とされているという風説を耳にして、はじめてイエスを「神」だと言わざるをえない状況に立たされたという見解を示している。[107]

ユリアヌスの観察によれば、「人間イエス」像を無視して「ヨハネによる福音書」のロゴス＝キリスト論に性急に依拠し、イエスを「神」に祭り上げた張本人は、後代の釈義家たちに他ならない。

ユリアヌスは「ヨハネによる福音書」[108]のロゴス讃歌における神＝ロゴス論の正当性を否定しない。ロゴス讃歌は「ロゴスの受肉」としてのイエスについて言及し、洗礼者ヨハネを「救済者」としてのイエスの証人として描いて「イエス＝ロゴス＝神」の定式を提出している。しかし、ユリアヌスの指摘するところでは、イエスの神性の確証たるべきロゴス＝キリスト論の要の部分である「神のひとり子」であるはずのイエスの「受肉」の過程の詳細な描写を「ヨハネによる福音書」は避けている。「救済者」としてのイエスの存在を「ヨハネによる福音書」は「受肉したイエス」の先触れとなった洗礼者ヨハネの存在を通して暗示するに留まっている。ユリアヌスは「ヨハネは（聖霊と姦通の女の情事による）「受肉」を聖典に書き表すことを恥じた」と暗示する。

ヨハネが言及しなかった「受肉」をイエスの神性の背後に想定して、イエス＝ロゴス＝キリスト＝神としてのイエスの神聖性を主張する人々は、「神を見たものはいまだかつて存在しない。父のふところにあるひとり子がご自身を示されたのである」[*109]の章句を根拠に、「ヨハネがロゴスであると考えている人物＝洗礼者ヨハネにとってのキリスト」と結論づける。しかしこの議論はユリアヌスによれば発想の短絡にすぎない。彼らの主張する「受肉した神を見た者が存在する」という発想自体、「神を見た者はいまだかつて存在しない」という「ヨハネによる福音書」の言及と矛盾しているのである。もしイエスがほんとうに神であるのならば、またニカイア派のように「父の懐にある子は一人の人間でありロゴスである神でもある」という説を唱える分派の主張が真実であるならば、イエスの弟子たちは神を見たことになり、ヨハネの言及とは矛盾することになる。このようなユリアヌスの見解に従うならば、行間を読み取って論理を短絡させる発想からイエスを「神」の地位に祭り上げれば祭り上げるほど、その教説は卑しく、いっそう信仰上の誤り多き（δυσσεβέστερος）ものに見えてくる。[*110]

さらにユリアヌスは、「イエスは神からの神」であって「彼によって成らなかったものはなにもなかった」とするロゴス＝キリスト論じたいが、旧約の神を継承するキリスト教の根幹であるはずの一神教をも揺るがす可能性を指摘する。[*111]ユリアヌスの議論は三位一体論もアレイオス派の議論もホモイオス派の議論も常に父・子・聖霊の三つの位格の分裂の危険をはらんでいることを示唆する。そしてキリスト自身が人間＝ロゴス＝救済者＝神の性質を備えているとすれば、キリストは多様な神格をみずからのうちにはらみ、その顕現の場に応じてそれぞれ異なる存在として現れる存在となりうることになる。さらに、キリストを「神」とみなすことは、旧約の神の「私以外の神を崇敬してはならない」という命令にも背くことになる。ユリアヌスの解釈に立つならば「神によってイエス・キリストは神の子だと認知されてはいない「神の私生児」を崇敬すること」は二柱の神を崇敬することにつながってゆく。[*112]

キリスト教の教説の最大の核心であるはずの復活信仰と「神のへりくだり」の教説に対しても、ユリアヌスは懐疑的である。彼の議論は至高の存在の超越性と「実在のイエスは人間である」という確信に依拠しているため、刑死したイエスの復活と「独り子である神」としてのイエスに関する教説は非合理として退けられる。神は至高の存在である以上、人間とは同列の存在になることはありえない。しかも人間と同列になりうる神、磔刑の十字架上で苦しむ神がありえるとするならば、そのような神は至高神と呼ぶに値する神ではないという論理に彼は依拠している。つまり、新約の神もまた旧約の神同様に人間的な情念に囚われた「下位の神」であって、排他的な崇敬の対象たりうる至高の存在ではありえない。その結果、イエス・キリストを通して人間と同じ地平に立つ「ともにいる神」の教説も彼は否定する。

このような「イエスは人間であって神と同一の本性をもつ存在ではない」とする立場からイエスの神性を否定する見解は、少年期・青年期のユリアヌスのキリスト教教育に関わったカッパドキアのゲオルギオスやアエティオスらが連なったアノモイオス派の教説にもみられる。

ハンソンはエウノミオスに代表されるアノモイオス派の教説の特徴を、

(1)万人による神の知覚可能性、

(2)イエスの性質の「不変性」は神から与えられたものであること、

(3)イエスは神と本質を異にするが、神の意志を継承していること、

(4)ギリシア哲学の用語、とりわけ新プラトン主義的合理主義者の立場から三位一体論を否定したこと、と見る[*113]。しかし、アノモイオス派とユリアヌスを分かつのはキリスト教の教説の核心にある「イエスの神聖性」をめぐる議論と「へりくだりの宗教」の意義に対する態度の相違である。アノモイオス派は、人間と同じ地平に立ってへりくだる神の意志とイエスの意志の共通性とを奉じる。ユリアヌスは統治者としての世俗的な原理に立ってイエスを一介の歴史上の人物にすぎない「人倫の模範たりえない叛逆者」であるとともに「悪意ある神の模倣を推奨する者」として断じており、キリスト教徒が主張するその神性には正当性がないとする。

さらに、プラトン『法律』(9.856B)では「国家に対する最大の敵」は国家転覆罪を犯した人間であるという観念が見られる。この箇所では謀反人は「法律や国家を人間の支配下におき、法律を奴隷とし、国家を党派の下僕にする者であって、これらすべてのことを暴力を用いて行い、法を冒して内乱を引き起こす者」として定義される。ユリアヌスはプラトンのこの言及をイエスとキリスト教徒に対して重ね合わせていたとも考えられよう。したがって、彼にとっては可視的な世界の上に存在する権能と力に満ちた霊魂に動かされて創造主の周囲の天球をめぐる天体のような永遠不変な存在こそが神なのであって、それとは対極に位置する謀反人を永遠不変な存在として見なすことは受け入れ難いことであった。[*114] ユリアヌスはこのような見解に立って、キリスト教の聖性の教説を、悪意をもって構築された虚構として捉えた。[*115]

4　原点への回帰

キリスト教に改宗した「ヘレネス」は、そして快楽に溺れる「ヘレネス」は、どこへ帰ればユリアヌスのいう「堕落」から逃れることができるのだろうか。そしてキリスト教徒は、通俗哲学者は、どこへ帰れば「悪しき愛智者」であることから逃れられるのだろうか。

ユリアヌスはそれぞれに回答を提示する。救済をもたらす神に惹かれる「ヘレネス」はたとえばアスクレピオスのような医療と癒しの神を省みるべきだ。キリスト教徒は旧約の父祖アブラハムに倣って供犠を行うべきだ。通俗哲学者は真のディオゲネスに倣うべきだ。

このような発想は一見奇想天外な発想に見えるが、ユリアヌスはそれぞれに理論的根拠を用意している。そして、原点回帰志向はユリアヌスの信仰世界と宗教政策を強く特徴づける発想でもあった。

父祖アブラハムへの回帰

ユリアヌスは『ガリラヤ人駁論』において、旧約の族長アブラハムを「カルデア人」と見なし、アブラハムの供犠の習慣こそがユダヤ教徒とキリスト教徒が回帰するべき習慣である、と主張する。このようなアブラハム像は、新プラトン主義における神働術肯定論によって再解釈されたものである。

中期プラトン主義・新プラトン主義の文脈において、二世紀の神働術家ユリアノス父子の著作『カルデア神託』を参照項に神働術に関する見解が語られるとき、バビロニア出身者（「カルデア人」）が天文学・占星術・神働術に通じた人々と見なされることがある。この背景には、バビロニア（「カルデア」）を天文学・占星術・神働術の発祥の地とみなす態度がある。[*116]

ユリアヌスはこの論理に立って、アブラハムとイサクとヤコブをイスラエル人の族長にして「カルデア」出身の占星術家とみなす。この論理に従えば、神働術にも長け、ギリシア人伝統的多神教徒（「ヘレネス」）同様に神々の供物を継続的かつ積極的に捧げて、鳥占も行い、徴を与える神への信頼に貫かれた「神々と人間の仲介者」としてアブラハムとイサクとヤコブを描くことが可能になる。そして、キリスト教徒を「カルデア人」と「ヘレネス」に共通な神々との交流の手段であったはずの供儀を放棄した逸脱者として扱うことも可能になる。[*117]

ユリアヌスはユダヤ教徒と多神教徒の共通の習慣として、神殿、聖域、供犠のための祭壇（θυσιαστήρια）、浄祓（ἁγνεῖαι）、戒律（φυλάγματα）をあげ、モーセやアロンもまた供犠に関する豊富な知識の持ち主であったことを示唆しながら、キリスト教徒にむしろ「カルデア人」アブラハムの慣習としての供犠へ回帰するよう呼びかけている。むろん彼はユダヤ教徒が第二神殿の崩壊によって「神殿を奪われてから、彼らの聖所（ἁγίασμα）では神への供物として初物を捧げることをしなくなった」ことを知っている。しかし彼が旧約聖書の教説の根幹にあるものとして想定した「嫉む神」が旧約聖書においては同時に「カルデア人」アブラハムの神ともなるという矛盾は、彼の議論のなかでは意図的に看過されている。*118

ヘレネスにとっての「父なる神と子なる神」への回帰

それぞれの民族にはそれぞれの風土と特性に合った神々が与えられているという観念に照らせば、ギリシア語話者のキリスト教徒が最終的に回帰すべき「神々との交流」の様式は「父祖伝来の神々の祭祀」であったであろう。*119 ユリアヌスはイエスに対応する多神教側の救済神・治癒神として、半神半人の「受肉せる治癒神」アスクレピオスを、イエスよりもはるかに正当かつ長い伝統をもつ「霊肉の治療者、救済者」となりうる存在として推奨する。この神は神託の神ヘリオス＝アポロンと至高神ゼウスの人間界への賜物として認知されているばかりでなく、エピダウロス、ペルガモン、イオニア、タレントゥム、ローマ、コス島、アイガイを代表とする地中海沿岸各地の聖域で尊崇を受けており、「すべての者に現れて罪深い魂と病んだ魂を正しい方向に向き変える」神格とされる。*120

ユリアヌスはアポロンを神働術の光の神と同一視する。彼のこのような議論は、イアンブリコス派新プラトン主義によって再解釈された神働術をも包含する「ヘレネス」の宗教にユダヤ教・キリスト教をも回収しようとする議論であった。それはイアンブリコスの祭儀論を通して解釈された民族宗教と、ヘレニズム＝ローマ宗教と帝国の支配の優越性への確信に裏付けられている。彼は、当時のユダヤ教徒に第二神殿の崩壊以後放棄された供儀の再開を呼びかけつつ、地方宗教としてのユダヤ教を、供犠を肯定する「ヘレネス」の同胞の宗教として回収しようと試みた。しかし、彼の議論には、ユダヤ教とキリスト教とローマ帝国の、またキリスト教がローマ帝国とユダヤ教との確執のなかから選択し生み出した儀礼や信仰体系の背後にある歴史的な経緯への視座が欠落している。現実のキリスト教徒にとっての信仰生活や、必ずしも普遍宗教たり得ない現実の民族宗教に対する理解も、図式的な次元に留まっている。

「汝自身を知れ」とディオゲネスへの回帰

ユリアヌスにとって、「犬儒者」が最終的に回帰すべき対象はむろん同時代の「犬儒者」が軽蔑してやまないプラトン、ソクラテス、ピュタゴラス、アリストテレス、ゼノンの系譜に属する学派の「愛智」、すなわち彼自身が「愛智」の正統とみなす系譜であった。愛智の正統の根拠としてユリアヌスが掲げる格率は、「光の神」と同一視されるデルポイのアポロンの神託「汝自身を知れ」であった。

ユリアヌスはソクラテス以前にも「善を選んで悪を避ける普遍的な哲学を行った哲人たちは、「ヘレネス」にも「バルバロイ」にも存在する」ことを認めている。*121 そして、愛智の根底たるべきピューティアーのアポロンの神託「汝自身を知れ」は、ディオゲネスやその系譜に連なるアンティステネスやクラテスのみならず、ユリアヌスにとっての霊的な導師であるイアンブリコスも含めたすべての「愛智者」に対して向けられたものであると考えている。*122 この神託に従った哲人たちとして、ユリアヌスは、「私は自身を探究した」という言及を遺したヘラクレイトス、ピュタゴラス、「可能なかぎり神に似るようになれ」とひとびとに命じたテオフラストスに至るプラトンの使徒たちとアリストテレス、キティオンの人ゼノンを挙げる。*123 ユリアヌスは彼らを、自らを知ろうと望んで空しい考えを避け、真実にしたがって生きようとした人物として描き出す。*124

ユリアヌスは「犬儒者」たちに対して、易きに流れつつ名声を求めるのではなく、「ヘラクレスの哲学」*125 を生きたディオゲネスの精神と、彼の単純明快な愛智の指針であった「汝自身を知れ」*126 に帰ることを推奨する。*127

さらに、『無学なる犬儒者を駁す』において、「犬儒者」が回帰すべき「ディオゲネスの高貴な側面」を説得的に描き出すために、理想化された幸福な修徳修行者（ἀσκητής）としてのディオゲネス像を想定する。ユリアヌスの描くディオゲネスは自由（ἐλεθερία）、自己充足（αὐτάρκεια）、正義（δικαιοσύνη）、中庸（σωφροσύνη）、神々に対する敬意（εὐλάβεια）、慈愛（χάρις）を備え、無計画を避け、愚行や道理に合わないことを行わない配慮にも満ちた賢人である。*128 このようなディオゲネス像は、イアンブリコスが『ピュタゴラス伝』で描き出した理想の賢人としてのピュタゴラス像に通じる。*129

ユリアヌスのディオゲネス像は、ディオン・クリュソストモスが『アレクサンドロスとディオゲネスの対話』と『ディオゲネスの僭主論』で描くトリックスターとしてのディオゲネスよりもさらに欲望に恬淡としており、修徳修行者的な印象すら与える。

ディオゲネスが娼妓のもとに通ったという逸話さえも、ユリアヌスはディオゲネスが「より大きな善をなした人物である」ことを根拠に肯定する。[*130] さらに彼は、アレクサンドロスのみならず「プラトンとアリストテレスの世代のすべての「ヘレネス」」がソクラテスとピュタゴラスとともにディオゲネスその人を称賛の対象としたと主張し、ディオゲネスを、犬儒者たちも必然的に称賛すべき人物と見なす。[*131]

ユリアヌスはディオゲネスを幸福な修行者として理想化した。幸福な修行者としてのディオゲネスを、ピュタゴラスのような特定の先哲に対する個人崇拝を避け、神を愛智の創始者と仰ぐとともに、ピューティアーのアポロンから与えられた愛智の定礎である「汝自身を知れ」という神託にしたがって自らを知るための修行を終生怠らなかった人物としてユリアヌスは理解する。[*132] 彼は樽の中に枯れ葉を敷いて眠り、アパテイアを身体と霊魂にもたらす調理法を探究した結果「素材の自然状態を破壊しない」火を通さない調理法で食事を作り、冷水で身体を洗い、麻の布を遣わずに戸外で身体を乾かすという苦行を兼ねた健康法を実践する修行者でもある。この修行を全うする堅忍をもって彼が培ったものは「王のような偉大な魂」であった。[*133] 「故郷もなく、家もなく、財産も奴隷ももたない」彼の修行は世間の常識からは大きく外れているが、その修行自体は肉体と霊魂を鍛えるための理性的な営為として捉えられる。ユリアヌスは彼の生を「キュロス王よりも神々よりも幸福だったのではないか」と考えている。[*134] ユリアヌスの描くディオゲネスはこのような生活の規範に従うことでもっとも幸福な人よりも幸福に生きようと試みたが、その幸福を神々と競う傲慢さをもたなかった人物として理想化されている。[*135]

ユリアヌスはディオゲネスの活動的生活についても言及する。ディオゲネスの活動的生活は、都市共同体や民衆への参与として顕れた。それは勇気ある「言論の自由（παρρησία）」の人の生活である。ユリアヌスはディオゲネスを民衆に悪を蔓延させる臆見と闘い、若者に対して「異論を唱えるために大衆の前で騒がしくする自由を与えたわけではない」と譴責する勇気を備え、[*136] 時に「都市的生物」としての本性にしたがって同郷の市民を弁舌でもって擁護する「言論の自由」の人として描く。[*137] ディオゲネスがアゴラーの衆人環視の前で暴虐を働く者、金を奪う者、偽りの訴追をする者、小ずるい商売する者などの人間の神的な本性を隠す者を嘲笑し、人間の欺瞞を暴いたのはその霊魂のなかの神性に従ったがためであり、そのような態度をこそディオゲネスに倣う者は模範としなければならない。[*138] そのようにユリアヌスは説く。

ディオゲネスはユリアヌスにとってみずからとその支持者の救済と完徳のみを探求する排他的な観想的生を送る修行者ではなかった。このような「活動的人間」としてのディオゲネス像はイアンブリコス『ピュタゴラス伝』で理想化されるピュタゴラスとも共通点をもつ。イアンブリコスの描くピュタゴラスは少数の支持者に囲まれて観想的生活にのみ耽溺する隠者ではない。彼自身の学塾において学生を育て、為政者への助言も必要に応じて行う活動的生活の人でもあった。[*139]

ユリアヌスにはまた、自らの「都市的人間」としての本性に基づく儀礼への実践を推奨する祭儀論とは矛盾する要素を備えたディオゲネスに関する挿話について説明を加える必要があった。ディオゲネスが慣習的な都市共同体内部の伝統的多神教祭儀への参与を避けた理由を、ユリアヌスは次のように説明している。ディオゲネスは貧しさゆえに奉納物を購入できず、また世界市民を標榜していたので、特定の都市の法に従属することを拒否し、アテナイ市民に秘儀の授受の権利を限ったエレウシス秘儀への参入を避けた。しかし彼は神に思索という供物を捧げたのだから、実際に神殿に参詣しなくとも批判されるにはあたらない。[*140]

このようにしてユリアヌスは世界市民としてのディオゲネスをストア主義的な見地からも理想化した。[*141] 人間が世界市民であるならば、救済は万人に与えられるべきであり、愛智者は神々との交流の手段を学ぶために思索を行うべきである、という発想はここにも反映されている。さまざまな民族に与えられた神々との交流の手段を包摂する知と霊性の共同体としての「ヘラース」が同時に、世界市民的な共同体として存立しうる可能性をユリアヌスが想定していたとすれば、ディオゲネスの儀礼への態度にこのような説明を加えても矛盾することはない。

さらにユリアヌスは、常識を批判しながらも敬虔であったディオゲネスがソクラテスのようにアポロンの神託に従い、オリュンピアに巡礼に行って守護霊の指導を受けた可能性を示唆する。[*142] アポロンの神託と至高神ゼウスの聖域への参詣に言及することで、ユリアヌスはディオゲネスがヘリオス＝アポロンを崇敬しながら特定の都市の提供する「一般人向けの」秘儀よりも高次の秘儀に関わったとする解釈を暗示する。イアンブリコス主義の文脈にもこのようにしてディオゲネスは結びつけられる。

ユリアヌスはこのようにして、理想化された幸福な修行者としてのディオゲネスと「カルデア人」アブラハムを、世界市民的ポリスとしての「ヘラース」の神官としてのテウルゴスの同胞として位置づけ、ギリシア語話者のキリスト教徒とあらゆる事象を冷笑することに慣れた通俗哲学者たちが回帰すべき、理想化された愛智者の像として描き出そうと試みた。

5 展望――ミュートスの解釈のゆくえ

現在を生きる「ヘレネスの宗教」の輪郭は明確ではない。ギリシア語を話し、オリュンポスの神々を奉じていた「ヘレネス」であるはずのひとびとも、キリスト教徒も、「愛智者＝哲学者」を僭称するひとびとも安逸と享楽に流れ、学びと祈りの意義を忘れている。とりわけ実在の「ヘレネス」たちには自らが高貴な使命を負っているという自覚がない。同時代の宗教の状況に対するユリアヌスの不満はこのようなものであった。

ユリアヌスの宗教批判の対象は「堕落したギリシア人」にも「哲学者を僭称する者たち」にも及んだ。むろんキリスト教は熾烈な批判の対象となった。

彼の宗教批判の根拠には、「神（々）」に関する教説と、倫理と道徳の実践の一致を前提とする発想がある。道徳の実践は「神（々）」に関する教説の裏付けを必要とする。思いと行いは一致していなければならない。したがって、「神（々）」に関する教説を提供する「ミュートス」は「神（々）」への畏敬と恩恵と公正を語るものでなければならない。本来の「愛智」の目的は「自らを知る」ことにある。そのことによってひとは一者から流出する神性を身のうちに宿した大宇宙と照応する小宇宙でもあることを自覚する。それゆえにひとは学び、祈り、「よき世界」としてのこの宇宙に生かされている安心感を確信して生きなければならない。

このような価値観からユリアヌスは宗教批判を行ってゆくのだが、彼はこのとき「ミュートス」に言及する。彼の「ミュートス」観はプラトン『法律』第二巻の教育論に依拠する。

プラトンの意見は次のとおりである。

子供の教育はまず「愛智」よりも「ミュートス」を語ることから始めなければならない。その「ミュートス」の作者を監督して魂の涵養に資する作品を書かせるべきだ（2.377AC）。第一段階としてより具象的な「ミュートス」の解釈から教育は始めるべきであって、「ミュートス」の内容は悪念を想起させるようなものではなく、神々の真実の姿を伝えるべきものでなければならない（2.379A）。このような発想はユリアヌスの理想国家の教育論にも反映されている。彼はプラトン『国家』における「真実を語ることば」としての「ロゴス」と対比される「偽りと虚構と迷妄を語ることば」としての「ミュートス」の定義を採用しない。彼は「ミュートス」を神（々）に関する物語や寓話として扱い、解釈を加えることによって可視化される倫理と道徳の実践の根拠を見いだす。このような「ミュートス」理解は、解釈を施すことによってはじめて宇宙論と倫理と道徳の基盤を提供する聖書の説話の位置づけにも通じる。

したがって、ユリアヌスの「ミュートス」語りでは、負の感情や不道徳性を喚起する説話が警戒の対象となる。彼は、「神（々）」の存在を信じる者をときに嘲笑する通俗哲学の「ミュートス」語りや、聖書の説話の不道徳性を厳しく批判する一方で、「ギリシア人の宗教」の「ミュートス」たるべき神話・伝説には神々の好色性や闘争心を喚起する挿話があたかも元来存在しなかったかのように語る。ここにはプラトン『国家』第一〇巻における詩人追放論的な発想も介在する。「ミュートス」をただしく語る者たちは「よき神」の本来あるべき姿と信仰に貫かれた生活実践の本来の姿を語る。このような本来性への信念は、ユリアヌスによる宗教批判のなかにも看取される。

第5章　ユリアヌスの信仰世界 II

——理想国家の宗教

国家と臣民の頽廃を救い、帝室成員が擁護するに足る信仰とは何か。ユリアヌスのこの問いは、哲人統治国家におけるありうべき祭祀と死生観の模索へと開かれていった。

その概略を「神官宛書簡断片」(*Ep.* 89b Bidez) の儀礼論と神官の生活規定に見いだすことができる。「神官宛書簡断片」の現存する冒頭部分では都市文明を拒否する砂漠の師父への批判が (288ac)、結語ではキリスト教徒の慈善活動とフィラントローピアへの批判が語られる (296bd)。理想国家の宗教における人間と神の関係の基底にある互恵的関係およびフィラントローピアの意義 (*Ep.* 89b, 288c-291c)、恩恵をかぎりなく人間に注ぐ神々への報恩としての儀礼の意義 (291c-296b)、霊的指導者としての「神官」の生活規定 (296b-305b) がこれに対置される。

このとき、ユリアヌスは自らの宗教観を現実のローマ帝国の文明の布置と宗教地誌との整合性を考慮しつつ構築していたことに注目したい。『ガリラヤ人駁論』における「ヘレネス」の文明と神話・儀礼体系の至上性に関する議論のみならず、『王ヘリオスへの讃歌』と『神々の母への讃歌』にも、宇宙の構造への言及と太陽神あるいは地母神と同一視される帝国領内のさまざまな在来のエトノスの宗教 (民族宗教) の神々の布置への言及がみられる。『王ヘリオスへの讃歌』では、プラトン『国家』とイアンブリコスの教説をもとに再構成された宇宙の構造 (131d-135d)、帝国領内に存在する太陽神との同一視および太陽神神話の伝承 (136a-137c)、太陽神の性質と権能 (137c-143b)、関連する諸神格との関係および同一視される諸神格とその祭儀（143b-157b）が語られる。序文（130b-133c）ではユリアヌス自身の「光」の記憶の回想と地上にある生への壽詞がみられる。結語（157c-158c）ではサルーティウスへの献辞とイアンブリコスへの讃辞、太陽神へのドクソロジーがみられる。『神々の母への讃歌』では、神働術における神託の女神としての「神々の母」が帝国各地にみられる地母神と同一視される。ここでは地母神とその息子アッティスの神話の諸類型に加え、フリュギアからギリシア本土を経由してローマに伝来する地母神の祭祀の由来が語られる。アッティスの自己去勢の挿話は「情欲の浄め」として理解される。

そしてユリアヌスは『王ヘリオスへの讃歌』において、人間は可視的な事象を通してはじめて不可視の存在に対する信仰を持つと主張した。[*1]「神官宛書簡断片」において、神々の善性に由来する恩恵として理解される都市生活と文明はこの「可視的な事象」の代表例である。さらに「神官宛書簡断片」では、供犠と祈禱の機能が「神々の恩恵への適切な返礼の方法」として定義される。個人の生の究極的な目的は死後の一者への「魂の回帰」におかれ、祈りと供犠は「魂の回帰」に至るための神々との交流の手段として理解されている。ユリアヌスは神々と人間のあいだの互恵的な関係を根拠に、人間どうしが神々の恩恵の模倣として持てるものを分かち合う互恵的な関係の実践を要請した。彼はこの論理を根拠として、神々の善性と恩恵への返礼の方法を知るための「適切な教説」の学習を正当化したのである。

すでに第3章で見たように、ユリアヌスは『教職に関する勅令』の補則において、修辞学・文法学・哲学を「神々の本性を学ぶ」ための領域として想定し、典籍のなかの神話叙述と歴史上の儀礼実践事例から、可能なかぎり各種の身体的な欲望や知性への嫌悪を喚起する要素を排除して「適切な教材」を提供する作例を指定した。「神官宛書簡断片」においてもまた、神々に対する不信を喚起させる要素の少ない（と彼が認識するかぎりの）典籍のなかの神話叙述と儀礼実践の事例が列挙されている。反知性的な神話解釈を「魂の回帰」に資する教説から注意深く排除する態度は、『無学なる犬儒者を駁す』『犬儒者ヘラクレイオス駁論』にみられる反知性的な通俗哲学としての「犬儒派」批判と、

『ガリラヤ人駁論』で詳述される「悪しき哲学」としてのキリスト教批判にも通底する。

ユリアヌスの宗教観には、再解釈を通して衛生的に消毒された典籍の信仰世界が当時の社会においても一般妥当性をもつものであってほしい、という願望が看取される。宗教的帰属を超えた文化資本であるはずの典籍を注意深く選択して聖典として用いる態度は、典籍の神話観と倫理観が宗教的帰属を超えた文化資本であるからこそ、多くの読書人に霊性の礎を提供する可能性にユリアヌスが寄せる素朴な信頼が反映されている。

「神官宛書簡断片」で提唱される「神官」の役割は、祈禱と教説の学習と観想を日常的な習慣として民衆の霊的生活の模範を体現し、神々と人間との円滑な交流を仲介者となることである。この「神官」は神働術の神官ではなく、本来は民衆の霊的指導者としての役割を期待されることのなかった在来の共同体的祭祀の神官たちである。神官にも霊的指導者としての機能を期待する態度は、宗教的帰属を超えた共通の文化資産としての教育に関わる者に霊的資質を求め、医師に霊魂と肉体の癒しを行う職務を求める『教職に関する勅令』や『医師に関する勅令』にも通じる。

1　宇宙のなかの神々と人間

ユリアヌスの宇宙観は『王ヘリオスの讃歌』と「神官宛書簡断片」(*Ep.* 89b, 292ac)[*2]から再構成することが可能である。彼の信仰世界のなかの宇宙像は星辰の位置する第八の天球の外側の「天球を超越した世界」(ὑπερκόσμιος)」と諸天球、そして月下界の三層構造をもつ。『王ヘリオスへの讃歌』では、宇宙の構造はイアンブリコスの教説を参照して紹介されており、[*3]『エジプト人の秘儀について』第一巻および第二巻にみられる宇宙の構造とも合致する。[*4]人間を月下界の最下層に配する宇宙観はプラトン『ティマイオス』と同様である。サルスティウス『神々と世界について』の宇宙像は同心球状の構造をもつが、神々の配置に関してはユリアヌスの宇宙観と同様の見解を示している。[*5]

「天球を超越した世界」は知性によって把握可能（知解可能）な領域（νοερὸς κόσμος）であり、「第一級の神々」としての知性によって把握可能な非物質的な神々（νοεροὶ θεοί）が存在する。一者（τὸ ἕν）は至高神であり、これらの神々の頂点にあって世界を統べる。一者は創造を司り、両極の事象を結び合わせ、世界に調和を与える。

その下位に存在するのがヌース（心魂）によって認識可能な世界（νοητὸς κόσμος）としての諸天球である。ここには天体神がヌースによって把握可能な神々（νοητοὶ θεοί）として存在する。具体的には上方から下方へ向かって、土星（Κρόνος/Saturnus）、木星（Ζεύς/Iuppiter）、火星（Ἄρης/Mars）、太陽（Ἥλιος/Sol）、水星（Ἑρμῆς/Mercurius）、金星（Ἀφροδίτη/Venus）、月（Σελήνη/Luna）の各天球が存在する。

第三の領域は、可視的かつ物質的領域（ἐμφανὴς κόσμος）としての月下界である。ここには「第三級の神々」としての物質的・可視的な領域を司る神々（ἐμφανεῖς θεοί）[*7]が存在する。『王ヘリオスへの讃歌』では、太陽神は「一者」の知覚可能な顕現として理解される。諸天球の世界においては太陽と同一視され、月下界の可視的な世界では太陽の光として顕現し、宇宙と地上に調和と昼と夜と季節の変化と生成消滅を与える。

月下界には上方から下方に向かって天使（ἄγγελοι）、神霊（δαίμονες）、英雄たち（ἥρωες）、独立した世界霊魂たち（ψυχαί μερισταί）の神的存在が存在し、最下方に人間の生きる領域がある。

『王ヘリオスへの讃歌』では、太陽神は月下界において神格としてのゼウス＝ユピテルとも同一視される。[*8]可視的な世界は地・水・火・風の四大元素とアイテールから構成されており、太陽の光は可視的な世界におけるヘリオスの顕現かつアイテールの至上の形態として解釈される。[*9]月下界に充満する神々および神的存在には、上位の領域と可視的な領域の仲介者としての機能が想定されている。[*10]

「神官宛書簡断片」では、可視的・物質的な世界に介在する神々のみが人間の行う具体的な儀礼を介した崇敬（θεραπεία）の対象として想定されている。知性によって把握可能な神々が心魂によって把握可能な天体神の存在を人間に提示してもなお、天体神は不可視の存在であって、物質を供物として献げる対象とはならないからである。この可視的かつ物質的な世界に介在する神々には在来の民族宗教の神々も含まれるが、ユリアヌスはこの神々に献げられる儀礼を、聖域に設置された神像と祭壇を媒介にした供犠と祈りとして類型化している。[*11]

ユリアヌスの想定する宇宙に存在する神々と神的存在は肉体をもたない。ゼウス＝ヘリオスと「神々の母」は、可視的な世界における生成消滅を協力して司る神格として位置づけられる。「神々の母」は「創造の力」の賦与と生成消滅の権能を備え、非物質的な神々と心魂によって把握可能な神々のほか、可視的物質的な領域に充満する霊的存在を生み出す存在として理解される。[*12]

ユリアヌスは輪廻転生説には懐疑的であり、あらゆる人の霊魂が死後に究極的に到達しうる場所を星辰界のはるかなたにある「一者」の領域として理解していた。宇宙のなかの人間の生々流転は究極的には死後の「一者」への「魂の回帰」による救済へ向かう過程として想定されている。ここでは、冥府の神ハーデースは霊魂を肉体から分離させ、魂をまた別の肉体に転生させることなく、究極的には一者へと回帰させる機能を担う。[*13]

それでは、ユリアヌスの宗教観のなかで「魂の回帰」をより確かにする営為とはどのようなものであろうか。

人間と神々の互恵的関係——「ポリス的生物」にとってのフィラントローピア

ユリアヌスの宇宙観と人間観は現世肯定的である。ユリアヌスの宇宙観のなかでは、世界は神的存在に満ち満ちており、人間の幸福は世界の最下層を司る神々の恩恵によって与えられた都市文明を享受しつつ、神々への報恩としての祈りと供犠とを献げる生活にある、と想定されている。ここでは労働と生産の技芸と物質文化は神々によって与えられた恩恵の具体的な形態として理解されており、生殖は肉体と情欲に囚われた人間の行う必要悪ではなく、人間の生活の場としての都市共同体の繁栄のために欠くべからざる営為とみなされる。為政者ならではの視角であろう。

「神官宛書簡断片」では、神々と人間のあいだの互恵的な関係の理想的形態が提示される。ユリアヌスは「魂の回帰」による救済の可能性のみならず、自然の力を人間とその共同生活にとって有益な事象に変える文明の賦与も神々のもたらす恩恵の一形態として捉えている。農耕・狩猟採集調理・醸造・貴金属・卑金属の精錬加工技術、紡織と縫製手工芸などの技芸は、人間に文明的な生活を与える神々のフィラントローピア（φιλανθρωπία）のあらわれとして理解される。人間は神々の恩恵によって与えられた技芸を享受して生産活動と文明的な生活を行い、余剰生産物を貧者に施すことによって、神々のフィラントローピアの模倣を人間に対して具現化することが可能になる。[*14] 慈善は人間に文明を与える神々の模倣として理解される。このように生徒を導く教師のように、目上の者の欠点を節度とともに譴責する者のように人間に接し、人間に生活の技芸を与える神々の姿勢をユリアヌスは「神々のフィラントローピア」と呼ぶ。人間がこのフィラントローピアを模倣して隣人にも接するとき、神々は人間が神に似ることを喜び、よき配慮（εὐμένεια）を人間に与える。[*15]

ユリアヌスは文明と文化の産物を独占して奢侈と消費活動に身を委ねる生き方を卑俗な生とみなす。「神官宛書簡断片」で描かれるこの卑俗な生を生きるひとびとは、奢侈に身を委ねて物質的恩恵と技芸を神々の恩恵の一環であるということを忘れ、神々への敬意を忘れてしまう。ユリアヌスはこの卑俗な生に「ポリス的生物」の生を対置する。つまり、人間は「ポリス的生物」なのだから、文明化された場所としての都市共同体に住み、共同生活を行って生殖を行い、豊かな生とかぎりない恩恵を与える神々に感謝し、供犠と祈りを介して交流を行い、よりよい生を生きる場所として都市共同体を繁栄させなければならないのである。このように「卑俗な生」から神々の模倣を行う生への転回が都市共同体を存続させるという発想が「神官宛書簡断片」では明確に提示される。[*16]

既存の社会が頽廃にまみれていても、神々との互恵的関係を保つことによって人倫や社会秩序が少しでも向上する可能性にかける期待をユリアヌスは放棄していない。祈りと供犠を介して神々との交流を習慣化させ、神々の「フィラントローピア」を模倣することによって豊かな都市に生きる人間としての生をまっとうする生き方を、彼は神々の恩恵に応える生き方として提示する。

したがって、「神官宛書簡断片」では、神々の恩恵を受けながらも都市共同体に生きるものどうしの美徳として

「フィラントローピア」を実践することが「持てるもの」の責務となる。キリスト教の社会福祉事業としての貧者と病者への癒しはユリアヌスの「フィラントローピア」の範型であった。彼は自らの理想国家の宗教の側にもキリスト教徒のフィラントローピアへの態度を模倣するべきだと述べている。[*17] そのようなフィラントローピアがここにはある。

たとえばカビエルシュは、ユリアヌスのフィラントローピア概念はプラトンとストア派の哲人王理念を参照して形成されたものであって、テミスティオスのいう持てる者が持たざる者に一方的に神のように与える「神のごとく上から与える恩恵」としての古代末期の皇帝のフィラントローピア概念とは異なると指摘した。[*18] ユリアヌスの「フィラントローピア」は、万人にそれぞれふさわしいありかたで恩恵が共通の贈り物として神々から与えられているという認識を前提として、万人に平等に、ときには敵とも富を分かち合う態度を意味する。[*19] このような思考は都市文化を享受する富者の覚醒を促す思考ととらえるべきであろう。たとえばパック『ユリアヌスの政治における都市と租税』のように、紀元後四世紀中葉にあって私財を投じても都市を豊かにする有力者としての責務と重税を逃れようとする都市参事会員への誇りの喚起として、ユリアヌスの「ポリス的生物」像を読み解く見解が現れる所以でもあろう。[*20] 古代地中海世界における多神教神話はかならずしも人間にとって神々の善意を感じさせる温和な挿話には満ちていない。ユリアヌスの議論は、在来の民族宗教の神々の存在を「善意にあふれる神々」として理解する思考の枠組みをもつことによってはじめて理解可能なものである。都市文化の恩恵を実感できる層とは必ずしもいえない立場にあるひとびとにとっても、ユリアヌスの提示した神々の善意と恩恵の概念が、神々への感謝を喚起するものであったかは疑わしい。

供犠と聖域と神像の肯定

ユリアヌスは共同体的多神教の諸儀礼を神々の恩恵への返礼を可視化する行為として再定義した。彼の神像に関する見解はイアンブリコス『エジプト人の秘儀について』にみられる「一者」の月下界における顕現とそのよりしろとしての聖域と祭具に関する見解を敷衍したものである。イアンブリコスは神働術における「像による神託」を他の伝統的な神託よりも上位に位置づけつつも、聖域と神像の使用を肯定したが[*21]、ユリアヌスはイアンブリコスの「像による神託」肯定論を拡大解釈し、在来の民族宗教の祭儀における聖域と神像の利用を正当化するために用いた。しかし、彼は神像に対する礼拝を自己目的化することがない。偶像礼拝に対して強い忌避感を抱くキリスト教の影響下で初期の信仰教育を受けた人物ならではの解釈でもあろう。

「人間が不可視の存在を信じることは、可視的な存在を通してはじめて可能になる[*22]」。『王ヘリオスへの讃歌』で提示したこの論理にしたがって、ユリアヌスは聖域と神像と供犠を肯定する。

「神官宛書簡断片」でユリアヌスは、次のような論理にしたがって神像の利用を肯定する。まず彼は、キリスト教においては偶像礼拝として認識されうる共同体的多神教者による神像への礼拝を、人間の身体性による認識の限界として捉える。肉体をもつがゆえに父祖たちは神々には身体があると信じ、物質的なもの（τὰ σωματικά）を礼拝することで神々への礼拝（λατρεία）を行っているものと認識していた、という説がここで提示される。しかし、ユリアヌスの宇宙観のなかの神々は本来身体を持たない。したがって、物質的なものへの礼拝は神々に対する礼拝にはならない、と判断される[*23]。

儀礼への適切な参与の方法は修養的な生き方と結びつけて論じられる。ここで推奨されるのは、神々への畏敬の念（εὐλάβεια）と人間に対する誠実さ（χρηστότης）、そして肉体の貞潔（ἁγνεία）を人倫の礎におき、信仰（εὐσέβεια）の完成への道を歩む生き方である。「神々への畏敬の念」を示す適切な参詣の方法として指示されるのは、敬意と「清らかな尊崇の念」（ὁσιότης）をもって神々が実在するかのように聖域と神像のもとへ参詣することである[*24]。神官と一般市民にとっての「もっとも適切な祈り方」として、神殿や聖域や祭壇や神像の前でぬかずいて祈ること（προσκυνεῖν）が推奨される[*25]。

ユリアヌスは神々と人間のあいだには人格的な関係がありうることを想起させようと試みたが、祭壇と聖域にともされる燈火や神像を神々そのものであるとは考えていない。それらは神霊（δαιμῶν）のよりしろであり、神々を尊崇する（θεραπεύειν）ための道具にすぎない。[*26]

『神々の母への讃歌』において、ユリアヌスは紀元前二〇三年の疫病の流行のさいに都市ローマに勧請されたフリュギアの地母神マグナ・マテルの神像の事例を紹介する。都市ローマの聖域にマグナ・マテルが勧請されたとき、本来神霊の宿っていない物体であった神像が神霊のよりしろとなって崇敬の対象となったという事例である。[*27]「神官宛書簡断片」においても彼は、祭壇の素材となった石材が、祭壇に相応しい材質であるからという理由で神聖視されることは適切ではないと述べる。[*28] 神像も祭壇も聖域も、神々の象徴として受容されつつもその深奥にある不可視の存在を想起させて人間に戦慄を覚えさせる対象ではあっても、神々そのものではない。あるいはそれらはその素材そのものとして認識されることはないからである。[*29] 聖域と聖具の素材を神的存在の受容体として捉える視点を、ユリアヌスはイアンブリコスと共有している。[*30]

ユリアヌスは「神々の似姿（εἰκών）」としての聖域と神像の不滅性の理念を次のような論理に拠って退ける。聖域や神像がもし不滅であるならば、それらは非物質的な存在であって、人間の手によらずにできたものと見なすことができるが、実際にはそれらは人間が作ったものに過ぎない。[*31] 神々は不可視の領域から可視的な領域に降下し、神像を生けるものとし、永遠に人間にとっては不可視のままに留まる権能をもっているため、[*32] 聖域と祭壇と神像は神々のよりしろとして必要不可欠となる。しかし、聖域が心ないひとびとによって破壊され冒瀆されることで、ひとびとが神々への信仰を喪う可能性がある。[*33] 聖域や神像が破壊され神々のよりしろとしての意味を奪われたとしても、そこに神々は永遠に留まっているという祭場観が破壊された聖域の回復への希求の根拠となる。

このような祭場観から、ユリアヌスは伝統的多神教祭儀をキリスト教のいう偶像礼拝とみなす立場を退ける。このとき彼は神像と祭壇のある祭場と聖域を、人間の可視的な世界に顕現する神々への可能なかぎりの感謝と讃美を手向けるにふさわしい場[*34]として再定義することを試みたといえる。

2 「ローマはギリシアの友邦である」――宗教地誌と哲人統治国家の宗教

ユリアヌスの想定するローマ帝国における哲人統治体制下の宗教はなぜ「ギリシア」的でなければならなかったのか。この問題は、彼の宗教地誌観のなかの「ギリシア的」なものの至高性と祭儀の布置を考察することによって明らかにされる。

「それぞれの民族（エトノス、ἔθνος）にはそれぞれにふさわしい守護神が与えられている」。この観念はイアンブリコス『エジプト人の秘儀について』でも明示され、多様な民族宗教の存在意義を肯定する（Iamblichus, *Myst.*, V.25）。ユリアヌスもまた、『ガリラヤ人駁論』において、次のような論理にしたがって諸民族の宗教の多様性を肯定する。

世界は神々の恩恵によって護られた場所であるので、あらゆる地域であらゆる人々が神々からの恩恵を享受することが可能であり、それぞれの民族にはそれぞれの居住地域や性質に応じてふさわしい守護神と「神々との適切な交流の方式」としての礼拝の方法が与えられている。ギリシア人にはギリシア人にふさわしい宗教が、その友邦の民たるローマ人にはローマ人にふさわしい敬虔さの表明の方法が、エジプト人、「カルデア人」、ユダヤ人にもそれぞれにふさわしい敬虔さの表明の方法が与えられている。[*35]

ユリアヌスはラテン語を話す「ローマ人」を「ギリシア人」とは別のエトノスとして想定する。天文学と占星術の伝統をもつエジプト人、天文学と占星術に加えて神働術の故郷の民とされる「カルデア人」、ユダヤ人もそれぞれ別個のエトノスとして理解される。「神々との交流の手段」とは、実定的に存在する共同体のなかで継承されてきた儀礼の謂であり、ユリアヌスはそれぞれに適した神々と祭式の伝統を継承して「神々と交流を深める」ことをすべてのエトノスに望んだ。

イアンブリコスは『エジプト人の秘儀について』（V.25）において、供犠を含む各種の儀礼は神々との交流の手段であって、人間の独断によって発明された営為ではないと考える。ユリアヌスもまた、「大神祇官テオドロス宛書簡」(*Ep.* 89a. 453bc) において、地縁・血縁共同体で伝承されてきた神々の祭祀をたんに人間が定めた儀典に依拠する営為としてだけではなく、神々によって示唆された「交流の手段」として理解する。このような発想に立って、ユリアヌスの理想国家の宗教観においては、エトノスの宗教とその儀礼という「父祖たちの慣習」は、それぞれのエトノスに継承されるべきものとして位置づけられる。

文明人たちのいるところ――ギリシア人とローマ人の文明の優越性

ユリアヌスはすべての民族宗教を平等に扱っているわけではない。彼は古典期アテナイの都市文明を理想化して、「ギリシア人（ヘレネス、ヘラースびと）」の文化と宗教をあらゆる宗教のヒエラルキーの最上位においた。このような発想は、ギリシア文明よりも旧い神々との交流の伝統に生きるエジプトの神官アバモーンにイアンブリコスが自らを擬して語った『エジプト人の秘儀について』には見られない。

ユリアヌスのいう「ヘラース」は彼の同時代のギリシア本土、アカイアー州ではなく、民族的・階級的な出自を超えて、基層的な高級文化としてのギリシア的教養（パイディア）の理想を共有するひとびとすべてに開かれた「文化の栄える場所」を意味する。『ひげぎらい』にみられるユリアヌスの自己認識にも、このような「ヘラース」の観念は反映されている。イリュリア州出身の軍人の家系に連なる者としてコンスタンティノポリスに生まれた人物であっても、ギリシア文化への憧憬を心に抱いていればギリシア本土の出身者ではなくても「ヘラースびと」を名乗ることができる[*36]、とユリアヌスは主張するが、彼のいう「ヘラース」はすべてのギリシア憧憬者に開かれているわけではない。ユリアヌスは真の「ヘラースびと」となるための要件として、ギリシア憧憬者に文化の賦与者としてのオリュンポスの神々に対する敬意を要求する。「神官宛書簡断片」では、オリュンポスの神々は文化の精華を「ヘラース」の民（ヘレネス）にもたらした存在として、また、他の地域の神々とも習合して地中海世界に広く受け容れられている存在として位置づけられている。ユリアヌスは、この「文化の賦与者」としての神々がもし存在しなかったならば、人間は神々からよきものとして与えられた自然のなかのさまざまな資源を生かすことができないまま、貧困のうちに生きざるをえなかったであろう、と主張する。[*37] 彼は、特権的な豊かさを兼ね備えた文明を「ヘラース」にもたらしたオリュンポスの神々を、「ヘレネス」の本性である都市性に豊かな実りをもたらす優れた神々と見なし、その神々と交流することを特権的な「敬神」の営為として解釈した。

仮構の聖地としての「ヘラース」の姿がここに浮かび上がる。

ユリアヌスは帝国領内の諸地域にまさる「ヘラース」の至高性の根拠として、「ヘレネス」の優秀性をあげる。彼は「ヘレネス」を諸学芸と愛智を生み出した民族として理解し、『ガリラヤ人駁論』では次のように「ヘレネス」の華麗な来歴を語る。ユリアヌスは「ヘレネス」を自由七科の統合者とみなし、「ヘラース」を歴史に残る偉大な人物の産地として描く。曰く、バビロニア人が生み出した天文学も、エジプトで生み出された測量術も、フェニキアの商人たちが生み出した算術も継承して完成させ、諸学芸の一環（ἐγκύκλιος παιδεία）に加えたのは「ヘレネス」である。音の生み出す調和の法則を発見し、諸学芸の階梯に音楽を加えたのも「ヘレネス」であった。「ヘレネス」はまた、天文学と測量術を結びつけて算術を援用し、宇宙の調和の原理を見いだすことに成功した。[*38]「ヘラース」はプラトン、ソクラテス、アリステイデス、キモン、タレス、リュクルゴス、アゲシラオス、アルキダモスのような賢人のほか、哲人、将軍、工匠、立法者[*39]のほか、ペルセウス、アイアコス、クレタのミノスにはじまる海賊を討伐し、蛮族をシリアやシチリアへ退けた将軍たち、版図を広げた人々、島と大陸との支配者を輩出した[*40]土地であったという。

このような「ヘレネス」像は明らかに、ギリシア文明の一般性と優越性を強調する「ヘラース」中心史観に立つものである。都市共同体を基盤に発展した「ヘラースびと」の文明はいまやローマ帝国全域に一般的に広く存在し、思想と文学から科学技術に至る「ヘラースびと」の文化の精華と教養の言語としてのギリシア語も広く共有されている状況に、ユリアヌスは人間の本性が「ポリス的」であることの根拠とみる。彼は、前古典期から古典期にかけてのギリシア人の都市国家社会で培われた文学作品や思想が彼の時代に至るまで「ギリシア的教養」の一環として影響を及ぼしていることを根拠にして、「ヘラース」の高級文化の普遍一般妥当性を主張した。

『ガリラヤ人駁論』において、ユリアヌスは「ローマイオイ（ローマ人）」を「ヘラースびと」の友邦の民に位置づける。彼にとって、ギリシア人とローマ人は「祝福された土地の民」であり、公正さと柔和さと法に対する敬意を共通の美徳とする民族である。法を侵した者に対しても公正で柔和な態度を保つローマ人に対置して、ユリアヌスはギリシア人を「秘儀と神」について語る人（θεολογικοί）の資質に恵まれた柔和で霊的で知的な民族として描き出し、[*41]「怒れる神」の教説を保持するヘブライオイ（ユダヤ人）とは対照的な民族とみなす。[*42] このような立場から彼は、ローマ人の共同体に神の理法をもたらす「哲人祭司王」の原型をヌマ王（ヌマ・ポンピリウス）に見いだす。彼はヌマ王を「ヘラース」の初期の立法者であるソローンやリュクルゴス[*43]と並ぶ存在とみなし、ゼウス（ユピテル）によって派遣された、ローマ人の法律の定礎者として、「人里離れた森に棲み、浄い思いをもって神々と交流」しつつ、神殿における礼拝の方法を定めた善意あふれる哲人祭司王として描き出した。[*44]

ユリアヌスは「ギリシア人」の祭祀のなかでも、古典期アテナイの社会的紐帯としても重要な役割を果たした市民の運営による都市の祭祀を理想化した。『ガリラヤ人駁論』において彼は、「ギリシア人」の祭祀の特権性の根拠をその「都市性」すなわち、都市共同体を基盤とした公的祭祀に担われている営為であったことに求める。ユリアヌスのいう「ギリシア的宗教」は現実の後期ローマ帝国のギリシア語共通語圏に存在したさまざまな土着の宗教ではない。むしろ歴史上のギリシア文化の伝播の結果として帝国東方に広く浸透し、土着の宗教と融合した「オリュンポスの神々の宗教」のギリシア的に見える上澄みの部分である。

ユリアヌスはローマ帝国におけるギリシア語学芸と科学技術の継承や、それぞれのエトノスの文化の多様性と個々の人間の倫理性の来歴を語るさいに、「ギリシア贔屓」の正当性を主張するためにあえて歴史性を歪曲することも辞さない。ギリシア的都市文化が地中海沿岸に広く共有されたのは、ユリアヌスが主張するように無前提に普遍的な価値を備えていたからではない。ギリシア諸都市の植民事業やアレクサンドロスとその後継者の諸王朝による勢力の拡大、そしてその結果としてもたらされた土着の文化へのギリシア文化の融合の所産であろう。ギリシア文化とローマ文化との融合は共和政期のローマにも生じていた。カピトリウムの神格体系がオリュンポスの神格体系と多くの共通点を備えているように見えるのは、ギリシア文化との遭遇によって要請されたローマ宗教の再解釈と両者の同一視の結果ともいえる側面が大きい。

ユリアヌスは紀元後四世紀の高級文化を担うギリシア語話者の立場から共同体的多神教の優越性を疑うことがない。それゆえの偏見に依拠して、彼は帝国の諸宗教のヒエラルキーを想定する。彼はこのような議論を正当化する論拠として、「ヘラース（ギリシア）」の優越性の観念に基づく「ギリシア人たちの宗教」の優越性を主張する。彼は神働術発祥の地とされるバビロニアと、オシリス・イシス・セラピス崇敬発祥の地であるエジプトの文化に対して、ギリシア文化よりも旧い「神々との交流の方法」を備えた神秘的な文化として敬意を払う一方で、エジプトをプトレマイオス朝以来「普遍的な」ギリシア文化を受け入れた地域として理解する。ギリシア文明の優越性を主張するために、ユリアヌスは適切な時間的遠近感をあえて放棄する。したがって、オリュンポスの神々と土着の神々との同一視が進んでいない地域の諸エトノスの宗教は「ギリシア人の宗教」「ローマ人の宗教」の下位に来る「バルバロイ」の宗教とみなされる。

しかし、たとえ「バルバロイ」の宗教であったとしても、帝国の多くの地方宗教はその儀礼の核心に神々への贈与の儀礼である供犠と奉納を備えている。ユリアヌスはそれゆえに祭場の復興と供犠・神託の振興を広く一般に求めた。

「ヘラース」の神々と同一視される神格への崇敬

ユリアヌスは「ギリシア人の祭祀」の正統性を、帝国各地における同機能の神々の習合に求めた。「大神祇官テオドーロス宛書簡」において彼は、「ギリシア人の宗教」の帝国における普遍性を、オリュンポス的神格体系の神々に相応する機能をもつ別名の神々が各地に形態を変えて広く存在するという事実を根拠として論じる。[*45]

このとき彼は、帝国全域に広くみられる神託の神としてのアポロンと「神々の母」としての地母神、および治癒神アスクレピオスの機能に注目する。『王ヘリオスへの讃歌』と『神々の母への讃歌』において彼は太陽神を光と創造のエネルゲイアをもたらす存在として提示した。『ガリラヤ人駁論』では、救済神としてのアスクレピオスの存在意義の正当性を強調した。このような議論は、「神の子」の臨在の実感をもたらすキリストの受肉の教説の対抗装置として、一者の顕現としての光の神が可視的な世界に放つ陽光や、救済神アスクレピオスや地母神の「子なる神」コレーやアッティスの神話を再定義する試みでもあった。

アポロンと「神々の母」は、二世紀の神働術家ユリアノス父子が提唱した『カルデア神託』の神働術を継承するイアンブリコス派新プラトン主義の神働術においても、「神託による哲学」を与える神格として重視された。「神託による哲学」の世界観におけるアポロンは、神託をもたらす神であるとともに、真実の世界に人々を導く至高の光の神である。また、「神々の母」は父なる至高神の思惟を受けて物質界のあらゆる存在に生命の息吹を与える神託の女神ヘカテーとして理解される。ユリアヌスはこの神働術的アポロンをヘリオス、不敗太陽神、ミトラスなどのさまざまな太陽神と同一視するとともに、冥界と地上を媒介する神働術的ヘカテーを自然界の生命力を象徴する月神（アルテミス、ディアナ）と地母神（キュベレー、アルテミス、アタルガティス、マグナ・マテルなど）と同一視する。[*46] 本来、オリュンポス的神格体系の神々の祭祀には含まれない神働術の神々を、ユリアヌスはこのようにして帝国領内のさまざまな神々のうちに位置づけた。

ユリアヌスはさらに、神働術的アポロンおよびヘカテーと同一視可能な神々の普遍性と正統性を説得的に論じようと試みる。

ユリアヌスは『王ヘリオスへの讃歌』において、光の神を救済と啓示をもたらす「第五元素」アイテールとみなすイアンブリコスの定義を引用しつつ、神託の神アポロンをはじめとする民族宗教の「光の神」から、ローマ化されて秘儀結社となったミトラス教の光の神ミトラスに至る帝国の諸宗教にみられる「光の神」の普遍性の証明を試みた。[*47] 彼は、帝国のさまざまなエトノスの宗教の神格体系に含まれる天空神や太陽神、星辰の神や光の神をそれぞれの地域にふさわしい顕現とみなした。[*48]

ユリアヌスはまた『神々の母への讃歌』において、地中海世界各地にみられる大地母神とその息子あるいは娘としての「子なる神」にまつわる祭儀と秘儀を、死と再生の神話を具現化し、生命力と人間の魂の浄化をもたらす儀礼として称揚した。彼はデメテルの娘コレーの死と再生の儀礼であるエレウシス秘儀を生命の賦与の儀礼とみなし、[*49] 春分をはさんで行われるアッティスの死と再生の神話（ミュートス）と祭儀を、魂の冥府への降下と回帰の寓喩として理解した。ここでのアッティスは生成の力をもたらす神として理解される。[*50] ニュンペーの洞窟に降下したアッティスは、「神々の母」の情念をまぬかれた愛へと回帰するために自宮し、「智者」（σοφός）となる。[*51] ユリアヌスの語るアッティスの洞窟への降下と再生の挿話は、キリストの冥府下りと復活に対置される挿話でもあると同時に、情念の介在を想定しない「聖母」と「子なる神」の物語として解釈することが可能であろう。アッティスの神官たちの自宮もまた、この神話の寓喩的解釈によって情念の滅却のための儀礼として位置づけられている。[*52]

「神々の母」の一種である小アジア・シリアの大地母神祭祀や、シリアの太陽神祭祀ではオルギアに相当する儀礼が含まれるはずだが、『神々の母への讃歌』ではオルギアへの言及がみられない。イアンブリコスが『エジプト人の秘儀について』第六巻で述べた秘儀の理性化の論理がここにも適用される。祭祀における「男性らしさ」と理性の行使をめぐる事例として、シリアの太陽神神官の家系に生まれた皇帝ヘリオガバルスが女装して都市ローマで行われたシリアの太陽神の祭祀に参列し、尚武と質実な男らしさを求めた都市ローマの住民から「皇帝らしくない」と批判されたエピソードが想起されるが、ユリアヌスはこの挿話にはふれず、ガッロイの去勢儀礼も「情念の滅却の儀礼」として理念的に捉え、秘儀の理性化の論理によって正当化している。

『ガリラヤ人駁論』では、アスクレピオスがイエス・キリストにかわる救済神として提示される。アスクレピオスはアポロンと人間の女性の息子にして救済神・治癒神の役割を担う神格として定義され、キリスト教における救済者・宗教的治療師としてのイエス・キリストの機能との類似性を想起させる。アスクレピオス祭祀の聖域は古代地中海世界に広く分布し、至聖所における儀礼的入眠の間に見る託宣夢の解釈にもとづく治療を行う病院・保養所を備える場合もあった。そのことを根拠に、ユリアヌスはアスクレピオスのうちに、当時アレイオス論争のなかで熾烈な論議の対象となったイエス・キリストに優る正統な神聖性と実効性をもつ治癒神の機能を見る。彼はここでイアンブリコスが『エジプト人の秘儀について』第六巻で提唱した託宣夢における理性の保持の論理を、アスクレピオス祭祀における託宣夢の正当化にも適用する。[*54]

『王ヘリオスへの讃歌』でアポロンと同一視されるソル・インウィクトゥスも、『神々の母への讃歌』でヘカテーと同一視されるペッシヌスの地母神＝マグナ・マテルも、「子なる神」としてのアスクレピオスもかつて、ローマの国難を救うために導入され、戦争の勝利や疫病の平癒などの実効性を示した経歴をもつ神々である。ユリアヌスは国難を救う神々の神性の正統性と実効性に着目する。ユリアヌスにとっては類似の神格が秘教的な場でも顕教的な場でも共有されていることが重要であって、そのためには帝国の諸宗教のおかれた歴史的な来歴をみずからの理念に従わせて解釈する必然性があったのであろう。このようにして彼の構想する「父祖たちの慣習」はさらに仮構性を帯びてゆく。

蛮族たちのいるところ——バルバロイの宗教としてのキリスト教とユダヤ教

ユリアヌスがキリスト教を「バルバロイ」として扱おうとした理由を、「ヘラース」をオリュンポスの神々に守られて至上の文明の繁栄する場所と見なす文明観は明らかにする。

ユリアヌスはキリスト教徒に「ガリラヤ人」という蔑称を与え、あくまでもユダヤ教出自の一民族宗教のセクトの地位に矮小化しようと試みた。彼は特にギリシア語話者のキリスト教徒を批判の対象として想定した。「本来のルーツであるユダヤ教の生活実践を放棄し、本来その土壌に欠けていたはずのヘレニックな修辞学と哲学の力を借りて世界宗教を僭称しようとする不遜な宗教」としてキリスト教を定義することで、キリスト教の存在意義を「バルバロイの宗教」として矮小化する試みがここにある。ユリアヌスが『ガリラヤ人駁論』で修辞学と哲学の成果を援用しない聖書解釈の方法を披瀝した動機もここに見いだすことができる。キリスト教徒でありながらユダヤ教に共感をもってユダヤ教の生活規定に従おうとするキリスト教徒にユダヤ教への回帰を呼びかける論理がここにはある。

ユリアヌスは主張する。キリスト教徒はユダヤ教徒の善き伝統を放棄するかわりにその悪しき伝統だけは継承した「過てる信仰（δυσσέβεια）」「敬神に反する信仰（ἀσέβεια）」の持ち主であり、「神々が存在しない」と主張する人々（ἄθεοι）である。[*55] この「善き伝統」とは、第二神殿崩壊以前のユダヤ教が保っていた神と人間の交流の手段としての供儀の継承を意味する。また、「悪しき伝統」とは原初の人間を楽園から追放し、イスラエルの民を苦難へと導き、モーセに律法を与えながら背信を禁じた旧約の「悪意ある神（θεὸς βάσκανος）」の教説を意味する。

ユリアヌスは、多神教文化とギリシア的教養に親しんできたギリシア語話者のキリスト教への入信を、進んでユダヤ人の民族宗教の分派に帰依して「ユダヤ人」となろうとしながら、ギリシア人の文化の恩恵を享受する折衷的な態度とみなす。それは彼にとって、至高の存在がギリシア人に与えた恩恵に対する二重の裏切りとしての意義をもつ。そのようにして、ユリアヌスはキリスト教を「ユダヤ教とギリシア人の宗教と慣習から悪しき側面を選び出して念入りに造り上げた仮構」であり、神の存在を否定する言説として定義する。[*56]

古代地中海世界における一民族宗教としてのユダヤ教、またユダヤ教を担ってきた「ユダヤ人」の置かれた歴史的状況についてのユリアヌスの見解は明快である。彼は『ガリラヤ人駁論』において、ユダヤ人を帝国の被征服地の「バルバロイ」として、またユダヤ教を「バルバロイの慣習」とみなし、普遍的な「ヘレネス」の文化には匹敵することのない地域的な現象として捉えた。彼のこのような見解はキリスト教を矮小化するための論理上の布石であったとはいえ、帝国各地にディアスポラとなり、時にはギリシア文化を受け入れた現実のユダヤ教徒のおかれた状況に対して共感的ではない。ユダヤ教徒が旧約の「嫉む神」をすててプラトン的な情念を滅却した善美かつ理性的な神の教説に従わないかぎり、ユリアヌスはユダヤ教徒を「バルバロイ」と見なしたであろう。

ユリアヌスは『ガリラヤ人駁論』において、ユダヤ人の「バルバロイ」としての資質をユダヤ人の国家の形成とその君主像に見いだそうとする。彼はユダヤ人の国家の歴史をヘレニズム＝ローマ的な法治国家の伝統と対比し、古代ユダヤ人はギリシア人のようには地中海沿岸全般に共有されうる普遍一般妥当性のある文化と社会制度の創案者にはなりえなかった、と主張する。[*57] 古代地中海世界の民族の十字路であったパレスティナにおいて、ユダヤ人は常に弱小国家しかもちえなかったために、メソポタミアないしは地中海沿岸の制覇を達成することができず、エジプト、アッシリア、メディア、ペルシア、ローマなどの隣接する大国の領土拡張戦争のなかで蹂躙され隷属的な地位におかれる弱者でありつづけた。その歴史こそが、ユダヤ人にみずからの王を戴くことを許さなかった神の意志の証明である、と彼は断言する。[*58]

ここで彼はユダヤ人の君主をヘレニズム・ローマ史上の名君と比較する。ユダヤ人はまた、アレクサンドロスやカエサルのような名将をもたなかったがゆえに常に敗北を喫し続けてきたのであり、彼らにとっての名将はヘレニズム＝ローマ世界においては無名のローカルな「バルバロイの王」にすぎない。[*59] 古代イスラエル人にとって最高の名君であるはずのソロモン王でさえも、人妻と姦通を行う情念に溺れる心弱き支配者としてユリアヌスは位置づける。[*60]

ユリアヌスにとっては、このユダヤ人の歴史の過程そのものがユダヤ教の神の神聖性を疑う根拠となった。ユダヤ教徒は「イスラエルの民、ユダヤの民」のみを顧慮する至高神を奉じていたにもかかわらず、その神こそが現実の歴史のなかのユダヤ人に民族の世俗的な栄光と恩恵の代わりに、[*61] 常に苦難を与え続けた。[*62] ユダヤ人に可視的な利益を与えない民族の至高神を、彼は至高神の名に値しない邪神として理解した。

ユリアヌスは、「普遍的」な「ヘレネス」の文化にローカルなユダヤの文化を、また「モーセの神」の聖性に関する議論とプラトン『ティマイオス』に代表されるヘレニズム哲学の至高神理解の論理整合性を対置し、「モーセの神はユダヤ人に最高の神と立法者を与えた」というユダヤ人の主張には明らかな論理の矛盾があるという結論を導き出す。[*63] ユリアヌスにとっては、古代地中海世界に圧倒的な文化的・社会的・政治的影響力を及ぼすことがついにかなわなかった「弱き民」の文化に由来するキリスト教は、古代地中海世界の覇者となったローマ帝国の帝室成員にとって、奉じるにふさわしい威厳ある宗教ではありえなかった。彼の立場からすればキリスト教は必然的に、ユダヤ人の民族宗教の分派であってしかも貴顕の者にまで「ガリラヤの貧民」の模倣をさせるバルバロイ（蛮族）にこそふさわしい卑賤な宗教として位置づけられることになる。ユリアヌスにとっては「ヘブライびとら」は律法と戒律をもつ、合法的に存在するバルバロイの一種にすぎない。[*64] 彼は故意に、ユダヤ人の聖典の神にして律法の賦与者である旧約の神の激しやすさと残酷さを「ユダヤ人の民族的特質」であると断じる。[*65] ユリアヌスはギリシア中心的な宗教地誌観と、イアンブリコス的な「諸民族にふさわしい神々」の観念に照らした上で、ギリシア語を第一言語とはしない民族を「蛮族」とする民族観の類型にしたがって、ユダヤ教徒を旧約の神を模倣する「バルバロイ」として描き出した。彼のユダヤ人理解は図式的であり、現実のヘレニズム化されたユダヤ人／ユダヤ教徒に対する観察をあえて看過している。

しかし、「バルバロイの宗教」とみなされたユダヤ教も、ユリアヌスにとってはその上位概念であるはずの普遍的（κοινός）な「父祖伝来の慣習」もまた、本来は地中海世界の一地方の民族宗教にすぎない。ユリアヌスは同時に、神聖な存在に憧れる心はすべての人間の本性に備わるものであると考えた。[*66] ユリアヌスの依拠するこのような人間理解と、「諸民族に相応しい神々」の観念に照らせば、それぞれの民族がそれぞれの守護神によって与えられた宗教の慣習を守っていれば、それぞれの土地に神（々）の恩恵が与えられて、特別な問題は生じないはずなのである。ユリアヌスにとっての「バルバロイの宗教にあえて与する邪教」の徒であるキリスト教の信徒たちにとってもまた、彼らにとって真理である「神」を真に偉大で善なる存在として崇敬し、律法を守って善く生きること自体は正当な営為であるはずである。[*67]

ユリアヌスはギリシア語話者のキリスト教徒が彼らにとっての真理を探究することまでも否定しようとはしなかっ

たが、「大神祇官長」の責務に立って万人の上にひとしく降る神の恩恵に護られた世界を理想とする宇宙観と、「文明」に浴そうとしない者たちや「ギリシア人の慣習」とは異なる文化的伝統をもつ少数民族を「バルバロイ」としてあからさまに差別意識をもって見下す態度の齟齬は、ユリアヌスの信仰世界に内在する大きな矛盾を露呈する。

3 理想国家の教導者としての神官

帝国各地に存在する伝統的かつ地域的な祭祀は本来、父祖伝来の慣習として受け止められてきた。それゆえに、慣習を守るかぎりにおいては神学的な裏付けも再解釈も必要せず、神官たちは地域住民に対して特に倫理的な模範を示す義務をもたなかった。

ところが、ユリアヌスの理想国家の宗教は、神々に護られた世界の具現化のために、在来の祭祀を神々と人間の交流の場として正当化するものであった。彼は慣習として地域社会に受け継がれてきた祭儀と祭礼の執行者以上の役割を神官たちに期待した。彼は神官たちに、神々の恩恵のもとに生きる人間にふさわしい活動的生と観想的生、信仰と倫理の模範となることを求めた。[*68]「大神祇官テオドロス宛書簡」(*Ep.* 89a)「神官宛書簡断片」(*Ep.* 89b) からはその機微がうかがわれる。神官たちには儀礼を執行するだけではなく、神々への報恩の贈与としての供犠と祈禱に加え、民衆の魂を癒しかつ「魂の回帰」へと教導することが期待された。神官はこのような役割を担うかぎりは、敬意と礼儀をもって遇され、広く尊敬されるべき対象であるべきだ、とユリアヌスは考えている。[*69]

ユリアヌスは神官の一般的な呼称として ἱερεύς を用いた。この神官は地域の祭祀を担っている。この上位に *Ep.* 89a の名宛人、アシアー州大神祇官テオドロスのような州単位の地域の祭祀の監督役としての「大神祇官」ἀρχιερεύς が存在した。ユリアヌス自身は帝国の祭祀の最高責任者である「大神祇官長 ἀρχιερεὺς μέγιστος (pontifex maximus)」を自認していた。[70] 彼はまた自らがテウルゴスであるという自覚をもっていたが、書簡や著作のなかでは公的祭儀の神官たちをテウルゴスとは呼んでいない。

ユリアヌスは「神官宛書簡断片」において、各州の祭祀を統括する大神祇官が各自の判断にしたがって地域での聖務を自由に行うことを可能にするために、神官の身分と威信を公職者同等に保証する必要を唱えた。[71] 親キリスト教政策のもとで伝統的祭祀の神官制度が軽視されてきたというユリアヌス自身の認識が背景に想定されるだろう。

それでは、どのような人物が神官となりえたのであろうか。

ユリアヌスは従来の祭儀に関わる神官団や公職者団の存在を尊重した上で、「神官」の職に新たに就くべき人材として、身分・出自・財産を問わず、神事と「魂の回帰」に関心を抱く優れた資質と意欲をもつ人物をあげている。在来の神官団には、たとえば神官家族出身者による世襲の職業的神官団のほか、都市共同体のなかで役職として神事や祝祭行事の運営を担当する都市公職者としての神官団が想定されよう。しかし、「神官宛書簡断片」の規定においては、新たに神官となる人物は、必ずしも地域社会において重要な地位を占めている人物である必要はない。神官の家系であるか、伝統的に都市公職者の役職を担ってきた都市参事会員身分の出身者であるかも問われない。その人物がたとえ卑賤の出自の者であっても、ふさわしい資質を備えていれば神官として採用される。[72] ユリアヌスは公的祭儀の整備を介した社会倫理の復興を想定しているため、必ずしも資質が保証できない世襲的神官や都市の公職者による神事の運営に懐疑的であり、神々と人間の仲介者にして人々の霊的指導者を志す人徳のある人物の自発的な志願に期待している。神働術のテウルゴスは志願制である。また、キリスト教の聖職者も志願制である。

ユリアヌスは、「神官に必要な資質」として、善良で公正で誠実な人格、そして神への敬慕（*εὐσέβεια*）と「フィラントローピア（*φιλανθρωπία*）」をあげる。[73] テオドロス宛の書簡（*Ep. 89a*）からは、各属州の祭儀と神殿の復興の監督を担当して神官たちを統括する「大神祇官」（archiereus）には特にその資質を強く求めたことがうかがわれる。[74]

神々に対する敬意（*εὐσέβεια*）とは、「神々に対して礼儀をもって近づくこと」として定義される。[75] それは祈りや儀礼のみに留まらず、愛徳の業の実践によってはじめて完成される。

神官には「フィラントローピア」の実践が徳の完成のために何よりもまず求められた。[76] 民衆の徳の模範たるべき人物に対して「フィラントローピア」を求めること、これはユリアヌスの徳目観の最大の特徴でもある。「神を模倣する者は神に似るがゆえに神に愛される、それゆえに魂の浄い人は神に供犠を捧げなければならない」という発想はプラトン『法律』第四巻にもすでに言及されている（4.716A-717A）。このような祭儀観を前提に、ユリアヌスは民衆の模範になるべき神官たちは、「神々の人間に対する愛」の多様な形態を模倣することを求めた。

このようにして神官は民衆を導く宗教的指導者としての任務を負うことになる。ユリアヌスは「神官宛書簡断片」において神官の「伝道」と「奉仕」による民衆の感化を期待する。神官たちの信仰の真率さは家族や使用人への感化の成功によって、また「人への愛」は、貧者への施しを積極的に行い、求める人の要請に応えて可能なかぎり善を目指して働く行いによって証明される[77]という見解がここでは提示される。

ユリアヌスは祭儀の正当性を「法」の観念によって肯定した。彼は世俗法、すなわち人間が定めた世俗の法（νόμοι）と、神々によって与えられた「神々との交流の手段」としての「法」である儀典（λόγοι）の双方を、神官の遵守すべき「法」として言及する。しかし、世俗法と儀典のおかれた現状に対する彼の認識は悲観的である。世俗の法は移ろいやすく、富と奢侈を求める人間の欲望によって蹂躙されやすい。さらに、人間が欲望を追求した結果、かつて父祖たちが神々から与えられた「法」（λόγοι）、すなわち神々との交流の手段と神々への畏敬が忘れられ、神事も等閑視されている。このようにユリアヌスは帝国領内の神官たちが置かれた現況を理解し[78]、神官にとっての神々との交流の手段としての「法」の遵守の実践を以下のように定義する。神官たちの任務は地上における「神々との交流」の具現化であるから、少なくとも「神々との交流」を円滑に行ってゆくために、儀典を護らなければならない。具体的には、儀典には可能なかぎり刷新を加えず、神々から与えられた父祖代々の「法」にしたがって儀礼を執行する必要がある。それが神官たちにとっての「法」の遵守の実践である。[79] ユリアヌスは神官を神々の「法」の実践者として理解し、世俗の法の守護者である公職者同様の敬意を神官たちが享受することを正当化した。

「神官宛書簡断片」ではまた、神官たちの罷免と譴責の条件についても言及がある。儀典への違反は警戒の対象として認識される。[*80] また、神官の人格が邪悪であることが判明したならば、「神々と人間との仲介者」「癒す者」としての役割に対する民衆の期待を裏切ることになるため、その人物を解任するべきであるが、[*81] 神々に対して不敬を働く「神官」たちは、刑罰によってではなく、言葉で訓戒される必要がある。[*82] ユリアヌスは違反者や逸脱者に対する身体的暴力による制裁を嫌い、説得による悔悛を求めた。この見解のなかにも同様の傾向が看取される。

神官の任務と日常生活

「神官宛書簡断片」の後半部分は、神官の任務と日常生活の規定にあてられている。民衆の宗教的指導者に相応しい存在としての神官の能力と活動は、生活規定の遵守によって培われる。すなわち「神々の本質を模倣すること」が清浄な生活の基盤となる。

神事と聖務

「神官宛書簡断片」の神官の生活規定において、神官たちの職能は何をおいてもまず「祈る人」として位置づけられている。彼らは私的な場面でも人々の前でも頻回に祈りを捧げる任務がある。ユリアヌスは彼らの任務を次のように定めている。

まず、聖域における聖務としての神事は、父祖伝来の「法」で定められている慣習を遵守し、過不足なく執行されるべきである。[*83] 神は人間の内心の思いを「日光よりも明るく強いまなざしで」見抜いているので、神官は儀礼の執行のさいには神々がともにその場に臨在しているという意識をもって参与しなければならない。[*84] 慣習として理解されてきた神事にユリアヌスは「神々と人間の交流」という新たな意義を与える、神事は生きられた経験として参与されるべきであるという認識がここには看取されよう。

神官が「神々に対する敬意」を可視化する最大の任務として、ユリアヌスは「神像・神殿・聖域・祭壇にぬかずいて礼拝すること」を挙げた。[85] 彼は以下のように「聖務日課」を定める。昼間の祈禱は三回行われることが理想的だが、少なくとも明け方と午後には祈るべきである。さらに日の出とともに行われる「昼間の神々」への供犠と日没とともに行われる「夜間の神々」への供犠は、聖務にある場合にも聖務から外れている場合にも必須である。聖務にある神官は日の出と日没の供犠を必ず行うべきである。[86]

『葬儀と墓地に関する勅令』附則では、「昼間の神々」は生者の領域を司るオリュンポスの神々であり、「夜間の神々」は夜と死を司る冥界の神々であった。『王ヘリオスへの讃歌』においては、一者＝天体神としてのヘリオスが夜と昼、季節の運行を司る神であり、その地上への顕現が昼をもたらす太陽光線であった。このことを想起するならば、神官による「昼間の神々」への供犠と「夜間の神々」への供犠は、生者の領域と死者の領域それぞれを司る神々に対してそれぞれの職掌範囲の守護を求める嘆願の儀礼として位置づけることが可能である。

聖務と参籠期間についてもユリアヌスは詳細な規定を次のように提案する。まず、聖域で聖務にあたる神官の任務は、神々への礼拝の監督と準備にあった。[87] したがって神官は任務にあるうちは、一日中、昼も夜も穢れを免れた状態にいなければならない。[88] 昼間の任務に備えて清浄規定にしたがって夜間のうちに自らを浄めよ、とユリアヌスは説く。さらに聖域における参籠期間は、たとえば都市ローマでは三〇日間であるように、各地方の慣習的な「法」によって定められる。参籠期間中に聖務を行っていない時間は「愛智」に携わりながら過ごすべきであって、聖域外の個人の邸宅を訪問したり、アゴラーで一般の民衆と交わったりしてはならない。[89] むろん都市の統領（アルコーン）たちと面会を行う場合には、聖域内で面会を行うべきであり、アゴラーや統領たちの邸宅に出向くべきではない。参籠期間の終了とともに他の神官たちに業務の引き継ぎを行うべきである。[90] このように、聖務にある神官の民衆との交流の機会や公職者との関わりには彼らの生活の「清浄」を保つための制限が課されている。

清浄な魂を培うための生活

「愛智」に携わり、私的な交際を避ける「穢れ」なき生活はいかにして可能になるのだろうか。この疑問に応えるべく、神官の私人としての生活に関してもユリアヌスは詳細な規定を定めている。参籠中は儀礼の実践を通して「神に似る」ことを心がけている神官とはいえども、日常生活のなかでは身体的な欲求や人間関係にまつわるさまざまな感情に動かされるからである。[*91]

人間が肉体をもつがゆえの身体的かつ心理的な限界があるとしても、それでも可能なかぎり「清浄」な生き方に近づく方法として、言葉・想念・行動の清浄の保持をユリアヌスは提案した。

「舌の過ちと思いの過ちは同じではないが、思いの過ちは舌の過ちを避けるためにもまず回避される必要がある」とする見解をユリアヌスは提示する。[*92] したがって、神官は平常の任務にあるときも、聖域に参籠するときも、不品行で不浄な行いを避け、発言の内容、聞く内容も「清浄」なものごとにふれ、とりわけ他者を攻撃するような悪口と放縦な話題は避けなければならないことになる。[*93] 神官の不行跡が神官自身の神への信頼の欠如を露呈し、神官職にはないひとびとの神々への不信を喚起する。それを避けるためにはまず神官たちには心に抱く想念も「清浄」を保つ必要が要請されている。

ユリアヌスは想念と行為を規定する言葉の働きを「魂に秩序を与える働き」とみなし、感情や欲望を喚起する表現に接した神官の魂が惑乱され、信仰を失う可能性を懸念する。神々は善にして情念と欲望を免れた存在であるので、神官たちが内なる欲望と情念をかきたてられた結果、神々に背いて不敬な想念を抱くようになるのではないか、そして実際に不埒な言動に出るのではないか。そのような事態に陥らないように、神官たちは魂の配慮のために感情と欲望を惑乱する表現を避けなければならない。[*94] このような配慮からユリアヌスは、「愛智」の学習と観想を神官たちに課すことを正当化する。神官の任務がたんなる慣習の反復に帰結しない正当な信仰の営為であることを認識するとともに、「神々との適切な交流」の手段と民衆の教導者にふさわしい思慮を学ぶことがその目的である。

ユリアヌスはまず神官に「愛智」の学習の一環として、讃歌（ὕμνος）の学習と暗誦の訓練を課そうとした。彼は讃歌を、神々の栄光に対する讃美として、神々の息吹を通して人間に与えられ、悪に穢れていないひとびとの魂を通して生み出された詩として定義する。彼は古典的な作品のみならず、同時代の聖域で歌われている讃歌の学習も推奨した。[*95]

このような讃歌観はプラトン『法律』第二巻（801e-802b）にみられる理想国家における讃歌の位置づけを想起させる。プラトンの場合は、神官に祭暦にあわせた讃歌の選曲も期待している（2.799ab）。

具体的に神官の修養に資する文献として、ユリアヌスは「神々を自身の学問の指導者として選んだ人々」の「愛智」の著作を推奨した。すなわちピュタゴラス、プラトン、アリストテレス、クリュシッポス、ゼノンとその生徒たちの著作である。[*96] この哲学者たちとその教説だけが、ひとびとに敬虔の念を抱かせ、遍在する神々の月下界への配慮を教え、人間と神々の同族に対して神々が嫉みや悪意や敵意を及ぼす存在ではないことも教えてくれる。[*97] そのようにユリアヌスは主張する。彼は「神官宛書簡断片」では神官にプロティノスやイアンブリコスの著作を推薦していない。神々の善性についての観照と、地域の共同体的多神教の再解釈と実践のための基礎的素養として神官にピュタゴラス、プラトン、アリストテレスと初期ストア派の著作を推薦する点にも、ユリアヌスの原点への回帰志向が伺える。

ユリアヌスはまた、神官が歴史書に学ぶことも否定してはいない。歴史書のなかでも「事実」に即した叙述の行われている作品は、学ぶべき著作として推奨されている。[*98] しかし、彼の言う「事実を描いた歴史書」と「フィクションとしての歴史書」の具体的な範疇はこの書簡では明らかにされない。後述するように、彼はギリシア語著作家については「教職に関する勅令」のなかで、ヘロドトスとトゥーキューディデースを「ヘルメスとムーサから霊感を授けられ高められた著作家」として推奨している。しかし、ギリシア語で著作を行った具体的な歴史家による「読まれるべき歴史書」の範疇は神官には特に指定されていない。さらにここではラテン語著作家の規範的な歴史叙述の推奨もみられない。神官たちにはローマ的な宗教観への回帰が必要であるとも述べてはいない。

神官の威厳と生活

ユリアヌスは「神々の威厳を示す」と同時に神官の心の平安と貞潔を護るという名目によって、神官の交際範囲を制限した。神官たちは友人たちの家を訪ねることは許可されている。地域の名士として饗宴に招かれた場合でも、もっとも「人品優れた人」の招待ならば受けても良い。[*99] 地域の行政および国政に携わる公職者たち（総督・州総督）とたまたまアゴラーで出会って立ち話をすることは許可されている。むろんユリアヌスにとって、神々の恩恵の模倣としてのフィラントロピアの具現化は推奨されるべきものであったから、神官による貧者への施しは積極的に推奨された。[*100]

ユリアヌスは神官の威厳ある服飾にも配慮を怠らない。神官たちはその外見からも「神々の威厳を示す」必要があるという観点から、彼は神官の服飾規定を提案する。

まず、聖域は神官の職務の場であって、神々を讃えて交流するための場であるから、神官は神々の栄光を顕示するにふさわしいもっとも威厳のある豪奢な祭服を着用しなければならない。聖域の外では神官たちの「神々に護られた徳」を示すために、豪奢な服装を退け、通常の装束を身につけるべきである。祭服は神々の栄光に奉仕するための装束であるから、物見高い群衆の目と思惑によって穢されるべきものではない。そして、自らが神々に仕える栄誉ある立場にあることを示す自己顕示と豪奢な衣装をまとう物質的な満足感は神官を瀆聖へ導く。非番の時にも神々の栄光を表すための装束を用いることは適切ではない。[*101] よって、アゴラーなどの一般人の視線を集める世俗的な場所で富を誇示するために高価すぎる装束をまとったりそのことを自慢したりすることも適切ではない。[*102] ユリアヌスは神官の服飾の選択にも、ひとびとを信仰の喪失に導かないための周到な配慮を求めたといえる。

不浄としての娯楽の忌避

さらに、神官と娯楽の関わりにおいて忌避されるべき要素をユリアヌスは明示する。

彼はまず、観想にふさわしくない読書の対象を指定した。その代表例が性愛を主題とする抒情詩である。ユリアヌスはアルキロコスとヒッポナコスを主な作例として挙げている。[*103] さらに、神話に登場する性と暴力の主題をおもしろおかしく猥雑に拡大解釈して描いた古喜劇・ミーモス劇の脚本のほか、神々の嫉み、悪意、嫉妬について書き記してきた詩人たちの著作も警戒の対象となる。ユリアヌスは「このような著作家は軽蔑の対象とされてきた」と断じる。[*104] 当然の帰結として、神の嫉妬を描写した旧約聖書も軽侮の対象となる。

ここにみられる性愛に対する禁忌感は、古代末期の修徳思想に顕著な肉欲への禁忌感に通じる。「神々に対する正しい認識」を喚起しない作品を退ける態度は、プラトン『国家』における詩人追放論にも通じる。

『ヘラクレイオス駁論』と『無学なる犬儒者を駁す』において通俗哲学者としての「犬儒者」を退けたユリアヌスである。「愛智」の著作のすべてを肯定するわけではない。享楽主義につながるエピクロス主義と懐疑主義につながるフィロン主義は「過去の思想」と見なされている。[*105] 歴史書のなかでも性愛や懶惰や奢侈についての言及をことさらに強調した著作は「つくりごと」として退けられる。[*106] スエトニウスやディオ・カッシウスの叙述における「事実」と称して誇張された悪帝や腐敗した政治家の不品行の描写が現代の読者には想起されよう。

さらに彼は、神官たちには特に立ち入ってはならない場所として、群衆の集まる劇場とヒッポドロームを挙げる。劇場で神官が神話の性と暴力の主題をスキャンダラスに拡大解釈した演目に触れて神々への信仰を失うことをユリアヌスは警戒した。彼は演劇から性と暴力の猥雑な描写を除外して本来の「ディオニューソスへの供物」とするべきだ、と考えるが、実施にはそれが不可能であるということは認識している。奉納競技としての意義を失った娯楽としての戦車競技に出場する職業騎手や、ミーモス劇・喜劇への出演を生業とする舞踊家や喜劇役者と神官が親交を深め、私邸に招待することも戒めた。[*107] さらには神官の子弟への競技場での猛獣狩りと都市の内部の劇場で上演される演目の観覧も暴力と情念をかき立てるため、神官と神官の子弟はともに観覧するべきではない[*108]という警戒もともに提示される。神々への奉納物としての機能を失った興行としての演劇と戦車競技、そしてそこに関わる職能者らに接した神官が、神々に対する卑俗な認識に親しみ、信仰を失うのではないかという懸念が顕著にみられる。

祝祭競技会における裸体との接触にもユリアヌスは警戒を怠らない。女人禁制の競技会の場合にのみ神官は出場と支援を許可されるべきである、という指示もみられる。[*109]祝祭競技会では男性選手が裸体で競技に参加する。男性の裸体を公共の場で肯定する神官の姿を女性に見せるべきではないという修徳思想的警戒感の現れであろう。

「神官宛書簡断片」における娯楽の忌避に関する叙述から、ユリアヌスの想定する不浄の観念を喚起するメディアが明らかになる。神々への報恩に資する供物としての意味合いを失った演劇と興行と競技会、そして暴力と不品行を称揚する著作である。彼は人間の感情に直接的に働きかける抒情詩と演劇に警戒感を抱いた。闘技場は、戦車競技や剣闘士試合や猛獣狩りの見世物興行のような暴力的な営為が娯楽として提供され、残虐行為に対する人々の興味を喚起して暴力への渇望を満たす場として理解されている。

4　理想国家の宗教と修養、そのはかなさ

ユリアヌスの提唱する理想国家の宗教と修養の姿は一見、共同体的多神教の再編成に資する計画のようにもみえる。しかし、ユリアヌスは神官の信仰の喪失の可能性と、神官が民衆の躓きの石となる可能性に対して大きな懸念を抱いていた。日常生活のなかで喚起される負の感情をもって捉えられた現実のすがたゆえに、神官たちが神々の善性への信頼を失うのではないか。神官が生活規定からの逸脱を露呈することによって躓く民衆が増えるのではないか。このような懸念は、彼自身がキリスト教や通俗哲学者や「堕落したヘレネス」に抱いた幻滅と表裏一体であり、彼の理想

国家の宗教と修養の構想じたいが決して盤石な基盤をもつものではなかったことを想起させる。

神官たちに課された生活規定も、市民の模範としての役割も本来、共同体的多神教の神官の生活には備わっていなかった。また、コンスタンティヌス一世以後の親キリスト教政策のもとでは、「父祖伝来の慣習」はその活動を制限されていた。神官たちも国家によってその活動と身分を保護されているわけではない。帝国各地に伝わる民族宗教としての「父祖伝来の慣習」を正当化し、共同体的多神教祭祀への参与が後ろ暗い営為ではないと確証するために、ユリアヌスは神学的な裏付けをもって神官の社会的地位を「民衆の霊的指導者」として再定義しようと希求した。「神官宛書簡断片」における修道者のような神官像はこのような願望の帰結でもある。

ユリアヌスのいう「父祖たちの慣習」の具現化の試みは、理想国家の宗教という仮構の具現化の試みであった。それは、どこかに存在するようで現実にはどこにも存在しない宗教の具現化の試みである。彼はそのような仮構をもってしてコンスタンティヌスとコンスタンティウスの敷いた親キリスト教的な宗教政策を覆そうとする。ここには切実な「世直し」の理念が明らかに看取される。各地域の伝承のなかで培われた「神々との交流」の慣習と、教養文化のなかで信頼されてきた文学的テクストを可能なかぎり儀礼と道徳と教説の根拠として再解釈することによって貧困と動乱に満ちた時代に最善世界の夢を提示したい。そして現実の宗教の複数性のなかにある昏迷と社会の混沌を救いたい。「大神祇官長」を自認する皇帝のそのような思いを託して、ひとりの思考のなかで形作られた宗教が混沌とした現実の社会のなかでただちに具現化されることはなかった。

たとえば宗教的帰属を超えて共有しうる祝祭空間としてのサーカスと劇場と祝日を欠く都市生活は、多くの人の心を捉えうるものだっただろうか。それは爛熟した都市の文化に親しむアンティオキア市民の抗議の対象となったのではなかったか。生の情熱と哀歓と人間の弱さを描く文学作品や演劇、そして安全に内なる暴力への意志を満たしてくれる見世物興行を避け、「清浄」な魂の獲得と死後の救済のために修養にいそしむ生がすべての人にむかって推奨されていたとしても、実際には志した人にのみ可能な求道の途ではなかったか。まして、宗教的帰属を超えて共有されうる知の体系を特定の霊性の体系によって再解釈する態度は、同時代人の混乱を招く大きな原因となったのではなかったか。ナジアンゾスのグレゴリオスによる『ユリアヌス駁論』には、そのようなユリアヌスの信仰世界と宗教政策の限界を鋭く看破する視点が介在している。

第6章　理想化されたギリシアへの当惑

——ナジアンゾスのグレゴリオスのユリアヌス批判

三六三年六月二六日、ユリアヌスはペルシアとの領域確定戦争のさなか、クテシフォン付近で敵兵に槍で胸を突かれ、非業の死を遂げた。ガリア宮廷以来長くユリアヌスの廷臣でもあったオリエンス道管轄近衛長官サトゥルニーヌス・サルーティウス・セクンドゥスは後継皇帝への指名を固辞した。後継皇帝にヨウィアヌスが推挙され、ユリアヌスの死の翌日に皇帝となった（在位三六三年六月二七日―三六四年二月一七日）。ヨウィアヌスはキリスト教徒であった。彼はユリアヌスのキリスト教徒排除策をただちに停止した。以来、ローマ帝国の宗教政策は一貫して親キリスト教路線にあった。

目撃者は語り始める。三六二年の復活祭にナジアンゾスで司祭に叙階されたグレゴリオスは、ユリアヌスの宮廷で離教を迫られて辞職した弟カイサリオスからの直接の伝聞を交えて『ユリアヌス駁論』を著した。カイサリオスもヨウィアヌスの即位からほどなく宮廷医師の職に復帰したのであった。アンティオキアで都市参事会と宮廷の仲介役を務めた修辞学者リバニオスはユリアヌスの死の直後に『追悼弁論』（*Or.* 17）を著したほか、三六五年には大部の伝記を兼ねた『ユリアヌス頌詞』（*Or.* 18）を著した。リバニオスとグレゴリオスはそれぞれの立場から、ユリアヌスの生涯とその信仰世界を語り、ユリアヌスに関する伝記的叙述の重要な礎を提供する。

リバニオスによる未公表の『ユリアヌス頌詞』では、皇帝としての激務のかたわら、食欲と性欲と睡眠に少しも人間らしい関心を払わずに著作活動と供儀の執行に精力を傾けるユリアヌスの暮らしぶりが「哲学者として生きようとした人物」の生き方として描かれる。[*1] 貴顕の身にあってこそ誇示できる奢侈を去って尚武と質実と愛智者のトポスに生き、イアンブリコス派新プラトン主義の神官像にしたがって禁欲を守り、世継ぎを決して作ることのない皇帝像。その姿はリバニオスがユリアヌスの臨席のもとで朗読した『執政官就任記念弁論』で描き出した「哲人祭司王」としてのユリアヌス像とも通じるものであり、ユリアヌス自身が望んだ理想国家の「哲人祭司王」の姿とも矛盾してはいない。

ナジアンゾスのグレゴリオスのユリアヌス批判は、端的にユリアヌスの思索と実践の限界を指摘し、のちの「背教者」ユリアヌス像の原型を提供する。グレゴリオスは『ユリアヌス駁論』第一弁論で、ユリアヌスを本来よきキリスト教皇帝にして哲人王たるべき資質をもちながらも逸脱した人物としてユリアヌスを描く。彼は『ユリアヌス駁論』第一弁論終結部（4.100–124）において、ユリアヌスの信仰世界の限界として以下の点を指摘する。本来聖典化される必要のなかった典籍の聖典化の強制。ギリシア語そのものに聖性を見いだす思考の型。そして帝国領内における諸宗教のあるがままの姿にあえて理論的再解釈を加えようとするユリアヌスの驕慢。ギリシアをすべての文明の起源の地とみなす歴史認識の錯誤。このような限界はユリアヌスの「不健康」な信仰理解に由来すると彼は断ずる。すなわち、「ギリシア語を言語ではなく、あたかも祭式（θρησκεία）に関連のあるものであるかのように扱った」（4.5）ことによって、ユリアヌスは「父祖伝来の慣習」のあるがままの姿を見誤ったとする判断をグレゴリオスは提示する。

ユリアヌスの信仰世界に対する同時代人の当惑は彼らにとっての「父祖たちの慣習」をめぐる「私たち」と「私たちでないもの」の姿を合わせ鏡のように提示する。本章では、ナジアンゾスのグレゴリオス『ユリアヌス駁論』を通して、ユリアヌスによって理想化されたギリシア像と「ギリシア人の宗教」の限界を紹介する。

1　作品の背景と研究史

司祭であったナジアンゾスのグレゴリオスの父、グレゴリオスは、三六一年の降誕祭に息子グレゴリオスを司祭に指名した。息子グレゴリオスは観想的な生活を望んで父の意向を拒否し、バシレイオスの営んでいたアンネシの庵に逃亡した。父グレゴリオスはゼウス・ヒュプシストス講からの回宗者であったが、三五〇年代末から三六〇年代にかけてアレイオス派系の分派の教説を支持し、三位一体説を支持した息子グレゴリオスとは信条を異にしていた。

グレゴリオスはアンネシからナジアンゾスに帰郷したのち、三六二年の復活祭にようやく司祭に叙階され、自らの立場を会衆に向かって明らかにする三つの説教を行った（『復活祭講話』(*Or.1*)、『ポントゥスへの逃亡の弁明』(*Or.2*)、『就任の遅れへの弁明』(*Or.3*)）。ところが、ユリアヌスのキリスト教への敵意は彼の一族にも暗い影を落とした。先帝コンスタンティウスの治世以来宮廷の侍医を務めていた弟カイサリオスが、ユリアヌスから棄教を示唆されて辞職し、故郷ナジアンゾスに帰郷したのである。グレゴリオスはカイサリオスに宛てて、彼のユリアヌスへの怒りに共感しかつ辞職を支持する書簡を送った(*Ep.7*)。

ナジアンゾスのグレゴリオスはこのような状況のもと、『ユリアヌス駁論』第一弁論(*Or.4*)の執筆に三六二年から着手した。その完成はユリアヌスの後継皇帝ヨウィアヌスの治下（三六三年六月—三六四年二月）以降、あるいは遅くとも三六四年か三六五年であると想定される。[*2] さらに彼はプロコピオスの蜂起とその敗北を契機に、改めてユリアヌスの宗教政策と信仰世界に対する批判を『ユリアヌス駁論』第二弁論として結実させた。[*3]

『ユリアヌス駁論』とその精神史に関する基礎的研究となるモノグラフが二〇一一年に刊行された。エルム『ヘレニズムの息子たち、教会の父たち』である。[*4] エルムは一九九〇年代後半から、ナジアンゾスのグレゴリオスの初期の著作[*5]に見られる「ギリシア的教養」の機能と理念への言及に注目し、グレゴリオスが『ユリアヌス駁論』においてユリアヌス同様に「ギリシア的教養」の覇権を争っていたことを指摘してきた。『ヘレニズムの息子たち、教会の父たち』はその研究の集大成である。エルムはこの著作で、ユリアヌスの政治思想と新人司祭となったグレゴリオスの初期の作品の主題を比較し、両者がともに「ことばと行いの相似」という古代末期の政治思想・倫理思想に共通する規範の探究を行ったことを指摘した。「ことば（λόγοι）と行為（ἔργα）の相似（οἰκείωσις）」は、存在の基底を支える宇宙論に貫かれた倫理と道徳の実践こそが「真の愛智」となるという観念に通じる。この観念はストア主義の倫理思想の影響のもとに生まれたものでもある。ナジアンゾスのグレゴリオスの初期の著作の場合、「真の愛智」の探究は倫理思想と宇宙観、そして実践の一致と、信仰によって受肉した「ギリシア的教養」の有用性という主題として顕在化する。[*6]

　では、ナジアンゾスのグレゴリオスのユリアヌスに対する怒りと当惑はどこからくるものであろうか。エルムは次のように指摘する。歴史家にとっては『ユリアヌス駁論』はナジアンゾスのグレゴリオスの著作のなかでもっとも有名な著作だが、神学的な見地から見ればナジアンゾスのグレゴリオスの初期の作品の主題である「神化」（θέωσις）から離れた問題を扱っているため、多くの研究者がグレゴリオスの怒りとユリアヌス的な「異教」とキリスト教の間のギリシア文化の精華の覇権の問題に注目しがちであるという。バワーソックとローゼンによるユリアヌスの評伝、ケステン『教父学』をはじめ、多くの研究者はグレゴリオスのネガティヴ・キャンペーンまがいのユリアヌスへの批判の表れに当惑を覚えている。[*7]

　ユリアヌスもグレゴリオスも党派性を超えた共通遺産としての哲学と修辞学の価値を認めていることは確かである。「異教」側に哲学の利用権があるのか、キリスト教徒にもその援用の根拠があるのか、その点が争点となっている。この観点に立って両者の議論を合わせ鏡として扱うと、両者はお互いに共通の地盤に立ちながら、相手の論法の揚げ足をとったにすぎないという結論に流れる危惧がある。『ユリアヌス駁論』は四世紀末以降の教会史家群の「過てる哲人皇帝」としてのユリアヌス評価を方向付けた作品である。宗教史的な関心からいえば、両者のあいだにあった「ことば」と「愛智」の運用をめぐって決して相容れることのない価値観の相違と違和感もまた重要であろう。

2 『ユリアヌス駁論』第一弁論・第二弁論の梗概

ここで、『ユリアヌス駁論』第一弁論・第二弁論の梗概を概観しよう。第一弁論は、「悪しき哲人皇帝」としてのユリアヌスの生い立ちと宗教政策の失政、「哲学」観に対する批判を主題とする。[*8] ナジアンゾスのグレゴリオスはときにユリアヌス自身への呼びかけを交えながら聖書や過去の歴史上の事例と対比しつつユリアヌスの逸脱を描いている。

第一部・序文（1–20）では、前口上として聴衆への呼びかけが行われる（1.1–3.13）。この弁論が「キリスト教の敵」であったユリアヌスの死に対する神慮への感謝の供物であることをグレゴリオスは告げ（3.14–6）、ともに祝う同志たるべき読者を招いて（7–11）勝利の歌を歌う（12–17）。続いてエノクの幻視とエリヤの昇天など、信仰の敵を倒した人物に関する神の偉大な事績が列挙され（18–20.4）、ユリアヌスに対する批判の必要性を訴える（20.4–20.14）。

ついでグレゴリオスは、ユリアヌスの生育歴を紹介する（21–56）。当初はよきキリスト教徒として育てられたはずの人が、キリスト教の信仰を棄てて熾烈な批判者となり、「邪悪」な心の人に転じるまでを彼は辛辣に描き出す。ユリアヌスの少年時代と学問遍歴、そして副帝への指名までの過程（22–33）に対置されるのが、少年時代のユリアヌスと異母兄ガッルスの養育に心を砕き、キリスト教を擁護したコンスタンティウスである。グレゴリオスはコンスタンティウスを、キリスト教徒を擁護したという一点において称讃の対象とみなす（34–44）。

グレゴリオスはさらに、副帝就任以後のユリアヌスがキリスト教から転向し、単独統治権を獲得するまでを描く（44–56）。ユリアヌスの台頭のエピソード（46–51）に加えて、供犠と「ギリシア人」の神々の崇敬に傾くまで（52–56）がここでの主題である。ユリアヌスは「悪しきダイモーン」に迷わされて供犠と神託と神働術に接近し、単独統治期には故意に殉教者崇敬に理解を示すことがなかった。転向の大きな契機は「魔術師」マクシモスとの出会いであったが、キリスト教への参与から培われた祈りなどの行為は彼の習慣から容易に消えることがない。「魔術師」たちによる秘儀伝授の場面ですら十字を切ってしまうユリアヌスのエピソードにグレゴリオスは言及する（4.56）。[*9]

第二部（57–124）までは、ユリアヌス治下のキリスト教を襲った緊迫した危機が描写される。まず、グレゴリオスは過去の事例と対比してユリアヌスの逸脱を論じる（57–84）。ユリアヌスは殉教者を出さずに説得による転向を勧奨し（57–63）、軍旗へのラバルムの使用を拒否、典籍を称讃し地母神やミトラスを崇敬した（64–73）。彼は殉教者崇敬に大いに抵抗を示し（67–68）、キリスト教の殉教者と異教の勇士を対置し（69–70）、殉教者と異教徒の修徳修行者を対置して（71–73）後者を称讃した。キリスト教に対する無理解によって、ユリアヌスは国家を危機に陥れた（74–75）。ユリアヌスはキリスト教徒の呼称を「ガリラヤ人」に変えた（76–78）。当初穏やかであった政策もやがて先鋭化し（79）、彼はさらに新たな迫害の戦略を練った（80–84）。ユリアヌスが迫害者であることは明白である、とグレゴリオスは主張する（85–124）。民衆のあいだでキリスト教徒は迫害されるようになり（86–94）、キリスト教徒は国法による信仰活動の保証を奪われ（95–99）、修辞学と文法学の教育を受ける機会と教育に関わる機会、すなわち「ことば（λόγοι）」への参与から排除された（100–109）。グレゴリオスはユリアヌスの巧妙な策略として、「異教教会」の設立の試みを指摘する（110–124）。

第二弁論の主題は、ユリアヌスの死によってキリスト教の勝利をもたらした神の恩恵について語ることである。クルマンはこの作品を第一弁論の続編と見なし、前半部分の一―二八章を「第三部」、後半の二九―四二章を「エピローグ」とみなす。

「第三部」の第一部では第一弁論で扱われなかった挿話への言及がみられる。前書ではエルサレム神殿の再建の試みとその途絶の挿話が語られる（1–4）。工事現場は地震で被災し、火災が発生した。グレゴリオスはこの事件を少年時代のユリアヌスによる殉教者ママス廟の奉献とその地震による途絶のエピソード（Or. 4.25）と同様の神罰による現象として描く。[*10] この事件のさいに空と火災現場と人々の衣服に見えた十字の徴に驚いてキリスト教に改宗する者が続出したという伝聞を彼は紹介し、キリスト教の勝利を示す十字架の徴というヴィジョンを肯定する（5–7）。

ついで、グレゴリオスはペルシアへのユリアヌスの行軍と死について語り（8–19）、ユリアヌスの側近たちには「小アジアの学校」で彼と接した「友人たち」が存在することを指摘する（20）。さらにユリアヌスの短慮と短気さを「愛智者らしからぬもの」と断じ（21–22）、アテナイ留学中に目撃した落ち着きのない挙動不審な青年ユリアヌスの姿を辛辣に描き出す。彼はここで「ローマ帝国はなんという怪物を生み出してしまったのか」と述懐し、ユリアヌスを天災に匹敵する災厄とみなす（23–24）。彼はユリアヌスがキリスト教徒を無学な「神なき者」と見なしていたことを知っていた。とはいえ、ユリアヌスの聖域と祭祀の復興の願いはむなしくも実現しないものだった（25）。センナケリブ王に勝利を収めたヒゼキヤ王を例に（26）、グレゴリオスはユリアヌスに敗北をもたらした神を讃美する（27–28）。

第二弁論の二九章から四二章はエピローグである。グレゴリオスはユリアヌスに死を与えた神への讃美を信徒たちに奨励し（29–31）、ユリアヌスが信頼した「ギリシア人」の神々の神託と占いの利用の停止を神に懇願する（32）。そしてキリスト教徒に信仰と礼拝への参加を奨励し（33–38）、ユリアヌスの逸脱と敗北がキリスト教の真実性をかえって明らかにしたことを神に感謝してこの弁論を閉じる（39–42）。

『ユリアヌス駁論』の本文は聖書や典籍に依拠する寓喩に彩られている。また、グレゴリオスの叙述には率直にユリアヌスの信仰世界の問題点を新進の司祭の立場から批判している部分と、ストーリーテリングの必要上から恣意的に「背教者」としてのイメジャリを強調して描く部分がある。『ユリアヌス駁論』の叙述のどこまでが歴史的ユリアヌスの真実であり、どこからがグレゴリオスの想定する類型化された「キリスト教徒の敵」であるのか。『ユリアヌス駁論』を通して初期ナジアンゾスのグレゴリオスにおける「異教徒」像と寓喩の用法の意図を分析することは本章の課題を超えるが、三六〇年代のキリスト教作家の系譜における「異教徒」像の形成を知る上では重要な課題であろう。

3　ユリアヌスの信仰世界と理想国家の宗教――再訪

ここでユリアヌスの「ギリシア文化の至高性」の主張の要点をふりかえってみよう。

ユリアヌスの主張によれば、世界は善意あふれる神々の恩恵によって護られる場所であり、すべての民族にはそれぞれふさわしい神々が与えられており、神々から民族ごとに与えられた適切な方法で神々と交流すれば神々からの恩恵を享受することができる。[*11] ギリシア文化はすべての文化の源であり、地中海世界のどの文明よりもすぐれている。[*12]「ギリシア人」と「ローマ人」は友邦の民であり、霊的に優れた資質を備えている。[*13] 帝国領内のローカルな伝統宗教のなかには、さまざまなかたちで「光の神」（『王ヘリオスへの讃歌』135d, 144ac）と、死んでよみがえる神とその母神である「大地の母」が顕現する『神々の母への讃歌』（169b）。「光の神」の子である治癒神アスクレピオスの祭祀も帝国領内に遍在する。[*14]

ユリアヌスは、帝国領内のギリシア語を共通語とする地域における多様な宗教の来歴を捨象した上で、それぞれの地域にみられる「多神教的」な信仰世界の核心に、「光の神」、すなわち太陽の神に対する崇敬と供犠が介在することに注目した。彼はここに『エジプトの秘儀について』が主張する「神々との交流の手段」としての供犠論を接合し、「ギリシア人の宗教」を供犠と光の神への崇敬を核心にもつ信仰として位置づけた。「光の神」と「子なる治癒神」、「大地の母」とその子である「死んでよみがえる神」は、キリスト教の「父なる神」と「子なる神」、マリアとキリストに対抗しうる「遍在する神々」として想定される。

ユリアヌスにとって「ギリシア文化の至高性」を証しする「ことばと行いの一致」の方法は、『教職に関する勅令』(Julianus, *Ep.* 61b=*Codex Theodosianus*, 13.3.5=*Codex Iustinianus*, 10.53.7, 三六二年六月一七日公布）の補則（*Ep.* 61c）において一般人向けに、また「宗教的指導者」としての神官向けには「神官宛書簡断片」（*Ep.* 89b）において具体的に提示される。『教職に関する勅令』の本則の主眼は、優れた資質をもつ教師の任命の勧めであり、「ギリシア人の宗教」を教育することじたいの詳細な規定は見られない。『教職に関する勅令』補則の主張を見てみよう。

正しいパイデイアは……理性ある判断が健康な形態で展開されている状態に、また諸善と諸悪、さまざまな美とさまざまな醜についての真の教えのなかにあります……そのいずれかについて考察をめぐらせようとする者、そのいずれかに近づこうとする者を教え導くとき、そのような智をわがものにすることに成功していない者は善き人物ではありません。（*Ep.* 61c. 422a）

教えることを職業とする者はその職にふさわしい生き方をするべきであり、教えていることと矛盾する考え方を魂に抱いてはなりません。（*Ep.* 61c. 422c）

ホメーロスばかりか、ヘーシオドスとデーモステネースとヘーロドトスとトゥーキューディデースとイソクラテースとリューシアースを神々はあらゆるパイデイアで導いたではありませんか……彼らの著作に注解する者が、彼ら自身のあいだで崇敬されていた神々を軽んじることは道理に合わないことです。（*Ep.* 61c. 423a）

ユリアヌスは叙事詩作家と古典期ギリシアの歴史家、弁論家の作品にみられる神話、道徳観、そして倫理観を「ギリシア人」の宗教の教説として内面化することを教師たちに求め、欽定講座のキリスト教徒修辞学者・哲学者に辞職を迫った。ユリアヌスが想定する「優れた資質をもつ教師」とは、古典文学を貫く「神々に対する正しい観念」を内面化し、その実践をもって学生に「ことばと行いの一致」を伝える人物であった。なお、このような施策に呼応して、ラオディケイアのアポリナリス父子[*15]は、聖書の挿話を修辞学の技法を駆使して再話した。キリスト教徒独自の霊的修養の書としても使用可能な修辞学教科書をユリアヌス治下において制作した人物の事例としては、アポリナリス父子は稀有な例である。

ユリアヌスは「神官宛書簡断片」において、「魂の浄化」に資するパイデイアの効用をさらに明快に述べる。彼は在来の祭祀の神官たちに、イアンブリコス派新プラトン主義的な「一者と界の神々と人間の仲介者」としての「神働術家」、すなわち民衆の霊的指導者であると同時に祭祀の専門家でもある専門的な宗教者としての役割を託した。[*16] 「神官宛書簡断片」（*Ep.* 89b, 300c-301a）では、ピュタゴラス、ソクラテス、アリストテレス、そしてストア主義者たちの著作が神々に対する模範的な教説を提供する著作として言及され、旧約聖書は「神々についてのことがら」を預言者たちが著した著作としてこれらの著作に対置される。[*17] ユリアヌスは、神官たちの生活において実現されるべき「ことばと行いの一致」を、これらの著作の霊的読書ともいうべき営為によって培われるものとして想定した。それはまた、キリスト教徒にとっての聖書の霊的読書の試みとも対置される。

神官たちは清浄ではない営為やふしだらな行いだけでなく、話す言葉や耳にするものも浄めなければなりません。ですからわたしたちは人を攻撃するあらゆる軽口や、またふしだらな話題のすべてを正さなければなりません。……神官の任務にある者は誰でもアルキロコスやヒッポナコスやそのほかそのようなたぐいの作家たちの作品に親しむべきではありません。古喜劇とかそのようなたぐいのものから身を遠ざけるべきです。そういうものをみな捨ててしまうほうがまだましです。ただ哲学だけが私たちに適切なのです……哲学者たちのなかで神々を自身の学問の指導者たちとして選んだ人々には、たとえばピュタゴラスとプラトンとアリストテレスや、クリュシッポスやゼノンの周囲にいた人々がいます。この哲学者たちすべてを、また、このすべての教説を採用しなければならないというわけではありません。しかしこの哲学者たちとその教説だけが人に敬虔の念を抱かせ、神々についてのことがらを、まず神々が遍在するということを、次いで神々がこの世のことを気にかけてくださるということを、そして人間たちにも妬んだり悪意をもったり敵愾心を抱いたりして互いに悪をなす存在ではないということを教えてくれるのです。そのようなことを私たちのために書き残した詩人たちは軽蔑されてきましたが、ユダヤ人の預言者たちは苦労してそのようなことを書き、ガリラヤ人たちを尊敬する哀れな人々から尊敬を受けています。(*Ep.* 89b, 300c-301a)

『教職に関する勅令』補則同様に、「神官宛書簡断片」でも、歴史書に対する言及が行われる。旧約聖書も新約聖書も歴史叙述的な側面を含む聖典であることを多く含む書物であることをユリアヌスは念頭においていたのであろう。ユリアヌスはここで、情念の働きに屈する人間の弱さを想起させる挿話を、人倫の模範を提供しない仮構として避けた。

実際に起きたことについて書かれた歴史書を読むことが私たちにはふさわしいのです。しかし、過去の人々のあいだに歴史書の形で伝えられた作り話は避けるべきです。その中には恋愛の話とか、その類のありとあらゆる話題が盛り込まれています。その道にあるものはみな、神官の職に在る者たちには、ふさわしくありませんし、そのようなものには何らかの秩序を与えなければなりません、読み物ならなんでも神官たちが読むのにふさわしいわけでないのですから。ことばのもとに魂のなかの秩序は形作られ、徐々に情念がかき立てられます。そして突然に恐るべき焔が燃え上がります。その焔に前々から備えをしておかなければならないと私は思います。(中略)私の思うには、舌の過ちと思いの過ちは同じものではありませんが、思いの過ちは大いに避けられなければなりません、舌が思いとともに過ちを冒すからです。(*Ep.* 89b, 301bd)

哲学=愛智の学びによる修養が人間の魂と言葉を浄め、さらにその実践の質を高める。この主張は、「神官宛書簡断片」にも明確にみられる。ユリアヌスは、一般人にはより具体的な英雄叙事詩と「正典」としての歴史書、そして古典期アテナイのひとびとの信仰生活をも伝える弁論作家の作品を薦め、「熟練者」としての神官たちには「修養」の体系としてのプラトンとアリストテレス、ストア学派の著作に親しむことを勧めた。物語によって情念が喚起されることを彼は好まない。恋愛や不品行にまつわる歴史上の人物のスキャンダルを語る歴史物語を彼は「修養にふさわしくない書物」と見なす。彼はこの修養観を「ギリシア文化の至高性」に奉仕すべきものとして位置づけた。

4　ユリアヌスによって理想化された「ヘラース」像への疑義

『ユリアヌス駁論』からまず明確に読み取れるのは、ナジアンゾスのグレゴリオスから見たユリアヌスの「ヘラース」像への疑義のかたちである。

ユリアヌスの宗教地誌のなかでは、文明をもたらした神々を仰ぐ「ギリシア人」の祭式は、帝国領内のあらゆる地域的な伝統的祭祀の最上位に位置づけられている。そして「ギリシア人の宗教」のギリシア語で書かれた「神々に対して猥雑な思いを抱かせない」部分のみを丁寧に精選したギリシアの古典文学とプラトンとアリストテレス、ストア主義文献が「ギリシア人の宗教」の教説として用いられなければならないのか。これがグレゴリオスにとっての最大の疑問であろう。共有財産としての典籍は宗教的な帰属を越えて思索の具に用いられるべきものだからである。

ナジアンゾスのグレゴリオスにとって、ユリアヌスの宗教観は不健康（σαθρός）なものであった。『ユリアヌス駁論』第一弁論において、彼はユリアヌスの宗教観の最大の欠点として、「ユリアヌスはギリシア語を言語ではなく、あたかも祭式（θρησκεία）に関連のあるものであるかのように扱った」と述べる。*18

> まずなにより、彼は悪意からことばの意味を変えて自らの考えに適用したのである、ギリシア語を話すこと、

すなわちギリシア人のロゴスは祭式に属するものであって、言語に属するものではないとでもいいたげに。それゆえに我々がまるで他のひとびとから何かよいものを盗んだかのように、彼は我々にその言語の利用を禁じ、我々をギリシア人のあいだで見いだされた諸技芸の実践から排除しようとして、（言語とロゴスが）同じ名をもつ、すなわち多義的な語であることが彼にとっては利点となるのは当然だと主張したのである。そして、彼は我々の注視を逃れられると思っているかぎりは、もともとそこにあったものからよきものを我々から奪うことはなかったが、そのような言辞の数々を思い起こすだに我々はいっそう軽蔑の思いにかられるというのに、かえって自身の不敬という不名誉が白日のもとにさらされることをひどく恐れていた。洗練された文体において我々は力を得ているのであって、真理にかんする知識ともろもろの議論において力を得ているのではないとでも主張するかのように。とはいえ神と一致することと同じく、私たちからそれらを奪うことはおよそ容易ではなかったのだが。なぜならば我々がほかのひとびととともにお捧げしなければならないものとは、からだと同じく言葉であるからだ。真実をめぐって闘わなければならないときにはいつだってそうなのだ。（*Or.* 4.5）

ユリアヌスによるギリシア語とギリシア文化の特権化を批判するとき、グレゴリオスは、祈りと信仰を託すことばの精華とその使用によって生ずる豊かな文化の可能性をめぐる問題を根拠とした。『ユリアヌス駁論』第一弁論（100–109）で素描されるように、ことばを巡る問題は彼にとって切実な話題である。ナジアンゾスのグレゴリオスはユリアヌスの宗教観に関する情報をカイサリオスから得たものだと主張する（*Or.* 5.23）。グレゴリオスのユリアヌス批判は類型化された「異教徒皇帝」に対する批判ではなく、ユリアヌス自身の課題であった純化されたギリシア文化と「ギリシア人の宗教」のギリシア語話者による特権化への鋭い批判となっている。

『ユリアヌス駁論』第一弁論（100–108）において、グレゴリオスは以下の二つの観点から、ユリアヌスの「ギリシア贔屓」を詭弁として退ける。

（1）キリスト教はロゴスの力を重んじる宗教である

言語（λόγοι）こそがグレゴリオスにとって問題であった。言語によってこそ、可視的な世界の向こうにある信仰や希望を語ることができるからである（*Or.* 4.100）。ユリアヌスはどこからギリシア語が特権的な宗教にかかわるものであるという考え方を手に入れたのだろうか（*Or.* 4.101）。ユリアヌスはギリシア語を用いることが特権であると考えているが、沈黙を守り、創始者の恣意的な思いつきに由来する言葉に変更を加えずに教説として従う信仰生活を重視するピュタゴラス派のような集団の教えも「ギリシア人の宗教」の一類型に含まれているではないか。我々［キリスト教徒］は、神の霊感をうけたひとびとの言葉を信じないということを信仰上許されていない。神のことば（Λόγος）それじたいが信頼に値するものであるからだ（*Or.* 4.102）。

（2）ギリシア語と「ギリシア人の宗教」は誰のものか

ギリシア語を用いることは特権的に聖なる言語を用いることでもなければ、特定の民族の特権として結びつけられるものでもない。ギリシア語を話すすべての民族が同じ神に対する同じ信仰を持っているわけではないし、供犠の様式も民族によってさまざまである。ユリアヌスは「ギリシア語を語る者の宗教」の例を明確に提示しているわけではない。ユリアヌスは我々に「ギリシア人の宗教」の例を示すべきである（*Or.* 4.103）。秘儀はトラキアが発祥の地であって、ギリシアが起源ではない。天文学はカルデア人だけではなくエジプト人も行っている。魔術（マギケー）はペルシア起源（マギ僧）ではなく、テルメシア人も行っている。フリュギア人も鳥占いを行っている（*Or.* 4.109）。「ギリシア語を話すことが、ギリシア人の宗教を信じることである」というユリアヌスの論は詭弁であり、金細工師を金細工と、画家を絵と同一視するようなものである。これは文法学者からみても非合理であると判断することができる。ユリアヌスのいうとおり、ギリシア語話者に特権的な宗教というものがあるならば、我々キリスト教徒はギリシア語の利用から排除されることになる。このような非現実的な議論に時間を費やすのは時間の無駄である（*Or.* 4.104）。ギリシア語には卑俗な日常的表現もあれば、修辞学で用いられる高尚な表現もある。ユリアヌスのいうようにギリシア語が「高貴な宗教性」のみを持つ言語とはいえない（*Or.* 4.105）。また、文学者や修辞学者ら、言語運用の専門家は、しかるべき言語の運用によって、目的にかなった美しい表現をすることができる（*Or.* 4.106）。ギリシア語を語ることはユリアヌスの支持者たちの特権なのか。文字を発見したのはエジプト人もフェニキア人も神に与えられた律法を石版に刻んだと信じられているヘブライ人もそうである（*Or.* 4.107）。詩はユリアヌスの主張を支持する側の特権であるとはいえない。叙事詩のなかにはユリアヌスが嫌った卑猥な物語や残酷な物語も含まれている（*Or.* 4.108）。

ナジアンゾスのグレゴリオスのこの見解は、『教職に関する勅令』とその附則、および『ガリラヤ人駁論』でも提示される「ギリシア人の宗教」至上主義に対する率直かつ的確な批判であろう。彼の主張の論点は、以下のように要約することができる。

（1）ギリシア語そのものに聖性があるわけではない。
信仰の相違を根拠に、思考と表現を盛る道具としての特定の言語の使用を禁じる／剝奪することは不可能である。現にギリシア語話者のキリスト教徒は、ギリシア語を用い、修辞学の成果を用いて聖書を解釈している。ギリシア語で書かれた古典を読むのに、そこに描かれている世界像まで信仰の対象にしなければならない理由はない。そもそもギリシア語には卑俗な表現もある。また、さまざまな民族がそれぞれに祈りの言葉をもっている。グレゴリオスはこのようにギリシア語それじたいを神聖視するユリアヌスの態度には疑義を示す。

（2）ユリアヌスは修辞学の分析対象となる文献を、祭式に結びつけられた変更不可能な宗教的教説を提供する媒体として捉えている。

グレゴリオスから見れば、このようなユリアヌスの態度は修辞学が宗教を超えた共有遺産であることに対する故意の誤解のあらわれである。本来は修辞学の対象となるテクストは宗教上の帰属を越えたさまざまな立場からさまざまな解釈を加えることが可能であり、特定の宗教的帰属をもつ者のみが使用できる「聖典」ではない。

（3）ユリアヌスは「ギリシア人の宗教」の定義を明確にしていない。

グレゴリオスは、ユリアヌスが「ギリシア人の宗教」の本質であると考える供犠は、ギリシア文明より旧い起源をもち、帝国領内の多様な地域でそれぞれ同時多発的に異なる解釈のもとに行われていることを指摘する。したがって、ユリアヌスが彼のいう「ギリシア人の宗教」（ギリシア語話者の宗教）の名のもとにそれらを一元化することは帝国領内のギリシア語話者の宗教の複数性の実態に沿わない。

「ことば」の利用についてのグレゴリオスのこのような主張は、「祈りとことばの民主性」の主張でもあろう。言語はすべての人のものであり、すべての人がそれぞれの民族にふさわしい祈りの言葉によって祈ることができるはずだ。ユリアヌスが「高貴」であるとみなしたギリシア語も、日常言語としての役割を担っている。日常語から卑俗な表現を排除することは困難である。

修辞学に対するグレゴリオスの態度ははるかに実践的である。グレゴリオスは修辞学を、宗教的帰属を超えて言語と思考の洗練に資する共有財産とみなす。ひとびとは修辞学をそれぞれの信念／信仰の体系の深化のために用いて、おのおのの信念／信仰をより洗練された表現で深化することができるようになる。そのような確信をグレゴリオスは抱いている。

ユリアヌスの言語観をキリスト教側に敷衍するならば、キリスト教は「ことば」や「預言」を重視する宗教であるから、教理の精緻化のためにギリシア語の使用をキリスト教徒に限るべきであり、キリスト教徒が特権的にギリシア語を用いるべきだ、という主張も導けよう。しかし、そのような主張をグレゴリオスはいっさい支持することがない。グレゴリオスは修辞学を、宗教的帰属を超えてひとびとの信念と信仰の体系に精緻な理論と適切で美しい祈りの言葉をもたらす役割を担う有用な学知として捉える。

ユリアヌスの「ギリシア人の宗教」至上論は、特定の言語によって祈ることが高貴であって、特定の言語を用いる人のみが高貴な精神性をもつという発想にもとづいている。グレゴリオスはユリアヌスのこのような見解が詭弁であることを看破する。

ユリアヌスはキリスト教を「ユダヤ教とギリシア人の宗教から悪しき慣習のみを選び出して念入りに作り上げた仮構（σκευωρία）」[*19]とみなし、「貧しき大工がガリラヤ人の漁師たちに説いた教え」「謀反人の模倣」と故意に呼び、帝室の威厳と保護にふさわしくない宗教と考えた。[*20] ユリアヌスにとってキリスト教は、帝国の国家祭儀の宗教としても、帝室成員が信奉し保護の対象とすべき宗教としても、威厳に欠けていたのである。このことをグレゴリオスは明敏に察知し、ユリアヌスがキリスト教を帝国の威厳にふさわしくない宗教であると断罪するのであれば、ただちに威厳にふさわしい装いをさせるべきである、と主張する。グレゴリオスはキリスト教が啓示宗教であって、旧約の預言者たちに降った神の預言に由来する旧い歴史をもつものであると同時に、つねに新鮮であることにその威厳の根拠を見いだしていた（*Or.* 4.109–110）。

5 ユリアヌスの「愛智」への当惑

ナジアンゾスのグレゴリオスはまた、ユリアヌスの「哲学＝愛智」の性質の不明瞭性と、彼の「哲学＝愛智」の根拠となる神話の挿話の性質について、次のような見解を提示している。

ユリアヌスが振興しようとした「哲学」には本来多様な学派があるはずだ。そこにはユリアヌスが卑俗として退けたはずのキュニコス学派も含まれる。そして「哲人王」は「哲人王」になろうとして、「哲人王」らしい行動を真似るだけでなれるものではない（*Or.* 4.113）。ユリアヌスは新ピュタゴラス主義を肯定するが、ピュタゴラス主義の教説の根拠はたんなる「教祖」の機会的な思いつきにすぎない。新ピュタゴラス主義の修養方法としての沈黙の慣習もまた、創始者の思いつきに根拠なくしたがっているにすぎず、キリスト教のように啓示と歴史性に基づく「旧くて新しい」内面的に深化された霊性と思索に裏付けられた修徳修行には及ばない（*Or.* 4.102）。

ユリアヌスは神託の解釈者のつもりかもしれないが、神託の解釈は自然現象のなかに象意を見いだして解釈する営為にすぎない。ユリアヌスの主張に反して、在来の神話には神学や倫理は登場しない。神話には猥雑な想像をもたらす性愛や暴力の挿話が多く含まれており、ヘシオドスですら『神統譜』で神々の争いの物語を語る。ユリアヌスは神話を変更不可能な倫理の規範の源とみなしているが、猥雑で暴力的な挿話にもそのような解釈を加えれば「ギリシア人の宗教」はユリアヌスの憎んだはずの猥褻で暴力的な宗教になってしまう。グレゴリオスは、ユリアヌスによる神話の解釈は神話の猥雑さや暴力性を覆うヴェールにすぎない、と看破する（*Or.* 4.114–116）。

グレゴリオスはユリアヌスによるホメーロスの衛生的解釈に対しても一切容赦することがない。ギリシア人の神話の核心には神々の恋情の物語があることを彼は指摘する。それはユリアヌスが期待するような節制と中庸を教える物語ではない。天体神と同一視されるオリュンポスの神々の挿話はむしろ愛欲と悪徳の見本のようですらあり、ギリシア神話の開闢神話は創世記よりもさらに論理性に欠けている。イーリアスにもまた、人間同士の情欲を喚起する挿話に満ちあふれている。『イーリアス』第一四歌にみられるヘーラーとゼウスの交合や、娼婦のようにふるまったヘーラーの仲介によるテテュスとオケアノスの和解[*21]のような、至高神夫妻の交合にまつわる神話の存在を看過して、ホメーロスをいっさいの恋愛の情念と無縁なテクストと読むことは不可能である（*Or.* 4.121–122）。

グレゴリオスはユリアヌスの「哲学＝愛智」の実践が新ピュタゴラス主義の修徳修行の実践と関連をもつことを察知しているが、ユリアヌスのイアンブリコス派新プラトン主義への参与については言及しない。彼の目には、神働術は「魔術」に映った。『ユリアヌス駁論』では、小アジア遊学期の青年ユリアヌスに秘儀を伝授した神働術家たちは「魔術師」(γοήτης)として描かれる。[*22] ユリアヌスの神働術への傾倒はアポロンとヘカテーという神々との遭遇の場ではなく、悪しきダイモーンを招喚する占術と魔術への傾倒として認識される。[*23] グレゴリオスにとってもまた、「哲学＝愛智」は「魔術」とは接合されるべきものではなかったのである。

ユリアヌスもまた、ヘレニズム・ローマ神話の猥雑で暴力的な神話や、聖書の挿話やキリスト教の教説にみられる「人倫の模範にならない」挿話への言及を避けた。旧約の「嫉む神」の挿話の存在[*24]と当時の神学論争のなかに「謀反人」イエスを「神の子」「ロゴス＝キリスト」として整合的に説明する回路が充分に開かれていなかったことを根拠に[*25]、ユリアヌスは、キリスト教の教説をヘレニズム・ローマ神話の猥雑な挿話と同様に、人倫の規範を提供せずに偽りを語る「作り話」として断罪した。[*26] グレゴリオスもまた、ギリシア・ローマ神話の猥雑性を批判しているが、神話は変更不可能な倫理の規範をもたらすものではなく、解釈によって猥雑さを覆うことが可能である、という視座を提供する。旧約聖書の人物の不品行の挿話もそのようにして正当化することが可能になる。両者は物語の解釈の技法を争奪しあっているともいえる。

魂の秩序をもたらし、人倫の模範たるべきよき「哲学＝愛智」の構築と実践に資する神話の解釈も、祈り同様に「ことば」を介して行われる。だからこそ、「ことば」の運用は宗教的帰属も民族も超えた共通の遺産であるべきだ。このようにグレゴリオスの主張は、ユリアヌスの「ギリシア人の宗教」の仮構性と排他性を鋭く指摘するものであった。

6　展望

ユリアヌスのいう「ギリシア人の宗教」と「ことば」と「愛智」の関係性に対するグレゴリオスの違和感は以下の論点から構成されている。

ユリアヌスは修辞学と「哲学＝愛智」をギリシア語話者の専有物と見なした。彼は現実に帝国のギリシア語公用語圏に存在する地方宗教の実践と伝承の多様性を看過し、それらの根幹にある儀礼が供犠であることを根拠に、「ギリシア人の宗教」という仮構を構築する愚を犯した。

本来、帝国にはさまざまな来歴をもつ多様な地方宗教が存在している。そもそもユリアヌスが「ギリシア人の宗教」の本質とみなす秘儀はトラキア起源であり、ギリシア本土起源ではない。供犠もさまざまな地方で見られる。ギリシア本土の文明が成立する以前に遡るより旧い文明も存在する。バビロニア（カルデア）とエジプトにおける天文学の発展、「フェニキア人」・「エジプト人」・「ヘブライ人」による「ギリシア人」以前からの文字の使用がその例証である。ギリシア文化を帝国の文化の淵源とみるユリアヌスの立場は歴史性を無視している。

さらに言語は本来、祭式とは独立事象である。各民族はそれぞれの言葉で祈っており、祈りはギリシア語話者の専有物ではない。また、宗教的帰属の別によらず、熟達者によって修辞学と「愛智」の精華は的確に用いられれば、それぞれの信念と信仰の体系を精緻にかつ豊かにすることができる。ギリシア語話者のみが聖性にあずかることができるというユリアヌスの「ギリシア人の宗教」の観念は、とりわけ熟練者による「ことば」と愛智の利用をすべてのひとの信仰と祈りを豊かにするために開かれたものとすることとはまったく異なるものである。

ユリアヌスに対するグレゴリオスの見解は、きわめて明快な輪郭をもっている。彼は、イエスの受肉と受難と復活の教説によって受肉した「愛智」となったキリスト教こそが「真の愛智」であることを疑わない。

グレゴリオスのユリアヌス批判は正鵠を射る。「ユリアヌスのギリシア人の宗教」の限界を彼は鏡に映し出す。しかし、これらの思索はたんに伝聞情報の解釈に依拠するものであろうか。何らかの文書史料やユリアヌスの著作にふれなければここまで的確にはユリアヌスの思索の限界を描き出せないのではないだろうか。カイサリオスの情報提供について精査が可能であればと考える。

新人司祭グレゴリオスにとって、宗教的帰属を超えた文化遺産としての修辞学と哲学の援用をより豊かな祈りのために希求したことは、その後の彼の詩作と思索にいかなる影響を与えたのであろうか。『ユリアヌス駁論』の提示する課題は、グレゴリオスからみた「ユリアヌスとユリアヌス的なるもの」「わたしたちではないものとしての異教徒」の信仰世界像、「哲人王」の理想に関する議論、作中に鏤められたヘレニズム・ローマ神話と聖書の象徴の援用の比較など、さまざまな角度から分析することが可能な問いへと私たちの眼を開いてくれる。

おわりに――万華鏡のなかの哲人皇帝、ふたたび

1　「ヘラース」への憧れと挫折・再訪

本書の課題は、ユリアヌスの信仰世界を彼の作品世界から再構築することであった。その結果、彼の哲人統治理念にもとづく「哲人祭司王」としての理想国家の宗教の実践は、先哲の思想の自由な援用に準拠した独学の産物でもあった。コンスタンティヌス一門の傍流に生まれながらもあらかじめ帝位に就くことを期待されることがなかった人物が、修養の結果として構築した理想国家の宗教を現実に移そうとしたときに生じたさまざまな破綻が、彼の信仰世界の性質と限界をかえって明らかにする。

コンスタンティヌス朝の皇帝たちはしばしば教会内部の紛争に仲介者として、また裁定者として介入し、在来の供犠や呪術の行使の禁制を公布してきた。特にコンスタンティウス二世はキリスト教内部の党派間対立に関連する暴動にさいして強制的な排除策を選ぶことがしばしばあった。彼は宮廷に接近するアレイオス派の聖職者と結託して、アレイオス派に反対する諸派の司教たちをたびたび追放に処した。好色なコンスタンティヌスとその息子コンスタンティウスの権力欲、そしてコンスタンティウスによる信仰の強制と抑圧に対する嫌悪感が、ユリアヌスのキリスト教に寄せる違和感の直接のきっかけになったと想定される。

キリスト教の現状を知りながら「書物のなかに世界がある」と信じて育った文人気質の若き帝室成員が、長じてイアンブリコス派新プラトン主義の思想と信仰の実践に遭遇する。当時魔術視されるきらいのあった神働術の肯定に対しては学派のなかでも意見の相違はあったにせよ、イアンブリコスの著作『エジプト人の秘儀について』で展開される壮大な宇宙論的救済論にもとづく理性的な営為としての供犠と祈りの肯定に彼はたちまち魅せられたのであろう。神働術を肯定するためではあっても、イアンブリコスの議論は在来の「父祖伝来の祭祀」に「魂の回帰」に至る精神と霊性を高める活動としての意義を付加したのである。

アレイオス派キリスト教徒として育てられながらも、宮廷とアレイオス派の癒着に懐疑を覚えつつあった帝室成員の青年が『エジプト人の秘儀について』のなかに見いだしたものは、おそらくは真剣な営為として「父祖伝来の祭祀」を解釈し、また実践するひとの存在であったのであろう。この作品では、神働術と在来の祭祀に通じた心身共に高潔な者であることを要請される「神官」(テウルゴス＝ヒエレウス)の活動の意義もまた、民衆の魂の陶冶のために資すべきものとして定義されている。キリスト教の聖職者の活動に勝るとも劣らない宗教者の真剣な霊的営為をユリアヌスはイアンブリコスの主張のうちに見いだしたのであろう。単独統治権獲得後の「宮廷の哲人たち」としての枢密顧問院との活動や、「神官宛書簡断片」にみられる神官の生活規定には、イアンブリコスの祭儀論の自由な援用の痕跡がみられる。

帝室成員が奉じるにふさわしい宗教と「愛智」とは何か。また、国家祭祀の長としての「大神祇官長」が担うにふさわしい生活とは何か。このような問題意識に導かれて、ユリアヌスは理想国家の宗教を探求する。少年時代とマケッルム滞在期の勉学、そして三五一年以降のエフェソスのマクシモスらとの邂逅が彼の「ヘラース」への憧れを培った。彼はギリシア典籍の世界への憧れから、やがてギリシア語とギリシア文化に特権的な神聖性を賦与するようになる。小アジア歴訪時に知遇を得たイアンブリコス派新プラトン主義者、エフェソスのマクシモスやガリア宮廷に伺候したサトゥルニーヌス・サルーティウス・セクンドゥスらが彼の思索と実践の同伴者となった。

創始者の出自に後ろ暗いところがなく、人間が思わず模倣したくなるような、清潔かつ高遠で、善意に満ちた神観念と宇宙観をもつ思想。人間が肉体と感情をもつがゆえの限界を内なる理性と神性を喚起することによって昇華し、排他性と暴力の肯定へと暴走させない倫理観。宇宙の秩序の美しさに連なり、「神のようになる」ことを奨励することによって、節度を備えたよき人となることを可能にする道徳観。「国家の祭祀の長」として実質的に担うにふさわしい威厳ある宗教。ユリアヌスはこれらの要素から形成される信仰世界を、イアンブリコスの祭儀論を援用して厳選された典籍の聖典化と「父祖伝来の習慣」の核心にある供議と祈りの実践に依拠して構想した。単独統治権獲得以後にはローマ皇帝の称号のひとつである「大神祇官長」の職務を実体化し、みずからこの信仰世界の模範を担ってひとびとに模倣させる「哲人祭司王」となろうと試みた。

碑文[*1]やアパメイア出土の「哲人たちの対話」を描くモザイクなどの考古史料の事例から、帝国全域においてはそれなりにユリアヌスの支持者が存在したことが証明される。[*2]また、セルディカ発行の犠牲獣を刻印した貨幣からも、ユリアヌスの宗教政策の意図を汲んだデザインが看取される。[*3]

ユリアヌス本人が求めた理想の具現化は、イアンブリコス派新プラトン主義に共感をもつ側近と協力者たち、そして「父祖伝来の慣習」に共感をもつ協力者たちに支えられて進むかに見えた。ユリアヌスとその師マクシモスらのもとに結集した宮廷の「哲人」たちの活動は、聖域の整備と視察、そして祈りと観想とに傾倒する「異教の聖者」の生活に紛うかに見えた。本人は聖域の整備と再建を、また厳選された典籍の聖典化を周知させようとした。しかし、整合性のある論理として構想されたはずの価値観は、本人がひとびとに黙って模範を示していれば周囲が従うであろうと思ったはずの価値観は理解されず、かえって当惑をよぶ。

ユリアヌスは自らの思想に依拠する活動を積極的に伝道しようとはしなかった。「哲人祭司王」としての私の営み、それがよきものであるならば、自然と民は私の行為を模倣するはずだ。そのような思いを彼は抱いていた。その思想そのものは彼の「愛智」の来歴が何であるかをあらかじめ理解しうるものにしか共有されえない。聖域の再建を命じ、祭祀の復興を求めてもなお、彼の思想そのものを説得的に伝える手段が欠けていたために、彼の試みが文明への信頼と希望に依拠するものであって、宇宙論的救済に至る魂の陶冶につらなる構想を備えていたと気づかれるには至らなかった。そもそも、統一的な「異教意識」はこの当時には存在しない。「私たちではないもの」の存在が「私たち」を、「私たち」が「私たちではないもの」を描き出すことによって、はじめて「私たち」が、「私たちの祭祀と神話」が照射される。そのような形で「異教意識」が形作られつつある過程に彼らは生きていた。

副帝として北西辺境諸州の平定に勤しむうちは、ユリアヌスが直接にキリスト教内部の熾烈な党派間対立の仲裁に立つ必然性は薄かった。しかし、予期せぬ単独統治権の獲得以後に独学の限界が露呈する。初代皇帝アウグストゥスからグラティアヌス帝に至るまで、ローマ皇帝は国家の祭儀の長、すなわち「大神祇官長 pontifex maximus/ἀρχιερεὺς μέγιστος」の称号を帯びていた。ユリアヌスはこの「大神祇官長」の職責にあることを自覚しながら、内なる「哲人祭司王」の理想に従うべく「父祖伝来の慣習」の場としての聖域と祭祀の再建を訴えて、宗教界への先帝の影響を除こうとする。プラトンの理想国家論やディオン・クリュソストモスの君主論には、哲人王の美徳として慣習に従った父祖伝来の神々への敬意が勧奨されていることは確かだ。しかし、ユリアヌスの祭祀への参与は政治家として護るべき「父祖伝来の慣習」の範囲を見誤っていた。

アンティオキアの事例にせよ、帝国東方の地方都市の事例にせよ、「用いられなくなった祭場を神々との交流のために再建しなければならない」という発想は当時のひとびとには理解されない。特定の思想家・実践家のサークルの内部で共有されていた思想と儀礼観を一般妥当性のある教説として広く共有されるものに変容させてゆくことの困難がここに顕在化する。

ナジアンゾスのグレゴリオスとアンミアーヌス・マルケリーヌスは、よかれと思って展開した宗教政策が受け入れられないことでたびたび怒りを側近にぶつけるユリアヌスのエピソードを伝えている。「哲人王」であろうとした人物が中庸の精神を見失って感情を顕わにするその無様さが、「逸脱した哲人王」としてのユリアヌス像を増幅する。

教会史家群の作品で強調されるユリアヌスの怒りの残酷さもこの消息に属するものであろう。

「神官宛書簡断片」の生活規定や『教職に関する勅令』『医師に関する勅令』の倫理規定には、改革の帰結を支持するさいに決して一般人を惑わせることがないように、神官も教師も医師も一般人を迷妄に導いてはならないのだから人格清廉であるように、と告げる文言が看取される。「父祖伝来の祭祀」を担う神官の採用にあたっては、すでにある役職者や世襲の神官だけではなく新しく意欲ある者をも募集した。協力者がほしい、しかし、もしかすると自らの意図が説得力をもたず、ひとびとの心をひきつけることができないのではないか——人心の離反にたいするユリアヌスの恐怖が行間に浮かぶ。

嫌われたくない、そしてキリスト教徒から殉教者を出したくない。その思いでユリアヌスは拷問や処刑を可能なかぎり避けようとしたが、結局避けおおせることはできず、暴動の遠因となった聖職者や追放や科料の徴収を行った。地域によっては聖域の再建が行われ、ユリアヌスへの協力者もあらわれる。ここにはコンスタンティウス治下で抑圧されていた「キリスト教徒ではない人々」が「父祖伝来の祭祀」を勧奨する皇帝の好誼を得ようとして行う涙ぐましい努力も反映されていよう。「キリスト教徒ではない人々」とキリスト教徒の対立がユリアヌスの宗教政策の意図に対抗するかのように生じる。そして対立を扇動したとみなされて都市の特権を剝奪され、村落へ降格される都市(カッパドキアのカイサレイアとガザ・コンスタンティア)の事例や、アンティオキアからオロンテス河口のラオディケイアへの皇帝滞在地およびシリア・コイレー州都の移動の事例は、「ポリス的生物」の住まう場であってほしい、とユリアヌスが期待した都市からの名誉の剝奪にほかならない。しかし、アンティオキアの聖域における歓呼の事例も、市民らにとっては皇帝の好誼を得るために行った習慣である。それにもかかわらずなぜ皇帝の好誼を得るために行ったことが譴責されなければならないのか。そのようなアンティオキア市民の不満をユリアヌス自身は知っていたことが『ひげぎらい』から看取される。[*4]

2　キリスト教と「堕落した愛智」「堕落したヘレネス」への疑義から発するもの

副帝期のユリアヌスは、供犠や卜占の禁令の布告者としてコンスタンティウスとともに勅法に名を連ねた。アレクサンドリアにおけるアタナシオスとその支持者への凄惨な弾圧にさいしては、彼は直接協力することはなかったが、単独統治権獲得後にコンスタンティウスの宗教政策が残した負の遺産に直面することになった。アレクサンドリアにおけるアレイオス派とニカイア派の対立の仲裁、そしてアンティオキアにおける多教派間対立の仲裁。帝国東方各都市で起こる教派間対立やキリスト教徒の破壊活動の調停。暴力を好まないながらもユリアヌスはこれらの状況の対応に迫られるようになった。

コンスタンティウスが支持したアレイオス派はゲルマン系諸部族にも人気を誇っていた。いわば「バルバロイのキリスト教」である。しかし、ゴート人司教ウルフィラスの存在にユリアヌスは著作の中で言及することがない。「バルバロイのキリスト教」としてのアレイオス派のイメージも、『ガリラヤ人駁論』において「ガリラヤの貧者のエトノスの宗教」に矮小化されたキリスト教のイメージにどの程度反映されているのかは見定めがたい。ユリアヌスのパイダゴーゴスであったマルドニオスは文明を知る者であり、おそらくはゴート人であった。ユリアヌス自身もまた、ガリア勤務のあいだに「蛮族」であるはずのガリア人と交わるうちに質実な修徳性を鍛えられ、そのことを誇る側面も備えていた。一般的な民族的出自像よりも文明への関心と倫理性が彼の「文明／野蛮」像の判断の基準となっていた。

ユリアヌスは同時に、ギリシア語共通語圏における都市文化に高貴さを期待していた。彼の内面で信仰の域にまで高められた「ヘラース」と「ヘラースびとのことば」の神聖視がその非現実的な期待を支えた。彼にとっての「バルバロイ」は彼自身が夢見たギリシア文化の神聖性を共有しないひとびとであった。「生まれはスキュティアでも、トラキアでも、出自がイリュリアでも、心はヘラースの民」という所与の民族的出自を超えた知と信仰の共同体としての「ヘラース」をユリアヌスが希求するゆえんである。

ユリアヌスはキリスト教を、ギリシア語共通語圏の都市文化から高貴さを奪う「貧しき漁夫の宗教」とみなすようになった。怒りと妬みと謀反を肯定して激しい暴力と論争に人々を誘い、都市を放棄して隠遁する者のみが救われようとする砂漠の師父たちを生み出した「貧しい」宗教である。彼は『ガリラヤ人駁論』において修辞学と哲学の精華を用いずに聖書の挿話を解釈することで、旧約聖書の神の「嫉む神」「人間に知性的な向上を求めない神」としての側面を指摘した。また、新約聖書におけるロゴス＝キリスト論とイエスの人性を架橋する議論やその母マリアの神聖性を保証する議論の不徹底を指摘し、アレイオス論争の渦中でいまだイエスの神性に関する決定的かつ説得的な議論があらわれていないことを遠回しに指弾した。聖書の本文の叙述を分析の対象とすることで、殉教者崇敬が聖書に根拠をもつ習慣ではないことも指摘した。生者の領域と死者の領域を截然と分かつ在来の都市空間理解に立ち、違和感の目をもって殉教者崇敬を観察すれば、たちまちそれは墓地における夜間の魔術の行使を想起させる営為としてたち現れる。

ユリアヌスは墓場に集まって祈りを捧げる殉教者崇敬を「墓前に集まって儀礼を行う」という理由で、夜間の魔術にも見紛う行為として判断する。儀礼を通した神的存在との交流や供犠や魔術に関心をもつのであれば、おそらくは神働術に通じる供犠を行う父祖としての「カルデア人」アブラハムに還ればより「正統」な神的存在との交流が可能になるのではないか。このような発想からユリアヌスは旧約の父祖アブラハムの存在をイアンブリコス派新プラトン主義の祭儀論を通して正当化し、それぞれの供犠のあるべき文脈を無視した非歴史的な解釈に拠るカルデア人アブラハムへの回帰の期待を「ガリラヤ人」に抱いた。

高貴であるはずの「ヘラース」の民の堕落形態として、ユリアヌスは「犬儒派」の旗の下に集う通俗哲学者と、祭儀の本来的な意義（とユリアヌスがみなす観念）を忘れたひとびとをあげる。

ユリアヌスは通俗哲学者を、「汝自身を知れ」という「哲学＝愛智」の格率を忘れて、都市共同体の生活の基盤にある市民道徳から外れたアウトサイダーを標榜することで、快楽の追求や神聖な存在への侮辱を正当化する人々として理解する。そして、神聖な存在を侮辱する神話としての「悪しきミュートス」を語り、快楽を全面的に肯定する通俗哲学者たちに、政治にも助言を行う幸福な修徳修行者としてのシノペーのディオゲネスと、最初期のキュニコス学徒としてのクラテスの思想へ帰れ、と説く。ユリアヌスの通俗哲学者批判は「哲人」を標榜しながらも知性の行使による穢れなき世界の観想を軽んじて快楽を求めるひとびとに向けられたものであり、そのディオゲネス像はディオン・クリュソストモスの王政論における理想化された修徳修行者としてのシノペーのディオゲネスに似る。

また、「父祖伝来の祭儀」の本来的な意義を忘れて祝祭や見世物興行を楽しむギリシア語話者を、ユリアヌスは「堕落したヘレネス」とよぶ。この批判もやはり、祭儀の本義を訪ねようとしないひとびとの反知性性に対する疑義に依拠する。

ユリアヌスの「父祖伝来の祭儀」理解はイアンブリコス派新プラトン主義学徒には共有可能であっても、その外部の者には理解しがたい。そもそも祝祭に期待する機能が根本的に異なっているのだ。祝祭日に家族や友人と集い、見世物興行を娯楽として楽しみ、聖域を視察する帝室成員の好誼を求めて歓呼を行うことじたいに祝祭性を見いだす人々に「堕落」を責めても酷というものである。

「ヘレネス」とは誰か。また、「ヘラース」とは何か。ユリアヌスによる定義は明快である。神々に対する悪念を喚起しない厳選されたギリシア語典籍を聖典にして生の鑑と仰ぎ、そこから喚起される宇宙観と倫理観・道徳観にしたがって神々に常なる祈りと供犠を献げて生きる教養人たちと、所与の第一言語や民族的出自や所与の宗教上の帰属も超えてその理想と美意識を共有できるひとびとのいるところである。その聖地は現実の紀元後四世紀のアカイアー州の学都アテナイではない。しかし、ナジアンゾスのグレゴリオスが指摘したように、実際の紀元後四世紀中葉の帝国東方におけるギリシア語話者の宗教はユリアヌスの夢想を超えてより多様である。

ユリアヌスはローマ皇帝の先達への敬意をもっていたが、宗教政策上の問題関心はギリシア語共通語圏を主な対象としており、ラテン語圏における「父祖伝来の祭祀」の再編成には向けられなかった。ローマは「ヘラース」にとっての友邦の民でしかなかったのである。そしてギリシア文化の至上性とギリシア文化を守る神々の至高性を語るために、ユリアヌスは文化の起源に関して歴史改変にもとづくナラティヴを採用することも厭わなかった。

その結果として「ギリシア語を神聖化し、その神聖性を共有しようとしないものからギリシア語による思索と表現と信仰の表明の活動を奪おうとした」あの悪名高い施策が導き出される。そのことじたいは後にユリアヌス治下の状況を回顧する同時代以降の著作家、とりわけキリスト教著作家に対して容易には癒しがたい「巧妙な迫害」という暴力の記憶をもたらした。

3　研究の展望——古代末期における宗教概念をめぐる諸問題

古代末期における宗教概念や「異教意識」の介在は、近代的宗教研究のテクニカルタームを用いても必ずしも的確に語りえないことがある。ユリアヌスの信仰世界とその周辺に生じる現象の叙述もそのような困難を抱えている。

「フィロソフィア」の問題

まず、ユリアヌスの試みはある種の教団宗教的な組織としての「異教教会」を背景にした試みであるとして想定されがちである。彼がプラトン派・ストア派・悲劇と英雄叙事詩、法廷弁論などの厳選された典籍を「聖典」とし、『エジプト人の秘儀について』の信仰世界を援用し、在来の儀礼に再解釈を施した上で神官の生活規定を明確に定めて志願者と協力者を募ろうとしたのは確かであろうが、明確な支持者をもって伝道を積極的に行う以前の段階でこの試みは彼自身の死によって挫折した。

それでは、ユリアヌスの思索はたんなる机上の思考実験にすぎなかったのであろうか。近現代の宗教概念のなかでは、確かに学問領域としての哲学と「宗教現象」は独立事象として把握されよう。しかし、紀元後四世紀の段階においては「哲学＝愛智 φιλοσοφία」は現代の宗教研究者が「宗教現象」を構成すると見なす要素を備えた営為でもある。すなわち「哲学＝愛智」は宇宙観と死生観、倫理観と道徳観を特定の思想体系に沿って提供し、かつそこに参与する者自身の生の実践を方向付ける営為でもある。

たとえば、ユリアヌスが「聖典」として読まれるべき作品を著した「先哲」について具体的な名前を挙げたことも、この消息の延長に属する話題であろう。先哲としてのプラトン、「神のごとき」イアンブリコス、ピュタゴラス、クリュシッポス、エレアのゼノン、理想化されたディオゲネス。一般人向けにはリューシアース、デーモステネース、ホメーロス、エウリーピデースらの文学作品も加わる。そして、恋愛抒情詩やエピクロス派とキュニコス派は「卑俗である」という理由で退けられた。

イアンブリコスは『ピュタゴラスの生涯』でピュタゴラスをやはり理想的な修徳修行者として描いた。そのイアンブリコスをエウナピオスは理想化された聖哲として『ソフィスト列伝』で描く。古代末期における理想化された先哲像の描写の系譜にユリアヌスの先哲一覧も配置して考察することが可能であろう。

そしてユリアヌスは大宇宙と一体となった「小宇宙」としての人間の魂の陶冶と救済につらなる思想を「哲学＝愛智 φιλοσοφία」として捉え、思想を言いあらわす言葉（λόγοι）と生活のなかに信念と思索の結果を具現化させる行為（ἔργα）の一貫性を奉じている。彼はキリスト教も犬儒派も「哲学＝愛智」（φιλοσοφία）の一派として捉えていた。プラトンの解釈者でもある「神のごとき」イアンブリコスも、プラトン、アリストテレス、ストア主義者もみな「知を愛する者＝哲学者 φιλόσοφος」なのである。キリスト教史料が自集団への「棄教」「裏切り」とみなす現象も、彼にとっては生の規範を与える知の体系からまた別の体系への転向であったとすれば、古代末期に於ける教団宗教外の霊性のありかたとして観察に値する対象となろう。イアンブリコス派新プラトン主義の儀礼実践のみならず、ユリアヌスの宗教観と実践を教団宗教型の代替宗教の構築の試みとして位置づけることは必ずしも適切ではない。

病める宗教の問題

古代末期における「病める宗教」とは何か。ユリアヌスの場合には明快である。神への悪念を想起させ、人間の行動を悪へと走らせる行動と教説である。ナジアンゾスのグレゴリオスの場合には、文化的共通財であるはずの言語そのものに神聖性を見いだすフェティシズムである。アンミアーヌスの場合には、必要以上に神を畏れる態度である。この呼称は「わたしたちではないもの」の逸脱に対して発される。

ユリアヌスはキリスト教史料においては特に、キリスト教徒から思考の手段、学芸へのアクセスの手段を奪い、祈りの場所を奪う君主として描かれる。キリスト教系著作家が描くユリアヌス像とその信仰世界はやがて「ギリシア病」の一種に集約されてゆく。

ナジアンゾスのグレゴリオスは『ユリアヌス駁論』第一弁論において、本来それじたいが聖性をもちえない言語そのものに神聖性を見いだすことじたいが倒錯であると指摘し（*Or.* 4.5）、ユリアヌスのいう「ギリシア人の宗教」の欺瞞の淵源を的確に指摘した（4.100ff.）。キュロスのテオドーレートス『ギリシア病の治療について』（5.69–75）では、「ギリシア語を語らなければ人間が高貴になれないというわけではない。科学技術と文学・芸術は「蛮族」にも共有されている。ローマ人はラテン語話者だが、文明の恩恵に浴している」としてユリアヌスの議論の限界を的確に指摘する（5.74–75）。『ギリシア病の治療について』において、ユリアヌスは「（神託の神が悪霊であることを知りながら）神託を行う、病める君主」「供犠を行う病める君主」のイメージで現れ、「ギリシア病」の好例として描き出される。なお、ギリシア語はテオドーレートスにとっての第二言語であった（5.78）。

さて、ギリシア語で書くキリスト教著作家はどの程度ユリアヌスの作品を読んでこのような批判を行っていたのだろうか。ナジアンゾスのグレゴリオス『ユリアヌス駁論』のユリアヌスの思索への批判は、単なる伝聞情報にもとづくものであろうか。何らかの本人の著作の検討なくしては成立しえない議論でもあろう。たとえばソクラテス・スコラスティコス『教会史』第三巻は、『ガリラヤ人駁論』『ひげぎらい』に言及しつつユリアヌスの信仰を描き、ユリアヌスを「病んでいる」とする。ソクラテスが描くユリアヌスの思考の叙述は、ユリアヌス本人の著作から知られる信仰世界と大きな矛盾がない。『教職に関する勅令』はキリスト教徒への復讐として理解されており、前線で死を覚悟した最晩年の描写にも「魂の回帰」への言及がある（3.21）。ソクラテスはユリアヌスの治世の描写に神罰の場面を加えない。可能なかぎり偏見を排して「哲人皇帝になる可能性のあった人物」として描こうとする。第三巻の掉尾（3.23）ではリバニオス『ユリアヌス頌詞』とナジアンゾスのグレゴリオス『ユリアヌス駁論』のユリアヌス像に言及し、ユリアヌスのキリスト教批判と思索をポルピュリオス『キリスト教徒駁論』と比較し、宗教的帰属を超えて真剣な検討に値する対象として扱っている。

このようにキリスト教著作家によるユリアヌス批判も、活動を制限されたがゆえの憎悪によるネガティヴ・キャンペーンとはあながち言い切れない側面がある。本来誰のものでもないはずの言語を神聖視して、その神聖性を共有できないひとびとからは思考の手段を特定の集団から奪う態度の暴力性を、ナジアンゾスのグレゴリオス『ユリアヌス駁論』やキュロス司教テオドーレートス『ギリシア病の治療について』は的確に批判した。彼らはユリアヌスの信仰世界の限界を「ギリシア語とギリシア文化の神聖化」に見る。

しかし、キリスト教史料の描くユリアヌスの行動や「わたしたち＝キリスト教徒」と「わたしたちではないもの＝ユリアヌスとギリシアびとの宗教」の構図には、時間と距離を隔てたがゆえの解釈が加わっていることはたしかである。

たとえばソーゾメノスはユリアヌスの「ヘラース」像を踏査した結果、あたかも彼が「ヘッレーニスモス」という教団宗教を構築したかのような印象を与える叙述を行っている。

しかし、ユリアヌスに「父祖伝来の祭祀」の組織化の意図があったとしても、それが広く受け入れられて具現化されるほどには、自らが組織化された集団として存在しているという意識を「父祖伝来の祭祀」を奉じる人々はもたなかったであろう。それゆえにユリアヌスの宗教政策は齟齬と蹉跌がをもたらしたのではなかったか。

「わたしたち」と「わたしたちではないもの」——罵倒語と美称の問題

古代末期における宗教的帰属をめぐる罵倒語としての「不敬の徒／不敬 ἀσεβής/ἀσέβεια」「過てる信仰の徒／過てる信仰 δυσσεβής/δυσσέβεια」「神がいないと主張する者／神がいない状態 ἄθεος/ἀθεότης」の含意とは何か。この問いがユリアヌスをめぐる状況からも立ちあがってくる。

「異教」に注がれるキリスト教徒の視線は「わたしたちではないもの」である。ユリアヌスが「わたしたちヘレネス」に注ぐ視線は、キリスト教徒が在来の祭祀を行う「わたしたちではないもの」の集団に漠然と注ぐ視点とはまったく異なるものである。この機微をどのように説明することができるだろうか。「異教」という表現を本書では可能なかぎり用いなかったのもその消息による。その代替として用いた「共同体的社会における多神教祭祀」「在来の民族宗教」などの表現でもなおその機微を伝えるには充分ではない。

そして、ユリアヌスとユリアヌス批判者は、たがいに他称として罵倒語「不敬の徒／不敬 ἀσεβής/ἀσέβεια」「過てる信仰の徒／過てる信仰 δυσσεβής/δυσσέβεια」「神がいないと主張する者／神がいない状態 ἄθεος/ἀθεότης」をぶつけあい、「よき信仰の人、敬虔な者／よき信仰、敬虔 εὐσεβής/εὐσέβεια」「神への配慮ある者 εὐλαβής／神への配慮 εὐλάβεια」の語を自称として収奪しあっている。そのような状況をどのように説明するべきであろうか。

この描写から、ユリアヌスの同時代にはすでに「異教徒／ヘレネス」の集団とキリスト教徒の集団が互いに罵倒語と「悪しき信仰をもつ者」にまつわる負のイメージをぶつけ合い、自称としての「敬虔な人／敬虔」「神への慮りある人／神への配慮」を収奪しあう状況があったのだと判断することもできよう。しかし、史料が想定する「異教徒」のイメージはその背景によって大きく異なる。ユリアヌスの側はイアンブリコスの思想によって再解釈された供犠と祈りを「ヘレネスの宗教」と呼んでいるが、当の「父祖伝来の祭祀」を営々と行ってきた側には、みずからの営為がユリアヌスの構想した信仰世界と同じ意義をもつとは思えないだろう。集団的な「異教意識」の形成はユリアヌスの時代にはまだ漠然としている。

史料の叙述から「異教」と「キリスト教」の対立が必ずしも明確に読み取れない場合にも、「わたしたち」「わたしたちではないもの」を表現する用語の用法を、また罵倒語と美称による自称の意味するところを検討することから、かえって「異教意識」の発生の場を見いだすことも可能になると思われる。近現代の宗教概念に依拠して「キリスト教」と「異教」の距離感をはかるのではなく、史料に即して当時のひとびとが「わたしたち」「わたしたちではないもの」を表現したこのようなテクニカルタームの含意を明確にする必要があるのではないだろうか。このような地道で気の遠くなるような作業は、古代末期における「病める信仰」「健康な信仰」のイメジャリをも明らかにする可能性を秘めている。キリスト教史料における「わたしたち」「わたしたちではないもの」の描写の意図はていねいに腑分けされる必要があろう。

4 エピローグ——「軽率な君主にも神は恩恵を与えた」

アウグスティヌス『神の国』のユリアヌス

ローマを「ヘラースの友邦」として語ったユリアヌスはついにローマの地を踏むことなく没した。

年代記様式によるラテン語キリスト教史料叙述では、「ヘラースびとの宗教」を求めるユリアヌスが「狡猾な迫害帝」として冷ややかな距離感をもって観察される。ヒエロニムス『年代記』の段階から、「偶像礼拝」を行う狡猾な迫害帝と英雄的に抵抗する信徒たちの対立が類型的に描かれるようになる。ヒエロニムスの伝える挿話では、プロハイレシオスは『教職に関する勅令』による罷免を解かれてもアテナイの教校に復帰することがない。ラテン語共通語圏の代表的な「殉教者」は聖域再建の布告に抵抗して祭壇を覆したドーロストリスのアエミリアヌスである。帝国東方の混乱に注視したギリシア語による教会史家群がヒエロニムス『年代記』に言及のあるアエミリアヌスの刑死に注目した所以であろう。[*5]

三六二年（p.323）

1c ユリアヌスによって、偶像礼拝に人々を向かわせようと激しい迫害が行われた、強制よりもむしろ供犠の挙行に惹かれるように人を掟てて。迫害のなかで、私たちのなかから自らの意志で倒れてゆく大勢のひとびとが出た。

1d アタナシオスが占めていた司教座にアレイオス派の人々によって叙任されたゲオルギオスが、不和から民衆を激怒させた。アタナシオスがアレクサンドリアに復帰した。

1e エウセビオスとルキフェルが追放から復帰し、ルキフェルは二人のほかの証聖者を受け入れ、司教エウスタティオスの執事であったパウリノスを、分派の徒との交わりによって一度も自らを穢したことのない彼を、アンティオキアの正統教会の司教に叙任した。

三六三年（p.324）

2f ソフィストであるアテナイのプロハイレシオスは、キリスト教徒は自由学芸を講じてはならないとする法が公布されたとき、キリスト教徒であっても講じてよいと特別にユリアヌスが許可したにもかかわらず、学校を辞職した。

(p. 325)

a ドーロストリスのアエミリアヌスが祭壇を覆したため、知事によって火刑に処せられた。

b アンティオキアの大教会が閉鎖され、もっとも激しい差し迫った迫害の嵐が神の意志によって鎮められた。さてユリアヌスはペルシアへ兵を進め、勝利の後で神々に血を献げたのであった。そして彼は逃亡兵に身をやつした人物によって砂漠へおびき出され、飢えと渇きのうちに背教者の軍勢を放置して自らの隊列からうかつにもさまよい出でて、出会い頭に勇猛な敵方の騎兵に槍で脇腹を刺されて三二歳で死んだ。その翌日に親衛隊の長であったヨウィアヌスが皇帝に推戴された。

オロシウス『異教徒論駁のための歴史』はアウグスティヌス『神の国』と相補的な関係にある。『異教徒論駁のための歴史』第七巻（7.30）で描かれるオロシウスのユリアヌス像は、ヒエロニムス『年代記』のユリアヌス像を継承する。エルサレム神殿再建計画はキリスト教徒の処刑を見世物として行う劇場の建設計画に読み替えられる。オロシウスはユリアヌスに三一三年以前の迫害帝の姿を重ねる。

建都以来一一六〇年、副帝ユリアヌスがアウグストゥスから数えて第三六代の正帝として即位した。彼は一年八ヶ月単独統治を行った。キリストの教えを権力ではなく奸計を用いて攻撃し、拷問の恐怖よりも栄誉という誘惑をもってキリストにある信仰をひとびとに断念させて偶像礼拝を受けいれさせようと試みた。我々の長上たちは、自由学芸の教師からキリスト教徒を排除する勅令を発したとき、どの地域でもほとんどすべてのキリスト教徒が布告を遵守するために信仰の放棄よりも職の放棄を望んだものだと語っていた。ユリアヌスがパルティア人［sic］との交戦に備えて、あらかじめ予想され得た敗戦へと向かってローマ中から手兵を招集したとき、彼はキリスト教徒の血をおのれの神に捧げて誓った、もし勝利を得たならば教会を公に迫害いたしましょう。じっさい、彼は劇場をエルサレムに建てるように命じた、パルティアから帰還したあかつきには司教たちや修道士たちやその地の聖たちをたけだけしい猛獣の群れに投じて引き裂かれるのを見世物にしようとして。彼の軍営がクテシフォンから退いた後、彼はある者のはかりごとによって砂漠におびきだされ、渇きと照りつける太陽と砂漠の行軍のいやます疲労に軍勢がいまにも息も絶え絶えになると、皇帝はこの状況はあまりに危険だと警戒して茫漠と広がる砂漠に用心もせずに彷徨い出でて、出会い頭にある敵方の騎兵の槍で刺されて死んだ。このように神の憐れみは、神をも畏れぬ計画を、神をも畏れぬ者の死によって打ち砕いたのである。

自由学芸を学ぶことをキリスト教徒に禁じて思考と表現の手段と機会を奪う巧妙な「迫害」、なぜなしに行われる「在来の民の祭儀」の振興、ペルシアとの境域確定戦争における軽率な判断。謎めいた、軽薄で軽率な「迫害帝」の姿がここにはあらわれる。

アウグスティヌス『神の国』のユリアヌス像もこの類型の延長上にあるが、スケープゴートとしての「背教者」類型に矮小化されることがない。ユリアヌスは賢明でありえたにもかかわらず、短慮で軽率で冒険的好奇心に満ちあふれた人物として言及されている。『神の国』第四巻二九章、第五巻二一章、第五巻二五章、第一八巻五二章の四箇所に彼の名が見える。

第一八巻五二章でアウグスティヌスは教会共同体が記念すべき迫害の質を問う。アウグスティヌスはユリアヌスの『教職に関する勅令』を「キリスト教徒に自由学芸を学ぶことを禁じる」施策というまぎれもない弾圧の事例としてあげる。その施策は自らの信仰世界を考察し、実践する言語を鍛える機会をキリスト教徒から奪うことにつながる。この「迫害」の多様性の一例としてアウグスティヌスは帝室の恩顧を背景に持つ教派による他教派の弾圧をともに挙げている。

第四巻二九章と第五巻二一章では、ローマ帝国東方境域の係争史とコンスタンティヌス以後の皇帝たちの事績の評価の文脈のうえでユリアヌスの名が言及される。

アウグスティヌスの描く「キリスト教ローマ帝国」の皇帝たちのなかで最高の名君の名をほしいままにするのはコンスタンティヌスとテオドシウス一世である。キリスト教を公認したコンスタンティヌスは、その幸福にあやかろうとする入信者がひきもきらぬほどに地上の幸福を神から与えられた存在として描かれる。コンスタンティノポリスも旧都ローマのようなキリスト教と「在来の信仰を奉ずる民 gentiles」の宗教施設が混在する宗教都市ではなく、「ダイモーンたちの神殿も神像も」存在しない、それでいて「ローマ自身の娘」のようなキリスト教的聖都とみなされる。アウグスティヌスは、ユリアヌスよりも短命な政権しかもちえなかったヨウィアヌスの早世も、宿敵に討たれたグラティアヌスの不慮の死も、栄華をきわめたコンスタンティヌスのようになりたいと思ってキリスト教に改宗する人を出さないための神の配慮として説明する。[*6]

ところで恵み深い神は、永遠の生命を得るためにご自身を礼拝しなければならないと信じている人々が、悪霊に祈願しなければ、だれもこの世の高い地位と地上の国とを獲得することができない――なぜなら、それらの例がこのような事柄に対して強い影響力をもっているからだ――と考えないように、ダイモーンたちに祈願しないで、真の神を礼拝していたコンスタンティヌス皇帝を、あえてだれも求めなかったほど豊かな地上的賜物をもって満たしたもうた。また神は彼に、ローマ帝国に対し仲間となる都市を建てることを許したもうた。それはいわば、ローマ自身の娘のような都市であって、そこにはダイモーンどもの神殿や偶像はまったく存在しないのである[*7]（5.25）。

キリスト教の国教化を宣言したテオドシウスは、『神の国』においては自らの権力をほしいままにするよりも神の理法に従うことの意義を知る敬虔な君主として描かれる。なかでもアルプス山中の都市の住民が奉献した「在来の信仰を奉ずる民の神像 simulacra gentilium」の撤去のエピソードは美談として言及される。[*8] アウグスティヌスは神慮の具現化の過程を歴史のなかに見る。その過程に貢献したテオドシウスの他宗教の宗教施設や祭祀の破壊行為は、すでに効力を失いつつある宗教の無効性を皇帝自身が告げるエピソードとして用いられる。

アウグスティヌスは、境界の神テルミヌスの移動に託してローマ帝国東方の境界の係争の歴史を語る。ペルシアと長く係争状態にあった東方のテルミヌスの「後退」は、ユリアヌスの無謀な判断によるものであった。「ローマが敗れてテルミヌスが後退することなどない」という神託は無力だった。ユリアヌスは才ある人物であったが、権力への愛と冒険への好奇心ゆえに虚偽の神託を信じて食糧運搬船を焼くように命じて軍を困窮に陥らせ、まもなく敵から受けた傷で死ぬ。

もしユリアヌスが和平をペルシアと結んでいたら、ローマ人はペルシア軍の捕虜となったかもしれないのだから、ユリアヌスは神託を信じた軽率さのゆえに人命を救ったのだ、とアウグスティヌスは述べる。[*9]

神はペルシア人が女神セゲディアを拝まないのに、彼らに穀物を与え、また彼らが［ローマの］多くの神々を拝まないのに、他の産物を与えられた……ローマ人は神々を拝むことによって国を統治してきたと思っていたのであるが、それらの神々を拝まなくても、神は王国を［ペルシア人に］与えたもうたのである。……個々の皇帝にわたって言及する必要を省くため［最後に言いたい］、キリスト者のコンスタンティヌスに［権力を与えた］神は背教者ユリアヌスにも［それを与えられたと］。ユリアヌスは抜群の才能をもっていたが、それを冒瀆的で忌むべき好奇心が支配に対する愛のゆえに欺いたのである。虚偽の神託を彼は信じ込み、勝利の確実性に信頼して必要な食物を運んでいた船に火をつけた。それから彼は極端な冒険をおかし激しく攻撃を加えたが、その向こう見ずの報いとして間もなく殺された。軍隊は敵地で取り残されてしまい、わたしたちが前巻で述べたあのテルミヌス神のみ告げに反して、ローマ帝国の国境を変更しなければ、敵地から脱出することができない羽目になったのである。つまり、ユピテルには屈しなかったテルミヌス神も、必然性には屈したのである。[*10]（5.21）

文化と教養の光と権力は、地理に隔てられた文明上の帰属も宗教上の帰属も超えて付与されるものである。栄華の極みを得ることだけが、武勲のかぎりを尽くすことが、そして権力を永らえることだけが君主の幸福ではない。ユリアヌスのように、短慮によってひとを利することすらある。それすらも神慮の現れなのだ。

アウグスティヌスの観察は、消滅しつつある西方の帝国の来し方のなかでかつて主流であった「神々との交流の方法」の限界と、コンスタンティヌス以後の皇帝たちの盛衰に注がれる。彼は歴史の過程を神慮の具現化の過程として観察する。しかし、アウグスティヌスはユリアヌスをキリスト教の公敵たるべきスケープゴートとして扱うことはない。「在来の信仰を奉ずる民gentiles」が行ってきた儀礼の実践と神々に対する信念体系への不信と無効性は長きにわたって蓄積されたものであり、決してユリアヌスひとりの事績とその帰結によって暴かれたものではないからである。むしろ、キリスト教徒に自由学芸を学ぶことを拒んだ、その一点においてユリアヌスの「迫害」の静かな暴力性が記憶されるべきものとなる。

個人の信念の次元で特定の言語や思想の体系を神聖視することはありえないことではない。しかし、宗教的・民族的帰属を超えた共通財産を神聖化する権力者が不特定多数のひとびとにみずからの信念を迫る態度には、まぎれもなく全体主義的な危うさが介在する。さらに、その結果として特定の信仰世界に生きるひとびとから思考と表現の手段と機会を奪おうとすることは、物理的な暴力や科料の徴収よりもさらに致命的な暴力であろう。

「父祖伝来の祭祀」はこれまで教団型宗教として組織化される可能性もなければ、そもそも統一的な教義も聖典ももたなかった。さらに紀元後四世紀中葉の段階ではしだいにその意義が見失われつつあった。そのような「父祖伝来の祭祀」が特定の思想と厳選された「神々に対する悪念を起こさない」典籍を支柱に、ひとつの教団として君主主導でたちあがり、ほかの宗教を積極的に抑圧する恐怖をユリアヌスは可視化させた。とりわけ、本来神聖化されるはずのなかった言語と自由学芸の神聖視を共有しないひとびとから思考と表現の機会と手段を奪う排他性にかんしては、リバニオス、アンミアーヌス・マルケリーヌス、エウナピオスら「父祖伝来の祭祀」に依拠する著作家も手放しで称讃してはいない。

美意識に依拠した政治のもとでことばを奪われる恐怖、教義論争の混沌と、それに伴うさまざまな暴力の顕現を整合的に説明する理路。「かつて存在した宗教」の無効性の意識と宗教的伝統の回顧。「キリスト教ではない宗教に属する者」という意識を担う者、あるいは担わせる者の意識の醸成の実態。そのような主題にも、ユリアヌスの信仰世界は目をひらかせる。歴史叙述、説教、護教的説話文学、それぞれに書かれる目的も文脈も異なる史料に現れるユリアヌス像はまるで万華鏡のなかを覗くようにさまざまである。古代末期の宗教事情のなかの「わたしたち」と「わたしたちではないもの」の対置がユリアヌスをめぐってたちあらわれる。そのさまざまな姿をそれぞれの背景において理解することから、古代末期の宗教における「わたしたち」と「わたしたちではないもの」の境界を語ることばのゆくえを見いだす道が、ここに開かれてゆく。

あとがき

本書の原型は私の博士学位請求論文「ユリアヌスの宗教復興と《真の愛智》 その構想と帰結」（二〇一〇年三月に東京大学大学院人文社会系研究科に提出、二〇一一年四月博士学位取得）である。上梓にあたって全面的に改稿を行った。

第2章「3　先行する思想Ⅰ　三二〇年代から三五〇年代までの教会情勢」の一部は論考「ニカイアからカルケドンへ　古代末期の東方におけるキリスト論論争と教会政治史」（『東洋学術研究』第五四号二号、二〇一五年一一月、一一一―一四六頁）を原型とする。

第3章「2　勅法のコスモロジー」の原型は論考「ユリアヌスの死生観における「死者のいる空間」と殉教者崇敬」（『死生学研究』一七号、二五五―二三〇頁（横書き）、二〇一二年三月）である。

第4章「3　キリスト教への幻滅」の原型は論考「ユリアヌスのキリスト教批判における聖書解釈」（『聖書学研究』四三号、一一九―一四三頁、二〇一一年四月）である。

第5章「1　宇宙のなかの神々と人間」の原型は論考「ユリアヌス「神官宛書簡断片」にみる聖域と神像の意義」

(『新プラトン主義研究』一二号、一七三―一九二頁、二〇一四年三月)である。

第6章「理想化されたギリシアへの当惑――ナジアンゾスのグレゴリオスのユリアヌス批判」の原型は「ユリアヌスの「ギリシア人の宗教」とナジアンゾスのグレゴリオス『ユリアヌス駁論』における「ことば」と「真の愛智」」(『パトリスティカ』一七号、一七三―一九二頁、二〇一四年四月)である。いずれも本書収録にあたって全面的に改稿を行った。

本書は日本学術振興会特別研究員研究奨励費「ユリアヌスの宗教復興の構想と後期ローマ帝国におけるその受容」(二〇〇三―二〇〇五年度)、科学研究費研究助成基盤研究C「『背教者』ユリアヌス像の形成とその受容」(二〇一五―二〇一七年度)による研究の成果である。また、上梓にあたって平成二八年度科学研究費補助金研究成果公開促進費〈学術図書〉[課題番号 16HP5022]による助成を受けた。記して感謝申し上げる。

キリスト教は「異教的古代」をいかに受け入れてきたか。私の研究上の問題関心にはこの課題がいつもどこかにあった。おそらくは古代地中海の宗教やキリスト教芸術への関心は、父の在外研究に伴って家族でドイツに滞在していた小学生のころの体験に発するのだろう。休暇毎に旅したイタリアやドイツやイギリスのローマ遺跡や宗教史跡の壮麗さ、そして音楽や神話画・宗教画の美しさは子供心にも鮮やかだった。帰国後に、日本では書物や映像でしか接することのできないあの輝かしさを求めて、神話を語る文学や宗教史、そして民俗学に関心を寄せるようになった。辻邦生『背教者ユリアヌス』を読んだのは中学生の頃だった。地元の市立図書館で借り出した宮脇愛子装幀の一握の白い大理石のような書物のなかには、歴史映画のスクリプトのような輝かしくも悲劇的な世界が広がっていた。冒頭と結語の情景描写を散文詩のようだと思った。高校に入って中公文庫版の三巻本を買いそろえたこともよく覚えている。そのような文学少女が大学に入り、宮本久雄先生の語るニュッサのグレゴリオスの思想の美しさに打たれて、当時の社会に生きるひとびとのことをもっと知りたいとばかりにうっかり西洋史学を専攻してしまったところから、本書に至る冒険がはじまる。

東欧革命直後の東京大学西洋史学研究室では、学部学生が心性史や宗教史を卒業論文のテーマに選ぶことに対して非常に慎重であった。それでも「異教の残存」に通じるテーマに卒業論文を書きたかった。文藝復興期を選ぶか、ビザンティンを選ぶか、古代末期ならユスティニアヌスの時代か、テオドシウスの時代か、それともユリアヌスの時代か。本村凌二先生の「直感を信じるのは大事」との助言に従って、史料と研究史が比較的学部学生にも接近しやすかったユリアヌスをテーマに選んだ。

「神々の死」の時代における文学の擁護者の「輝かしい過去」への憧れのかたちに関心をもって研究をはじめたはずだった。しかし、史料を読み進めてゆくうちに気がついた。古代末期は変容と混沌の時代、とてもロマンティックなほろびの物語に容易に回収されうる時代ではない。そしてユリアヌスの古典への憧れがたんに帝政盛期への美しい回顧に彩られたものであったのなら、死の直後から同時代人から当惑され、後代に及んでこれほどにまで毀誉褒貶を受けることもなかったのではないか。ユリアヌス・ロマンの系譜の形成と史料から判断されうるかぎりの史実の相違をみつめるには、宗教現象を対象として捉える方法を学ぶ必要があった。宗教学を専攻して新プラトン主義や初期キリスト教思想史を新たに学ぶことになった。東京大学宗教学研究室の環境には、背景を異にするひとびととの粘り強い対話に立って宗教を考察する清新な方法を模索する進取の気風と、分野横断的な研究や創作活動に対する寛容さがあった。まったく宗教的背景を異にする人とのかみあわない不毛な対話の経験すらも、橋を架ける学問への道標となった。気がつけば古代末期における「宗教的なるもの」の定義と宗教史叙述の性質を問う場所にたどりついていた。

先哲たちが夢想したユートピア、志操清らかな哲人と僧侶の国。それを地上に具現化できるものと信じてやまないやんごとなき生まれの文人が政治の実務に関わるとき、本人さえも予想もしなかったディストピアが開かれてゆく。哲人と僧侶の国の宗教は情念と反知性を徹底的にまぬかれたものであるべきだ、そのような信念に従って猥雑な想念を喚起する説話や祝祭に集う楽しみや喜びすらも徹底的に排除しようと欲したがゆえに、人間のもっとも人間らしい痛みや悲しみを容れることのできない浄すぎる水のような思想が生まれる。立場ゆえに自由で真摯な精神の探求を封じられて、お仕着せの信仰を立場にふさわしく擁護せよ、そして讃えよと迫られる苦しみ。生活と栄達のためにそれまでの生き方も信条もあっさりと捨て、身も心も主君の思想に染まろうとするひとびと。力あるものによって探求と表現の手段を奪われるあの窒息するような怒りと絶望。「わたしたち」の足元を掘り崩そうとする「わたしたちではないもの」の存在に向かって互いに真摯な悪罵を投げつけるひとびと。古代末期の混沌のなかに開かれる「よりよき信仰」をめぐる蹉跌と闘争は、現在のこの現実とも通じ合う、斬れば血を吹くような手触りを備えていた。

そして、『ユリアヌス駁論』を書いたころのナジアンゾスのグレゴリオスも、『神の国』を書いたころのアウグスティヌスも、いまの私たちの知る揺るぎない権威となる以前の彼らであったことを思う。雪深い辺境の都市、ほんとうは静かに学問と観想に打ち込んでいたいのに、父に命ぜられて心ならずも司祭にならざるをえなかった青年グレゴリオスは、宮廷医師として栄達の道を約束された弟の「上司との思想信条の違い」による辞職と帰郷に直面して、皇帝自身には決して届くことのない声を、そして弟を辞職に追い込んだ皇帝自身の信仰観への省察をひっそりと紡ぐ。母の祈りをよそに青春を自己の探求に費やした青年アウグスティヌスは長じて北アフリカの地方都市の司教となり、父と父祖たちの信仰が乱世のうちにたちまち説得力をうしなってゆくさまを見つめて祖国を護る神々と信仰の歴史と未来を考察する。権力や時勢によって理不尽に声が奪われるような事態を招いてはならない、とみずからの志操を信じて言論の自由にかける彼らの勇敢さ、「よく生きる」ことをめぐる真摯な思索のありかたに打たれる。

古代末期における「宗教」概念と「異教」概念そのものの問い直し。ある宗教的伝統が説得力をしだいに失いつつある時代における「宗教史」の歴史哲学の系譜。教義論争にも在来の宗教の超克をめぐる議論にもみられる「わたしたち」と「わたしたちでないもの」に対する意見の応酬。この問題を「生きられた経験」の蓄積として観察し、叙述することは、当時のひとびとの真摯さと勇敢さに対する「喪の仕事」となり、いずれ文藝復興期以降の「古代末期の発見」を読むときにも礎となるだろう。古代末期地中海世界の宗教史を問うことはけっして浮世離れした営為ではない。ユリアヌス研究をへて、いまはそのような手応えを覚えている。

本書の上梓にさいしては、南川高志先生、足立広明先生、小坂俊介さんから折節にお励ましいただいた。古代末期の宗教心性史研究とジェンダー・スタディーズの日本語圏におけるたのもしい開拓者、足立広明先生から本書の上梓にあたって慶應義塾大学出版会をご紹介いただいたことはまさに僥倖であった。

南川高志先生は直接の弟子ではない私にも励ましと助言を惜しまず、ご著書でもたびたび私の作品にも言及してくださった。「内面の世界は歴史学では扱えません」と宣告されて歴史学をひとたび去って宗教学を専攻することになった経緯のある者としては、先に立って後進に道を開き、歴史学の世界に懐深く招いてくださる先生の暖かい配慮が心強く感じられた。

小坂俊介さんとは折節に研究情報と書誌を交換した。文学と軍事史にしたしむ歴史青年の思考の機微をはじめ、古代末期の歴史叙述をよむさいにこれまで気づかなかった視点を教えられることも多かった。共通の分析対象について語り合える人がついに現れたことが嬉しかった。

日常的に古代末期の宗教について坦懐に同僚たちと語り合う機会の少なかった私にとって、お三方の存在は希望の燈火のようであった。心より感謝申し上げる。

故・秀村欣二先生が「古代史の会」での私の卒業論文報告をきいてくださって「ぜひユリアヌス研究をなさい」と大いに励ましてくださらなかったら、また「自信をもちなさい。東大は悪い学校じゃない。君たちにもきっとできる。オクスブリッジの西洋古典学恐るるに足らず」と東京にいながらにして英語圏様式の西洋古典学の広やかな世界に招いてくださったニール・マクリン先生との出会いがなかったら、この研究に結実する道は開かれなかったと思う。

市川裕先生と鶴岡賀雄先生は私を宗教学の世界に招いてくださった。お二人は博士学位請求論文の主査と副査を務めてくださった。本村凌二先生、宮本久雄先生、松村一男先生は博士学位請求論文の外部審査を担当してくださった。

「目に見える俗の世界」を扱うだけでは物足りなかった。先哲の著作を生の鑑と奉じるに至った人々の生き方も含めて、かの時代のさまざまな思惟の立ち現れる場所を広く見渡し、確かな手触りをもってその複層的な状況を描き出したい、という野望と関心をもてあまし、放っておけば受容史研究やポール・リクールやミシェル・ド・セルトーの歴史叙述理論のほうへと走り出し、「詩歌のことばは研究のことばよりも速い」とばかりに詩歌実作を手がけてしまう学生であったから、先生方はとても扱いにくい思いをなさったのではないかと拝察する。それでも「前例はつくるものだ」「なにをいわれても気にするな、堂々としていなさい」と武者修行にまかせて放牧してくださったことがかえってよかったのだろう。「教父は命がけで思索を紡いだのです。あなたも語るべきことは命がけで語りなさい」と日本語圏における教父研究の開拓を担ったドミニコ会士の気概をにじませて宮本先生が語ってくださったこともまた、深く印象に刻まれている。

木村朗子さん、森岡実穂さん、米谷郁子さん、釘宮明美さん、江川純一さん、「イメージ・宗教・想像力」研究会のみなさん——近藤光博さん、佐藤啓介さん、坂田奈々恵さん、茂木謙之介さん、橋迫瑞穂さんをはじめ、狭義の専攻領域を超えて日々研究と執筆活動に示唆と励ましを与えてくださった多くの諸先生方、諸先輩方、同僚諸兄姉に感謝申し上げる。アカデミアのうちそとで支え合ってきた友人たちの存在はほんとうにありがたかった。

誠実と公正に徹する大学人の生き方を背中で教えてくれた父、逆境にあっても生活のなかのささやかな美しさに喜びを見いだすことを教えてくれた母、資質の異なる人どうし尊重しあうことを教えてくれた妹。家族と親戚は、最短距離をトップスピードで走る優等生の人生からいつのまにか外れて学問の深い森をさまようようになった私をそれでもあたたかく見守ってくれた。

ことに夫はたゆまぬユーモアと愛情をもって支えてくれた。私の陥りがちな深刻癖を、音楽について書くことをなりわいとする先輩の目をもって笑い飛ばし、日々創意工夫に満ちた料理を台所でともに作っては食べ、音楽のひろやかな世界へ連れ出してくれたことがどれだけ慰めになっただろう。

編集をご担当くださった慶應義塾大学出版会の上村和馬さんには最後までご心配をおかけした。「戴冠せるロマン主義者」に寄せる読者の美しい夢を確実に破壊するようなことを書いて良いのか、あるいはユリアヌスの「うつくしい国ヘラース」幻想を書くことが血気にはやるある種の読者の悪念を喚起しはしないか、そもそも私の研究はやはり「歴史学」でも「哲学史研究」でもないのかもしれない、ユリアヌスがあれだけカトリックや正教の世界で嫌われているのを目の当たりにしてしまうと、そもそもほんとうに待っている読者がいるのだろうかとすら思えてくる、などと執筆活動そのものの意義まで深く疑ってしまって筆の進まないときも、上村さんは辛抱強く接してくださった。研究にあたってみずからとみずからの使命を、そして公刊に向けて期待をよせて力を貸してくださるかたがたを信頼することの大切さを教えられた。次はさらにおもしろい本を書きたいと思う。

ほんとうに長い道のりであった。ありがとうございました。

二〇一六年朱夏　あたらしい旅への扉をひらき

中西恭子

中西恭子（なかにし　きょうこ）

東京大学大学院人文社会系研究科研究員。日本学術振興会特別研究員（PD）を経て明治学院大学・津田塾大学ほか非常勤講師。東京大学文学部西洋史学科、東京大学大学院人文社会系研究科欧米系文化研究専攻西洋史学専門分野修士課程を経て東京大学大学院人文社会系研究科基礎文化研究専攻宗教学宗教史学専門分野博士課程修了。博士（文学）。古代末期地中海宗教史・宗教文化史、古代地中海世界の宗教像の受容史。主な論文に「ユリアヌスの「ギリシア人の宗教」とナジアンゾスのグレゴリオス『ユリアヌス駁論』における「ことば」と「真の愛智」」、「幻影の人の叢林をゆく　西脇順三郎から見た折口信夫」。翻訳にキース・ホプキンズ『神々にあふれる世界』（共訳、岩波書店、2003年）、シナイのネイロス「修徳修行の書」（『フィロカリア』第2分冊（新世社、2013年）所収）など。

ユリアヌスの信仰世界
――万華鏡のなかの哲人皇帝

2016年10月31日　初版第1刷発行

著　者――――中西恭子
発行者――――古屋正博
発行所――――慶應義塾大学出版会株式会社
〒108-8346　東京都港区三田2-19-30
TEL〔編集部〕03-3451-0931
〔営業部〕03-3451-3584〈ご注文〉
〔　〃　〕03-3451-6926
FAX〔営業部〕03-3451-3122
振替　00190-8-155497
http://www.keio-up.co.jp/
装　丁――――耳塚有里
印刷・製本――株式会社理想社
カバー印刷――株式会社太平印刷社

Printed in Japan　ISBN 978-4-7664-2382-2

索　引

ア行

カ行

サ行

タ行

ナ行

ハ行

マ行

ヤ行

ラ行

ワ行

註

はじめに

＊1　日本におけるメレシコーフスキイ『神々の死』およびイプセン『皇帝とガリラヤ人』受容については、第1章で詳述する。

＊2　日本における辻邦生『背教者ユリアヌス』受容については、第1章で詳述する。

＊3　Emanuella Guidoboni et al., *Catalogue of ancient earthquakes in the Mediterranean area up to 10th century*. Roma: Istituto Nazionale di Geofisica, 1994: no. 154（pp. 267–274）.

＊4　先行研究としてはG. Baudy, “Die Wiederkehr des Typhoon, Katastrophen-Topoi in nachjulianischer Rhetorik und Annalistik. Zu literarischen Reflexen des 21. Juli 365”, *Jahrbuch für Antike und Christentum* 35（1992）: 47–82; Gavin Kelly, “Ammianus and the Great Tsunami”, *Journal of the Roman Studies* 94（2004）: 141–167; 山沢孝至「紀元365年7月21日、東地中海の大津波　文献史料を中心に」『地域創造学研究』（奈良県立大学研究季報24-4、谷栄一郎先生記念論文集、2014年、27–52頁）をあげることができる。ケリーは、この地震の描写は実景ではなく、セネカ『神慮について』やプリニウス『博物誌』の地震の描写を想起させる引証とエクフラシスによる叙景の技法を用いた修辞的な描写が加わっている、と解釈した。この解釈は説得的であるとして支持されている。Gavin Kelly, *Ammianus Marcellinus: the Allusive Historian*. Cambridge UK: Cambridge University Press, 2008.: 88–101.

＊5　訳文は筆者による。Seyfarth校訂版を底本とした。

＊6　訳文は筆者による。Norman校訂版を底本とした。この箇所の解釈に関する先行研究としてPeter van Nuffelen, “Earthquakes in A. D. 363–368 and the date of Libanius, *Oratio 18*”, *The Classical Quarterly*, 56–2（2006）: 657–661がある。ヌッフェレンはリバニオス『ユリアヌス頌詞』の地震の描写（*Or.* 18.292）から、リバニオスは365年7月21日の地震を実景として体験したものと想定し、『ユリアヌス頌詞』の執筆年代を従来の365年7月11日以前ではなく、ニカイアに壊滅的な被害を及ぼした368年10月11日の地震以降とした。ニカイアの地震についてはGuidoboni et al. 1994: no.155（pp. 274–275）を見よ。

＊7　Julianus, *Misopogon*, 344bd.

＊8　Julianus, *Misopogon*, 363bc.

＊9　Guidoboni et al. 1994: no. 151（p. 262）.

＊10　バビロニア・タルムードなど、同時代のユダヤ教史料はこの事件については沈黙している。ヒエロニムス『年代記』もこの事件を語らない。Rufinus, *Historia Ecclesicastica*, 10.38–40では基礎工事の沈下と工事現場にいたユダヤ人の死を語る。Sozomenos, *Historia Ecclesiastica*, 5.22では、ユダヤ教徒の歓心を得るために神殿再建をパトリアルフやラビたちに提案するユリアヌスに関する挿話と、基礎工事のための掘削を行った時点で地震が生じ、神殿の礎石もろとも崩壊した事件が語られる。Socrates, *Historia Ecclesiastica*, 3.20. ソクラテスは地震による礎石の倒壊がユダヤ人を恐怖に陥れ、火災によって工具が消失し

た事件にふれる。奇跡譚には言及していない。ブロックはこの事件にふれたエルサレムのキュリロスによる書簡の6世紀のシリア語訳を紹介するが、キュリヒス自身によるリアルタイムでのギリシア語での証言が欠如していること、あまりにも描写が鮮烈にすぎて後世の偽作ではないかと疑う。S. P. Brock, "The Rebuilding of the Temple under Julian: A New Source." *Palestine Exploration Quarterly* 108 (1976): 103–7; idem, "A Letter Attributed to Cyril of Jerusalem on the Rebuilding of the Temple". *Bulletin of the School of Oriental and African Studies*, University of London. 40.2 (1977): 267–286.　Guidoboni はこの事件に関する伝承が口承で伝わっていた可能性を示唆する (Guidoboni et al. 1994: 264). この事件については本書第3章で再論する。

* 11　Klaus Rosen, *Julian. Kaiser, Gott und Christenhasser*. Bonn: Klett-Cotta, 2006: 448–452 がこの間の事情と研究者・ジャーナリストの動向を紹介している。クルト・エッガースの著作とヒトラーのテーブルトークによる歴史修正主義的プロパガンダにはユリアヌスの事績に対する反ユダヤ主義的な誤読が見られる。Joseph Vogt, *Julian und das Judentum*, Studien zum Weltanschauungskampf der Spätantike, Leipzig: Hinrichs, 1939 はユリアヌスの対ユダヤ人政策に国家社会主義体制下の人種差別政策に適合する解釈を加えた。また、Joseph Bidez, *La vie de l'empereur Julien*. Paris: Les Belles Lettres, 1930 のドイツ語訳が 1940 年に刊行された (*Julian der Abtrünnige*. München: D. W. Callwey, 1940)。ビデの評伝はユリアヌスの限界を指摘しつつも、貴顕の責任感と尚古的美意識に託された善意を可能なかぎり汲み取ろうとするものであった。反ナチズムの立場にあったジャーナリスト、ルドルフ・ペッヒェル Rudolf Pechel はビデのユリアヌス評とナジアンゾスのグレゴリオスのユリアヌス批判を援用し、ナチス政権における政治の美学化をユリアヌスによる政治の美学化をと重ね合わせて批判した。書誌は Rosen: 2006, 515, n. 72–75 を見よ。

* 12　Rosen 2006: 459–461, 書誌は 516–517, n. 88–91. Rosen はシュタイナーによるユリアヌスに関する言及として『オカルト的世界史』収録の講演 (Rudolf Steiner, *Okkulte Geschichte: Persönlichkeiten und Ereignissen der Weltgeschichte im Lichte der Geisteswissenschaft, 4. Vortrag vom 30. Dezember 1910*, Dornach 1956: 81–87. 邦訳『歴史を生きる』高橋巖訳、シュタイナー・コレクション6、筑摩書房、2004年) と 1917年4月19日の講演 (Rudolf Steiner, *Bausteine zu einer Erkenntnis des Mysteriums von Golgotha. Kosmische und menschlische Metamorphose, siebzehn Vorträge, gehalten in Berlin vom 6. Februar bis 8. Mai 1917*, Dornach 1961: 289–308) をあげている。

ローゼンは現代エソテリズム・ネオペイガニズムへの適用の事例として、The Julian Society に加えて、アレイスター・クロウリーの魔術観を継ぐドイツのグノーシス主義エソテリスト団体「テレーマ・ソサエティ (Thelema Society)」(http://www.thelema.de/) における、アメリカ出身のエソテリズム実践家 Stephen Mace の言説に現れる現世肯定的な「魔術師」ユリアヌス像による活動の正当化にも言及している。

なお、The Julian Society のウェブサイト (http://juliansociety.org) では、この運動が非教団型活動であることが明記されている。参入資格は「ユリアヌスの精神に共鳴し、我々の仲間であることを心に念じればそれですでに仲間である」と記されているが、ウェブサイト経由で希望者に「会員証」の交付も行われている。2016年6月の時点では The Julian Society のウェブページが Facebook に設置されており、団体じたいは 1985 年発足との記述がみられる。The Julian Society の Facebook のウェブページ上では、ネオ・ペイガニズム的かつ歴史愛好者向けユリアヌスファンサイト的な普及活動のほか、IS による古代宗教遺跡破壊への抗議記事が確認できる。(https://www.facebook.com/The-Julian-

Society-134149249955542/）なお、再建主義的ネオ・ペイガニスト団体「ノヴァ・ローマ」（http://www.novaroma.org）の祭祀では、ユリアヌスは「ローマ宗教」の規範を提供するイメージソースとして採用されていない。

第1章　万華鏡のなかの哲人皇帝

＊1　Fl. Claudius Iulianus 29（PLRE）.（PLRE＝Arnold Hugh Martin Jones, John Robert Martindale, and J. Morris. *The Prosopography of Later Roman Empire: Vol. 1, A.D, 206–395*. Cambridge UK: Cambridge University Press, 1971）. PLREでは332年説をとるが、現在、彼の生年は331年説が有力である（Bidez 1930: 10, Bowersock 1978: 22, 1984: 44）。誕生日も諸説あり、5月あるいは6月生まれとする説と355年に副帝に就任した日を継承する11月6日説がある。PLREでは5月21日生まれ説をとる。

＊2　規範的な評伝としてJoseph Bidez, *La vie d'Empereur Julien*. Paris: Les Belles Lettres, 1930; Robert Browning, *Julian the Apostate*. London: Weidenfeld and Nicolson, 1976; Glen Wren Bowersock, *Julian the Apostate*, New Haven: Harvard University Press, 1978（邦訳＝新田一郎訳『背教者ユリアヌス』、思索社、1984年）; Klaus Rosen, *Julian: Kaiser, Gott und Christenhasser*. Stuttgart: Klett-Cotta, 2006.

＊3　Iulius Constantius 7（PLRE）.

＊4　Galla 1（PLRE）.

＊5　Fl. Claudius Constantius Gallus 4（PLRE）.

＊6　Iulius Iulianus 35（PLRE）. ユリウス・ユリアヌスの書簡と文通相手についてはJohn Vanderspoel, "Corresponden and Correspondents of Julius Julianus", *Byzantion* 69（1999）: 397–428を見よ。

＊7　ボルドーのアウソニウスによれば、半ば流刑状態にあったユリウス・コンスタンティウスがトロサ（現トゥールーズ）に短期間滞在した（Aus. *Prof.* 17.11–12）. リバニオス『アリストパネス弁護論』（Libanius, *Or.* 14.29–31）に引用されたユリアヌスのコリントス市民宛書簡（*Ep.* 20 Bidez）からは、ユリウス・コンスタンティウスがコリントスで「パイアーケースびとに迎えられたオデュッセウスのように」滞在していたという言及がある。

＊8　Dalmatius 7（PLRE）.

＊9　Hannibalianus 2（PLRE）.

＊10　Zonaras, *Historia Ecclesiastica*, 10.13.4.　12世紀の教会史史料ではじめて明言される事例である。ソクラテス・スコラスティコス、ソーゾメノスにはこのような言明はない。また、337年の粛正の過程についてはRichard Burgess, "The Summer of Blood: 'The Great-Massacre' of 337 and the Promotions of the Sons of Constantine", *Dumbarton Oaks Papers* 62（2008: 5–51）を見よ。

＊11　ソーゾメノスの略伝ではマルドニオスへの言及はなく、ユリアヌスが幼少期からヘケボリオスとニコクレスに教育を受けた印象を与える。Sozomenos, *Historia Ecclesiastica*, 5.1.

＊12　Socrates, *Historia Ecclesiastica*, 3.1.

＊13　Socrates, *Historia Ecclesiastica*, 3.1.14–21の叙述によれば、コンスタンティウスはリバニ

オスが「ヘレネスの祭式」を守っているという理由でユリアヌスに接近を禁じた。コンスタンティノポリスにおける「読師」(誦経者、anagnostes) としてのユリアヌスの活動については Socrates, *Historia Ecclesiastica* 3.1.19–20 に言及がある。リバニオス『ユリアヌス頌詞』(Or. 18) 13 以下にはユリアヌスのコンスタンティノポリス市民への人気を脅威に感じたコンスタンティウスへの言及がある。

＊14　ユリアヌス治下のアンティオキアとダプネーの聖域のおかれた状況については Granville Downey, *History of Antioch*, Princeton: Princeton University Press, 1961: 380–396 が概観を提示する。同地の「聖地」としての意義とその解釈の変化については Anne Shepherdson, *Controlling Contested Places: Late Antique Antioch and the Spatial Politics of Religious Controversy*. Berkeley: University of Calfornia Press, 2014 を見よ。Ammianus Marcellinus, 22.13.1 と Sozomenos, *Historia Ecclesiastica*, 5.11 はハドリアヌス治下での停止説をとる。Socrates, *Historia Ecclesiastica*, 3.18; Sozomenos, *Historia Ecclesiastica*, 5.19.10–14; Theodoretos, *Historia Ecclesiastica*, 3. 10 は殉教者の遺骸の埋葬による停止説をとる。

＊15　エウナピオスの伝えるところでは、アイデシオスはイアンブリコスの行った神働術を魔術の延長上にある営為とみなし、その効果に懐疑を抱いていた。Eunapius, *VS*, 461, 473–474.

＊16　アタナシアディはこの頃すでにユリアヌスがミトラス教の秘儀伝授を受けたと想定するが、確証はない。Athanassiadi 1992: 37–41.

＊17　エウナピオスは、ユリアヌスは神働術に積極的な関心をもって実践を行っていたマクシモスとクリュサンティオスに関心を抱いて接近したと判断している。Eunapius, *VS*, 474–477.

＊18　Ammianus Marcellinus, 16.18. エウセビアとユリアヌスの関係については Shaun Tougher, "The Advocacy of an Empress: Julian and Eusebia." *Classical Quarterly* 48 (1998): 595–99 を見よ。リバニオスは後年、ユリアヌス妃ヘレナに対する奸計をエウセビアの教唆した疑いをめぐってユリアヌスの潔白を主張する (*Or*. 37)。

＊19　たとえば Julianus, *Ep*. 26 (ナイススからマクシモス宛)、*Ep*. 36 (ナイススからエウテリオス Eutherios 宛) を見よ。

＊20　Ammianus Marcellinus, 22.4.1–6.

＊21　Libanius, *Or*. 1. 120–121; *Or*. 18. 121–124; Ammianus Marcellinus, 22. 5. 1–4; Rufinus, *Historia Eccleasiastica*, 10.33; Socrates, *Historia Ecclesiastica*, 3.1.43ff; Sozomenos, *Historia Ecclesiasitica*, 5.3.1–3, 5; Theodoretos, *HE*, 3.4.1–2, 3.6.1.

＊22　Julianus, *Ep*. 107; Ammianus Marcellinus, 22.11.3–8, 10; Socrates, *Historia Ecclesiastica*, 3.2–4; Sozomenos, *Historia Ecclesiastica*, 5.7.1–9; Philostorgios, *Historia Ecclesiastica*, 7.2.

＊23　Julianus, *Ep*, 81 (カリクセイネー宛)、*Ep*. 85–86 (テオドーラー宛) *Ep*. 89a (テオドーロス宛) などを見よ。

＊24　ユリアヌスに対するリバニオスのかかわりについては *Libanius Selected Works I: The Julianic Orations*, ed., trans. A. F. Norman. Cambridge, Mass./London: Harvard University Press/Heinemann, 1969: ix-xxxviii; Hans-Ulrich. Wiemer, *Libanios und Julian: Studien zum Verhältnis von Rhetorik und Politik in vierten Jahrhundert n. Chr.*, Vestigia. München: C.H. Beck, 1995; Reinhold. Scholl, *Historische Beiträge zu den Julianischen Reden des Libanios* (Palingenesia). Stuttgart: Franz Steiner, 1994; Raffaela. Cribiore, *The School of Libanius in Late Antique Antioch*. Princeton: Princeton University Press, 2007 を見よ。

＊25　Libanius, *Or*. 13.13, 20.

＊26　Julianus, *Misopogon*, 361d-362b.

＊27　Julianus, *Misopogon*, 361a-363c; Ammianus Marcellinus, 22.12.8–9, 13.1–3; Rufinus, *Historia Ecclesiastica*, 10.36–37; Socrates, *Historia Ecclesiastica*, 3.18–19; Sozomenos, *Historia Ecclesiastica*, 5.19–20; Theodoretos, *Historia Ecclesiastica*, 3.10–11; Philostorgios, *Historia Ecclesiastica*, 7.12.

＊28　Ammianus Marcellinus, 22.14.1–6.

＊29　Ammianus Marcellinus, 23.1.4–5; Theodoretos, *Historia Ecclesiastica*, 3.12–13; Phiostorgios, *Historia Ecclesiastica*, 7.10.

＊30　Ammianus Marcellinus, 23.1.1–3; Rufinus, *Historia Ecclesiastica*, 10.38–40; Socrates, *Historia Ecclesiastica*, 3.20; Sozomenos, *Historia Ecclesiastica*, 5.22; Theodoretos, *Historia Ecclesiastica*, 3.20; Philostorgios, *Historia Ecclesiastica*, 7. 9, 14.

＊31　Ammianus Marcellinus, 22.12.6.

＊32　Julianus, *Ep*. 136a=*Codex Theodosianus*, 9.17.5.

＊33　Julianus, *Ep*. 89b.

＊34　Ammianus Marcellinus, 23.2.3.

＊35　アレクサンドロス宛書簡：Libanius, *Ep*. 838 Foerster=94 Bradbury（363年春）、1351 Foerster=104 Norman, 1392 Foerster=97 Bradbury（363年春）, 1411 Foerster=98 Bradbury,（363年3月）, 1460 Foerster=110 Norman; Raffaela. Cribiore, *The School of Libanius in Late Antique Antioch*. Princeton: Princeton University Press, 2007: 83–84, 88–89; *Selected Letters of Libanius from the Age of Constantius and Julian*, trans. S. Bradbury. Liverpool: Liverpool University Press, 2004: 226–227.

＊36　Libanius, *Or*. 1.123–124. リバニオスはイアンブリコス派新プラトン主義と神働術の実践には関心が薄く、宮廷からの秘儀伝授の誘いを再三にわたって断り続けた。

＊37　刊本は *Grégoire de Nazianze. Discours 4–5. Contre Julien*（*Sources Chrétiennes 309*）, ed. J. Bernardi. Paris: Cerf, 1983; *Gregorio di Nazianzo, Contro Giuliano L'Apostata. Orazione IV*., ed. L. Lugaresi. Firenze: Nardini, 1993; *Gregorio di Nazianzo, La Morte di Giuliano l'Apostata. Orazione V*, ed. L. Lugaresi. Firenze: Nardini, 1997.『ユリアヌス駁論』執筆の動機については ed. Bernardi: 38–50; John A. McGuckin, *St Gregory of Nazianzus: An Intellectual Biography*. Crestwood, NY: St. Vladimir's Seminary Press, 2001: 115–130; Susanne Elm, "Hellenism and Historiography: Gregory of Nazianzus and Julian in Dialogue." *Journal of Medieval and Early Modern Studies* 33, no. 33（2003）: 493–515 はいずれも、自らの意志に反して父親から指名されてナジアンゾスの教会で司祭を務めることになった自己の境遇と、ユリアヌスの宮廷におけるカイサリオスの失職に直面したことが執筆の動機になったと示唆している。宮廷医師を辞して故郷に帰るカイサリオスへの書簡（*Ep*. 7）と『カイサリオスへの弔辞』（*Or*. 7）にもこの事件への言及がある。ナジアンゾスのグレゴリオスのユリアヌス批判については第6章で詳述する。

＊38　S. N. C. Lieu, ed., *The Emperor Julian: Panegyric and Polemic*, Translated Texts for Historian. Liverpool: Liverpool University Press, 1989: 90–128.『ユリアヌスを駁す詩』の解説は同書 90–104 頁を、英訳は 105–128 頁に収録されている。また、エフレムの人となりと著作について日本語で読める文献としては、武藤慎一『聖書解釈としての詩歌と修辞　シリア教父エフライムとギリシア教父クリュソストモス』教文館、2004年、77–82 頁に概略が提示されている。

＊39　Ephrem Syrus, *HcJul*, II.20–22, IV.8.

＊40　Ephrem Syrus, *HcJul*, I.16, II,2–3.

＊ 41　Ephrem Syrus, *HcJul*, I.18–20.

＊ 42　*Patrologia Graeca* 50, 533–1738.　校訂本は *Jean Chrysostome. Discours sur Babylas*（*Sources Chrétiennes 362*）, eds. M. Schatkin, C. Blanc, B. Grillet & J.-N. Guinot Paris: Cerf, 1983. 英訳・注解は *St. John Chrysostom the Apologist*. eds. & trans. M. Schatkin and P. W. Harkins. Washington D. C.: The Catholic University of America Press, 1983.

＊ 43　Margaret Schatkin, "The Authenticity of St. John Chrysostom's *De Sancto Babyla, Contra Iulianum et Gentiles*." in: P. Granfield & J. A. Jungmann eds., *Kyriakon. Festschrift Johannes Quasten*. Münster: Aschendorff 1970, 474–489.

＊ 44　Anne Shepherdson, *Controlling Contested Places: Late Antique Antioch and the Spatial Politics of Religious Controversy*. Berkeley: University of Calfornia Press, 2014.

＊ 45　Johannes Chrysostomos, *De Babyla*, 125–126.

＊ 46　Johannes Chrysostomos, *De Babyla*, 56–58.

＊ 47　PG 50.571–578. 英訳は Wendy Mayer, and Bronwen Neil, eds. *St. John Chrysostom: The Cult of the Saints*. Edited by John Behr, St. Vladimir's Seminary Press Popular Patristics Series. Crestwood, NY: St. Vladimir's Seminary Press, 2006: 91–99.

＊ 48　概観は Gabriele Marasco, *Greek and Roman Historiography in Late Antiquity: Fourth to Sixth Century A. D.* Leiden: Brill, 2003. Réne Braun, and Jean Richer, eds. *L'empereur Julien: De l'histoire a la legende, 331–1715*. Paris: Les Belles Lettres, 1978 は 18 世紀初頭に至る個別の著作家のユリアヌス像に関する梗概を提供する。Hartmut Leppin, *Von Konstantin dem Grossen zu Theodosius II. Das christliche Kaisertum bei den Kirchenhistorikern Socrates, Sozomenus und Theodoret*. Göttingen: Vandenhoeck & Ruprecht, 1996 においてもユリアヌスに 1 章が割かれている。また、紀元後 4–5 世紀の著作家のユリアヌスに対する関心については、Shawn Tougher, *Julian the Apostate*. Edinburgh: Edinburgh University Press, 2007; Nicholas Baker-Brian & Shawn Tougher, eds., *Emperor and Author: The Writings of Julian the Apostate*. Swansea: The Classical Press of Wales, 2012 がイントロダクションにおいて簡潔な見取り図を提供している。

＊ 49　Eutropius, *Breviarium*, 10. 14（369 年頃）。

＊ 50　アンミアーヌス・マルケリーヌス『歴史』の史書としての性質については E. A. Thompson, *The Historical Work of Ammianus Marcellinus*. Cambridge, UK: Cambridge University Press, 1947; R. C. Blockeley, *Ammianus Marcellinus: A Study of His Historiography and Political Thought*, Collection Latomus. Bruxelles: Latomus, 1975; John. Matthews, *The Roman Empire of Ammianus*. Baltimore: Johns Hopkins University Press, 1989; Timothy D. Barnes, *Ammianus Marcellinus and the Representation of Historical Reality*. Ithaca, NY/London: Cornell University Press, 1998; J. W. Drijvers and E. D. Hunt, eds. *The Late Roman World and Its Historian: Interpreting Ammianus Marcellinus*. London/New York: Routledge, 1999; Guy Sabbah, "Ammianus Marcellinus", in: Gabriele Marasco, ed., *Greek and Roman Historiography in Late Antiquity: Fourth to Sixth Century A.D.*, Leiden: Brill, 2003: 43–84; Gavin Kelly, *Ammianus Marcellinus. The Allusive Historian*. Cambridge UK: Cambridge University Press, 2006 を見よ。Matthews 以降の考察はアンミアーヌスが単純にユリアヌスを英雄視しているわけではないことを、歴史叙述のレトリックと構造、そして並行史料の史実の描写と対応させて明らかにする。近著ではユリアヌスの戦績の描写から「目撃者」としてのアンミアーヌスの歴史叙述のレトリックの構造を明らかにした Alan J. Ross, *Ammianus' Julian: Narrative and Genre in the Res Gestae*. Oxford: Oxford University Press, 2016 がある。アンミアーヌス・マルケリーヌスの歴史叙述における「宗教」の事例をタキトゥス

との比較において論じた Jason P. Davies, *Rome's Religious History: Livy, Tacitus and Ammianus on Their Gods*. Cambridge, UK: Cambridge University Press, 2004 も見よ。

＊51　Ammianus Marcellinus, 25. 4.1–4

＊52　Ammianus Marcellinus, 25. 4.15.

＊53　Ammianus Marcellinus, 25. 4.18.

＊54　Ammianus Marcellinus, 25. 4.16.

＊55　Ammianus Marcellinus, 25. 4.20.

＊56　Ammianus Marcellinus, 25. 4.17.

＊57　校訂本は *Eunapii Vitae Sophistarum*, ed. J. Giangrande. Roma: Typis Publica Officina Polygraphica, 1956. 邦訳はピロストラトス／エウナピオス、戸塚七郎・金子佳司訳『哲学者・ソフィスト列伝』京都大学学術出版会、2001 年（*Philostratus and Eunapius, The Lives of the Sophists*, ed. Wilmer Cave Wright. Cambridge, Mass./London, UK: Harvard University Press/Heinemann, 1921 を定本とする）。エウナピオスの叙述の性質については Wolfgang Liebeschuetz, "Pagan Historiography and the Decline of the Empire", in: Gabriele, Marasco, ed., *Greek and Roman Historiography in Late Antiquity: Fourth to Sixth Century A.D.*, Leiden: Brill, 2003: 177–218.

＊58　Eunapius, *VS* 473–478（7.1.1–7.4.7）.

＊59　Eunapius, *VS* 501（13.2.1–13.2.9）.

＊60　Wolfgang Liebeschuetz, "Pagan Historiography and the Decline of the Empire", in: Gabriele, Marasco, *Greek and Roman Historiography in Late Antiquity: Fourth to Sixth Century A.D.*, Leiden: Brill, 2003: 177–218.

＊61　概説は Peter Van Deun, "The Church Historians after Eusebius", in: Marasco 2003: 151–176; Hartmut Leppin, "The Church Historians（I）: Socrates, Sozomenus, and Theodoretus", in: Marasco ed. 2003: 219–25; Gabriele, Marasco, "Church Historians（II）: Philostorgius and Gelasius of Cyzicus", in: Marasco ed. 2003: 257–288; G. Zecchni, "Latin Historiography: Jerome, Orosius and the Western Chronicles", in: Marasco ed. 2003: 317–345; Glenn F. Chestnut, *The First Christian Histories: Eusebius, Socrates, Sozomen, Theodoret, and Evagrius*. Macon, GA: Mercer University Press, 1986^{2}; David Rohrbacher, *The Historians of Late Antiquity*. London: Routledge, 2002 を見よ。ユリアヌス治下の状況に関する各教会史家の叙述の比較については Hartmut Leppin, *Von Konstantin dem Grossen zu Theodosius II. Das christliche Kaisertum bei den Kirchenhistorikern Socrates, Sozomenus und Theodoret*. Göttingen: Vandenhoeck & Ruprecht, 1996: 72–84 を見よ。

＊62　G. Zecchni, "Latin Historiography: Jerome, Orosius and the Western Chronicles". in: Marasco ed. 2003: 317–345; Richard W. Burgess, and Michael Kulikowski, *Mosaics of the time: The Latin chronicle traditions from the first Century BC to the sixth century AD. A historical introduction to the chronicle genre from its origins to the high Middle Ages*. Turnhout: Brepols, 2013.

＊63　c. 345–411.『教会史』は 402/3 年頃成立と考えられている。アクィレイアのルフィヌス『教会史』の英訳・執筆状況の解説および注解は Philip R. Amidon, S.J. ed. *The Church History of Rufinus of Aquileia: Book 10 and 11*. New York/Oxford: Oxford University Press, 1997 を見よ。

＊64　Orosius, *Historia Contra Paganos*, 7. 30; G. Zecchni, "Latin Historiography: Jerome, Orosius and the Western Chronicles", in: Marasco 2003: 319–329.

＊65　Gabriele Marasco, "Church Historians（II）: Philostorgius and Gelasius of Cyzicus", in: Marasco ed. 2003: 257–288; 成立状況と本文への注解として *Philostorgius: Church History*. trans. & comm.

Philip R. Amidon, S. J., Atlanta: Society of Biblical Literature, 2007 を見よ。

＊66　ソクラテス・スコラスティコスの伝記は Theresa Urbainczyk, *Socrates of Constantinople: Historian of Church and State*. Ann Arbor: Michigan University Press, 1997 を、歴史叙述の方法については Martin Wallraff, *Der Kirchenhistoriker Sokrates: Untersuchungen zu Geschictsdarstellung, Methode und Person*. Göttingen: Vandenhoeck und Ruprecht, 1997; B. Bäbler, and H.-G. Nesselrath. *Die Welt des Sokrates von Konstantinopel: Studien zu Politik, Religion und Kultur im Späten 4. und Früh-en 5. Jh. n. Chr.; zu Ehren von Christoph Schäublin*. München, Leipzig: Saur, 2001 を、ソクラテスとソーゾメノスの歴史叙述の比較については Peter Van Nuffelen, *Un héritage de paix et de piété: étude sur les Histoires Ecclésiqstiaues de Socrate et de Sozomène*. Leuven/Paris/Dudley, MA: Peeters, 2005 を見よ。

＊67　Hartmut Leppin, "Church Historians（I）: Socrates, Sozomenus and Theodoretus" in: Marasco 2003: 220–223.

＊68　Hartmut Leppin, "Church Historians（I）: Socrates, Sozomenus and Theodoretus" in: Marasco 2003: 223–225.

＊69　Theresa Urbaincyzk, *Theodoret of Cyrrhus: The Bishop and the Holy Man*. Ann Arbor: The University of Michigan Press, 2002 は『宗教史（*Historia Religiosa*）』の著者としてのテオドーレートスに注目する。『ギリシア病の治療について』にかんしては Yannis Papadoyannakis, *Christianity and Hellenism in the Fifth-Century Greek East: Theodoret's Apologetics against the Greeks in Context*（Hellenic Studies Series 49）. Washington DC: Center for Hellenic Studies, 2013; Niketas Siniossoglou, *Plato and Theodoret: The Christian Appropriation of Platonic Philosophy and the Hellenic Intellectual Resistance*（Cambridge Classical Studies）. Cambridge /New York: Cambridge University Press, 2008 を見よ。

＊70　Hartmut Leppin, "Church Historians（I）: Socrates, Sozomenus and Theodoretus" in: Marasco 2003: 225–226.

＊71　Gregorios Nazianzenos, *Or*. 4.31.7, 5.9.2; Sozomenos, *Historia Ecclesiastica*, 5.2.2–5.2.7, 5.2.16; Theodoretos *Historia Ecclesiastica*, 3.3.1–3. アレクサンドリアのキュリロスの生涯については John A. McGuckin, *St. Cyril of Alexandria: The Christological Controversy: Its History, Theology, and Texts*. Leiden/New York: Brill, 1994; Susan Wessel, *Cyril of Alexandria and the Nestorian Controversy: The Making of a Saint and of a Heretic*. Oxford: Oxford University Press, 2004 を、『ユリアヌス駁論』については W. J. Malley, *Hellenism and Christianity: The Conflict between Hellenic and Christian Wisdom in the Contra Galilaos of Julian the Apostate and the Contra Julianum of St. Cyril of Alexandria*. Roma: Università Gregoriana Editrice, 1978 に梗概がある。

＊72　この項目を書くにあたって、Réne Braun, and Jean Richer, eds. *L'empereur Julien: De l'histoire a la legende, 331–1715*. Paris: Les Belles Lettres, 1978; Richer Jean. *L'empereur Julien: de la légende au mythe*（*de Voltaire à nos jours*）. Paris: Les Belles Lettres, 1981; Klaus Rosen, *Julian: Kaiser, Gott und Christenhasser*. Stuttgart: Klett-Cotta, 2006: 394–462 を大いに参照した。

＊73　中世の西方における受容に関しては Rosen 2006: 404–413 が概観を提供する。

＊74　Rosen 2006: 395–404; Anthony Kaldellis, *Hellenism in Byzantium: The Transformation of Greek Identity and the Reception of the Classical Tradition*. Cambridge: Cambridge University Press, 2007: 143–166, 183, 202, 284; cf. Vasilios N. Makrides, *Hellenic Temples and Christian Churches: A Concise History of the Religious Cultures of Greece from Antiquity to the Present*. New York and London: New York University Press, 2007: 243–248. カザンツァキスの戯曲『背教者ユリアヌス』もビザンティ

ン的教会批判のモティーフの系譜に位置づけることが可能であろう。Makrides 2007: 257–258.

＊75　Rosen 2006: 413–414.

＊76　Rosen 2006: 415–417.

＊77　Rosen 2006: 419–421.

＊78　Rosen 2006: 422–430.

＊79　Rosen 2006: 423–425.

＊80　ロマン主義から世紀転換期における受容については Rosen 2006: 432–442 を見よ。カヴァフィスのユリアヌス詩については Glen Wren Bowersock, "The Julian Poems of C.P. Cavafy", *Byzantine and Modern Greek Studies* 7（1981）: 131–156 を見よ。

＊81　モムゼンについては Rosen 2006: 437–438 を見よ。Johann Rudolph Asmus, *Kaiser Julians philosophische Werke*, Philosophische Bibliothek 116, Dürr, 1908; Johann Rudolph Asmus, "Eine Encyklika Julians des Abtrünnigen und ihre Vorläufer", *Zeitschrift für Kirchengeschichte* 16（1896）: 45–71; 220–252; Pierre Allard, *Julien l'Apostat* 1–3, Paris: Jean Gabalda, 1906–1910^{3}. Reprint:Rome: L'Erma di Bretchneider 1972; Johannes Geffcken, *Kaiser Julianus*（Das Erbe der Alten）. Leipzig: Dietrich/Theodor Weicher, 1914.

＊82　Joseph Bidez, *La vie de l'empereur Julien*. Paris: Les Belles Lettres, 1930.

＊83　*Imperatoris Caesaris Flavii Claudi Iuliani Epistulae Leges Poematia Fragmenta Varia*. eds., Joseph Bidez & Franz Cumont. Paris: Les Belles Lettres, 1922.

＊84　W. Koch, "Comment l'empereur Julien tâcha de fonder une église païenne." *Revue Belge de Philologie et d' Histoire* 6–7（1927–8）: 123–46, 49–82, 511–50, 1363–85.

＊85　Rosen 2006: 446–447, 455–456.

＊86　*Giuliano Imperatore: Misopogon Edizione critica, traduzione e commento* ed. Carlo Prato. Urbino: Edizioni dell'Ateneo & Bizzarri, 1979; *Giuliano Imperatore. Epistola a Temistio*, ed. Carlo. Prato and A. Fornaro. Lecce: Milelia, 1984; *Giuliano Imperatore. Contra Galilaeos*, ed. Emmanuela Massaracchia. Roma: Atheneo, 1991; *L'Epistolario di Giuliano Imperatore*, ed. Matilda Caltabiano. Napoli: D'Auria, 1991; *I Cesari Giuliano Imperatore: Simposio*, ed. R. Sardiello. Galatina: Congedo, 2000;

＊87　Robert. Browning, *Julian the Apostate*. London: Weidenfeld and Nicolson, 1976.

＊88　Glen Wren Bowersock, *Julian the Apostate*, Cambridge, Mass.: Harvard University Press, 1978（邦訳＝新田一郎訳『背教者ユリアヌス』、思索社、1984年）。

＊89　E. R. Dodds, "Theurgy and its Relationship to Neoplatonism." *The Journal of Roman Studies* 37（1947）: 55–69.

＊90　先駆的な翻訳・校訂本として *Jamblique, Les Mystéres d' Égypte*, ed. E. Des Places, S. J. Paris: Les Belles Lettres, 1966.　先駆的な考察として Hans Lewy, *Chaldaean Oracles and Theurgy: Mysticism, Magic and Platonism in the Later Roman Empire*. Paris: Études Augustiniennes, 1978; Bent Dalsgaard Larsen "Jamblique dans la philosophie antique tardive" in: Heinrich Dörrie, ed. *De Jamblique à Proclus*, Vandœuvres-Genève: Fondation Hardt, 1975 を見よ。ブリル版の『エジプト人の秘儀について』の注解者であるエマ・C・クラークは、イアンブリコスの秘儀論を過度に秘教的に捉える視角に対して批判的である。クラークは『エジプト人の秘儀について』の構成を明らかにすることで、イアンブリコス自身の宗教観の構造を説明し、宗教的伝統の再定義を試みる「最初の宗教哲学者」としてのイアンブリコス像の解明を試みた。*Iamblichus: De mysteriis*, eds. Emma C. Clarke, John M. Dillon and Jackson P. Hershbell. Leiden, Bos-

ton: Brill, 2003; Emma C. Clarke, *Iamblichus' De Mysteriis: A Manifesto of the Miraculous*. Aldershot: Variorum Ashgate, 2001; Shaw Gregory. *Theurgy and the Soul: The Neoplatonism of Iamblichus*. University Park, Pa.: Pennsylvania State University Press, 1995 はイアンブリコスの儀礼論を知性的な思考実験の書として捉える。H. Blumenthal and E. G. Clark, *The Divine Iamblichus: Philosopher and Man of Gods*. Bristol: Bristol Classical Press, 1993 は哲学者としてのイアンブリコス研究を行う。この系譜の延長上に、プロティノス・ポルピュリオス・イアンブリコスからプロクロスに至る新プラトン主義者が検討した「理性的営為」としての神働術像を分析する Crystal, Addey, *Divination and theurgy in neoplatonism: oracles of the gods*. Farnham: Asngate, 2014 がある。イアンブリコスもユリアヌスも、新プラトン主義における魂の救済を意味する「魂の回帰」の第一の階梯として、伝統的な民族宗教の儀礼の価値や、パイデイアの宗教教育としての価値を重視した。両者は「哲学者と神官の国」の民を導く倫理と信仰の模範としての「神官」(hiereus) の役割に関する認識を共有している。アタナシアディはユリアヌスとその師である神働術者エフェソスのマクシモスが現実の政治にイアンブリコスの祭儀観を利用したと指摘する(Polymnia Athanassiadi, *La Lutte pour l'orthodoxie dans le Platonisme Tardif: De Numénius à Damascius*, L'ane d'or; 25. Paris: Les Belles Lettres, 2006)。

＊91　Polymnia Athanassiadi, *Julian: An Intellectual Biography*. London: Routledge, 1992[2].

＊92　Rowland Smith, *Julian's Gods*. London, New York: Routledge, 1995.

＊93　Jean Bouffartigue, *L' empereur Julien et la culture de son temps.*, Collection des Études Augustiniennes: Serie Antiquité. Paris: Institut d'Études Augustiniennes, 1992.

＊94　Theresa, Nesselrath, *Kaiser Julian und die Repaganisierung des Reiches, Konzept und Vorbilder*. Jahrbuch für Antike und Christentum Ergänzungsband, Kleine Reihe 9, Münster: Aschendorff, 2013.

＊95　Dominic O'Meara, *Platonopolis: Platonic Political Philosophy in Late Antiquity*. London/New York: Routledge, 2003.

＊96　Klaus Bringmann, *Kaiser Julian, Der Letzte Heidnische Herrscher*. Darmstadt: Primus, 2004.

＊97　Klaus Rosen, *Julian: Kaiser, Gott und Christenhasser*. Stuttgart: Klett-Cotta, 2006

＊98　Réne Braun, and Jean Richer, eds. *L'empereur Julien: De l'histoire a la legende, 331–1715*. Paris: Les Belles Lettres, 1978; Richer, Jean, *L'empereur Julien: de la légende au mythe (de Voltaire à nos jours)*. Paris: Les Belles Lettres, 1981.

＊99　Jean Bouffartigue, "L'empereur Julien et son temps", *Antiquité Tardive* 17, Turnhout: Brepols, 2009: 79–90.

＊100　Nicholas Baker-Brian, & Tougher, Shawn, eds., *Emperor and Author: The Writings of Julian the Apostate*. Swansea: The Classical Press of Wales, 2012.

＊101　Arnaldo Marcone, ed., *L'imperatore Giuliano: Realtà storica e rappresentazione*. Milano: Mondadori, 2015.

＊102　Jean Bouffartigue, "Julien entre biographie et analyse historique". *Antiquité Tardive* 17 (2009); 79–90.

＊103　Susanna Elm, *Sons of Hellenism, Fathers of the Church. Emperor Julian, Gregory of Nazianzus, and the Vision of Rome*. Berkeley: University of California Press, 2011.

＊104　Pascal Célérier, *L'ombre de l'empereur Julien*. Le destin des écrits de Julien chez les auteurs païens et chrétiens du IVe au VIe siècle. Paris: Presses Universitaires de Paris Ouest, 2013.

＊105　ポベドノスツェフ他『キリスト正教会史』正教会編輯局、1893 年、216–228 頁。国立国会図書館近代デジタルライブラリーで閲覧することが可能である。(http: //dl.ndl.

go.jp/info:ndljp/pid/824359）

＊ 106　ロプヒン、加島あきら訳『聖金口の生涯と其事業』正教会編輯局、1912 年、9–18 頁。国立国会図書館近代デジタルライブラリーで閲覧することが可能である。（http://dl.ndl.go.jp/info:ndljp/pid/824731）

＊ 107　坂本健一訳『羅馬盛衰史』（隆文館図書、1918 年）と『羅馬中興史』（隆文館、1920 年）が最初期の事例である。

＊ 108　1925–1999 年。作家・フランス文学者。旧制松本高校、東京大学文学部フランス文学科、フランス政府給費留学生（1957–1961 年）を経て学習院高等科、立教大学、東京農工大学、学習院大学に勤務。近代フランスのリアリズム小説・心理小説に取材した手法と流麗な文体を用いて生の美と官能と永遠性の両立の可能性を問うた叙事詩的長編小説・短編小説を手がける。代表作に『背教者ユリアヌス』『春の戴冠』『フーシェ革命暦』『安土往還記』『ある生涯の七つの場所』など。

＊ 109　この 3 作とも現実の前に敗れゆく「戴冠せるロマン主義者」の生を生活世界の鮮やかな描写を交えて描きつつ、生の躍動と世界の真実へ導く「永遠に女性的なるもの」の存在を虚構とともに作中に配置する点にも物語作法としての共通点がある。イプセンの場合には現実にはユリアヌスとは接点のなかったはずの小マクリナが、メレシコーフスキイの場合には「古典的教養」の具現化ともいうべき架空の貴顕の女性アルシノエーが、辻邦生の場合にはコンスタンティウス妃エウセビアとトリックスター的に登場する架空のサーカスの少女ディアがその役割を担っている。ユリアヌス妃ヘレナの描写は総じて暗鬱である。

＊ 110　これ以前には中島仙酔訳（『カイゼルとガラリヤ人』新評論、1914 年）と村山勇三訳『史劇　第三帝國（皇帝かガリラヤ人か）』『新理想主義』誌所収、1916 年）がある。村山勇三は後にギボン『ローマ帝国衰亡史』の翻訳に関わっている（春秋社刊行、松柏館発売、1939–1940 年、全 10 巻、後に岩波文庫に再録、1951–1959 年、全 10 巻）。楠山正雄『近代劇十二講』（新潮社、1923 年）で梗概が紹介されている。楠山正雄『近代劇十二講』新潮社、1923 年、161–180 頁。国立国会図書館デジタルコレクションで閲覧することが可能である。最新の翻訳である原千代海訳「皇帝とガリラヤ人」は『イプセン戯曲全集』第 3 巻（未來社、1989 年）に収録されている。

＊ 111　大類伸「西洋思潮　第三講　皇帝とガリラヤ人」『岩波講座　世界思潮』第 7 冊、1928 年、5–31 頁。大類はヨハンネス・ゲフケンの『ユリアヌス帝』（Johannes Geffcken, *Kaiser Julianus*（Das Erbe der Alten). Leipzig: Dietrich/Theodor Weicher, 1914）を参照しつつこの項目を論じている（同論文 31 頁）。

＊ 112　米川正夫訳『神々の死』は 1936 年に新潮文庫に収録されて版を重ねたのち、1986 年に河出書房新社から米川和夫・良夫・哲夫による改訂を経て再版された。このほか、英語からの重訳版として松本雲舟訳、メレシコーフスキイ序文『神々の死』（昭文堂、1911 年、国立国会図書館デジタルライブラリーに収録）と翻案として船田享二訳述『背教者ジュリアノ』（春陽堂譯術叢書、春陽堂、1924 年）がある。船田享二は日本におけるローマ法学研究の草分けとなった。

＊ 113　辻邦生が在籍した旧制松本高校の学生のあいだでも『神々の死』と並んでレオナルド・ダ・ヴィンチを扱った『神々の復活』がよく読まれたという。辻自身はむしろ『神々の復活』を愛読し、『神々の死』は未読であったと言及している。辻邦生「『背教者ユリアヌス』歴史紀行（I）」『辻邦生歴史小説集成』第 4 巻、岩波書店、1992 年、377

頁。

＊ 114　大川周明の『神々の死』抄訳（「ヤンブリコスの神」『道』80号、1914年12月）とイスラーム神秘思想への関心に至る『神々の死』体験については安藤礼二『折口信夫』（集英社、2015年）351頁注7を見よ。折口信夫は『神々の死』を島村苳三訳の『背教者ジゥリアノ』で読んだ。メレシコーフスキイ『神々の死』への言及は、「壽詞をたてまつる心々」（初出＝『日本評論』第13巻第6号、1938年。『折口信夫全集』第29巻所収）のほか、柳田國男と石田英一郎との対談「民俗学から民族学へ」（初出＝『民族学研究』第14巻第3号、1950年2月）にもみられる。安藤礼二編『折口信夫対談集』、講談社文芸文庫、講談社、2013年、294頁。柳田は『神々の死』に感銘を受けなかった、と語っている。折口信夫と夏目漱石の『神々の死』への言及については長谷川政春「評伝」「出会いの意味（2）――メレジュコーフスキイ『神々の死』」西村亨編『折口信夫事典　増補版』大修館書店、1998年、727–732頁を見よ。折口の読書経験については長谷川政春「折口信夫の読書」『國文學　解釈と教材の研究』、第30巻第1号、1985年1月、112–116頁を見よ。折口信夫の西洋古代末期宗教史受容については拙稿「幻影の人の叢林をゆく　西脇順三郎から見た折口信夫」『現代思想』2014年5月増刊号「総特集・折口信夫」2014年4月、180–198頁、および「邂逅を書くこころ、境界を越える者　歴史小説を書く折口信夫」『三田文学』2014年秋季号、196–203頁で論じた。

＊ 115　菅野昭正「小説を発見するまで」『辻邦生全集』第20巻所収、296頁（初出『作家の世界・辻邦生』番町書房、1978年）。磯崎新「辻さんのアクロポリス体験」『辻邦生全集』第20巻所収、471–473頁（初出『新潮』1999年10月号）。源高根「辻邦生論序説」『辻邦生全集』第20巻所収、436頁（初出・『作家の世界・辻邦生』番町書房、1978年7月）。

＊ 116　辻邦生「『背教者ユリアヌス』歴史紀行」（I）、『辻邦生歴史小説集成』第4巻、岩波書店、1992年、388–390頁にある「古代の晴朗な美」に関する「回心」体験の叙述を見よ。

＊ 117　Arnaldo Momigliano, ed. *The Conflict between Paganism and Christianity in the Fourth Century*. Oxford: Clarendon Press, 1963.

＊ 118　Les Belles Lettres 版に収められていない『ガリラヤ人駁論』を収録した Loeb Classical Library 版の英語対訳本（ed. Wright 1922）、当時まだ Les Belles Lettres 版から対訳校訂版が刊行されていなかったアンミアーヌス・マルケリーヌス『歴史』（Loeb Classical Library 版では1935年に初版本が J. C. Rolfe の編訳で刊行されている）、Loeb 版でも Les Belles Lettres 版でも対訳校訂版が刊行されていなかったリバニオスの書簡と「ユリアヌス弁論群」は参照の対象とはなっていない。むろんキリスト教側・新プラトン主義側の史料も参照の対象とはなっていない。

＊ 119　篠田一士「中公文庫『背教者ユリアヌス』解説」初出・中公文庫版初版本、1975年2月10日刊。粟津則雄「背教者ユリアヌス」初出『海』1973年1月号。山本健吉「「第二の自然」へ――辻邦生氏について」初出『國文学』1974年1月号。高橋英夫「辻邦生論」初出『現代作家論』講談社、1979年4月、「物語性と歴史性の融合」初出『昭和作家論』小学館、1993年。

＊ 120　「背教者ユリアヌスの精神的形成――ユリアヌス研究序説」東京大学教養学部人文科学科歴史学紀要『歴史と文化』所収、1951年。「背教者ユリアヌスと古代末期世界観――ユダヤ教、キリスト教、新プラトン哲学の対比において」東京大学教養学部人文

科学科歴史学紀要『歴史と文化』III 所収、1958 年。「『背教者』ユリアヌスの宗教政策」荒井献・川島重成編『神話・宗教・文学』教文館、1977 年、211–242 頁。なお、長友栄三郎『キリスト教ローマ帝国』（創文社、1970 年）でも、ユリアヌスの宗教政策に関して祖述が行われている。

＊ 121　秀村欣二「ユリアヌス・ロマンの白眉」『世界』1973 年 5 月号、278–279 頁。菅野昭正編『作家の世界　辻邦生』（番町書房、1978 年）に再録。『辻邦生全集』第 20 巻には収録されていない。

＊ 122　高橋秀「辻邦生著『背教者ユリアヌス』　歴史研究を超えるもの」『大学キリスト者』52 号、1973 年 5 月、39–48 頁。菅野昭正編『作家の世界　辻邦生』（番町書房、1978 年）に再録。『辻邦生全集』第 20 巻には収録されていない。

＊ 123　ユリアヌスの宗教復興の拠点となった専制君主政期のアンティオキアの社会史を扱ったグランヴィル・ダウニー『地中海都市の興亡　アンティオキア千年の歴史』（小川英雄訳、新潮社、原著 1962 年）は 1986 年に、フランツ・ティンネフェルト『初期ビザンティン社会』（弓削達訳、岩波書店、原著 1977 年）は 1984 年に刊行されている。

＊ 124　南雲泰輔「ユリアヌス帝の意識のなかのローマ皇帝像——『ひげぎらい』における法律意識の分析を中心に」『西洋古代史研究』6 号（2006 年）19–39 頁。

＊ 125　南川高志『ユリアヌス　逸脱のローマ皇帝』山川出版社、2015 年。

＊ 126　小坂俊介「シルウァヌス反乱に関する諸史料　古代末期における歴史叙述とアンミアヌスの影響」『西洋史研究』40 号（2011 年）135–151 頁、「カルケドン裁判考」『歴史』116 号（2011 年）1–30 頁、「『鎖の』パウルスとアンミアヌス・マルケリヌス『歴史』その執筆態度と叙述の史料的価値をめぐって」『西洋史学』258 号（2015 年）108–124 頁、「紀元後 4 世紀半ばのアレクサンドリアにおける騒乱と『異教徒』」『西洋古典学研究』64 号（2016 年）75–87 頁。

＊ 127　近現代日本の古代哲学研究者のなかでは、田中美知太郎らによるプラトンの翻訳以来、philosophia の実質を表す訳語として字義通りに「愛智」という訳語を文脈に応じて選択する習慣がある（philo= 愛、sophia= 智）。「哲学」という訳語を宛てた場合には、講壇の思想（「学」）としての側面が際だち、超越的宇宙論にもとづく探求と生活実践の総体という側面が見落とされてしまう。そのための配慮であろう。古代末期におけるキリスト教と「愛智」の関係については、たとえばヴェルナー・イェーガーが『パイデイア』（1944 年）、『初期キリスト教とパイデイア』（1961 年）で論じてきたように、聖書の世界像の解釈に普遍性を与え、かつ精緻化する手段としてパイデイアが不可欠であった。日本語の論考では宮本久雄『聖書と愛智』（新世社、1989 年）を見よ。

＊ 128　Polymnia Athanassiadi, *Julian: An Intellectual Biography*. London: Routledge, 1992[2] の 第 2 章では、ユリアヌスはキリスト教的習慣を備えたままミトラス教を含む「ヘレニズム」に転向したものとして描かれる。Glen Wren Bowersock, *Julian the Apostate*, Cambridge Mass.: Harvard University Press, 1978: 26–31 および Rowland Smith, *Julian's Gods*. London: Routledge 1995: 29–30, 179–89. でもユリアヌスの転向を「ヘレニズム」への回心とみなす。Glen Wren Bowersock, *Hellenism in Late Antiquity*. Cambridge, UK: Cambridge University Press, 1990 では「ヘレニズム」を宗教化したのはユリアヌスのみであるという指摘がある。

＊ 129　Peter van. Nuffelen, "Deux Fausses Lettres de Julien l'apostat:（La Lettre aux Juifs, *Ep*. 51［Wright］ et la Lettre à Arsacius, *Ep*. 84［Bidez］)." *Vigiliae Christianae* 56, no. 2（2002): 131–50.

＊ 130　LSJ, s.v. 'Ἑλληνισμός.

＊ 131　Glen Wren Bowersock, *Hellenism in Late Antiquity*. Cambridge, UK: Cambridge University Press, 1990: 1–13.

＊ 132　Anthony Kaldellis, *Hellenism in Byzantium*, Cambridge: Cambridge University Press, 2007: 130.

＊ 133　『テオドシウス法典』第 16 巻第 10 章における「異教祭儀」禁令条項のなかで「正統信仰」（catholica religio）に対置される「分派の徒」（haeretici）と並んで「異教徒」（pagani）の語が初めて見えるのは 395 年 8 月 7 日にアルカディウス帝とホノリウス帝の連名で公布された第 13 法文である。ギリシア語を共通語とする地域で「異教徒」をさす῞Ελλην の語が共通に用いられるのはむしろ 5 世紀以降である。

＊ 134　Polymnia Athanassiadi and Michael Frede, eds., *Pagan Monotheism in Late Antiquity*. Oxford: Oxford University Press, 1999.

＊ 135　Stephen Mitchell and Peter Van Nuffelen, *One God: Pagan Monotheism in the Roman Empire*. Cambridge UK: Cambridge University Press, 2010.

＊ 136　本書第 4 章で詳述する。

＊ 137　註 127 を見よ。

＊ 138　古代地中海世界の宗教を論じる際に用いられる「異教」（paganism）の含意は「ユダヤ・キリスト教的ではない伝統宗教」を漠然とさす。この用語はキリスト教側から見た差別的な表現であり、価値中立的ではないが、便宜的、慣習的に考えられてきた「伝統的多神教」を示す表現として用いる。この問題に関しては近年 Alan Cameron, *Last Pagans of Rome*, Oxford: Oxford University Press, 2011 の第 1 章でギリシア語圏とラテン語圏の「異教」概念の運用について比較を行っている。ユダヤ・キリスト教に包摂されない伝統宗教にも、各種の秘儀結社のように拝一神教的な形態をとる宗教がある。また、哲学諸学派においてはプラトン主義、アリストテレス主義、ストア主義をはじめ、至高神としての超越を想定する傾向もみられる。そのため、「異教」にかわる「ユダヤ・キリスト教以外の古代地中海世界の伝統宗教」を表象する術語として「多神教」を採用することは必ずしも適切ではない。本書では便宜上「異教」の語を用いることがある。

第 2 章　幻影の文人共同体を求めて

＊ 1　Julianus, *Caesares*. 37, 335c-336a. なお、本章で引用した『皇帝たち』の定本は Lacombrade 校訂版と Nesselrath 校訂版を参照した。訳文は筆者による。

＊ 2　*Concilium Nicaenum I, Canon* V: *De excommunicatis*.

＊ 3　*Concilium Nicaenum I, Canon* XI: *De his qui praeter necessitatem aliquam negaverunt*.

＊ 4　Plat. *Leg*., 9.856C, 866AB.

＊ 5　Plat. *Leg*., 9. 872D.

＊ 6　Plat. *Leg*., 9 872E-873A.

＊ 7　Julianus, *Ep. ad SPQAth*. 270cd, 271b.

＊ 8　Julianus, *Ep. ad SPQAth*. 273b.

＊ 9　Julianus, *Ep. ad SPQAth*. 272c.

＊ 10　Julianus, *Ep. ad SPQAth*, 271b.

＊ 11　Julianus, *Misopogon*, 352ac, *Ep. ad SPQAth*, 274d.

＊ 12　Julianus, *Ep. ad SPQAth*.241c.

＊ 13　Julianus, *Ep. ad SPQAth*, 271c-272a. 定本は Lacombrade 校訂版を参照した。訳文は筆者による。

＊ 14　Julianus, *Ep. ad SPQAth*, 273ab, 270d-271a.

＊ 15　Julianus, *In Solem*, 144bc. 定本は Rochefort 校訂版を参照した。訳文は筆者による。

＊ 16　Julianus, *Ep*. 79.

＊ 17　Socrates, *Historia Ecclesiastica*, 3.3.20.

＊ 18　Sozomenos, *Historia Ecclesiastica*, 5.2.17.

＊ 19　Julianus, *Ep. ad Them*., 253d-254a, 259ab.

＊ 20　Julianus, *Ep. ad Them*. 253ab.

＊ 21　Julianus, *Ep. ad Them*., 257d-259a, 260c（「汝自身を知れ」）、260d-262d, 263c-264a.

＊ 22　コンスタンティウス・ユリアヌス連名で公布された卜占の禁止に関する勅令＝*Codex Theodosianus*, 9.16.4（357 年 1 月 25 日、メディオラヌムで公布）、9.16.5（357 年 12 月 4 日、メディオラヌムで公布）、9.16.6（358 年 7 月 5 日、アリミヌムで公布）、「異教祭儀」と供犠の禁令＝*Codex Theodosianus*, 16.10.6（356 年 2 月 19 日、メディオラヌムで公布）。

＊ 23　Julianus, *Ad Sallustium*, 241d, 242a.

＊ 24　Julianus, *Ad Sallustium*, 242cd.

＊ 25　Julianus, *Ad Sallustium*, 243a.

＊ 26　Julianus, *Ad Sallustium*, 251d-252b.

＊ 27　ガリアからの書簡――Julianus, *Ep*. 4（修辞学者エウアグリオス宛）、*Ep*. 11（プリスコス宛、425b で「救済者」の救いについて、425c でアレクサンドロス大王とマルクス・アウレリウスへの憧れが述べられている）、*Ep*. 12（プリスコス宛、「ピュタゴラスとプラトンに並ぶ神のごとき賢人」としてのイアンブリコスと、『カルデア人の託宣』の著者とされる神働術家ユリアノスへの敬意に関する言及がみられる）、*Ep*. 13（プリスコス宛、「救済者」への帰依に言及、「真の愛智者たち（ἀληθινοί φιλόσοφοι）」の説得を依頼）、*Ep*. 14（オレイバシオス宛）.

＊ 28　Julianus, *Ep. ad SPQAth*, 277ac.

＊ 29　たとえば Julianus, *Ep*. 26（ナイススからマクシモス宛）、*Ep*. 36（ナイススからエウテリオス Eutherios 宛）を見よ。

＊ 30　Socrates, *Historia Ecclesiastica*, 3.1; Sozomenos, *Historia Ecclesiastica*, 5.2.2.

＊ 31　Julianus, *Ep*. 26.

＊ 32　Julianus, *Ep*. 29.

＊ 33　Julianus, *Ep.ad SPQAth*, 268a.

＊ 34　Julianus, *Ep.ad SPQAth*, 269bc. プルタルコス『対比列伝』「テミストクレース伝」への言及である。

＊ 35　Julianus, *Ep.ad SPQAth*, 268c.

＊ 36　Julianus, *Ep.ad SPQAth*, 270b.

＊ 37　Julianus, *Misopogon*, 367c.

＊ 38　コンスタンティヌス朝期の宗教に関する概観は Edwards 2015 を見よ。アレイオス論争期に関する通史は Hanson 1988 を見よ。日本語による通史・資料集としてとして水垣渉・小高毅編『キリスト論論争史』、日本基督教団出版局、2003 年。小高毅『原典

古代キリスト教思想史2・ギリシア教父』教文館、2000年がある。また、拙稿「ニカイアからカルケドンへ古代末期の東方におけるキリスト論論争と教会政治史」『東洋学術研究』54（2）（2015）: 111–146頁で概観を行った。コンスタンティウスの宗教政策についてはKlein 1977; Barceló 2004: 168–177: Maraval 2013: 237–280を見よ。

＊39　四世紀以後のゲルマン系諸部族におけるアレイオス派の浸透に関してはBerndt and Steinacher eds. 2014を見よ。

＊40　アタナシオスの第1回の追放はコンスタンティヌス治下の335年7月1日から336年11月22日までであり、トリールに配流された。この間に『言の受肉』を著したと考えられている。アレイオスが336年に没すると、アタナシオスはアレクサンドリア司教に復帰した。2回目の追放はアンティオキア教会会議を受けた339年4月16日から346年10月21日、この間アタナシオスはローマに滞在した。『アレイオス派駁論』の著作年代は近年、この第2回の追放の間と想定されている。『アレイオス派駁論』においてアタナシオスは「子」が「永遠に存在する、被造物ではない者（ἀγέννητος）」であり、不変にして不易であり、「父」と「子」が同一の本質をもつ存在（ホモウーシオス）であることを主張した。『アレイオス派への弁明』は328年からこのローマ滞在からの復帰後、347年までに書かれた文書の集成であり、関連する証言や公文書を伝える。なお、『アレイオス派の歴史』は357年の作品である。アタナシオスの3回目の追放は359年2月9日から362年2月21日（コンスタンティウス2世治下からユリアヌス治下）、4回目の追放は362年10月24日から363年9月5日（ユリアヌス治下からヨウィアヌス治下）、第5回の追放は365年10月5日から366年1月31日まで（ウァレンス治下）であった。第3回から第5回の追放期間、アタナシオスはエジプトの砂漠の師父たちに匿われた。373年5月2日に逝去するまでは平穏な生活を送ったという。

＊41　相似説（ホモイオス派）の研究に関してはKopecek 1979; Brennecke 1988を見よ。エウノミオスの教説に関してはVaggione 2000を見よ。

＊42　Whitmarsh 2001: 183, n. 8の示唆による。Bouffartigue 1992: 293–299では、『コンスタンティウス第二頌詞』への王政論の引用を示唆する。Athanassiadi 1992: 129では『アレクサンドロスとディオゲネスの対話』（*Or.* 4）とユリアヌス『無学なる犬儒者を駁す』『犬儒者ヘラクレイオス駁論』における理想化された聖者としてのディオゲネスの英雄視を指摘する。Rosen: 2006: 60, 208では『皇帝の幸福と友情』における太陽神讃美と幸福論へのユリアヌスの共感の可能性を示唆する。

＊43　ユリアヌスの信仰世界および政治思想におけるイアンブリコスの影響については、Bidez 1930: 73–81; Bouffartigue 1992: 170–197, 353–359; Athanassiadi 1992: 136–137; Smith 1995: 39–40, 91–92, 109–110l 120–121; O'Meara 2003: 120–128を見よ。ユリアヌスの祭儀観・祭場観におけるイアンブリコス主義の痕跡については、拙稿2013でも論じた。

＊44　Iamblichus, *Myst*. V. 15, 18. Cf. V. 20.

＊45　Iamblichus, *Myst*. V. 15.

＊46　Iamblichus, *Myst*. V. 16.

＊47　Iamblichus, *Myst*. V. 25.

＊48　Iamblichus, *Myst*. V. 22.

＊49　Iamblichus, *Myst*. V. 9.

＊50　Iamblichus, *Myst*. V. 6.

＊51　Iamblichus, *Myst*. V. 2.

＊ 52　Iamblichus, *Myst*. V. 25.

＊ 53　Iamblichus, *Myst*. V. 26.

＊ 54　Clarke, Dillon & Hershbell eds. 2003: 275 n.354.　クラークらは、イアンブリコスのいうこの「神官の祈り」はテウルギア的な祈りであって、神々の名を呼び、嘆願者の名を告げて祈願と供儀を捧げるギリシアの伝統的な祈りの形式ではないと指摘する。しかし、神官宛の書簡にみられるユリアヌスの議論では、この「神官の祈り」に相当する祈りの要請に関する記事はみられない。

＊ 55　Porphyrios, *Ep. ad Anebo*, ap. Augustinus, *CD* 10.11

＊ 56　Iamblichus, *Myst*. V. 1.

＊ 57　Iamblichus, *Myst*. VI. 1–3.

＊ 58　Iamblichus, *Myst*. V. 11, 13–14.　動物犠牲を肯定する根拠として、イアンブリコスは「地上で発せられる煙や蒸気はせいぜい地上から 5 スタディア（約 1km）ほどの高度までしか上昇しないとはいえ、上り下りしているうちに供犠の煙は非物質的な実体と混ざり合って物質性を失い、この「蒸発物」が宇宙の原理に接近するとさらに物質性が除かれ、神々のもとに近づくときにはもはや物質的な実体を伴わなくなるため、正しい方法で供犠が行われれば、犠牲獣を焼く煙は神にふさわしい「蒸発物」となり、高次の神的存在と宇宙の原理を喜ばせる」と述べる。

＊ 59　Iamblichus, *Myst*. V. 11.

＊ 60　Iamblichus, *Myst*. V. 12.

＊ 61　Iambichus, *Myst*. V. 19.　自然界の霊的な諸力を神々に供物とすることは不適切であるとイアンブリコスは述べている。

＊ 62　Iamblichus, *Myst*. V. 5, 9.

＊ 63　Iamblichus, *Myst*. V. 6–7.

＊ 64　Iamblichus, *Myst*. V. 14

＊ 65　Iamblichus, *Myst*. V. 20.　クラークらも後者の供犠を神働術の供犠として理解している。Clarke, Dillon & Hershbell eds. 2003: 261 n.329.

＊ 66　Iamblcihus, *Myst*. V. 14

＊ 67　Iamblichus, *Myst*. V. 17

＊ 68　Iamblichus, *Myst*. V. 19

＊ 69　Iamblichus, *Myst*. V. 19.

＊ 70　Iamblichus, *Myst*. V. 8.

＊ 71　Iamblichus, *Myst*. V. 9.

＊ 72　Iamblichus, *Myst*. V. 20. Clarke, Dillon & Hershbell eds. 2003: 261. n. 329 でイアンブリコスの供犠観とサルスティウス『神々と世界について』16.2.4–8 の議論にもこのようなギリシア宗教古来の儀礼観の反映を指摘している。Plat. Phaedr 247a にみられる神的存在のスペクトル全体をさす。

＊ 73　Iamblichus, *Myst*. V. 23.

＊ 74　Iamblichus, *Myst*. V. 23. Clarke, Dillon & Hershbell eds. 2003: 269 n. 341 ではこの「神像」を、神働術の一環としての神像に働きかける魔術的な行為に用いられる神像であると指摘する。エフェソスのマクシモスもこの行為を知悉していた。Eunapius, *VS* 474–475. Clarke, Dillon & Hershbell eds. 2003: 269 n. 343 はまた、「隠された教え」はヘルメス文書のことであろうと指摘する。Iamblichus, *Myst*. VIII. 1.

＊75　Iamblichus, *Myst*. III. 9.『エジプト人の秘儀について』の校訂者であるエマ・C・クラーク、ジョン・ディロンらはこの箇所について、イアンブリコスがプラトン『国家』『法律』やアリストテレス『政治学』の儀礼音楽理解を参照したうえで、さらに儀礼音楽に多くの可能性を期待したのではないかと示唆している。Clarke, Dillon & Hershbell eds. 2003: 139 n. 182, n.186.

＊76　Plat. *Leg*. 795a-812e, Arist. *Pol*. 1339a-1342b.

＊77　Plat. *Leg*. 700a-701b

＊78　Plat. *Resp*. 397a-400e, *Leg*. 795–812e

＊79　Athanassiadi 1993: 123–127; 古代地中海世界における夢と託宣については Harriss, 2009 を、夢と医療については Oberhelman 2013 を見よ。

＊80　Iamblichus, *Myst*. III. 2.

＊81　Iamblichus, *Myst*. III. 3.

＊82　Iamblichus, *Myst*. III. 4.

＊83　Iamblichus, *Myst*. III. 7–8.

＊84　Iamblichus, *Myst*. III. 10.

＊85　Iamblichus, *Myst*. III. 10.

＊86　Iamblichus, *Myst*. III. 10.

＊87　Iamblichus, *Myst*. V. 18, 19.

＊88　Iamblichus, *Myst*. VI. 6–7.

＊89　Iamblichus, *Myst*. V. 15, 18.

＊90　Iamblichus, *Myst*. V. 19

＊91　Iamblichus, *Myst*. V. 20, 26.

＊92　Iamblichus, *Myst*. V. 9–10.

＊93　Iamblichus, Myst. V. 18.

＊94　Iamblichus, Myst. V. 22.

＊95　Iamblichus, Myst. V. 18, 19

＊96　Iamblichus, *Myst*. V. 5–6.

第3章　理想の潰走

＊1　Ammianus Marcellinus, 22.4. ユリアヌスの即位の背景については南川 2010 を見よ。カルケドン裁判については小坂 2011 が考察を行っている。

＊2　枢密院の構成については Jones 1963: I, 333–341, Demandt 1989: 231 を見よ。ユリアヌス治下の状況に関しては Caltabiano 2009 が詳細な検討を行なっている。Caltabiano はユリアヌスの「ヘレニズム」推進のための枢密院振興の起点をガリア宮廷にみる。

＊3　Mamertinus 2（*PLRE*）.

＊4　Dagalaifus（*PLRE*）.

＊5　Felix 5（*PLRE*）.

＊6　Helpidius 6（*PLRE*）.

＊7　Saturninus Salutius Secundus 3（*PLRE*）.

＊8　Oribasius（*PLRE*）.

＊ 9　Eunapius, *VS* 477, 499. エフェソスのマクシモスをはじめとするユリアヌス治下の宮廷の「哲人たち」の活動については *VS* 476–478 を見よ。

＊ 10　Les Belles Lettres 版の『神々と世界について』の校訂者ロシュフォール（G. Rochefort, 'Introduction'. in: Saloustios, *Des dieux et du monde*, ed. Rochefort. Les Belles Lettres, 1960: xiv-xxi）と Clarke（Clarke, E. C., 'Communication, Human and Divine: Saloustious Reconsidered', *Phronesis* 43（1998）: 326–50 はサトゥルニヌス・サルーティウス・セクンドゥスを『神々と世界について』の作者と同定している。*PLRE* s.v. Sallustius 5 は、ガリア近衛総監と 363 年の執政官を兼務したフラウィウス・サルスティウスを『神々と世界について』の作者と同定する少数説に立つ。ガリアでのユリアヌスの側近であって、アンティオキア駐在の東方近衛総監としてユリアヌスの宮廷にも深く関わったサトゥルニヌス・サルーティウス・セクンドゥスを『神々と世界について』の作者として同定する多数説はより自然である。筆者はサトゥルニヌス・サルーティウス・セクンドゥス説に立つ。

＊ 11　Philostorgios, *Historia Ecclesiastica*, 7.10; Theodoretos *Historia Ecclesiastica*, 3.12.

＊ 12　Anatolius 5（PLRE）; Libanius, *Ep*. 739 Foerster.

＊ 13　Iulianus 12（PLRE）; Theodoretos, *Historia Ecclesiastica*, 3.13; Philostorgios, *Historia Ecclesiastica*, 7.10.

＊ 14　キリスト教の外部において修徳修行を行う人、あるいはその集団。テュアナのアポロニオスは先駆的な一例である。Fowden 1982 はそのイアンブリコス派新プラトン主義者・新ピュタゴラス派など「異教の聖者」たちの生活の実態について考察しており、ユリアヌスの宮廷も一例として言及されている。

＊ 15　Julianus, *Ep*. 80.

＊ 16　Ammianus Marcellinus, 23.1.4–5; Sozomenos, *Historia Ecclesiastica*, 5.8.1–4; Theodoretos, *Historia Ecclesiastica* 3.12; Philostorgios *Historia Ecclesiastica*, 7.10. ナジアンゾスのグレゴリオス、ソクラテス、ソーゾメノス、テオドーレートス、フィロストルギオスはこの両名が行った聖杯の冒瀆と突然死の挿話にふれ、突然死を「神の怒り」の表れとして解釈する。

＊ 17　Eunapius, *VS* 476; Rufinus, *Historia Ecclesiastica* 10.37; Socrates, *Historia Ecclesiastica*, 3.20; Theodoretos, *Historia Ecclesiastica* 3.11.

＊ 18　Gregorios Nazianzenos, *Or*. 7.10–12, *Ep*. 7. カイサリオスの罷免については McGuckin 2001: 31 を見よ。

＊ 19　Gregorios Nazianzenos, *Or*. 7.11–12, *Ep*. 7.

＊ 20　McGuckin 2001: 31.

＊ 21　Socrates, *Historia Ecclesiastica*, 3.1.10, 13.5–6, 23.5, Libanius *Or*. 18.14.

＊ 22　Julianus, *Or*. 7.7. Libanius, *Or*. 17.16, *Or*. 18. 157.

＊ 23　Julianus, *Ep*. 30. Sozomenos, *Historia Ecclesiastica*, 5.5.9. この間のアエティオスとエウノミオスの活動にかんしては Copček 1978, Vaggione 2000 を見よ。

＊ 24　Julianus, *Ep*. 46.

＊ 25　Eunapius, *VS*, 478.

＊ 26　Eunapius, *VS*, 478.

＊ 27　Theodorus 8 *PLRE*.

＊ 28　Julianus, *Ep*. 89a, 452a, 89b. 298b.

＊ 29　Seleucus 1. *PLRE*. Libanius, *Ep*. 770（362 年）に祭儀の挙行への参与について言及がある。

＊ 30　Eunapius, *VS* 478.

＊ 31　Julianus, *Ep*. 81.

＊ 32　Libanius, *Ep*. 796, 1352.

＊ 33　Libanius, *Ep*. 724.

＊ 34　Theodora 3 *PLRE*, Julianus, *Ep*. 85–86.

＊ 35　大神祇官・地域の神官の採用と活動に関しては Koch 1927/1928, Athanassiadi 1981: 185–186 が論じている。ユリアヌスが具体的な神官制度の整備に関心をもたなかったとしても、この神官たちはマクシモスの影響下にイアンブリコス的な神官の理念を共有していたのではないか、とアタナシアディは推定する。

＊ 36　Julianus, *Ep*. 79.

＊ 37　Ammianus Marcellinus, 22.9.13, Libanius, *Ep*. 1581, Celsos 15（*BLZG.*）（＝Otto Seeck, *Briefe des Libanius Zeitlich Geordnet*. Leipig: Hinrichs, 1907）; Jill Harries, "Julian the Lawgiver," in: Baker-Brian and Tougher eds. 2012: 121–136.

＊ 38　Libanius, *Or*. 1. 120–121, *Or*. 18. 121–124, Ammianus Marcellinus, 22. 5. 1–4, Rufinus, *Historia Ecclesiastica*, 10.33, Socrates, *Historia Ecclesiastica*, 3.1.43ff, Sozomenos, *Historia Ecclesiastica*, 5.3.1–3, 5, Theodoretos, *Historia Ecclesiastica*, 3.4.1–2, 3.6.1.

＊ 39　Jill Harries, "Julian the Lawgiver", in: Baker-Brian and Tougher eds. 2012: 121–136.

＊ 40　Julianus, *Ep*. 89a, 453ab.

＊ 41　Julianus, *Ep*. 98. ペルシアへの行軍中にリバニオスに宛てた書簡では、シリアの石灰岩地帯の小邑バトナイや太陽神祭祀の拠点でもあったヒエラポリスの祭礼で演奏されていた行列の音楽がアウロスやキュンバロンを用いた賑やかなものであった、と嘆く。

＊ 42　Julianus, *Misopogon*, 344bd, 345ab.

＊ 43　Julianus, *Ep*. 109.

＊ 44　Julianus, *Ep*. 136b, p. 198. 10–14 Bidez.

＊ 45　Bidez ed. 1924: 200 n.2.

＊ 46　Julianus, *Ep*. 136b, p. 198.24–200.7.

＊ 47　Julianus, *Ep*. 89b, 293c. ただし、ユリアヌスはこのような他界観をみだりに口にしてはならないという認識ももっていたようである。*Ep*. 136b, p.198.24–199.1.

＊ 48　Iamblichus, *Myst*. VI. 1–2.

＊ 49　Julianus, *Ep*. 136b, p.199.8-p.200,16.

＊ 50　Julianus, *Ep*. 136b, p.199.8–200.1.

＊ 51　Julianus, *Ep*. 136b, p.198.10–199.7.

＊ 52　Volp 2002: 128.

＊ 53　Julianus, *Ep*. 136b, p.200, 4–8. Plat., *Leg*., 12.947B.

＊ 54　Volp 2002: 254–255 は、ユリアヌスのこの条文は、死者の存在を誇示するキリスト教徒に対する忌避感のあらわれであって、死を穢れと考える共同体的多神教者とキリスト教徒の死生観の対立が背景にあると指摘する。古代末期の葬制については Rebillard 2012 を見よ。

＊ 55　「教職に関する勅令」の 1960 年代までの解釈史の概略については Hardy 1968 を見よ。Bidez 1930: 268–271.　Banchich 1993, Klein 1980, Germino 2004; McLynn 2013.

＊ 56　Athanassiadi 1992: 229–230.

＊ 57　Watts 2006.

＊ 58 Julianus, *Ep*. 75b, 398b

＊ 59 Julianus, *Ep*. 61c, 422ab.

＊ 60 Julianus, *Ep*. 61c, 422cd.

＊ 61 Julianus, *Or*. 7.206b.

＊ 62 Julianus, *Contra Galilaeos* 235b では「アスクレピオスが我々の身体を癒し、ムーサたちとアポロンと雄弁の神ヘルメスが我々の魂を導く」とある。Bidez ed. 1924: 74, n.3, Wright ed. 1922: 119, n.2.

＊ 63 Julianus, *Ep*. 61c, 423a.

＊ 64 新プラトン主義における「プラトン的ホメーロス」の諸相については Lamberton 1968 を見よ。哲学諸学派における神話の寓喩的解釈の方法論については Brisson 2004 を見よ。

＊ 65 Julianus, *Ep*. 61c, 423ab. 底本は Bidez-Cumont 校訂版、訳文は筆者による。

＊ 66 Julianus, *Ep*. 61c, 423cd.

＊ 67 Julianus, *Ep*. 61c, 424ab.

＊ 68 Centi 2004（＝Stefano Conti, *Die Inschrifter Kaiser Julians*, Stuttgart: Franz Steiner 2004）碑文番号は Conti に従う。ユリアヌス治世下の碑文集成としては Arce 1984 が先行例である。Greenwood（2014）は Conti 2004 を用いてユリアヌスの宗教政策が帝国全域で広範な支持をうけた可能性についてポジティヴな見解を示している。

＊ 69 Conti 1=*ILS* 9465.

＊ 70 Conti 17=L. Jalabert, *Inscriptions grecques et latines de Syrie*, Mél. Fac. Orient. Univ. Saint- Joseph 2（1907）265–269, II.1（*AE*（1907）, 191, Arce 1984:110, 160 n. 106）.

＊ 71 Conti 18=A. Negev, 'The Inscription of the Emperor Julian at Ma'ayan Barukh', *IEJ* 19（1969）, 170–173, XVI（*AE*（1969–70）, 631, Bowersock 1978: 123ff, W. Eck,' Zur Neulesung der Iulian-Inschrift von Ma'ayan Barukh', *Chiron* 30（2000）, 857–859, Abb. 1–3（*AE*（2000）, 1503）.

＊ 72 Conti 54=K. Rhomiopoulou, "New Inscriptions in the Archaeological Museum, Thessaloniki", in *Ancient Macedonian Studies in honor of Charles F. Edson*, Thessaloniki 1981: 304–305, No. 11, 403, pl. XI（AE（1983））.

＊ 73 A. Poulle,'Nouvelles inscriptions d'Announa（Thibilis）', *Rec. not. Mém. Soc. Arch. Dép. Constantine*,（1893）: 255–261, no. 5=AE（1893）: 87=Arce 1984: 107, 143 n. 84; *ILAlg*. II, 4674）.

＊ 74 Conti 26=*IK* 12, 313a

＊ 75 Conti 28=*EE* 5, 1388

＊ 76 Conti 2004: 48.

＊ 77 Conti 132=N. Ferchiou, 'A propos de trois inscriptions inédites provenant de la Tunisie centrale, in: L'Africa Romana'. *Atti del V convegno di studio*（Sassari, 11–13 dicembre 1987）, Sassari 1988: 143–147, No.1, pl. 1（AE（1988）: 1110）.

＊ 78 Conti 168=*CIL* VIII, 6946=Arce 1984: 107, 142 n. 79=*ILAlg*, II. 1. 477a-b.

＊ 79 Conti 172=*CIL* VIII, 4771, 18684=Arce 1984: 197, 142 n. 81.

＊ 80 A. Poulle, 'Nouvelles inscriptions d'Announa（Thibilis）', *Rec. not. Mém. Soc. Arch. Dép. Constantine*,（1893）: 255–261, no. 5=*AE*（1893）:87=Arce 1984: 107, 143 n. 84; *ILAlg*. II, 4674）.

＊ 81 Conti 2004.

＊ 82 供儀への関心を根拠として、ユリアヌスの宗教政策を帝政盛期の祭祀の再興とする立場の先行研究として Bidez 1930; Bowersock 1978; Smith 1995; Bregman 1995; Belayche

2005. がある。

＊ 83　Conti 2004 の指摘では、本来死後神格化を受けた皇帝に用いられる θέος の称号は紀元後 3 世紀以降の東方でも生前の君主にはほとんど用いられなかった。紀元後 4 世紀に死後神格化された皇帝に対してはコンスタンティヌス、ユリアヌス、ヨウィアヌスとウァレンティニアヌスにのみ用いられ、375 年以降廃止された。

＊ 84　遷都からテオドシウス 1 世に至るキリスト教的帝都としてのコンスタンティノポリスの形成にかんしては Dagron 1984 と Grig and Kelly 2012 を見よ。初期ビザンツ以降のコンスタンティノポリスのヒッポドローミアーのモニュメントについては Guberti Basett 1991 を、同じくコンスタンティノポリス市内の「異教」の残存を示すモニュメントについては James 1996 を見よ。

＊ 85　Socrates, *Historia Ecclesiastica*, 5.3.11–12, Sozomenos, *Historia Ecclesiastica*, 5.4.8.

＊ 86　Ammianus Marcellinus, 17. 4. 6, 12.

＊ 87　Julianus, *Ep*. 59.

＊ 88　Julianus, *Ep*. 59, 433c.

＊ 89　Downey 1961: 369–70.

＊ 90　Eltester 1945; Downey, 1961: 369–70; Theodoretos, *Historia Ecclesiastica*, 3.4.3; 2.31.11; Socrates *Historia Ecclesiastica*, 3.9

＊ 91　Libanius, *Or*. 1. 119; *Or*. 13,1–2, 47.

＊ 92　Julianus, *Misopogon*, 346bc.

＊ 93　Libanius, *Or*. 15. 79.

＊ 94　Julianus, *Misopogon*, 361d-362b,

＊ 95　Julianus, *Misopogon*, 362ab, 363bc.

＊ 96　Julianus, *Misopogon*, 362b.

＊ 97　Julianus, *Misopogon*, 362a.

＊ 98　Julianus, *Misopogon*, 362b.

＊ 99　Julianus, *Misopogon*, 362c.

＊ 100　Ammianus Marcellinus, 22.13.1ff, 22.14.2–3.

＊ 101　紀元後 4 世紀後半におけるアンティオキアでの殉教者崇敬記念施設の設置にかんしては Mayer 2006: 20–28, Shepherdson 2014 を見よ。

＊ 102　古代末期における「新しい信仰の習慣」としての殉教者崇敬の研究動向にかんしては Brown 1981; Howard-Johnston & Hayward 1999; Leemans 2003: 3–52; Mayer 2006: 11–35 を見よ。

＊ 103　Ammianus Marcellinus, 22.12.7–8; Johannes Chrysostomos, *De S. Babyla*, 69; Sozomenos, *Historia Ecclesiastica*, 5.19, 5–8.

＊ 104　Johannes Chrysostomos, *De S. Babyla*, 70–72; Sozomenos, *Historia Ecclesiastica*, 5. 19. 5.

＊ 105　Ammianus Marcellinus, 22.13.1 と Sozomenos, *Historia Ecclesiastica*, 5.11 はハドリアヌス治下での停止説を紹介する。

＊ 106　Sozomenos, *Historia Ecclesiastica*, 5.19.15–19; Socrates, *Historia Ecclesiastica*, 3.18; Philostorgios, *Historia Ecclesiastica* 7.2.

＊ 107　Ammianus Marcellinus, 22.12.8; Herodotos, 1.64.

＊ 108　Socrates, *Historia Ecclesiastica*, 3.18; Sozomenos, *Historia Ecclesiastica*, 5.19.10–14; Theodoretos, *Historia Ecclesiastica*, 3.10 は殉教者の遺骸の埋葬による停止説を紹介する。Johannes Chrysos-

tomos, *De S. Babyla*, 73.

＊ 109　Julianus, *Misopogon*, 361bc; Ammianus Marcellinus, 22.13.1–3.

＊ 110　Ammianus Marcellinus, 23.1.4–5; Theodoretos, *Historia Ecclesiastica*, 3.12–13; Philostorgios, *Historia Ecclesiastica*, 7.10.

＊ 111　『教職に関する勅令』の受容に関する近年の研究として Banchich 1993; Germino 2004; McLynn 2013 を見よ。近年の研究は同時代における影響力よりも後年の「背教者」像の形成に資する重要な挿話としての影響力を評価する傾向にある。

＊ 112　Julianus, *Ep*. 31, Eunapius, *VS* 493.

＊ 113　Socrates, *Historia Ecclesiastica*, 3.16; Sozomenos, *Historia Ecclesiastica*, 5.18.2–4.

＊ 114　Sozomenos, *Historia Ecclesiastica*, 5.18.4.

＊ 115　古代末期におけるアレクサンドリアの教派間対立および宗教事情にかんしては Haas 1997 と Gaddis 2005、および Brennecke 1988 を見よ。Barnes 1993 はアタナシオスとコンスタンティウスの関係性について詳述している。いずれも「異教徒」とキリスト教徒の対立関係を想定している。Teiller 2014 は「キリスト教」と「異教」の両側にみられる暴力性の描写を指摘した。小坂 2016 はゲオルギオス殺害事件を主題に、キリスト教徒に対抗する「群衆」の宗教的帰属を教会史家に依拠して「異教徒」に帰して疑わないマインドセットに対して再考を促す。

＊ 116　Julianus, *Ep*. 107.

＊ 117　Socrates, *Historia Ecclesiastica*, 3.2.

＊ 118　Socrates, *Historia Ecclesiastica*, 3.2.5–6.

＊ 119　Sozomenos, *Historia Ecclesiastica*, 5.7.5–8.

＊ 120　Socrates, *Historia Ecclesiastica*. 3.2–3; Sozomenos, *Historia Ecclesiastica*, 5.7.2–9.

＊ 121　Julianus, *Ep*. 107.

＊ 122　Sozomenos, *Historia Ecclesiastica*, 5.6.1–5, 5.7.1

＊ 123　Socrates, *Historia Ecclesiastica*, 3.4; Sozomenos, *Historia Ecclesiastica*, 5.7.1.

＊ 124　Julianus, *Ep*. 112. Cf. Rufinus, *Historia Ecclesiastica*, 10.34–35; Socrates, *Historia Ecclesiastica*, 3.14; Sozomenos, *Historia Ecclesiastica*, 5.15; Theodoretos, *Historia Ecclesiastica*, 3.9.

＊ 125　Dux Aegypti. *PLRE*, s.v Artemius; Ammianus Marcellinus, 22. 11.2–3, 8.

＊ 126　Socrates, *Historia Ecclesiastica*, 3.19; Sozomenos, *Historia Ecclesiastica*, 5.20; Philostorgios, *Historia Ecclesiastica*, 7.12; Theodoretos *Historia Ecclesiastica*, 3.11.

＊ 127　Theodoretos, *Historia Ecclesiastica*, 3.12–13; Philostorgios, *Historia Ecclesiastica*, 7.10.

＊ 128　Ammianus Marcellinus, 22.12.3–4.

＊ 129　Johannes Chrysostomos, *Hom. Iuventinus et Maximinus*.　英訳と解説は Mayer and Neil 2006: 89–99.

＊ 130　*Acta Sanctorum*, 21. Aug. 4.430–432.　Downey（1961）: 392 ではボーノーススとマクシミリアーヌスが処刑された日付を伝統的な殉教者行伝の「8 月 21 日」という解釈ではなく 363 年 1 月と算定している。

＊ 131　Ammianus Marcellinus, 23.1.1–3; Gregorius Nazianzenus, Or. 5. 24ff; Rufinus, *Historia Ecclesiastica*, 10.38–40; Socrates, *Historia Ecclesiastica*, 3.20; Sozomenos, *Historia Ecclesiastica*, 5.22, Theodoretos, *Historia Ecclesiastica*, 3.20; Philostorgios, *Historia Ecclesiastica*, 7.10.　事件と史料状況の概観は D. Levenson 2004: 409–60; Seaver 1978; Penella 1999; Bregman 1995.　Brock 1976 はエルサレム司教キュリロスがこの事件に言及したとする書簡のシリア語訳版を翻訳紹介している

が、真贋論争がある。

＊ 132　Levenson 1990; idem 2004.

＊ 133　Brock 1976: 103–7; idem 1997.　引用部分の日本語訳は筆者による英語からの重訳である。

＊ 134　Ex. Bowersock 1978: 120–122; Athanassiadi 1992: 163ff.

＊ 135　「ダニエル書」9: 26,「マタイによる福音書」24: 1–2.　rx. Bidez 1930: 306–309, Penella 1999.

＊ 136　Sozomenos, *Historia Ecclesiastica*, 5.15; Brennecke 1987: 131–132.

＊ 137　Theodoretos, *Historia Ecclesiastica*, 3.7.

＊ 138　Gregorios Nazianzenos, *Or*. 4. 88; Theodoretos, *Historia Ecclesiastica*, 3.7; Sozomenos, *Historia Ecclesiastica*, 5.10.

＊ 139　Theodoretos, *Historia Ecclesiastica*, 3.7.

＊ 140　Sozomenos, *Historia Ecclesiastica*, 5.10

＊ 141　Sozomenos, *Historia Ecclesiastica*, 5.4.4–5

＊ 142　Sozomenos, *Historia Ecclesiastica*, 5.11

＊ 143　Sozomenos, *Historia Ecclesiastica*, 5.3.5

＊ 144　Brennecke 1987:124. 当時エメサ司教であったエメサのパウロスは 359 年にセレウケイア教会会議でホモイオス派の信条に署名した人物でもある。

＊ 145　Theodoretos, *Historia Ecclesiastica*, 3.7. *Chron. Pasch*. A.D. 362, p. 547.

＊ 146　Theodoretos, *Historia Ecclesiastica*, 3.7.2. *Chron. Pasch*. A.D. 362, p. 546.

＊ 147　Sozomenos, *Historia Ecclesiastica*, 5.17.

＊ 148　Sozomenos, *Historia Ecclesiastica*, 5. 3. 6–7

＊ 149　Sozomenos, *Historia Ecclesiastica*, 5. 3. 8–9.

＊ 150　Sozomenos, *Historia Ecclesiastica*, 5. 9. 1–5.

＊ 151　Sozomenos, *Historia Ecclesiastica*, 5. 9. 6–10.

＊ 152　Socrates, *Historia Ecclesiastica*, 5. 9. 11–13.

＊ 153　Sozomenos, *Historia Ecclesiastica*, 5.5.2–4.　ソーゾメノスの説によれば、この法律はユリアヌスの死以来現在（テオドシウス 2 世の時代）まで継承されている。

＊ 154　Sozomenos, *Historia Ecclesiastica*, 5.15.

＊ 155　Sozomenos, *Historia Ecclesiastica*, 5.5.5–7

＊ 156　Sozomenos, *Historia Ecclesiastica*, 5.15.

＊ 157　Sozomenos, *Historia Ecclesiastica*, 5.5.5

＊ 158　Sozomenos, *Historia Ecclesiastica*, 5.4.6.

＊ 159　Rufinus, *Historia Ecclesiastica*, 10.33; Socrates, *Historia Ecclesiastica*, 3.1; Sozomenos, *Historia Ecclesiastica*, 5.4.6.

＊ 160　Sozomenos, *Historia Ecclesiastica*, 5.2.1.

＊ 161　Socrates, *Historia Ecclesiastica*. 3.12.

＊ 162　Socrates, *Historia Ecclesiastica*, 3.13.

＊ 163　Sozomenos, *Historia Ecclesiastica*, 5.3.4.

＊ 164　Sozomenos, *Historia Ecclesiastica*, 5.4.6–7, 5.16.

＊ 165　Sozomenos, *Historia Ecclesiastica*, 5.16.

＊ 166　Sozomenos, *Historia Ecclesiastica*, 5.16.

第４章　ユリアヌスの信仰世界　I

＊１　Julianus, *Misopogon*, 343bc

＊２　Julianus, *Misopogon*, 346d.

＊３　Julianus, *Misopogon*, 362d-363a, 363bc. Libanius, *Or*. 18. 174ff. cf. Ammianus Marcellinus, 22.14.1, 3–5, 8.

＊４　Julianus, *Misopogon*, 345d.

＊５　Julianus, *Misopogon*, 345d-346a.

＊６　*Misopogon*, 355d-356d, Plat., *Resp*. 8. 562d-563e. Athanassiadi 1992: 216–219 は、ユリアヌスの「自由を追い求めすぎて放縦になる人々」としてのアンティオキア市民像はプラトンにおける「自由を追い求めすぎる人々」像の引用であり、ユリアヌスは現実のアンティオキア市民の祭儀への参与に対する実際の観察を克明に描くよりも、プラトンの理想国家論における理念化された放縦の描写を用いて現実を類型的に理解しようと試みた可能性を指摘している。

＊７　Julianus, *Misopogon*, 362d-363c,

＊８　Julianus, *Misopogon*, 344bd. 底本は Lacombrade 校訂版を参照した。訳文は筆者による。

＊９　Julianus, *Misopogon*, 345ab.

＊10　Julianus, *Misopogon*, 343a

＊11　Julianus, *Misopogon*, 365cd; 339b-340a; 357c-358a.

＊12　Julianus, *Misopogon*, 353ab, 345d.

＊13　Athanassiadi 1992: 211 は、尚武と柔弱の対比のトポスにこめられたユリアヌスの実感を指摘する。

＊14　『ひげぎらい』は市民の無理解に対する悲痛な嘆きの表現であると従来見なされる傾向にあったが、Gleason 1986 は『ひげぎらい』をクロノス祭のカーニヴァル的な身分逆転の祝祭を想定した自虐的な笑いの書とみなす。南雲 2006 は『ひげぎらい』をユリアヌス自身の統治の法的正当性をうたった著作であると考える。「ガリアで質実剛健な尚武の気風を学んだ皇帝」でありながら「ヘラース」の文化にあこがれるトラキア出身の哲学青年ユリアヌスの自虐的なユーモアの感覚は、貴顕の文人の美徳としての尚武と修徳のトポスの誇示の内面化と一体であり、無理解に対する悲嘆のトポスは自らの美徳の正統性の主張と一体であると考えるとより自然であろう。

＊15　Julianus, *Contra Heraclium*, 224d-225a.

＊16　Rochefort ed. 1963: 70 n.2 の指摘によれば、アポタクティータイは修徳修行を旨とする分派であって、ラテン教父のいう renuntiantes（Basileios, *PG* IV, col, 723, Cassianus, *Institutiones* IV）あるいは abrenuntiantes（Cassianus, *Collationes* III）または renuntiatores（Tertullianus, *De Anima*, 57）と呼ばれる集団に相当する。ユリアヌスは「犬儒者」を世捨て人と同一視している。また、Wright ed. 1913: 123 n.1 はこの語に「分離派」という語義があることを認めながらも、喜捨に拠って生きる修道士（apotakteres）ではないかと考える。『ヘラクレイオス駁論』（Julianus, *Contra Heraclium*, 224c）ではコンスタンティノポリスの「司令本部 stratopedon」に彼らを和解と一致のために召喚したという記事がある。Cf. Ammianus Marcellinus, 22. 5. 1–4.

＊ 17　Manning 1994; Athanassiadi, 1981: 129–31.
＊ 18　文献解題として Marcone 2012 を見よ。
＊ 19　Julianus, *Contra Heraclium*, 224bc.
＊ 20　Julianus, *Contra Heraclium*, 236b, *Contra Cynicos Ineruditos*, 187a.
＊ 21　Julianus, *Contra Cynicos Ineruditos*, 200c-201b.
＊ 22　Manning 1994: 5012–5018; Athanassiadi 1992: 129–130; Smith 1995: 53, 55ff.
＊ 23　Julianus, *Contra Heraclium*, 225bc; *Contra Cynicos Ineruditos*, 190c-191a, 191c.
＊ 24　Julianus, *Contra Heraclium*, 236a; *Contra Cynicos Ineruditos*, 186bc.
＊ 25　Julianus, *Contra Cynicos Ineruditos*, 195c-196d.
＊ 26　Julianus, *Contra Cynicos Ineruditos*, 198ac.　ユリアヌスはここで、家庭教師（パイダゴーゴス）であったマルドニオスが、ユリアヌスの文法学校の同級生たちが服装に無頓着な様子を哀れんで「気の毒に、わるい霊がそうさせているのではないか、本人と親たちが哀れまれてしまう、このままでは乞食のようになってしまう」といったエピソードを回想する。
＊ 27　Julianus, *Contra Cynicos Ineruditos*, 186d.
＊ 28　Julianus, *Contra Cynicos Ineruditos*, 191d-192a, 193c.
＊ 29　Julianus, *Contra Cynicos Ineruditos*, 193ac.
＊ 30　Julianus, *Contra Cynicos Ineruditos*, 192ac, 193a.
＊ 31　『無学なる犬儒者を駁す』では、「私は自らを知ろうとした」（fr. 89）と記したヘラクレイトス、エジプトとペルシアを旅してあらゆる秘儀を伝授されたピュタゴラス、「「可能なかぎり神に似よ」と説いた」テオフラストスに至るプラトンの使徒たち、アリストテレスとキティオンの人ゼノン（ストアのゼノン）らの真摯な行いを軽視し嘲弄する通俗哲学者たちの姿が描かれる。Julianus, *Contra Cynicos Ineruditos*, 184bc.
＊ 32　Julianus, *Contra Heraclium*, 236d-237b.
＊ 33　Julianus, *Contra Heraclium*, 223bd.
＊ 34　Julianus, *Contra Cynicos Ineruditos*, 184a.
＊ 35　Julianus, *Contra Cynicos Ineruditos*, 185b.
＊ 36　Julianus, *Contra Cynicos Ineruditos*, 186a.
＊ 37　なお、『ヘラクレイオス駁論』（*Contra Heraclium*, 217b-223a）では、通俗哲学者たちのミュートス論にユリアヌスはイアンブリコスのミュートス論を対置し、その正当性と優位性を主張する。そこには生の真の意味を開示する神働術の意義を語る神話が正当なミュートスとして語られているからである。さらに、228b-235 ではヘリオス＝アポロンの自己開示を伴うテウルギア的な秘儀の縁起にかかわるヘルメス・トリスメギストスの自己開示のミュートスが彼の帝権と「哲人祭司王」としての使命を正当化する挿話として再解釈される。紀元後 3 世紀以降、帝室の軍事の守護神として国家の祭暦の一環に組み込まれていた「不敗太陽神」に対する崇敬の正当性を語る挿話がここでも言及される。コンスタンティヌスは帝室の軍事の守護神であったはずの「太陽神」に対する崇敬を放棄し、その息子達は神々を等閑視して殉教者たちを祀り、神殿破壊を行ったが（228bc）、ユリアヌスは伯父たちの放棄した「太陽神」への崇敬に再び回帰したため、ヘリオス＝アポロンから「子よ」と呼ばれて（*Contra Cynicos Ineruditos*, 228d）帝国を「より大いなる善」へ導く使命を与えられている。ミュートス解釈にイアンブリコス派新プラトン主義の釈義法を介在させることで、本来の皇帝のための宗教、そして国家の勝利のための宗

教は太陽神崇敬であったということを想起させる挿話としてこのミュートスは用いられている。
＊38　Julianus, *Contra Heraclium*, 212ac.
＊39　Julianus, *Contra Heraclium*, 207a.
＊40　Julianus, *Contra Heraclium*, 209bc.
＊41　*Contra Heraclium*, 207c でユリアヌスはサモスのアイソーポスについて「ミュートスにおけるホメーロス、トゥーキューディデース、プラトン」として言及している。
＊42　Julianus, *Contra Heraclium*, 211b.
＊43　Julianus, *CG*（Cyr. Alex. *CJ* 7）238ab=fr.58.
＊44　Julianus, *CG*（Cyr. Alex. *CJ* 7）238e=fr.58.
＊45　Julianus, *CG*（Cyr. Alex. *CJ* 7）245ac=fr.59.「コリントの信徒への第一の手紙」（6: 9–11）でのパウロの言及「欺く者、偶像崇拝者、姦通者、女装する者、男性同性愛の受け役、泥棒、強欲者、泥酔者、悪口を吐く者、強奪する者は天の国を受け継ぐことが出来ない。あなたがたは自分を浄めたから、イエス・キリストの名によって聖なるものとされる」を根拠となる。
＊46　食物に関する清浄規定：「レビ記」1: 2–46. Julianus, *Ep*. 89a, 453d, *CG*（Cyr. Alex. *CJ* 7）238d=fr.58;（Cyr. Alex. *CJ* 9）314ce=fr.74;（Cyr. Alex. *CJ* 9）305d-306b=fr.72;（Cyr. Alex. *CJ* 10）354a=fr.86.
＊47　「ローマの信徒への手紙」4: 11–12.
＊48　「創世記」17: 10–11.
＊49　「ローマの信徒への手紙」2: 29.
＊50　「マタイによる福音書」5: 17–19.
＊51　Julianus, *CG*（Cyr. Alex. *CJ* 9）351ab=fr.85;（Cyr. Alex. *CJ* 9）351d-354a=fr.86.
＊52　皮膚病に関する規定は「レビ記」13: 1–46 を見よ。
＊53　Julianus, *CG*（Cyr. Alex. *CJ* 7）245d=fr. 59.
＊54　Julianus, *Ep*. 89b, 288b.
＊55　Julianus, *Ep*. 89a, 453d.
＊56　Julianus, *CG*（Cyr. Alex. *CJ* 6）201e-202a=fr.47.
＊57　Julianus, *Ep*. 89b, 288ab.
＊58　Julianus, *CG*（Cyr. Alex. *CJ* 6）201e-202a=fr.47.
＊59　「使徒言行録」10: 1–48.
＊60　「使徒言行録」13: 6–12.
＊61　Julianus, *CG*（Cyr. Alex. *CJ* 6）201e-202a=fr. 47, *CG*（Cyr. Alex. *CJ* 6）205e-206b=fr. 48.
＊62　Julianus, *CG*（Cyr. Alex. *CJ* 10）335b=fr.81.
＊63　Julianus, *CG*（Cyr. Alex. *CJ* 10）335b=fr.81.
＊64　「イザヤ書」65:3–4.
＊65　Julianus, *CG*（Cyr. Alex. *CJ* 10）339e-340a=fr.82.
＊66　「マタイによる福音書」23: 27.
＊67　Julianus, *CG*（Cyr. Alex. *CJ* 10）335cd=fr.81.
＊68　Julianus, *Ep*. 89b, 305cd.
＊69　「出エジプト記」4: 22–23.
＊70　Julianus, *CG*（Cyr. Alex. *CJ* 3）99e-100b=fr.19.

＊ 71　「ローマの信徒への手紙」3: 29;「ガラテヤの信徒への手紙」3: 28.
＊ 72　Julianus, *CG*（Cyr. Alex. *CJ* 3）106ad=fr.19.
＊ 73　「申命記」4: 2, 27: 26.
＊ 74　「ローマの信徒への手紙」10: 4.
＊ 75　Julianus, *CG*（Cyr. Alex. *CJ* 9）319de, 320bc=fr.75.
＊ 76　Julianus, *CG*（Cyr. Alex. *CJ* 6）201e-202a=fr.47, Ep. 89a, 454ab.
＊ 77　Julianus, *Ep*. 89b. 288b. Cf. Baterlink 1957, Nuffelen 2002, Simiossoglou 2007.
＊ 78　Julianus, *CG*（Cyr. Alex., *CJ*, 3）93b=fr.17.
＊ 79　Julianus, *CG*（Cyr. Alex., *CJ*, 3）75a=fr.13.
＊ 80　Plat, *Tim*. 30b.
＊ 81　Julianus, *CG*（Cyr. Alex., *CJ*, 2）57bd=fr.9.
＊ 82　Julianus, *CG*（Cyr. Alex., *CJ*, 3）75b=fr.13（蛇の使用言語）; Julianus, *CG*（Cyr. Alex., *CJ*, 4）135bc=fr.23（バベルの塔の具体的な大きさ）
＊ 83　Julianus, *CG*（Cyr. Alex., *CJ*, 3）96ce=fr.18.
＊ 84　Julianus, *CG*（Cyr. Alex., *CJ*, 2）49de=fr.6.
＊ 85　Julianus, *CG*（Cyr. Alex., *CJ*, 3）75b=fr.13.
＊ 86　Julianus, *CG*（Cyr. Alex., *CJ*, 3）93d=fr.17. この解釈にグノーシス主義的な覚知のテーマを読み取ることも可能ではあろうが、可能なかぎり多くのひとが私的な修徳の実践を後ろ暗いところのない方法で行う信仰を、そして公共宗教による倫理の回復をユリアヌスが求めていたことを想起するならば、エソテリックな覚知者にのみ救済を約束するグノーシス主義的な態度を読み込むことは必ずしも適切ではないように思われる。
＊ 87　Julianus, *CG*（Cyr. Alex., *CJ*, 3）89ab=fr.16, *CG*（Cyr. Alex., *CJ*, 4）93e-94a=fr.17.
＊ 88　Julianus, *CG*（Cyr. Alex., *CJ*, 4）134d-135d=fr.23, *CG*（Cyr. Alex., *CJ*, 4）146ab=fr.27.
＊ 89　Julianus, *CG*（Cyr. Alex., *CJ*, 3）106de=fr.20.
＊ 90　「出エジプト記」20: 3–6, 7–11.
＊ 91　Julianus, *CG*（Cyr. Alex., *CJ*, 4）152bd=fr.29.
＊ 92　Julianus, *CG*（Cyr. Alex., *CJ*, 5）160d-161a=fr.33
＊ 93　Julianus, *CG*（Cyr. Alex., *CJ*, 4）248c=fr.28.
＊ 94　Julianus, *CG*（Cyr. Alex., *CJ*, 5）155cd=fr.30.
＊ 95　Julianus, *CG*（Cyr. Alex., *CJ*, 3）99e-100b=fr.19, *CG*（Cyr. Alex., *CJ*, 4）248b=fr.28.
＊ 96　Julianus, *CG*（Cyr. Alex., *CJ*, 5）171d-172a=fr.36, *CG*（Cyr. Alex., *CJ*, 5）155c=fr.30.
＊ 97　Julianus, *CG*（Cyr. Alex., *CJ*, 2）44ab=fr.4, 75a=fr.13.
＊ 98　Julianus, *CG*（Cyr. Alex., *CJ*, 2）43A=fr.2.
＊ 99　Julianus, *CG*（Cyr. Alex., *CJ*, 6）191de=fr.41, *CG*（Cyr. Alex., *CJ*, 6）213ac=fr.50.
＊ 100　Julianus, *CG*（Cyr. Alex., *CJ*, 8）253ae=fr.62. ユリアヌスはここで「マタイとルカは系図に言及していない」（CG 253e）と述べているが、「マルコとルカ」の誤りであろう。
＊ 101　「マタイによる福音書」1: 18–24,「ルカによる福音書」1: 26–44.
＊ 102　「マタイによる福音書」1: 20–21,「ルカによる福音書」1: 35.
＊ 103　Julianus, *CG*（Cyr. Alex., *CJ*, 8）262cd=fr.64 では、「マリアはローマ軍の兵士パンデラに強姦されてイエスを生んだ」とするケルソスに依拠する見解（ap. Origenes, *Contra Celsum*, 1.28, 32）は採用されていない。朝敵としてのキリスト教の「教祖」を描き出す上で不利かつ矛盾をきたすこのような見解をユリアヌスはあえて選択しなかったと考え

られる。
* 104　Julianus, *CG*（Cyr. Alex., *CJ*, 8）262e-263e=fr.64.
* 105　Julianus, *CG*（Cyr. Alex., *CJ*, 10）327a=fr.79.
* 106　Julianus, *CG*（Cyr. Alex., *CJ*, 10）335bd=fr.81.
* 107　Julianus, *CG*（Cyr. Alex., *CJ*, 10）327ab=fr.79.
* 108　「ヨハネによる福音書」1: 14.
* 109　「ヨハネによる福音書」1: 18.
* 110　Julianus, *CG*（Cyr. Alex., *CJ*, 10）327ac=fr.79, *CG*（Cyr. Alex., *CJ*, 10）333bd=fr. 80.
* 111　Julianus, *CG*（Cyr. Alex., *CJ*, 8）261e-262c=fr.64.
* 112　Julianus, *CG*（Cyr. Alex., CJ, 5）159e=fr..31.
* 113　Hanson 1988: 630–636.
* 114　Julianus, *CG*（Cyr. *CJ*. 2）69BD=fr.11.
* 115　Julianus, *CG*（Cyr. *CJ*, 2）39B=fr.1. Smith 1995: 205 と Féstugière 1959: 70 はユリアヌスに対してアレイオス派の影響はないと考えている。他方で Rosen はユリアヌスのキリスト教観には明らかにアレイオス派との接触の影響がみられることを指摘している。Rosen 2005: 316（「ユダヤ教徒」としてのアレイオス主義者像), 319（セレウケイア教会会議（359 年）議決のロゴス = キリスト論をユリアヌスが知っていた可能性)。この問題にはアレイオス論争期の信仰箇条と照らし合わせた上でのさらなる検討が必要であると思われる。
* 116　神働術の発祥の地としてのバビロニアのイメジャリについては Lewy 1978 を見よ。
* 117　Julianus, *CG*（Cyr. Alex. *CJ*, 10）354bc=fr.86, *CG*（Cyr. Alex. *CJ*, 10）356c-357a=fr.87, cf. *CG*（Cyr. Alex. *CJ*, 10）358ce=fr.88; *Ep*. 84, 454a.
* 118　Julianus, *CG*（Cyr. Alex. *CJ*, 9）354ac=fr.86, *CG*（Cyr. Alex. *CJ*, 9）305d-306a=fr.72; モーセとアロンによる悪霊を退けるための供犠（「レビ記」16: 5–8, 15）については *CG*（Cyr. Alex. *CJ*, 9）299bc=fr.70; モーセの供犠に関する知識（「レビ記」7: 20）については *CG*（Cyr. Alex. *CJ*, 9）305b=fr. 72; 神に聞き入れられたモーセとエリヤの供犠の挿話（「レビ記」9: 24;「列王記上」18: 38）への言及については *CG*（Cyr. Alex. *CJ*, 10）343cd=fr.83 を見よ。教会史家の叙述（Sozomenos, *Historia Ecclesiastica*, 5.22; Socrates, *Historia Ecclesiastica*, 3.20; Theodoretus, *Historia Ecclesiastica*, 3.15）におけるユリアヌスは、ユダヤ教の指導者たちを集めて供犠を行うよう求めたとき、神殿再建によってそれが可能になるとの回答を得ている。
* 119　Julianus, *CG*（Cyr. Alex. *CJ*, 4）115d-116b=fr.21, *CG*（Cyr. Alex. *CJ*, 4）131b-131d=fr.22, *CG*（Cyr. Alex. *CJ*, 4）143ae=fr.26. Cf. *CG*（Cyr. Alex. *CJ*, 4）137e-138d=fr.24.
* 120　Julianus, *CG*（Cyr. Alex. *CJ*, 6）200ab=fr.46.
* 121　Julianus, *Contra Cynicos Ineruditos*, 187c.
* 122　Julianus, *Contra Cynicos Ineruditos*, 188b.
* 123　Julianus, *Contra Cynicos Ineruditos*, 184a, 185c.
* 124　Julianus, *Contra Cynicos Ineruditos*, 188c.
* 125　Julianus, *Contra Cynicos Ineruditos*. 187c. ユリアヌスは 2 世紀の犬儒者ガダラのオイノマオスの言及を引用して「キュニコス学派はアンティステネスの哲学でもディオゲネスの哲学でもなく、もっとも高貴な生き方の模範を示したヘーラクレースの哲学である」と述べている。またルキアノス『哲学者の売り掛け』8 では、ヘラクレスに自らをなぞ

らえるディオゲネスの挿話がみられる。

＊ 126　Ex. Julianus, *Contra Cynicos Ineruditos*. 199c.「現在の犬儒者もディオゲネスを模倣して自らの感情を律するべきだ」。*Contra Cynicos Ineruditos*, 201d.「犬儒者になりたい者はディオゲネスとクラテスに帰って真剣に欲望と情念を滅却して理性と知性を信頼すべきだ」。

＊ 127　Julianus, *Contra Cynicos Ineruditos*, 202cd.

＊ 128　Julianus, *Contra Cynicos Ineruditos*, 202ab.

＊ 129　イアンブリコスによるピュタゴラスの美徳の描写はイアンブリコス『ピュタゴラスの生涯』の以下の箇所を見よ。Iamblichus, *VP* 29（賢慮）、30（正義）、31（自制）、32（勇気）、33（友情）を見よ。

＊ 130　Julianus, *Contra Cynicos Ineruditos*, 201d.

＊ 131　Julianus, *Contra Cynicos Ineruditos*, 202d-203b.

＊ 132　Julianus, *Contra Cynicos Ineruditos*, 191ab.

＊ 133　Julianus, *Contra Cynicos Ineruditos*, 191d-192a, 193bc（ディオゲネスと料理), 203ab.

＊ 134　Julianus, *Contra Cynicos Ineruditos*, 194d-195b.

＊ 135　Julianus, *Contra Cynicos Ineruditos*, 195c.

＊ 136　Julianus, *Contra Cynicos Ineruditos*, 197cd.

＊ 137　Julianus, *Contra Cynicos Ineruditos*, 201c.

＊ 138　Julianus, *Contra Cynicos Ineruditos*, 202bc.

＊ 139　「活動的生活」に携わるピュタゴラスについてはイアンブリコス『ピュタゴラスの生涯』の以下の箇所を参照せよ。シュバリスからクロトンへ「亡命者を処罰せよ」との命令を携えて使節が派遣されたとき、市民の意見を代表して抵抗するピュタゴラス：Iamblichus, *VP* 30.177–178; クロトンにおける立法者・政治家としてのピュタゴラスの活躍：*VP* 27.

＊ 140　Julianus, *Contra Cynicos Ineruditos*, 199bc, 238b.

＊ 141　Smith 1995: 53; Athanassiadi 1992: 129–130.　ユリアヌスはピュタゴラスとディオゲネスを混同してとらえている。Athanassiadi 1992: 131ff, 140. イアンブリコスにおけるストア主義と新ピュタゴラス主義との混淆については O'Meara 2002 を見よ。

＊ 142　Julianus, *Contra Cynicos Ineruditos*, 238bd. Rochefort ed. 1963: 88n3 によれば、この世界市民はストア主義に典型的な発想である。ユリアヌスはディオゲネスのなかに世界市民性を発見しようと試みている。ストア主義にも傾倒したキケローはソクラテスも世界市民であったと指摘している。これもまた予型論的にソクラテスのなかに世界市民性を見いだす試みであろう。Cic. *Tusc.* V.57.

第５章　ユリアヌスの信仰世界　II

＊ 1　Julianus, *In Solem*, 138b, 140bc.

＊ 2　Julianus, *Ep*. 89b, 292ac

＊ 3　Julianus, *In Solem*, 146ab, 150d, 157bc.

＊ 4　Shaw 1995; 129–42.

＊ 5　Sallustius, *De Diis et Mundo*, 7. 3, 6. 1–2, Cf. Shaw 1995: 160.

＊ 6　Julianus, *In Solem*, 146cd; Iamblichus, *Myst*. II 3–9; Clarke 2001: 104–113; Shaw 1995: 154.

＊ 7　Julianus, *In Solem*, 145c.
＊ 8　Julianus, *In Solem*. 135d-135a, 144bc.
＊ 9　Julianus, *In Solem*, 140d-141a.
＊ 10　Julianus, *In Solem*, 135cd.
＊ 11　Julianus, *Ep*. 89b, 239bc.
＊ 12　Julianus, *In Matrem Deorum*, 166ab.
＊ 13　Julianus, *Ep*. 89b, 291d-292c, *In Solem*. 136a.
＊ 14　Julianus, *Ep*. 89b, 289a-290b.
＊ 15　Julianus, *Ep*. 89b, 289ab.
＊ 16　Julianus, *Ep*. 89b. 289c-290a, 292ad.
＊ 17　Julianus, *Ep*. 89b, 305b, 290d-291a.
＊ 18　Kabiersch 1960. なお、カイサレイアのバシレイオスはむしろ「フィラントローピア」概念をキリスト教の外から来るものとしてとらえていたが、そのさいにユリアヌスが彼の念頭にあったとする指摘を土井 2015: 111–113 が行っている。
＊ 19　Julianus, *Ep*. 89b, 289b, 290b, 290d-291a.
＊ 20　Pack 1986 を見よ。パックはユリアヌスの宗教政策の意図を「都市参事会員に対する誇りの喚起」として拡大解釈する。
＊ 21　Iamblichus, *Myst*. V. 26; Athanassiadi 1993: 123.
＊ 22　Julianus, *In Solem*, 138b.
＊ 23　Julianus, *Ep*. 89b, 293b.
＊ 24　Julianus, *Ep*. 89b, 293a.
＊ 25　Julianus, *Ep*. 89b, 296b.
＊ 26　Julianus, *Ep*. 89b, 293b.
＊ 27　Julianus, *In Matrem Deorum*, 160a-161b.
＊ 28　Julianus, *Ep*. 89b, 297ab.
＊ 29　Julianus, *Ep*. 89b, 294bd.
＊ 30　Iamblichus, *Myst*., V. 24–25.
＊ 31　Julianus, *Ep*. 89b, 294d.
＊ 32　Julianus, *Ep*. 89b, 295a.
＊ 33　Julianus, *Ep*. 89b, 295a.
＊ 34　Julianus, *Ep*. 89b, 293d-294a.
＊ 35　Julianus, *CG*（Cyr. Alex. *CJ* 4）115d-116b=fr. 21;（Cyr. Alex. *CJ* 4）131b-131d=fr. 22;（Cyr. Alex. *CJ* 4）143ae=fr. 26;（Cyr. Alex. *CJ* 4）137e-138d=fr. 24.
＊ 36　Julianus, *Misopogon*, 365a.
＊ 37　Julianus, *Ep*. 89b. 289cd.
＊ 38　Julianus, *CG*（Cyr. Alex. *CJ* 5）178ab=fr.38.
＊ 39　Julianus, *CG*（Cyr. Alex. *CJ* 6）184bc=fr.39.
＊ 40　Julianus, *CG*（Cyr. Alex. *CJ* 6）190c=fr. 40.
＊ 41　Julianus, *CG*（Cyr. Alex. *CJ* 5）176c=fr. 37;（Cyr. Alex. *CJ* 5）184c=fr. 39.
＊ 42　Julianus, *CG*（Cyr. Alex. *CJ* 5）168bc=fr. 35.
＊ 43　Julianus, *CG*（Cyr. Alex. *CJ* 5）176a=fr. 37.
＊ 44　Julianus, *CG*（Cyr. Alex. *CJ* 6）193cd=fr.42.

＊45　Julianus, *Ep*. 89a. 454a. では、キリスト教徒も神がもっとも力強く善に満ちた存在であり、この可視的な宇宙を治めていると知っていながら、自らの神だけを真の神であると見なす誤謬に陥る「病」（νόσος）にかかっている、との言及がある。

＊46　ユリアノス父子の神働術の性質については古典的著作ではあるが Lewy 1978 を見よ。「神託による哲学」の系譜と儀礼論については Addie 2014; Simmons 2015 を見よ。神働術的アポロンとヘカテーへの帝国諸地域の神々の習合の観念は Athanassiadi 1992: 38–9; Smith 1995: 100–101, 158–159 も指摘している。

＊47　Julianus, *In Solem*, 135d, 144ac.

＊48　Bidez 1930: 219–224; Athanassiadi 1992: 113–114 は『王ヘリオスへの讃歌』を根拠として、ユリアヌスが「太陽神崇拝」を国家宗教としようと試みた、と考える。アタナシアディの場合は、とりわけユリアヌスが秘儀参入者として関与していたミトラス教の国教化を強調するが、この議論はピエール・テュルカン以後のミトラス教に関する議論をふまえて、スミスによって疑問視されている。Smith 1995: 163–171.

＊49　Julianus, *In Matrem Deorum*, 173ad.

＊50　Julianus, *In Matrem Deorum*, 165b, 166d.

＊51　アッティスの祭儀（ヒラリア）については Julianus, *In Matrem Deorum*, 168c-169d.　生成の力をもたらす「心魂的に把握可能な神」としてのアッティスについては Julianus, *In Matrem Deorum*, 165bd, 168a. にも言及がある。

＊52　Julianus, *In Matrem Deorum*, 169b.

＊53　ピンダロスは『ピューティア祝勝歌』でアポロンの母をフリュギア王フレギュアースの娘コローニスとしている（Pind. *Pyt*h. 3）。ヘシオドスはアポロンの母をメッセニアのレウキッポスの娘アルシノエーとしている（Hes. fr. 50 M-W）.

＊54　Julianus, *CG*（Cyr. Alex. *CJ* 7）235bd=fr. 57 Masaracchia.

＊55　Julianus, *CG*（Cyr. Alex. *CJ* 2）43a=fr.3 Masaracchia; Julianus, *CG*（Cyr. Alex. *CJ* 2）43b=fr. 7.　以下、断片番号の記載は Masaracchia 校訂版に従う。

＊56　Julianus, *CG*（Cyr. Alex. *CJ* 2）43a=fr.3 Masaracchia; Julianus, *CG*（Cyr. Alex. *CJ* 2）43b=fr.7.

＊57　Julianus, *CG*（Cyr. Alex. *CJ* 5）178a=fr.38, *CG*（Cyr. Alex. *CJ* 7）221e-222a=fr.53.

＊58　Julianus, *CG*（Cyr. Alex. *CJ* 6）209d-210a=fr.49.

＊59　Julianus, *CG*（Cyr. Alex. *CJ* 7）218ac=fr.51.

＊60　Julianus, *CG*（Cyr. Alex. *CJ* 7）224ce=fr.54.

＊61　Julianus, *CG*（Cyr. Alex. *CJ* 5）176a=fr.37.

＊62　Julianus, *CG*（Cyr. Alex. *CJ* 6）209d=fr.49.

＊63　Julianus, *CG*（Cyr. Alex. *CJ* 4）141cd=fr.25.

＊64　Bregman 1995: 137 は、ユリアヌスはユダヤ教をイアンブリコス派新プラトン主義に依拠した「ヘレニズム」よりも下位ではあるが宗教法と宗教的慣習を備えた「合法的な宗教」と見なしていたと指摘する。この意見は妥当であろう。

＊65　Julianus, *CG*（Cyr. Alex. *CJ* 6）205e=fr.47.

＊66　Julianus, *CG*（Cyr. Alex. *CJ* 2）52b=fr.7.

＊67　Julianus, *CG*（Cyr. Alex. *CJ* 7）238a=fr.58.

＊68　Julianus, *Ep*. 89b, 299ab.　ユリアヌスの主張は次のようである。「神官は神々から「神々に似ること」によって与えられる浄福な生という大きな報償を得ているのである

から、神々の威厳を示すに相応しい行いと態度を神官は備えていなければならない。神々の威厳の証として、まず神官は生の模範を生き、大衆に生きるべき生のありかたを語らなければならない」。

＊ 69 Julianus, *Ep*. 89b. 296bc, 305b; *Ep*. 89b. 297a
＊ 70 Ex. Julianus, *Ep*. 89b, 289bd におけるユリアヌスの自己認識。
＊ 71 Julianus, *Ep*. 89b, 289b.
＊ 72 Julianus, *Ep*. 89b, 304d-305a
＊ 73 Julianus, *Ep*. 89a, 453a; *Ep*. 89b, 304d-305a.
＊ 74 Julianus, *Ep*. 89a. 452d.
＊ 75 Julianus, *Ep*. 89b, 300c.
＊ 76 Julianus, *Ep*. 89a, 453a, 89b, 289a.
＊ 77 Julianus, *Ep*. 89b, 305b.
＊ 78 Julianus, *Ep*. 89a, 453a.
＊ 79 Julianus, *Ep*. 89a, 453bc.
＊ 80 Julianus, *Ep*. 89b, 288c.
＊ 81 Julianus, *Ep*. 89b, 296bc.
＊ 82 Julianus, *Ep*. 89a, 453a
＊ 83 Julianus, *Ep*. 89a, 302ab
＊ 84 Julianus, *Ep*. 89b, 299bc.
＊ 85 Julianus, *Ep*. 89b, 296b.
＊ 86 Julianus, *Ep*. 89b, 302a
＊ 87 Julianus, *Ep*. 89b, 303a.
＊ 88 Julianus, *Ep*. 89b, 302d.
＊ 89 Julianus, *Ep*. 89b, 302d
＊ 90 Julianus, *Ep*. 89b, 303a.
＊ 91 Julianus, *Ep*. 89b, 302c.
＊ 92 Julianus, *Ep*. 89b, 301cd.
＊ 93 Julianus, *Ep*. 89b, 300c.
＊ 94 Julianus, *Ep*. 89b, 301cd.
＊ 95 Julianus, *Ep*. 89b, 301d-302a.
＊ 96 Julianus, *Ep*. 89b, 300cd.
＊ 97 Julianus, *Ep*. 89b, 301a.
＊ 98 Julianus, *Ep*. 89b, 301bc.
＊ 99 Julianus, *Ep*. 89b, 299b.
＊ 100 Julianus, *Ep*. 89b, 303b.
＊ 101 Julianus, *Ep*. 89b, 303ab.
＊ 102 Julianus, *Ep*. 89b, 303cd.
＊ 103 Julianus, *Ep*. 89b, 300c.
＊ 104 Julianus, *Ep*. 89b, 301b.
＊ 105 Julianus, *Ep*. 89b, 301c
＊ 106 Julianus, *Ep*. 89b, 301bc.
＊ 107 Julianus, *Ep*. 89b, 304bc.

＊ 108　Julianus, *Ep.* 89b, 304d.

＊ 109　Julianus, *Ep.* 89b, 304d.

第 6 章　理想化されたギリシアへの当惑

＊ 1　Libanius, *Or.* 18, 174–180.

＊ 2　『ユリアヌス駁論』の執筆年代は 363 年のユリアヌスの死以降と考えられてきたが（Bernardi, ed. *Contre Julien*, p.20 など）、エルムはクリスクオーロに従い、「第一弁論」の執筆開始を 362 年、完成をヨウィアヌス治下以降（364–365 年）の成立とする。Elm 2011: 342–343.

＊ 3　ベルナルディは、グレゴリオスは「第二弁論」の初稿を 363 年に完成させていたが、365 年にリバニオス『ユリアヌスへの追悼』（*Or.* 18）の完成とプロコピオスの蜂起に直面して改稿したと考える（Bernardi, ed., *Contre Julien*, 24–25.　エルムはプロコピオスの刑死（366 年 5 月 27 日）以降とみる。Elm, 2011: 343, 469–471.　プロコピオスの蜂起については、Lenski 2002: 68–115 を見よ。

＊ 4　Susanna Elm, *Sons of Hellenism, Fathers of the Church: Emperor Julian, Gregory of Nazianzus, and the Vision of Rome*. Berlekey: University of California Press, 2011.

＊ 5　『復活祭説教』（*Or.* 1, 362 年）、『ポントゥスへの逃亡の弁明』（*Or.* 2, 362 年）、『就任の遅れへの弁明』（*Or.* 3, 362 年）、『マカバイ家の人々を讃えて』（*Or.* 15, 362 年）、『修徳生活にある者の一致による平和について』（*Or.* 6, 364/5 年）。これらの著作の性質については、McGuckin 2001: 109–110, 139–140, 139 n. 192; Elm 2011: 201–202（『復活祭説教』について），147–181, 259–265（『ポントゥスへの逃亡の弁明』について），152–153（『マカバイ家の人々を讃えて』について), 422–432（『平和について』）を見よ。

＊ 6　このような発想はイアンブリコス派新プラトン主義の祭祀論とストア主義の君主論から大きな影響を受けたユリアヌスの単独統治権獲得後における一連の著作にも一貫してみられる。第 2 章＊43 を見よ。

＊ 7　『ユリアヌス駁論』の位置づけをめぐる先行研究の評価に関しては Elm, 2011: 338–340 を参照した。J. Quaesten, *Patrology*, Vol.3, 242; Bowersock 1978: 5（邦訳『背教者ユリアヌス』新田一郎訳、思索社、1984 年）Rosen 2006: 396–397; Van Dam, 2002: 100–102, 192–202. 正面からこの「ギリシア文化の覇権」の問題に研究した Kaldellis 2007: 168–171; kimberis 2000: 373–400 も見よ。

＊ 8　『ユリアヌス駁論』第一弁論の内容の分類は Kurmann 1988: 14–17 を参照した。

＊ 9　ソーゾメノスはこのエピソードについて言及しているが、マクシモスは「魔術師」として描かれない（5.2.5–7）。

＊ 10　ソーゾメノスはママス廟の倒壊に言及する。5.2.11–14.

＊ 11　Julianus, *Contra Galilaeos*, fr.21=115d-116b, fr.22=131b-132d.

＊ 12　Julianus, *Contra Galilaeos*, fr.38=178ab.

＊ 13　Julianus, *Contra Galilaeos*, fr.37=176a, fr.35=168bc

＊ 14　Julianus, *Contra Galilaeos*, fr.46=200ab.

＊ 15　Sozomenos, *Historia Ecclesiastica*, 5.18.1–5.　ここでソーゾメノスは、キリスト教徒の子弟が欽定講座で修辞学を学ぶことが禁じられた事件にふれ、ラオディケイアのアポリナ

リス父子がヘブライ人の古代からサウルまでの時代をホメーロスの文体で24歌からなる叙事詩として、また聖書にみられる喜劇的エピソードをメナンドロスの文体で、悲劇的エピソードをエウリーピデースの文体で、詩編をピンダロスの文体で翻案し、古典作家の作品同様に高い評価を受けたことに言及している。

＊16　Julianus, *Ep*. 89b, 299b-301d

＊17　*Ep*. 89b. 301c では、エピクロス主義とピュロン主義は退けられている。

＊18　Gregorios Nazianzenos, *Or*. 4.5.

＊19　Julianus, *Contra Galilaeos*, fr. 3=43a, fr. 7=43b.

＊20　Julianus, *Contra Galilaeos*, fr. 62=253ae.

＊21　Homeros, *Ilias*, 14. 200–210, 301–305.

＊22　Gregorios Nazianzenos, *Or*. 4.56.　リバニオス『ユリアヌス追悼』（*Or*. 18）18にはこの秘儀に関する暗示がある。リバニオスは『執政官就任記念演説』（*Or*. 12）81以下で、供犠を行う「哲人祭司王」としてのユリアヌスに言及している。『自叙伝』（*Or*. 1）121以下にもアンティオキアの宮殿における秘儀の授受に関する言及がある。リバニオスはユリアヌスの秘儀と供犠への参与については積極的に何らかの価値判断を行っていない。グレゴリオスの立場からすればユリアヌスが宮廷で開催した各種の秘儀の授受も、魔術師を集めて行われる降霊術の集会であるということになる。

＊23　Gregorios Nazianzenos, *Or*. 5.9.

＊24　ユリアヌスは人間の内なる神性の覚醒と向上をはばむ旧約の神の嫉妬の例として、楽園追放（Julianus, *Contra Galilaeos*, fr.16=89ab, fr. 17=93e-94a）のほか、バベルの塔の崩壊（Julianus, *Contra Galilaeos*, fr. 23=134d-135d, fr. 27=146b）について言及する。ユリアヌスの聖書解釈の特徴に関しては、拙稿「ユリアヌスのキリスト教批判における聖書解釈」、『聖書学論集』第43号、2011年4月、119–143頁でも論じた。

＊25　ユリアヌスはロゴス＝キリスト論（「ヨハネによる福音書」1.1–19）と、パウロもマタイもルカも「神」とは呼ばなかった「人間」としてのイエスの存在を整合的に結ぶ理論の欠如を批判している。Julianus, *Contra Galilaeos*, fr. 64=262e-263e, fr. 79=327ac, fr. 80=333bd.　三位一体論が三柱の神に対する崇敬の可能性につながるという見解は fr. 64=261e-261c にある。

＊26　Julianus, *Contra Galilaeos*, fr. 13=75a.　ユリアヌスのこの議論はプラトン『国家』篇第10巻の「詩人追放論」の定式にしたがっている。

おわりに

＊1　Conti 2004; Greenwood 2014.

＊2　Balty 1974.

＊3　Lopez Sachez 2012.

＊4　本書では充分に扱うことができなかったが、361年から363年に書かれたリバニオスの書簡の精読と分析を通してアンティオキア周辺の公職者やユリアヌスの協力者らの動向を分析すると、アンティオキア周辺におけるユリアヌスの宗教政策の受容の過程と皇帝の好誼に対する期待の関係が、ある程度は明確になる可能性はあることを指摘しておきたい。

＊5　刊本は Helm, Rudolf, ed., *Die Chronik des Hieronymus*. GCS 47, Berlin: De Gruyter, 1956, 2012;

Zangemeister, Karl, ed., *Paulus Orosius*. CSEL 5 Hildesheim, Olms.　訳文は筆者による。両者の年代記叙述の先行研究として Zecchini 2003, Burgess and Kulikowski 2013. を見よ。オロシウスのキリスト教史叙述の性質については Van Nuttelen 2013 に関しては Peter, Van Nuffelen, *Orosius and the Rhetoric of History*. Oxford: Oxford University Press, 2013 の分析がある。

＊6　Augustinus, *CD*. 5.25.

＊7　訳文は赤木善光・金子晴勇訳に依拠したが、一部著者が改変を加えた（アウグスティヌス、金子晴勇ほか訳『神の国』上・下、キリスト教古典叢書、教文館、2014 年（初版 1980–1983 年）、上巻、268–269 頁。

＊8　Augustinu., *CD*. 5.26.

＊9　Augustinus, *CD*. 4.29, 5.21.

＊10　訳文は赤木善光・金子晴勇訳によった（アウグスティヌス、金子晴勇ほか訳『神の国』上・下、キリスト教古典叢書、教文館、2014 年（初版 1980–1983 年）、上巻、268–269 頁。

参考文献

一次史料

Acta Conciliorum

The Oecumenical Councils From Nicaea I to Nicaea II（*325–787*）. Conciliorum Oecumenicorum Generaliumque Decreta. Editio Critica I. ed. Giuseppe Alberigo et al., Turnhout: Brepols, 2006.

Decrees of the Ecumeincal Councils, vol. 1: Nicaea I- Lateran V. ed. Norman P. Tanner and Giuseppe Alberigo. London/Georgetown: Sheed & Ward/Georgetown University Press, 1990.

Ammianus Marcellinus

Ammianus Marcellinus, Res Gestae, ed. Wolfgang Seyfarth. Leipzig: Olms, 1947.

Ammianus Marcellinus, II, ed. J.C. Rolfe. Cambridge Mass./London: Harvard University Press/Heinemann, 1940.

Ammien Marcellin, Histoire Tome III: Livres XX-XXII, ed. Jacques Fontaine, E. Frézouls & J.-D. Berger. Paris: Les Belles Lettres, 1996.

Ammien Marcelin, Histoire Tome V: Livres XXIII-XXV, ed. Jacques Fontaine. 2 vols. Paris: Les Belles Lettres, 1977, 2002.

Ammien Marcellin, Histoire Tome VI: Livres XXVI-XXVIII, ed. Marie-Anne Marié. Paris: Les Belles Lettres, 1984, 2003.

Arnobius, *Adversus Nationes*

Arnobe, Contre les Gentils. Livre I, ed. Henri Le Bonniec. Paris: Les Belles Lettres, 2002.

Arnobius of Sicca, Adversus Nationes（*Ancient Christian Writers*）. ed. George Englert McCracken. London: Longmans & Green, 1949.

Augustinus, De Civitate Dei

La cité de Dieu, Livres I-V. Impuissance sociale du paganisme. Texte de la 4e édition de Bernhard Dombart et Alfons Kalb. Introduction générale et nortes par Gustave Bardy. Traduction française de Gustave Combès. Oeuvres de Saint Augustin, vol. 33, Paris: Desclée De Brower, 1959.

La cité de Dieu, Livres VI-X. Impuissance spirituelle du paganisme. Texte de la 4e édition de Bernhard Dombart et Alfons Kalb. Introduction générale et nortes par Gustave Bardy. Traduction française de Gustave Combès. Oeuvres de Saint Augustin, vol. 34, Paris: Desclée De Brower, 1959.

La cité de Dieu, Livres XI-XIV. Formation des deux cités. Texte de la 4e édition de Bernhard Dombart et Alfons Kalb. Introduction générale et nortes par Gustave Bardy. Traduction française de Gustave Combès. Oeuvres de Saint Augustin, vol. 33, Paris: Desclée De Brower, 1959.

アウグスティヌス、金子晴勇・赤城善光・泉治典・野町啓・茂泉昭男訳『神の国』上・下、

キリスト教古典叢書、教文館、2014 年（初版 1980–1983 年）。

Chronicon Paschale

Πασχαλιον, seu, Chronicon paschale, a mundo condito ad Heraclii imp. annum XX... accedunt Georgii Pisidæ opera quæ reperiri potuerunt omnia. ed. J.-P. Migne. Patrologiae graecae; tomus 92. Turnhout: Brepols, 1984.

Chronicon Paschale 284–628AD. trans. Michael Whitby & Mary Whitby. Translated texts for historians 7. Liverpool: Liverpool University Press, 1989.

Codex Theodosianus

Theodosiani Libri XVI. cum Constitutionibus Sirmondianis et Leges Novellae ad Theodosianum Pertinentes. ed. Theodor Mommsen and P. M. Meyer. Berlin: Weidmann, 1905.

Dio Chrysostomus

Dio Chrysostom. ed. James Wilfred Cohoon & H. Lamer Crosby. London/Cambridge Mass.: Heinemann/Harvard University Press, 5vols. 1932–1951.

ディオン・クリュソストモス、内田次信訳『王政論』京都大学学術出版会、2015 年。

Eunapius, *Vitae Sophistarum*

Philostratus and Eunapius, The Lives of the Sophists, ed. Wilmer Cave Wright. Cambridge, Mass./London, Harvard University Press/Heinemann, 1921.

Eunapii Vitae Sophistarum, ed. Joseph Giangrande. Roma: Typis Publica Officina Polygraphica, 1956.

ピロストラトス／エウナピオス、戸塚七郎・金子佳司訳『哲学者・ソフィスト列伝』京都大学学術出版会、2001 年。

Eutropius, Breviarium

Eutropii Breviarium Ab Vrbe Condita, ed., Carlos Santini. Leipzig: Teubner, 1979.

The Breviarum Ab Urbe Condita of Eutropius, The Right Honourable secretary of State for General Petitions, Dedicated to Lord Valens Gothicus Maximus & Perpetual Emperor（*Translated Texts for Historians: 14*）ed. & trans. H. W. Bird. Liverpool: Liverpool University Press, 1993.

Gregorios Nazianzenos

Grégoire de Nazianze. Discours 4–5. Contre Julien（*Sources Chrétiennes 309*）, ed. Jean Bernardi. Paris: Cerf, 1983.

Gregorio di Nazianzo, Contro Giuliano L' Apostata. Orazione IV, ed. Leonardo Lugaresi. Firenze: Nardini, 1993.

Gregorio di Nazianzo, La Morte di Giuliano l' Apostata. Orazione V, ed. Leonardo Lugaresi. Firenze: Nardini, 1997.

Grégoire de Nazianze. Discours 6–12.（*Sources Chrétiennes 405*）, ed. Marie-Ange Calvet-Sebasti. Paris: Cerf, 1995.

Historia Acephala

Histoire "Acéphale," et Index syriaque des Lettres festales d'Athanase d'Alexandrie. introduction, texte critique, traduction et notes par Annik Martin; avec la collaboration pour l'édition et la traduction du texte syriaque de Micheline Albert. (Sources chrétiennes 317), Paris: Cerf, 1985.

Hieronymus, Chronica

Die Chronik des Hieronymus. ed. Rudolf Helm. Griechische Christliche Schriftsteller 47, Berlin: De Gruyter, 1956^2, 2012.

Iamblichus, *De Mysteriis*

Iamblichus: De mysteriis, eds. Emma C. Clarke, John M. Dillon & Jackson P. Hershbell. Leiden, Boston: Brill, 2003.

Jamblique, Les Mystéres d' Égypte, ed. Edouard Des Places, S. J. Paris: Les Belles Lettres, 1966.

Julianus

Imperatoris Caesaris Flavii Claudi Iuliani Epistulae Leges Poematia Fragmenta Varia. eds., Joseph Bidez & Franz Cumont. Paris: Les Belles Lettres, 1922.

Julian I. ed. Wilmer Cave Wright. Cambridge, Mass./London, UK: Harvard University Press/Heinemann, 1913.

Julian II, ed., Wilmer Cave Wright. Cambridge, Mass./London, UK: Harvard University Press/Heinemann, 1913, 1992.

Julian III, ed. Wilmer Cave Wright. Cambridge, Mass./London, UK: Harvard University Press/Heinemann, 1923.

L'empereur Julien, Oeuvre completes, Tome I-2e partie: letteres et fragments, ed. Joseph Bidez. Paris: Les Belles Lettres, 1924. Reprint, 1960.

L'empereur Julien, Oeuvre completes, Tome II-1e partie: Discours de Julien Empereur, ed. Jean Rochefort. Paris: Les Belles Lettres, 1963.

L'empereur Julien, Oeuvre completes, Tome II-2e partie: Discours de Julien Empereur. ed. Christian Lacombrade. Paris: Les Belles Lettres, 1964.

Giuliano Imperatore: Misopogon Edizione critica, traduzione e commento. ed. Carlo Prato. Urbino: Edizioni dell'Ateneo & Bizzarri, 1979.

Giuliano Imperatore. Contra Galilaeos, ed. Emmanuela Massaracchia. Roma: Atheneo, 1991.

Giuliano Imperatore. Epistola a Temistio, ed. Carlo Prato & Alfonsina Fornaro. Lecce: Milelia, 1984.

L'Epistolario di Giuliano Imperatore, ed. Matilda Caltabiano, Napoli: D'Auria, 1991.

Die Beiden Satiren des Kaisers Julianus Apostata. (*Symposion oder Caesares und Antiochikos oder Misopogon*), ed. Friedhelm L Müller. Stuttgart: Franz Steiner, 1998.

I Cesari Giuliano Imperatore: Simposio, ed. Rosanna Sardiello. Galatina: Congedo, 2000.

Iulianus Augustus, Opera. ed. Heinz-Günther Nesserlath. Bibliotheca Teubneriana, Berlin: Olms, 2015.

Johannes Chrysostomos, *De S. Babyla*

Jean Chrysostome. Discours sur Babylas (*Sources Chrétiennes 362*), eds. Margaret Schatkin, Cécile Blanc, Bernard Grillet & Jean-Noël Guinot. Paris: Cerf, 1983.

St. John Chrysostom the Apologist. eds. & trans. Margaret Schatkin & Paul W. Harkins. Washington D. C.: The Catholic University of America Press, 1983.

Libanius.

Libanii Opera Vol. II. Orationes XII-XXV, ed. Richardus Foerster. Hildesheim: Georg Olms, 1963.

Libanii Opera Vol. X-XI. Epistulae, ed. Richardus Foerster. Hildesheim: Georg Olms, 1963.

Libanius Selected Works I: The Julianic Orations, ed., trans. Albert Francis Norman. Cambridge, Mass./ London: Harvard University Press/Heinemann, 1969.

Libanius Autobiography, ed. Albert Francis Norman. London/New York/Toronto: Oxford University Press, 1971.

Libanius Autobiography and Selected Letters II., ed., trans. Albert Francis Norman. Cambridge, Mass./London: Harvard University Press/Heinemann, 1992.

Libanios, Discours Tome I, Autobiographie (*Discours I*), eds. Jean Martin & Paul. Petit. Paris: Les Belles Lettres, 1979.

Allocuzione a Giuliano per l' arrivo in Antiochia (*or.13*), ed. Ugo Criscuolo. Napoli: M. D'Auria, 1996.

Antioch as a Centre of Hellenistic Culture as Observed by Libanius, trans. Albert Francis Norman. Liverpool: Liverpool University Press, 2000.

Selected Letters of Libanius from the Age of Constantius and Julian, trans. Scott Bradbury. Liverpool: Liverpool University Press, 2004.

Between City and School. Selected Orations of Libanius. trans. Raffaella Cribiore. Liverpool: Liverpool University Press, 2016.

Origenes, Contra Celsum

Origene: Contre Celse.Tome I-V. (*Sources Chrétiennes, 132, 136, 147, 150, 227*), ed. Marcel Borret. Paris: Cerf, 1967–76.

Origen: Contra Celsum, trans. & comm. Henry Chadwick. Cambridge, UK: Cambridge University Press, 1953.

Orosius, Historia Contra Paganos

Pauli Orosii Historiarum adversum Paganos Libri VII. ed. Karl Zangemeister. Corpus Christianorum Scriptorum Ecclesiasticorum Latinorum 5, Hildesheim: Olms, 1882, 1967.

Philostorgius, Historia Ecclesiastica

Philostorgius, Historia Ecclesiastica (*GCS 21*), ed. Joseph Bidez, Berlin: Akademie Verlag, 1981[3].

Philostorgius: Church History. trans.& comm. Philip R. Amidon S. J., Atlanta: Society of Biblical Literature, 2007.

Porphyrios

Porphyrius, Gegen die Christen. 15 Bücher. Zeugnisse, Fragmente und Referate (*Abhandlungen der königlich preussischen Akademie der Wissenschaften, Philosophisch-historische Klasse, Jahrgang 1916, Nr. 1*), ed. Adolf von Harnack. Berlin, 1916.

Porphyry, Against the Christians, ed. Robert M. Berchman. Leiden: Brill, 2005.

Porphyre, De L' Abstinence. Tome I-III, ed. Michel Patillon, Alain-Philippe Segonds & Luc Brisson. Paris: Les Belles Lettres, 1995.
Porphyry, On Abstinence from Killing Animals, trans. Gillian Clark. Ithaca: Cornell University Press, 2000.

Rufinus
Rufinus, Historia Ecclesiastica (*GCS 9.2*), ed. Theodor Mommsen. Leipzig: Hinrichs, 1903–1909.
Amidon, Philip R., S.J. ed and trans. *The Church History of Rufinus of Aquileia: Book 10 and 11*. New York/Oxford: Oxford University Press, 1997.

Saloustios
Saloustios. Des Dieux et du Monde, ed. Gabriel Rochefort. Paris: Les Belles Lettres, 1983.
Sallustius. Concerning the Gods and the Universe. trans. Arthur Darby Nock. Cambridge UK: Cambridge University Press, 1926, Chicago: Ares, 1996.

Socrates Scholasticus
Socrates, Kirchengeschichte (*GCS N.F. 1*), ed. Günther Christian Hansen. Berlin: Akademie Verlag, 1995.
Socrate de Constantinople, Histoire ecclésiastique. texte grec de l'édition G.C. Hansen, traduction par Pierre Périchon et Pierre Maraval, introduction et notes par Pierre Maraval. (*Sources chrétiennes, no 477, 493, 505–506*) *Cerf, 2004–2007.*
Socrates and Sozomenus: Church Histories (*A Select Library of Nicene and Post-Nicene Fathers of the Christian Church 2.ser. vol.2*), trans. Philip Schaff & Henry Wace. Oxford/New York: Parker, The Christian Literature, 1891.

Sozomenos
Sozomenus, Kirchengeschichte (*GCS 50*), ed. Joseph Bidez, Berlin: Akademie Verlag, 1960.
Sozomène, Histoire Ecclésiastique. Livres V-VI. ed. Grec de L'Édition J. Bidez-G.C. Hansen (*GCS*).
(*Sources Chrétiennes 295*), introduction par Bernard Grillet et Guy Sabbah, traduction par André-Jean Festugière, annotation par Guy Sabbah. Paris: Cerf, 2005.
Socrates and Sozomenus: Church Histories (*A Select Library of Nicene and Post-Nicene Fathers of the Christian Church 2.ser. vol.2*), trans. Philip Schaff & Henry Wace. Oxford/New York: Parker, The Christian Literature, 1891.

Theodoretus
Theodoret de Cyr, Therapeutique des maladies helleniques, ed. Pierre Canivet, S. J. Paris: Cerf, 1958.
Theodoret, Kirchengeschichte (*GCS N.F. 1998*), ed. Léon Parmentier. Berlin Akademie Verlag, 1998.
Théodoret de Cyr, Histoire Ecclésiastique. Tome I (*Livres I-II*). *Texte grec de L. Parmentier et G. C. Hansen* (*GCS NF5, 1998, 3eme edition*). (*Sources Chrétiennes 501*), eds. Jean Bouffartigue, Annick Martin, Pierre Canivet, Annick Martin, Luce Pietri & Françoise Thelamon. Paris: Cerf, 2006.

二次史料

Addie, Crystal. *Divination and Theurgy in Neoplatonism: Oracles of the Gods*. Aldershot: Ashgate, 2014.

Agosti, Gianfranco. "Paideia greca e religione in iscrizioni dell'età di Giuliano." in: Arnaldo Marcone ed. *L'imperatore Giuliano. Realtà storica e rappresentazione*. Milano: Mondadori, 2015: 325–349.

Alchermes, Joseph. "Spolia in Roman Cities of the Late Empire: Legislative Rationales and Architectural Reuse." *Dumbarton Oaks Papers* 48 (1994): 167–78.

Allen, Pauline. "Some Aspects of Hellenism in the Early Greek Church Historians." *Traditio* 43 (1987): 368–81.

Alvar, Jaime. *Romanising Oriental Gods: Myth, Salvation, and Ethics in the Cults of Cybele, Isis and Mithras*. trans.Richard. Gordon. Leiden: Brill, 2008.

Anderson, Graham. *The Second Sophistic*. London/New York: Routledge, 1993.

Andrei, Osvalda. "Giuliano: da apostata a l'Apostata (Sul buon uso dell'apostasia)." in: Arnaldo Marcone ed. *L'imperatore Giuliano. Realtä storica e rappresentazione*. Milano: Mondadori, 2015: 370–419.

Andreotti, Robert. *Il Regno Dell'imperatore Giuliano*. Bologna: Nicola Zanichelli, 1936.

Arce, Javier. *Estudios Sobre El Emperador Fl. Cl. Juliano (Fuentes Literarias. Epigrafia. Numismatica)*, Anejos De « Archivo Español De Arqueologia » 8, Madrid 1984.

Athanassiadi, Polymnia. "A Contribution to Mithraic Theology, the Emperor Julian's Hymn to King Helios." *Journal of Theological Studies* N.S. 28, no. 2 (1977): 360–71.

———. "Dreams, Theurgy and Freelance Divination." *Journal of Roman Studies* 83 (1993): 115–30.

———. *Julian: An Intellectual Biography*. London: Routledge, 1992[2].

———. "The Idea of Hellenism." *Philosophia* 7 (1977): 323–36.

———. "The Oecumenisum of Iamblichus." *Journal of Roman Studies* 85 (1995): 244–50.

———. "Apamea and the Chaldaean Oracles: A holy city and a holy book". in: Andrew Smith, ed. *The Philosopher and Society in Late Antiquity. Essays in Honour of Peter Brown*. Swansea: The Classical Press of Wales, 2005: 117–144.

———. *La lutte pour l'orthodoxie dans le platonisme tardif: De Numénius à Damascius*, L'ane D'or; 25. Paris: Les Belles Lettres, 2006.

Athanassiadi, Polymnia, and Michael Frede, eds. *Pagan Monotheism in Late Antiquity*. Oxford: Oxford University Press, 1999.

Aujoulat, Noël. "Eusébie, Hélène, et Julien." *Byzantion* 53 (1983): 78–103, 421–52.

Aune, David. E. *Prophecy in Early Christianity and the Ancient Mediterranean World*. Grand Rapids, Michigan: Eerdmans, 1983.

Avi-Yonah, Michael. *The Jews of Palestine: A Political History from the Bar Kokhba War to the Arab Conquest*. Oxford: Blackwell, 1976.

Ayers, Lewis. *Nicaea and Its Legacy. An Approach to Fourth-Century Trinitarian Theology*. Oxford: Oxford University Press, 2004.

Bäbler, Balbina, and Hans-Günter Nesselrath, eds. *Die Welt des Sokrates von Konstantinopel: Studien zu Politik, Religion und Kultur im Späten 4. und Frühen 5. Jh. n. Chr.; zu Ehren von Christoph Schäublin*. München, Leipzig: Saur, 2001.

Baker-Brian, Nicholas. "The politics of virtue in Julian's Misopogon." in: Nicholas Baker-Brian and Shawn Tougher eds., *Emperor and Author: The Writings of Julian the Apostate*. Swansea: The Classical Press of

Wales, 2012: 263–280.
Baker-Brian, Nicholas and Tougher, Shawn, eds., *Emperor and Author: The Writings of Julian the Apostate*. Swansea: The Classical Press of Wales, 2012.
Baldwin, Barry. "The Career of Oribasius." *Acta classica: proceedings of the Classical Association of South Africa* 18 (1975): 85–97.
Balty, Jean Charles. "Apamea in Syria in the Second and Third Centuries A.D." *Journal of Roman Studies* 78 (1988): 91–104.
Balty, Jean Charmes. "Julien et Apamée: aspects de la restauration de l'Hellenisme et de la politique antichrétienne de l' empereur." *Dialogues d'histoire ancienne* 1 (1974): 267–304.
Banchich, Thomas M. "Julian's School Laws: *Cod. Theod.* 13.5.5 and *Ep.*42." *The Ancient World* 24, no. 1 (1993): 5–14.
Barcelo, Pedro. *Constantius und seine Zeit: die Anfänge des Staatkirchentums*. Stuttgart: Klett-Cotta, 2004.
Barnes, Michel R. and Daniel H. Williams, eds. *Arianism after Arius*. Edinburgh: T&T Clark, 1993.
Barnes, Timothy D. "Christians and Pagans under Constantine." in: Albrecht Diele, ed., *L'eglise et l'empire au IVe siècle*, Vandoeuvres-Génève: Fondation Hardt, 1987: 300–343.
———. *Constantine and Eusebius*. Cambridge, Mass./London: Harvard University Press, 1981.
———. *Constantius and Athanasius*. Cambridge, Mass./London: Harvard University Press, 1993.
———. *Ammianus Marcellinus and the Representation of Historical Reality*. Ithaca, NY/London: Cornell University Press, 1998.
Barnes, Timothy D., and John Vanderspoel. "Julian and Themistius." *Classical Quarterly* 35, no. 2 (1981): 187–89.
Barton, Tamsin. *Power and Knowledge: Astrology, Physiognomics, and Medicine under the Roman Empire*. Ann Arbor: University of Michigan Press, 2002.
Baterlink, G.J.M. "L'empereur Julien et le vocabulaire Chrétien." *Vigiliae Christianae* 11 (1957): 37–48.
Baterlink, Gerard. "Repression von Häretikern und anderen religiösen Gruppierungen im späteren Altertum, in der Sprache widergespielt." in: Albert C. Gelion and Riemer Roukema eds. *Violence in Ancient Christianity. Victims and Perpetrators*. Leiden/Boston: Brill: 2014: 185–197.
G. Baudy, "Die Wiederkehr des Typhoon, Katastrophen-Topoi in nachjulianischer Rhetorik und Annalistik. Zu literarischen Reflexen des 21. Juli 365." *Jahrbuch für Antike und Christentum* 35 (1992): 47–82
Bauer, Johannes B., ed. *Chartulae: Festschrift Für Wolfgang Speyer* (Jahrbuch für Antike und Christentum, Ergänzungsband). Münster: Aschendorff, 1998.
Baumgarten, Albert I. *Sacrifice in Religious Experience*. Leiden: Brill, 2002.
Baynes, Norman H. "The Death of Julian the Apostate in a Christian Legend." *Journal of Roman Studies* 27 (1937): 22–29.
Beard, Mary, & John North, eds. *Pagan Priests. Religion and Power in the Ancient World*. Ithaca, NY.: Cornell University Press, 1990.
Beatrice, Pier F. "Quosdam Platonicorum Libros." *Vigiliae Christianae* 43 (1989): 248–81.
———. "Un Oracle antichrétien chez Arnobe." In *Memorial Dom Jean Gribomont*, eds. Y. de Andia, et al., 107–29. Rome, 1988.
Beck, Roger. *The Religion of the Mithras Cult in the Roman Empire: Mysteries of the Unconquered Sun*. Oxford: Oxford University Press, 2006.
Belayche, Nicole. "Rites et « croyances » dans l'épigraphie religieuse de l'anatolie impériale." in: *Rites et*

croyances dans les religions du monde Romain, Vandoeuvres-Genève: Fondation Hardt, 2007: 73–116.

———. "Sacrifice and Theory of Sacrifice During the 'Pagan Reaction': Julian the Emperor." in: Albert I Baumgarten ed., *Sacrifice in Religious Experience*. Leiden: Brill, 2003: 101–26.

———. "La politique religieuse 'païenne' de Maximin Daia. De l'historiographie à histoire." in: Giovanni A. Cecconi and Chantal Gabrielli, eds. *Politiche religiose nel mondo antico e tardoantico. Poteri e indirizzi, forme del controllo, idee e prassi di tolleranza*. Atti del Convegno internazionale di studi (Firenze, 24–26 settembre 2009). Bari: Edipuglia, 2011: 235–260.

———. "*Deus deum... summorum maximus* (Apuleius): ritual expressions of distinction in the divine world in the imperial period". in: Stephen Mitchell and Peter Van Nuffelen eds., *One God. Pagan Monotheism in the Roman Empire*. Oxford: Oxford University Press, 2011: 141–166.

Bell, Catherine. *Ritual Theory, Ritual Practice*. Oxford/New York: Oxford University Press, 1992.

Bernardi, Jean. *Saint Grégoire De Nazianze*. Paris: Cerf, 1995.

Berndt, Guido M. and Roland Steinacher eds. *Arianism: Roman Heresy and Barbrian Creed*. Aldershot: Ashgate, 2014.

Berranger-Auserve, Danièle. *L' Empereur Julien en Illyrie, Épire, Illyrie, Macédoine*. Mélanges offerts au Professeur Pierre Cabanes. Textes Réunis par Danièle Berranger-Auserve. (Collection Erga. Recherches sur l'Antiquité. 10). Clermont-Ferrand: Presses Universitaires Blaise Pascal, 2007.

Bianchetti, Serena, Michele R. Cataudella, and Hans-Joachim Gehrke, eds., *Brill's Companion to Ancient Geography: The Inhabited World in Greek and Roman Tradition*. Leiden: Brill, 2015.

Bianchi, Ugo. *Misteria Mithrae*. Leiden: Brill, 1979.

Bichler, Reinhold. *'Hellenismus': Geschichte und Problematik eines Epochenbegriffs.*, Impulse der Forschung. Darmstdt: Wissenschaftliche Buchgesellschaft, 1983.

———. "Über die Geschichte des Hellenismus-Begriffs in der deutschen Historiographie. Leitende Gedanken, Probleme, Perspektiven". in: Susanne Said, ed. *ΗΑΛΗΝΙΣΜΟΣ. Quelques jalons pour une histoire de l'identité grecque. Actes du Colloque de Strasbourg 25–27 octobre 1989*. Leiden: Brill, 1991: 363–386.

Bidez, Joseph. *La vie de l'empereur Julien*. Paris: Les Belles Lettres, 1930.

Binns, J. W. *Latin Literature of the Fourth Century*. London: Routledge, 1971.

Bird, H. W. "Recent Research on the Emperor Julian." *Echos du Monde Classique/Classical Views* 26, no. n.s. 1–3 (1982): 281–96.

Blanchetiere, F. "Julien Philhellène, Philosémite, Antichrétien." *Journal of Jewish Studies* 31 (1978): 61–81.

Bliembach, E. *Libanius oratio 18 (Epitaphios). Kommentar (111–308)*. Würzburg, Univ. Diss., 1976.

Blockeley, Roger C. "Constantius Gallus and Julian as Caesars of Constantius II." *Latomus* 31 (1972): 433–68.

———. *Ammianus Marcellinus: A Study of his Historiography and Political Thought*, Collection Latomus. Bruxelles: Latomus, 1975.

———. *The Fragmentary Classicising Historians of the Later Roman Empire: Eunapius, Olympiodorus, Priscus and Malchus*. 2 vols. Liverpool: Francis Cairns, 1981.

Blumenthal, Henry and E. G. Clark. *The Divine Iamblichus: Philosopher and Man of Gods*. Bristol: Bristol Classical Press, 1993.

Bolton, Charles A. "The Emperor Julian against « Hissing Christians »." *Harvard Theological Review* 61

(1986): 496–97.
Bonnet, Corinne. " « L'histoire séculière et profane des religions » (F. Cumont): Observations sur l'articulation entre rite et croyance dans l'historiographie des religions de la fin du XIXe et de la première moitié du XXe siècle." In: John Scheid, ed., *Rites et croyances dans les religions du monde Romain*, Vandoeuvres-Genève: Fondation Hardt, 2007.
Borgeaud, Philippe. "Rites et motions. Considération sur les mystères." in: John Scheid, ed., *Rites et croyances dans les religions du monde Romain*, Vandoeuvres-Genève: Fondation Hardt, 2007: 189–230.
Borrelli, D. "Il Sacerdos del *De Mysteriis* e il Sacerdos di Giuliano." in: Ugo Criscuolo, ed., *Da Costantino a Teodosio Il Grande. Cultura, Società, Diritto. Atti del Convengo Internazionale Napoli 26–28 Aprile 2001*. Napoli: M. D'Auria, 2003: 105–117.
Bortnes, Jostein and Tomas Hägg, eds. *Gregory of Nazianzus. Images and Reflections*. Copenhagen: Museum Tusculanum Press, 2006.
Bouffartigue, Jean. "L'état mental de l'empereur Julien." *Revue des Études Grecques* 102 (1989): 529–39.
———. "Julien ou l'hellénisme decomposé." in: Susanne Said ed. *ΉΛΛΗΝΙΣΜΟΣ. Quelques jalons pour une histoire de l'identité grecque. Actes du Colloque de Strasbourg 25–27 octobre 1989*. Leiden: Brill, 1991: 251–266.
———. *L'empereur Julien et la culture de son temps.*, Collection des Études Augustiniennes: Serie Antiquité. Paris: Institut d'Études Augustiniennes, 1992.
———. "L'image Politique de Julien Chez Libanios." *Pallas* (*Université de Toulouse*) 60 (2002): 175–89.
———. "Philosophie et antichristianisme chez l'empereur Julien." in: Michel Narcy and Eric Rebillard, eds., *Hellénisme et Christianisme*, Villeneuve d'Asq: Presses Universitaires du Septentrion, 2004, 111–32.
———. "L'empereur Julien et son temps," *Antiquité Tardive* 17, Turnhout: Brepols, 2009: 79–90.
Bowersock, Glen Wren. *Greek Sophists in the Roman Empire*. Oxford: Clarendon Press, 1969.
———. *Julian the Apostate*. Cambridge, Mass.: Harvard University Press, 1978.
(『背教者ユリアヌス』新田一郎訳、思索社、1984 年)
———. "The Julian Poems of C.P. Cavafy', *Byzantine and Modern Greek Studies* 7 (1981): 131–156
———. *Hellenism in Late Antiquity*. Cambridge, UK: Cambridge University Press, 1990.
———. *Fiction as History: Nero to Julian*. Berkeley: University of California Press, 1994.
Bowie, Ewen L. "Hellenes and Hellenism in Writers of the Early 2nd Sophistic." in: Susanne Said ed. *ΉΛΛΗΝΙΣΜΟΣ. Quelques jalons pour une histoire de l'identité grecque. Actes du Colloque de Strasbourg 25–27 octobre 1989*. Leiden: Brill, 1991: 183–204.
Boyarin, Daniel. "The Christian Invention of Judaism: The Theodosian Empire and the Rabbinic Refusal of Religion." in: Hent de Vries, ed., *Religion: Beyond a Concept*, edited by Hent De Vries, New York: Fordham University Press, 2008: 150–177, 864–73.
Bradbury, Scott. "Julian's Pagan Revival and the Decline of Blood Sacrifice." *Phoenix* 49–4 (1994): 331–56.
Brauch, Thomas. "The Prefect of Constantinople for 362 and Themistius." *Byzantion* 63 (1993): 37–78.
———. "Themistius and the Emperor Julian." *Byzantion* 63 (1993): 79–115 (1993).
Braun, Réne, and Jean Richer, eds. *L'empereur Julien: De l'histoire a la legende, 331–1715*. Paris: Les Belles Lettres, 1978.

Breckmann, Bruno. "Vom Tsunami von 365 zum Mimas-Orakel: Marcellinus als Zeithistoriker und die spätgriechische Tradition." in; Den Boeft, Jan, Jan Willem Drijvers, Daniël den Hengst, and Hans Teitler, eds., *Ammianus After Julian. The Reign of Valentinian and Valens in Books 26–31 of the Res Gestae*. Leiden: Brill, 2007, 7–32.

Breebaart, A.B. "Eunapius of Sardis and the Writing of History." *Mnemosyne* 32 no. 3–4 (1979): 360–75.

Bregman, Jan. "Judaism as Theurgy in the Religious Thought of the Emperor Julian." *The Ancient World* 26 no. 2 (1995): 135–49.

———. "Julian the Byzantine and Synesius the Hellene." *The Ancient World* 29, no. 2 (1998): 127–38.

Bremmer, Jan N. "Religious Violence between Greeks, Romans, Christians and Jews." in: Albert C. Gelion and Riemer Roukema eds. *Violence in Ancient Christianity. Victims and Perpetrators*. Leiden/Boston: Brill: 2014: 8–30.

Brennecke, Hans Kristof. *Studien zur Geschichte der Homoër: Beiträge zur Historischen Theologie*. Tübingen: Mohr Siebeck, 1988.

Bringmann, Klaus. *Kaiser Julian, Der lezte Heidnische Herrscher*. Darmstadt: Primus, 2004.

———. "Julian, Kaiser und Philosoph". in: Christian Schäfer ed., Kaiser Julian 'Apostata' und die philosophische reaktion gegen das Christentum. Berlin: De Gruyter, 2008: 87–104.

Brisson, Luc. "Orphée et l'Orphisme à l'époque impériale. Témoingnages et interprétations philosophiques, de Plutarque à Jamblique" in: Wolfgang Haase and Hildegard Temporini, eds., *Aufstieg und Niedergang der römischen Welt (ANRW) 36.4*, Berlin: De Gruyter, 1990, 2869–2931.

———. *How Philosophers Saved Myths: Allegorical Interpretation and Classical Mythology*. Chicago: The University of Chicago Press, 2004.

Brock, Sebastian P. "The Rebuilding of the Temple under Julian: A New Source." *Palestine Exploration Quarterly* 108 (1976): 103–7.

———. "A Letter Attributed to Cyril of Jerusalem on the Rebuilding of the Temple". *Bulletin of the School of Oriental and African Studies, University of London*. 40. no. 2 (1977): 267–286.

Brown, Peter. *Authority and the Sacred: Aspects of the Christianization of the Roman World*. Cambridge, UK: Cambridge University Press, 1995.

———. *Body and Society*. New York: Columbia University Press, 1987.

———. *The Cult of the Saints: Its Rise and Function in Latin Christianity*. Chicago: The University of Chicago Press, 1981.

———. *Making of Late Antiquity*. Cambridge, Mass.: Harvard University Press, 1977.
(『古代末期の形成』足立広明訳、慶應義塾大学出版会、2006 年)

———. *Power and Persuasion in Late Antiquity: Towards a Christian Empire*. Madison: Wisconsin University Press, 1991.

Browning, Robert. *Julian the Apostate*. London: Weidenfeld and Nicolson, 1976.

Buck, David F. "Some Distortions in Eunapius' Account of Julian the Apostate." *The Ancient History Bulletin* 4, no. 5 (1980): 113–15.

———. "Socrates Scholasticus on Julian the Apostate." *Byzantion* 73 no. 2 (2003): 301–318.

———. "Sozomen on Julian the Apostate." *Byzantion* 76 (2006): 53–73.

Burgess, Richard W. "A Common Source for Jerome, Eutropius, Festus, Ammianus, and the *Epitome de Caesaribus* between 358 and 378, along with Further Thoughts on the Date and Nature of the *Kaisergeschichte*." *Classical Philology* 100, no. 2 (2005): 166–192.

———. "The Summer of Blood: The 'Great Massacre' of 337 and the Promotion of the Sons of Constantine." *Dumbarton Oaks Papers* 62 (2008): 5–51.

Burgess, Richard and Michael Kulikowski. *Mosaics of Time. The Latin Chronicle Traditions from the First Century BC to the Six Century AD. Volume I: A Historical Introduction to the Chronicle Genre from its Origins to the High Middle Ages*. Turnhout: Brepols, 2013.

Bulkert, Walter. *Ancient Mystery Cults*. Cambridge, Mass.: Harvard University Press, 1987.

Cabouret, Bernadette. "L' empereur Julien en prière." in: Gilles Dorival and Didier Pralon, eds., *Prières Méditerranéennes hier et aujour'hui: Actes du colloque organisé par Le Centre Paul-Albert Février, Université de Provence-C.N.R.S., Aix-En-Provence les 2 et 3 Avril 1998*, Aix-en-Provence: Publications de l'Université de Provence, 2000: 115–26.

Caltabiano, Matilda. "Un quindecennio di studi sull' Imperatore Giuliano (1965–1980)." *Κοινωνια* 1 (1983): 15–30, 113–22.

———. "La comunità degli Elleni: cultura e potere alla corte dell'imperatore Giuliano." *AntiquitéTardive* 17 (2009): 137–49.

Calvet-Sebasti, Marie-Ange. "Comment crire un païen? L'exemple de Grégoire de Nazianze et de Théodoret de Cyr." in: Bernard Pouderon and Joseph Doré, eds., *Les Apologistes Chrétiens Et La Culture Grecque*. Paris: Beauchesne, 1998:369–382.

Cameron, Averil. *Christianity and the Rhetoric of Empire*. Berkeley/Los Angeles: University of California Press, 1991.

Cameron, Alan. *Circus Factions: Blues and Greens at Rome and Byzantium*. Oxford: Oxford University Press, 1976.

———. "Julian and Hellenism." *The Ancient World* 24, no. 1 (1992): 25–29.

———. *The Last Pagans of Rome*. Oxford: Oxford University Press, 2011.

Cameron, Averil, and Alan Camelon. "Christianity and Tradition in the Historiography of the Late Empire." *Classical Quarterly* 14, no. 2 (1964): 316–28.

Cancik, Hubert, and Jörg Rüpke, eds. *Romische Reichsreligion und Provinzialreligion*. Tübingen: Mohr Siebeck, 1997.

Canivet, Pierre, S. J. *Histoire d'une enterprise apologétique au Ve siècle: bibliothèque de l'histoire de l'Église*. Le Mans: Bloud et Gay, 1957.

Canivet, Pierre, S. J. and Canivet, Maria Theresa. "Sites Chrétiennes d'Apamée." *Syria* 48 (1971): 295–321.

Cannadine, David and Simon Pricee, eds. *Rituals of Royalty: Power and Ceremonial in Traditional Societies*. Cambridge: Cambridge University Press, 1987.

Carrié, Jean-Michel. "Julien Législateur: un mélange des genres?" *Antiquité Tardive* 17, no. 1 (2009): 175–84.

Carvalho, Margarida. "Themistius, the Emperor Julian and a Discussion over the Concept of royalty in the 4th Century A.D." in: Pedro Paulo A. Funarri, Renata S. Garrafoni & Bethany Letalien, eds., *New Perspectives on the Ancient World. Modern Perceptions, Ancient Representations. (Bar International Series. 1782.)*. Oxford: Archaeopress, 2008: 223–228.

Cecconi, Giovanni A. and Chantal Gabrielli, eds. *Politiche religiose nel mondo antico e tardoantico. Poteri e indirizzi, forme del controllo, idee e prassi di tolleranza*. Atti del Convegno internazionale di studi (Firenze, 24–26 settembre 2009). Bari: Edipuglia, 2011.

———. "Giuliano, la scuola, i cristiani: note sul dibattito recente." in: Arnaldo Marcone ed., *L'imperatore Giuliano. Realtà storica e rappresentazione*. Milano: Mondadori, 2015: 295–324.

Célérier, Pascal. *L'ombre de l'empereur Julien*. Le destin des écrits de Julien chez les auteurs païens et chrétiens du IVe au VIe siècle. Paris: Presses Universitaires de Paris Ouest, 2013.

Chadwick, Henry. "Oracles of the End in the Conflict of Paganism and Christianity in the Fourth Century." in: E. Lucchesti & H. D. Saffrey, eds., *Memorial A. J. Festugière*. Genévè: P. Cramer, 1985: 125–129.

Chestnut, Glenn F. *The First Christian Histories: Eusebius, Socrates, Sozomen, Theodoret, and Evagrius*. Macon, GA: Mercer University Press, 1986^{2}.

Chuvin, Pierre. *A Chronicle of the Last Pagans*. trans. B. A. Archer. Cambridge, Mass.: Harvard University Press, 1990.

Clark, Elizabeth A. *The Origenist Controversy: The Cultural Construction of an Early Christian Debate*. Princeton: Princeton University Press, 1992.

———. *History, Theory, Text: Historians and the Linguistic Turn*. Cambridge, Mass.: Harvard University Press, 2005.

Clark, Gillian. "Philosophic Lives and the Philosophic Life: Porphyry and Iamblichus." in: Thomas Hägg and Philip Rousseau, eds., *Greek Biography and Panegyric in Late Antiquity*. Berkeley: University of California Press, 2000: 29–51.

Clarke, Emma C. 'Communication, Human and Divine: Saloustious Reconsidered,' *Phronesis* 43 (1998): 326–50.

———. *Iamblichus' De Mysteriis: A Manifesto of the Miraculous*. Aldershot: Variorum Ashgate, 2001.

Classen, Carl Joachim. "Julian und die Römer." *Würzburger Jahrbücher für die Altertumswissenschaft* N.F. 26 (2002): 151–70.

Conti, Stefano. "Da Eroe a Dio: La concezione teocratica del potere in Giuliano." *Antiquité Tardive* 17 (2009): 119–26.

———. *Die Inschriften Kaiser Julians* (Altertumswissenschaftliches Kolloquium). Stuttgart: Franz Steiner, 2004.

———. "I riflessi della riforma religiosa Giulianea nella propaganda politica." in: Stefano Conti, ed., *Tra Religione e politica nel mondo classico. Atti dell' Associazione Italiana di Cultura Classica: Delegazione di Siena.* (*Musa. Materiali utilii allo studio dell'Antichità.1.*) Ancona: Affinità Elettive, 2007: 31–46.

Conti, Stefano, and Arianna Doria. *Giuliano l'Apostata. Un imperatore romano nella letteratura tedesca del medioevo* (Quaderni di Hesperides: Serie Testi: 6.) Trieste: Parnaso, 2005.

Contini, Riccardo. "Ancora su Giuliano Imperatore nella letteratura siriaca." in: Arnaldo Marcone ed. *L'imperatore Giuliano. Realtà storica e rappresentazione*. Milano: Mondadori, 2015: 420–448.

Courcelle, Pierre. "Les sages de Porphyre et les "uiri noui" d'Arnobe." *Religion* 31 (1953): 257–71.

Cox Millar, Patricia, *Dreams in Late Antiquity. Studies in the Imagination of a Culture*. Princeton: Princeton University Press, 1994.

Cribiore, Raffaela. *The School of Libanius in Late Antique Antioch*. Princeton: Princeton University Press, 2007.

———. *Libanius the Sophist: Rhetoric, Reality, and Religion in the Fourth Century*. Ithaca: Cornell University Press, 2013.

Criscuolo, Ugo. "Giuliano e l'elenisme: conservazione e riforma." *Orpheus* 7 (1986): 272–92.

———. "Gregorio di Nazianzo e Giuliano." in: *Munus Amicitiae: Scritti in memoria di Alessandro Ronco-*

ni, 165–208. Firenze: Le Monnier, 1988.

Croke, Brian. "The Era of Porphyry's Anti-Christian Polemic." *Journal of Religious History* 13, no. 1 (1984): 1–14.

———. "Porphyry's Anti-Christian Chronology." *Journal of Theological Studies* 34 (1983): 168–85.

Csizy, K. K. "Chronologische Probleme im Zusammenhang mit der Erziehung des Kaisers Julian." *Acta antiqua Academiae Scientiarum Hungaricae* (*Budapest*) 44 (2004): 109–14.

Cumont, Franz. "La Théologie Solaire du Paganisme Romain." *Mémoires prés. par divers savants Acad. Inscr. XII 2e Partie* (1909): 447–49.

Curta, Florin. "Atticism, Homer, Neoplatonism and Fürstenspiegel: Julian's Second Panegyric on Constantius." *Greek, Roman and Byzantine Studies* 36 (1995): 177–211.

———. "Language, Ethne, and National Gods: A Note on Julian's Concept of Hellenism." *The Ancient World* 33, no. 1 (2002): 3–19.

Cürsgen, Dirk. "Kaiser Julian über das Wesen und die Geschichte der Philosophie." in: Christian Schäfer ed., *Kaiser Julian, 'Apostata' und die philosophische reaktion gegen das Christentum*. Berlin: De Gruyter, 2008: 65–86.

Dagron, Gilbert. *Empereur et Prêtre: Étude sur le « Césaropapisme » Byzantin*. Paris: Gallimard, 1996.

———. *Emperor and Priest: The Imperial Office in Byzatium*. trans. Jean Birell. Cambridge, UK: Cambridge University Press, 2003.

———. "L'empire Romain d'Orient au IVe siècle et les traditions politiques de l'Hellenisme - le témoinage de Thémistios." *Travaux et Mémoires* 3 (1968): 1–242.

———. *Naissance d'une capitale: Constantinople et ses institutions de 330 a 451*. Paris: PUF, 1984[2].

Daley, Brian E., S. J. *Gregory of Nazianzus*. London: Routledge, 2006.

Dalsgaard Larsen, Bent. "Jamblique dans la philosophie antique tardive" in: Heinrich Dörrie, ed., *De Jamblique à Proclus*, Vandœuvres-Genève: Fondation Hardt, 1975.

———. *Jamblique de Calchis, exégete et philosophe: Thesis*. 2 vols. Aarhus: Universitetsforlaget, 1972.

Daly, L. J. "In a Borderland: Themistius' Ambivalence towards Julian." *Byzantinische Zeitschrift* 73 (1980): 1–11.

Davies, Jason P., *Rome's Religious History: Livy, Tacitus and Ammianus on Their Gods*. Cambridge, UK: Cambridge University Press, 2004.

De Gaiffier, Baudouin. "Sub Juliano Apostata dans le martyrologie romaine." *Analecta Bollandiana* 74 (1958): 5–49.

Den Boeft, Jan. "Pure rites; Ammianus Marcellinus on the Magi." in: Jan Willem Drijvers and David Hunt, eds., *The Late Roman World and Its Historian: Interpreting Ammianus Marcellinus*. London/New York: Routledge, 1999.

———. "Ammianus Marcellinus' Judgement of Julian's Piety." in: Alberdina Houtman, Albert de Jong & Magda Misset-Van de Weg eds., *Empsychoi Logoi - Religious Innovations in Antiquity. Studies in Honour of Pieter Willem van der Horst*. 65–80. Leiden/Boston: Brill, 2008: 65–80.

Den Boeft, Jan, Jan Willem Drijvers, Daniël den Hengst, and Hans Teitler, eds. *Ammianus After Julian. The Reign of Valentinian and Valens in Books 26–31 of the Res Gestae*. Leiden: Brill, 2007.

———. Philological and historical commentary on Ammianus Marcellinus XXII. Leiden: Brill, 1995.

———. Philological and historical commentary on Ammianus Marcellinus XXIII. Leiden: Brill, 1998.

———. Philological and historical commentary on Ammianus Marcellinus XXIV. Leiden: Brill, 2001.

———. Philological and historical commentary on Ammianus Marcellinus XXV. Leiden: Brill, 2005.

———. Philological and historical commentary on Ammianus Marcellinus XXIV. Leiden: Brill, 2007.

Destrée, Pierre and Fritz-Gregor Herrmann. *Plato and the Poets*. Mnemosyne Supplement 328. Leiden/ Boston: Brill, 2011.

De Vita, Maria Carmen. "Giuliano e l'arte della 'nobile menzogna (Or. 7, Contro il Cinico Eraclio)." in: Arnaldo Marcone ed., *L'imperatore Giuliano. Realtà storica e rappresentazione*. Milano: Mondadori, 2015: 171–213.

Dietz, Maribel. *Wondering Monks, Virgins, and Pilgrims. Ascetic Travel in the Mediterranean World. A.D. 300–800*. University Park, PA.: Pennsylvania State University Press, 2005.

Dillon, John M., "The Religion of the Last Hellenes." in: John Scheid, ed., *Rites et croyances dans les religions du monde Romain*. Vandoeuvres-Genève: Fondation Hardt, 2007: 117–148.

———. "Philosophy as a profession in late antiquity". in: Andrew Smith, ed., *The Philosopher and Society in Late Antiquity. Essays in Honour of Peter Brown*. Swansea: The Classical Press of Wales, 2005, 1–18.

Dodds, Eric Robertson. "Theurgy and its Relationship to Neoplatonism." *The Journal of Roman Studies* 37 (1947): 55–69.

Dörrie, Heinrich, ed. *De Jamblique à Proclus* (Entretiens sur l' antiquité classique). Vandœuvres-Genève: Fondation Hardt, 1975.

Downey, Granville. "The Shrines of St. Babylas at Antioch and Daphne." in: Richard Stillwell, ed., *Antioch-on-the-Orontes II: The Excavations 1933–1936*. Princeton: Princeton University Press, 1938:45–48.

———. "Julian the Apostate at Antioch." *Church History* 8 (1939): 305–15.

———. "The Olympic Games of Antioch in the Fourth Century." *Transactions of the American Philological Association* 82 (1951): 428–38.

———. *The History of Antioch: From Seleucid to Arab Conquest*. Princeton: Princeton University Press, 1961.

———. *Ancient Antioch*. Princeton: Princeton University Press, 1962.

———. "The Perspective of the Early Church Historians." *Greek, Roman and Byzantine Studies* 6, no. 1 (1965): 57–74.

Drake, Harold Allen. *Constantine and the Bishops: The Politics of Intolerance*. Baltimore: Johns Hopkins University Press, 2000.

———. ed. *Violence in Late Antiquity. Perceptions and Practices*.Aldershot: Ashgate, 2006.

———. "'But I digress...' Rhetoric and Rhetoric and propaganda in Julian's second oration to Constantius." in: Nicholas Baker-Brian and Shawn Tougher eds., *Emperor and Author: The Writings of Julian the Apostate*. Swansea: The Classical Press of Wales, 2012: 35–46.

Drijvers, Jan Willem. "Ammianus Marcellinus 23.1.2–3: The Rebuilding of the Temple in Jerusalem." in: J. den Boeft, D. den Hengst & H. C. Teitler, eds., *Cognitio Gestrum: The Historiographic Art of Ammianus Marcellinus*. Amsterdam: North-Holland, 1992:19–26.

———. "The School of Edessa: Greek Learning and Local Culture". in: Jan Willem Drijvers and Alasdair A. MacDonald eds., *Centres of Learning. Learning and Location in Pre-Modern Europe and Near East*. Leiden: Brill, 1995: 49–59.

———. "Promoting Jerusalem: Cyril and the True Cross." in; Jan Willem Drijvers & John W. Watt eds., *Portraits of Spiritual Authority*. Leiden: Brill, 1999: 79–98.

———. *Cyril of Jerusalem*. Leiden: Brill, 2004.

Drijvers, Jan Willem, and David Hunt, eds. *The Late Roman World and Its Historian: Interpreting Ammianus Marcellinus*. London/New York: Routledge, 1999.

Dvornik, Francis. *Early Christian and Byzantine Political Philosophy. Origins and Background.* 2 vols. Washington D.C.: Dumbarton and Oaks Center for Byzantine Studies, 1966.

———. "The Emperor Julian's Reactionary Ideas on Kingship." in: Kurt Weitzmann, ed., *Late Classical and Medieval Studies in Honor of A.M. Friend*, 71–81. Princeton: Princeton University Press, 1955: 71–81.

Edwards, Mark. "Where Greeks and Christians meet: Two incidents in Panopolis and Gaza". in: Andrew Smith, ed., *The Philosopher and Society in Late Antiquity. Essays in Honour of Peter Brown*. Swansea: The Classical Press of Wales, 2005: 189–202.

———. *Religions of the Constantinian Empire*. Oxford: Oxford University Press, 2015.

Elm, Susanna. "Hellenism and Historiography: Gregory of Nazianzus and Julian in Dialogue." *Journal of Medieval and Early Modern Studies* 33, no. 33 (2003): 493–515.

———. *Sons of Hellenism, Fathers of the Church. Emperor Julian, Gregory of Nazianzus, and the Vision of Rome*. Berkeley: University of California Press, 2011.

———. "Julian the writer and his audience." in: Nicholas Baker-Brian and Shawn Tougher eds., *Emperor and Author: The Writings of Julian the Apostate*. Swansea: The Classical Press of Wales, 2012: 1–18.

Eltester, Walter. "Die Kirchen Antiochias in IV Jahrhundert." *Zeitschrift für neutestamentliche Wissenschaft* 37 (1945): 251–86.

Ensslin, Wilhelm. "Kaiser Julians Gesetzgebungswerk und Reichsverwaltung." *Klio* 18 (1922): 104–99.

Errington, Robert Malcolm. "Christian Accounts of the Religious Legislation of Theodosius I." *Klio* 79, no. 2 (1997): 398–443.

———. *Roman Imperial Policy from Julian to Theodosius*. Chapel Hill: University of North Carolina Press, 2006.

Evangeliou, Christos. "Porphyry's Criticism of Christianity and the Problem of Augustine's Plationism." *Dionysius* 13 (1989): 51–70.

Évieux, Paul. "De Julien *à* Cyrille. du *Contre les Galiléans* au *Contre Julien*." in: Bernard Pouderon and Joseph Doré, eds., *Les apologistes chrétiens et la culture grecque*. Paris: Beauchesne, 1998: 355–368.

Fatouros, Georgios. "Julian und Christus: Gegenapologetik bei Libanios?" *Historia* 45, no. 1 (1996): 114–22.

Fatouros, Georgios and T. Krischer, eds. *Libanios* (Wege der Forschung.) Darmstadt: Wissenschaftliche Buchgesellschaft, 1983.

Fauth, Wolfgang. "Pythagoras, Jesus von Nazareth und der Helios-Apollon des Julianos-Apostata. Zu einigen Eigentümlichkeiten der Spätantiken Pythagoras-Aretalogie im Vergleich mit der Thaumasiologischen Tradition der Evangelien." *Zeitschrift für Neue Testamentliche Wissenschaft und die Kunde der älteren Kirche* 68 (1987): 26–48.

Féstugière, André-Jean, O. P. *Antioch Païenne et Chrétienne: Libanius, Chrysostome, et les moines de Syrie*. Paris: De Boccard, 1959.

———. "Julien *à* Macellum." *Journal of Roman Studies* 57 (1957): 53–8.

Finamore, John F. "Theoi Theon: An Iamblican Doctrine in Julian's against the Christians." *Transactions of the American Philological Association* 118 (1988): 393–401.

———. "Julian and the Descent of Asclepius." *Journal of Neoplatonic Studies* 7, no. 2 (1998–1999): 63–

86.

———. "Platonism, Paganism and Judaism: Borrowing and Evolutions." *The Ancient World* 26, no. 2 (1995): 123–25.

———. "Plotinus and Iamblichus on Magic and Theurgy." *Dionysius* N.S. 17 (1999): 83–94.

Fleck, Thorsten. *Die Portraits Julianus Apostatas*, Antiquitates: 44. Hamburg: Kovac, 2008.

Fleury, Eugène: *Hellénisme et Christianisme: Saint Grégoire de Nazianze et son temps*. Paris: Gabriel Beauchesne, 1930.

Fortin, Ernest L. "Christianity and Hellenism in Basil the Great's Address ad Adulescentes." in: Henry J Blumenthal and Robert A. Marcus, eds., *Neoplatonism and Early Christian Thought: Essays in Honour of A. H. Armstrong*, London: Variorum, 1981. 189–203.

Fouquet, Claude. "L'Hellenisme de l'empereur Julien." *Bulletin de l' Association Guillaume Budé* (1981): 192–202.

Fowden, Garth. "The Platonist Philosopher and his Circle in Late Antiquity." *Philosophia* 7 (1977): 359–83.

———. "Bishops and Temples in the Eastern Empire." *Journal of Theological Studies* N.S. 29 (1978): 53–78.

———. "The Pagan Holy Man in the Late Antique Society." *Journal of Hellenic Studies* 102 (1982): 53–78.

———. "Polytheist Religion and Philosophy." in: Averil Cameron and Peter Garnsey, eds., *Cambridge Ancient History*. Cambridge: Cambridge University Press, 1998: 538–560.

———. "Sages, cities and temples; Aspects of late antique pythagorism?" in: Andrew Smith ed., *The Philosopher and Society in Late Antiquity. Essays in Honour of Peter Brown*. Swansea: The Classical Press of Wales, 2005, 145–170.

Francis, James A. *Subversive Virtue: Ascetism and Authority in the Second-Century Pagan World*. University Park, PA.: The Pennsylvania State University Press, 1995.

Frantz, Alison. "From Paganism to Christianity in the Temples of Athens." *Dumbarton Oaks Papers* 19 (1965): 185, 187–205.

Gaddis, Michael. *There Is No Crime for Those Who Have Christ: Religious Violence in the Christian Roman Empire*. Berkeley/Los Angeles/London: University of California Press, 2005.

Gain, Benoît. *L'Eglise de Cappadoce au IVe siècle d'après la correspondance de Basile de Césarée (330–379)* (Orientalia Christiana Analecta). Rome: Pont. Institutum Orientalium Studiorum, 1985.

Galvao-Sobrinho, Carlos R., "Embodied Theologies: Christian Identity and Violence in Alexandria in the Early Arian Controversy." in: Gelion, Albert C. and Riemer Roukema eds., *Violence in Ancient Christianity. Victims and Perpetrators*. Leiden/Boston: Brill: 2014: 321–332.

Gauthier, Nancy. "L'experience religieuse de Julien dit l'apostat." *Augustinianum* 27 (1986): 227–35.

———. "Les initiations mystériques de l'empereur Julien." *Mélanges Pierre Leveque* 6 (1988): 89–104.

Geffcken, Johannes. *Kaiser Julianus* (Das Erbe der Alten). Leipzig: Dietrich/Theodor Weicher, 1914.

———. *The Last Days of Greco-Roman Paganism*. trans. Sabine MacCormack. Amsterdam/New York/Oxford: North Holland, 1978. revised edition.

Gelion, Albert C. and Riemer Roukema eds. *Violence in Ancient Christianity. Victims and Perpetrators*. Leiden/Boston: Brill: 2014.

Gentili, Bruno. ed. *Giuliano Imperatore. Atti del convegno della S.I.S.A.C (Messina 3 Aprile 1984)*.

Urbino: Quattroventi, 1986.

Geppert, Franz. *Quellen des Kirchenhistorikers Socrates Scholasticus: Neudruck der Ausgabe Leipzig 1898* (Studien zur Geschichte der Theologie und der Kirche). Aalen: Scientia Verlag, 1972.

Germino, Emilio. "La legislazione dell'imperatore Giuliano: primi appunti per una palingenesi." *Antiquité Tardive* 17, no. 1 (2009): 159–74.

———. *Scuola e cultura nella legislazione di Giuliano l'Apostata*. Napoli: Eugenio Jovene, 2004.

Gilliard, Frank D. "Notes on the Coinage of Julian the Apostate." *Journal of Roman Studies* 54 (1964): 135–41.

Gleason, Maud W. "Festive Satire: Julian's Misopogon and the New Year at Antioch." *Journal of Roman Studies* 76 (1986): 106–19.

Gnoli, Tommaso. "Giuliano e Mitra." *Antiquité Tardive* 17, no. 1 (2009): 215–34.

Gordon, Richard. *Image and Value in the Graeco-Roman World: Studies in Mithraism and Religious Art*. Aldershot: Variorum Ashgate, 1996.

Graf, Fritz. *Roman Festivals in the Greek East: From the Early Empire to the Middle Byzantine Era*. Cambridge UK: Cambridge University Press, 2015.

Grant, Robert M. "Greek Literature in the Treatise De Trinitate and Cyril Contra Iulianum." *Journal of Theological Studies* 15 (1964): 265–79.

Greatrex, Geoffrey, and J. W. Watt. "One, Two or Three Feasts? The Brytae, the Maiuma and the May Festival at Edessa." *Oriens Christianum* 83 (1999): 1–21.

Greenwood, David. "Five Latin Inscriptions from Julian's Pagan Restoration". *Bulletin of the Institute of Classical Studies* (Institute of Classical Studies, School of Advanced Study, University of London) 57–2 (2014): 101–119.

Gregg, Robert C. *Consolation Philosophy: Greek and Christian Paideia in Basil and the Two Gregories* (Patristic Monograph Series) Philadelphia: The Philadelphia Patristic Foundation, 1975.

Gregory, Timothy. "The Survival of Paganism in Christian Greece." *American Journal of Philology* 107, no. 2 (1984): 229–42.

———. *Vox Populi: Popular Opinion and Violence in the Religious Controversies of the Fifth Century A.D.* Columbia: Ohio State University Press, 1995.

Gregory, Timothy. E. "Julian and the Last Oracle at Delphi." *Greek, Roman and Byzantine Studies* 24 (1983): 355–66.

Grig, Lucy, and Kelly, Gavin, eds. *Two Romes. Rome and Constantinople in Late Antiquity*. Oxford: Oxford University Press, 2012.

Griffith, S. H. "Ephraem the Syrian's Hymns "Against Julian": Meditations on History and Imperial Power." *Vigiliae Christianae* 41 (1987), 238–266.

Guberti Bassett, Sarah. "The Antiquities in the Hippodrome of Constantinople." *Dumbarton Oaks Papers* 45 (1991): 87–96.

Guida, Augusto. "« Il nuovo Empedocle ». A proposito di Temistio Or. 5, 79b." in: Arnaldo Marcone ed., *L'imperatore Giuliano. Realtà storica e rappresentazione*. Milano: Mondadori, 2015: 370–419.

Guidetti, Fabio. "I ritratti dell'imperatore Giuliano." in: Arnaldo Marcone ed., *L'imperatore Giuliano. Realtà storica e rappresentazione*. Milano: Mondadori, 2015:26–69.

Guidoboni, E. et al. *Catalogue of ancient earthquake in the Mediterranean area up to 10th century*. Rome: Istituto Nazionale di Geografica. 1993.

Guinot, Jean.-Noël. "L'Homélie sur Babylas de Jean Chrysostome: la victoire du martyr sur l'hellénisme." in: Salvatore Pricoco, ed., *La narrativa cristiana antica. XXIII incontro di studiosi dell'antichità cristiana*. Roma: Istituto Patristico Augustinianum 1995, 323–341.

Gwynn, David M. *The Eusebians. The Polemic of Athanasius of Alexandria and the Construction of the 'Arian Controversy'*. Oxford/New York: Oxford University Press, 2007.

Haas, Christopher. "The Alexandrian Riots of 356 and George of Cappadocia." *Greek, Rome and Byzantine Studies*, 31 no. 3 (1991); 281–301.

———. *Alexandria in Late Antiquity: Topography and Social Conflict*. Baltimore: Johns Hopkins University Press, 1997.

Hadjinicolaou, Anne. "Macellum, lieu d'exil de l'empereur Julien." *Byzantion* 21 (1951): 15–22.

Hadot, Ilsetraut. "Les introductions aux commentaires exégétiques chez les auteurs néoplatoniciens et les auteurs chrétiens." in: Michel Tardieu, ed., *Les règles de l'interprétation*. Paris: Cerf, 1987, 99–122.

Hadot, Piérre. *Excercices Spirituels Et Philosophie Antique*. Paris: Albin Michel, 2002^2.

———. *Qu'est-Ce Que La Philosophie Antique?* Paris: Gallimard, 1995.

———. "Théologie, exégèse, révélation, écriture, dans la philosophie grecque." in: Pierre Tardieu, ed., *Les règles de l'interprétation*, Paris: Cerf, 1987: 13–34.

Haeling, Raban von. "Heiden im griechischen Osten des 5. Jh. n. Chr." *Römische Quartalschrift für christliche Altertumskunde und für Kirchengeschichte* 77 (1982): 52–85.

Halfwassen, Jens. "Neuplatonismus und Christentum." in: Christian Schäfer ed. *Kaiser Julian 'Apostata' und die philosophische reaktion gegen das Christentum*. Berlin: De Gruyter, 2008: 1–16.

Hanson, Richard Patrick Crossland. *The Search for the Christian Doctrine of God: The Arian Controversy, 318–381*. London/New York: T&T Clark, 1988.

———. "The Transformation of Pagan Temples into Christian Churches in the Early Christian Centuries." *Journal of Semitic Studies* 23, no. 1 (1977): 257–67.

Hardy, B. Cameron. "The Emperor Julian and His School Law." *Church History* 37 (1968): 131–43.

Hargis, Jeffrey. W. *Against the Christians: The Rise of Early Anti-Christian Polemic*. New York: Lang, 1999.

Harl, K. W. "Sacrifice and Pagan Belief in Fifth- and Sixth-Century Byzantium." *Past and Present* 128 (1990): 7–27.

Harries, Jill. *Law and Empire in Late Antiquity*. Cambridge: Cambridge University Press, 1999.

———. "Julian the lawgiver." in: Nicholas Baker-Brian and Shawn Tougher eds., *Emperor and Author: The Writings of Julian the Apostate*. Swansea: The Classical Press of Wales, 2012: 121–136.

Harris, William V. *Dreams and Experience in Classical Antiquity*.Cambridge, Mass./London: Harvard University Press, 2009.

Harrison, Carol. Caroline Humfress and Isabella Sandwell eds. *Being Christian in Late Antiquity. A Festschrift for Gilian Clark*. Oxford: Oxford University Press, 2014.

Harrison, Thomas. "*Templum mundi totius:* Ammianus and a religious ideal of Rome." in: Jan Willem Drijvers and David Hunt, eds., *The Late Roman World and Its Historian: Interpreting Ammianus Marcellinus*. London/New York: Routledge, 1999: 178–190.

Hengel, Martin. *Judentum und Hellenism: Studien zu ihrer Begegnung unter besonderer Berücksichtigung Palästinas bis zur Mitte des 2. Jhs. v. Chr.* Stuttgart: Mohr, 1969.

Holdsworth, Christopher; and Timothy Peter Wiseman, eds., *The Inheritance of Historiography 350–900*, Exeter Studies in History. Exeter: University of Exeter 1986.

Howard-Johnston, James and Paul Anthony Hayward. *The Cult of Saints in Late Antiquity and the Early Middle Ages*. Oxford: Oxford University Press, 1999.

Hose, Martin. "Konstruktion von Autorität: Julians Hymnen." in: Christian Schäfer ed., *Kaiser Julian 'Apostata' und die philosophische reaktion gegen das Christentum*. Berlin: De Gruyter, 2008: 157–176.

Humphress, Caroline. "Defining the Politico-Religious Sphere Case-by-Case: A Comparative Approach to late Roman and Ecclesiastical Law". in: Cecconi, G. ed., *Politiche Religiose nel Mondo Antico e Tardoantico*. Munera 33. Bari, Italy: Edipuglia, pp. 305–318.

Humphries, Mark. "The tyrant's mask? Images of good and bad rule in Julian's Letter to the Athenians." in: Nicholas Baker-Brian and Shawn Tougher eds., *Emperor and Author: The Writings of Julian the Apostate*. Swansea: The Classical Press of Wales, 2012: 75–90.

Hunt, Edward David. "Ammianus Marcellinus and Christianity" *Classical Quarterly* 25, no. 1 (1985): 186–200.

———. *Holy Land Pilgrimage in the Later Roman Empire, Ad 312–460*. Oxford: Oxford University Press, 1982.

———. "The Christian context of Julian's Against the Galileans." in: Nicholas Baker-Brian and Shawn Tougher eds., *Emperor and Author: The Writings of Julian the Apostate*. Swansea: The Classical Press of Wales, 2012: 251–262.

Jaeger, Werner. *Early Christianity and Greek Paideia*. Cambridge, Mass.: Harvard University Press, 1961.

———. *Paideia: The Ideals of Greek Culture*. Translated by G. Highet. 3 vols. Oxford: Oxford University Press, 1944.

James, Liz. ""Pray Not to Fall into Temptation and Be on Your Guard": Pagan Statues in Christian Constantinople." *Gesta* 35, no. 1 (1996): 12–20.

———. *Empresses and Power in Early Byzantium*. London: Leicester University Press, 2001.

———. "Is there an empress in the text? Julian's Speech of Thanks to Eusebia." in: Nicholas Baker-Brian and Shawn Tougher eds., *Emperor and Author: The Writings of Julian the Apostate*. Swansea: The Classical Press of Wales, 2012: 47–60.

Janka, Markus. "Quod philosophia fuit, satura facta est. Julians *Misopogon* zwischen Gattungskonvention und Sitz im Leben". in: Christian Schäfer ed., *Kaiser Julian 'Apostata' und die philosophische reaktion gegen das Christentum*. Berlin: De Gruyter, 2008: 177–206.

Jansen, L.F. "Superstitio" and the Persecutions of the Christians." *Vigiliae Christianae* 33 (1979): 131–59.

Kreinath, Jens, Jan Snoek and Michael Stausberg eds., *Theorizing Rituals*. Leiden: Brill, 2006.

Jerphagnon, Lucien. *Julien dit l'apostat: histoire naturelle d'une famille sous le Bas-Empire*. Paris: Tallandier, 2008.

Jones, Arnold Hugh Martin. *The Greek City from Alexander to Justinian*. Oxford: Oxford Univesity Press, 1940.

———. *Later Roman Empire: 284–602*. 2 vols. Oxford: Blackwell, 1964.

Jones, Arnold Hugh Martin, John Robert Martindale, and J. Morris. *The Prosopography of the Later Roman Empire: Vol.1, A.D. 260–395*. Cambridge, UK: Cambridge University Press, 1971. (=PLRE)

Jones, Mark J. "Obversations on the Burial of the Emperor Julian in Constantinople." *Byzantion* 78 (2008): 254–260.

Kabiersch, Jürgen. *Untersuchungen Zum Begriff der Philanthropia bei dem Kaiser Julian*. Wiesbaden: Otto

Harrasowitz, 1960.

Kahlos, Maijastina. *Debate and Dialogue. Christian and Pagan Cultures c. 360–430*. Aldershot: Ashgate, 2007.

———. "Rhetoric and Realities: Themistius and The Changing Tides in Imperial Religious Policies in the Fourth Century". in: Giovanni A. Cecconi and Chantal Gabrielli, eds., *Politiche religiose nel mondo antico e tardoantico. Poteri e indirizzi, forme del controllo, idee e prassi di tolleranza*. Atti del Convegno internazionale di studi (Firenze, 24–26 settembre 2009). Bari: Edipuglia, 2011, 287–304.

———. "The Shadow of the Shadow: Examining Fourth- and Fifth-Century Christian Depictions of Pagans." in: Maijastina Kahlos, ed., *The Faces of the Other. Religious Rivalry and Ethnic Encounters in the Later Roman World*. Turnhout: Brepols, 2011, 165–195.

———. "Who Is a Good Roman? Setting and Resetting Boundaries for Romans, Christians, Pagans, and Barbarians in the Late Roman Empire." in: Maijastina Kahlos, ed., *The Faces of the Other. Religious Rivalry and Ethnic Encounters in the Later Roman World*. Turnhout: Brepols, 2011: 259–274.

Kahlos, Maijastina, ed. *The Faces of the Other. Religious Rivalry and Ethnic Encounters in the Later Roman World*. Turnhout: Brepols, 2011.

Kaegi, Walter Emil. "The Emperor Julian's Assesment of the Significance and Function of History." *Proceedings of the American Philosophical Society* 108, no. 1 (1964): 29–38.

———. "An Investigation of the Emperor Julian: Retrospective and Prospective Remarks." *The Ancient World* 24 (1993): 45–53.

———. "Research on Julian the Apostate, 1945–1946." *Classical World* 58, no. 8 (1965): 229–38.

Kaldellis, Anthony. *The Christian Parthenon*. Cambridge: Cambridge University Press, 2009.

———. *Hellenism in Byzantium: The Transformations of Greek Identity and the Reception of the Classical Tradition*. Cambridge: Cambridge University Press, 2007.

Kellens, Jean. "Liturgie et dialectique des âmes." in: John Scheid, ed., *Rites et croyances dans les religions du monde romain*. Vandoeuvres-Genève: Fondation Hardt, 2007, 289–301.

Kelly, Gavin. "Ammianus and Great Tsunami." *Journal of Roman Studies*, 94 (2004): 141–167.

———. *Ammianus Marcellinus. The Allusive Historian*. Cambridge UK: Cambridge University Press, 2006.

Kelly, John Norman Davidson. *Golden Mouth: The Story of John Chrysostom Ascetic, Preacher, Bishop*. 2nd. ed. ed. Grand Rapids: Baker Books, 1998.

Kent, John Philip Cozens. "An Introduction to the Coinage of Julian the Apostate." *Numismatic Chronicle* 19 (1959): 109–117.

———. *The Roman Imperial Coinage. Vol. Viii: The Family of Constantine I. A.D. 337–364*. London: Spink, 1981.

Klein, Richard. *Constantius II. und die christliche Kirche*. Darmstadt: Wissenschaftliche Buchgesellschaft, 1977.

———. ed. *Julian Apostata*, Wege der Forschung. Darmstadt: Wissenschaftliche Buchgesellschaft, 1978.

———. "Kaiser Julians Rhetoren- und Unterrichtsgesetz." *RQ* 76 (1980): 73–94.

Kobusch, Theo. "Philosophische Streitsachen. Zur Auseinandersetzung zwischen christlicher und griechischer Philosophie." in: Christian Schäfer ed., *Kaiser Julian 'Apostata' und die philosophische reaktion gegen das Christentum*. Berlin: De Gruyter, 2008: 17–40.

Koch, W. "Comment l'empereur Julien tâcha de fonder une église païenne." *Revue belge de philologie et*

d'histoire 6–7 (1927–8): 123–46, 49–82, 511–50, 1363–85.
Kondoleon, Christine. *Antioch: The Lost Ancient City*. Princeton/Worcester: Princeton University Press, 2000.
Kopecek, Thomas A. *A History of Neo-Arianism*. 2 vols. Philadelphia: The Philadelphia Patristic Foundation, 1979.
Krivouchine, Ivan. "L'empereurs païen vu par l'historien ecclésiastique." *Jahrbuch der österreichischen Byzantinistik* 47 (1997): 13–24.
Kurmann, Alois. *Gregor von Nazianz Oratio 4 Gegen Julian: ein Kommentar*, Schweizerische Beiträge Zur Altertumswissenschaft. Basel Friedrich Reinhardt, 1988.
Labelle, Jean-Marie. "Saint Cyrille d'Alexandrie témoin de la langue et de la pensée philosophiques au Ve siècle." *RSR* 52 (1978): 135–58.
Labriolle, Pierre de. *La réaction païenne. Étude sur la polémique antichrétienne du Ier au VIe siècle*. Paris: L'Artisan du Livre, 1942.
Lacombrade, Christian. "L'Empereur Julien emule de Marc-Aurele." *Pallas* 14 (1967): 9–22.
Lagacherie, Odile. "Libanios et Ammien Marcellin: les moyens de l'héroisation de l'empereur Julien. Étude compare du Discours I, 132–133 (*Bios*) de Libanios et de l'Histoire XXV, 3, 1–9 d' Ammien Marcellin." *Révue des Études Grecques* 115, no. 2 (2002): 792–802.
Lamberton, Robert. *Homer the Theologian: Neoplatonist Allegorical Reading and the Growth of the Epic Tradition*. Berkeley: University of California Press, 1986.
Lane Fox, Robin. *Pagans and Christians*. New York: Alfred A. Knopf, 1989.
Lehmann, Aude. "Éloge et blame dans Les Césars de Julien." in: Guy Lachenaud and Dominique Longrée, eds., *Grecs et Romains aux prises avec l'histoire: répresentations, récits et idéologie. colloque de Nantes et Angers*, Rennes: Presses Universitaires de Rennes 2003.
Leemans, Johan. "Celebrating the Martyrs: Early Liturgy and the Martyr Cult in Fourth Century Cappadocia and Pontus." *Questiones Liturgiques: Study in Liturgy* 82 (2001): 247–61.
Leemans, Johan., Wendy Mayer, Pauline Allen, and Boudewijn Dehandschutter, eds. *'Let Us Die That We May Live': Greek Homilies on Christian Martyrs from Asia Mimnor, Palestine and Syria (C. Ad 350-Ad 450)*. London/New York: Routledge, 2003.
Lenski, Noel. *Failure of Empire: Valens and the Roman State in the Fourth Century,* Berkeley: University of California Press, 2002.
Leppin, Hartmut. *Von Konstantin dem Grossen zu Theodosius II. Das christliche Kaisertum bei den Kirchenhistorikern Socrates, Sozomenus und Theodoret*. Göttingen: Vandenhoeck & Ruprecht, 1996.
———. "The Church Historians (I): Socrates, Sozomenus, and Theodoretus." in: Gabriele Marasco ed., *Greek and Roman Historiography in Late Antiquity. Fourth to Sixth Century A. D.*, Leiden/Boston: Brill, 2003, 219–254.
———. "The Late Empire". in: Gabriele Marasco, ed., *Political Autobiographies and Memoirs in Antiquity. A Brill Companion*. Leiden/Boston: Brill, 2011: 417–454.
Levenson, David. "Julian's Attempt to Rebuild the Temple: An Inventory of Ancient and Medieval Sources." in: Harold W. Attridge, John J. Collins and Thomas H. Tobin, eds., *Of Scribes and Scrolls: Studies on the Hebrew Bible, Intertestamental Judaism, and Christian Origins Presented to John Strugnell on the Occasion of His Sixtieth Birthday*. Lanham MD.: University Press of America, 1990, 261–270.
———. "The Ancient and Medieval Sources for the Emperor Julian's Attempt to Rebuild the Jerusalem

Temple." *Journal for the Study of Judaism in the Persian, Hellenistic and Roman Period* 35, no. 4 (2004): 409–60.

Lewy, Hans. *Chaldaean Oracles and Theurgy: Mysticism, Magic and Platonism in the Later Roman Empire.* Paris: Études Augustiniennes, 1978.

———. "Julian the Apostate and the Building of the Temple." *The Jerusalem Cathedra* 3 (1983): 70–96.

Leyerle, Blake. *Theatrical Shows and Ascetic Lives: John Chrysostom's Attack on Spritual Marriage.* Berkeley: University of California Press, 2001.

Liebeschuetz, John Hugo Wolfgang Gideon. *Antioch: City and Imperial Administration in the Later Roman Empire.* Oxford: Clarendon Press, 1972.

———. "Friends and Enemies of John Chrysostom." in: A. Moffat, ed., *Maistor: Classical, Byzantine and Renaissance Studies for Robert Browning.* Camberra: Australian Association for Byzantine Studies, 1984, 85–111.

———. *From Diocletian to the Arab Conquest.* Aldershot: Variorum Ashgate, 1990.

———. "Pagan Historiography and the Decline of the Empire." in: Gabriele Marasco, ed., *Greek and Roman Historiography in Late Antiquity. Fourth to Sixth Century A. D.* Leiden/Boston: Brill, 2003, 257–288.

———. "Julian's Hymn to the Mother of the Gods: the revival and justification of traditional religion." in: Nicholas Baker-Brian and Shawn Tougher eds., *Emperor and Author: The Writings of Julian the Apostate.* Swansea: The Classical Press of Wales, 2012: 213–228.

Liefferinge, Carine van. *La Théurgie des « Oracles Chaldaïques » à Proclus.* Liège: Centre International d'Étude de la Religion Grecque Antique, 1999.

Lieu, Judith M. *Christian Identity in the Jewish and Graeco-Roman World.* Oxford: Oxford University Press, 2004.

Lieu, Samuel N. C. *The Emperor Julian: Panegyric and Polemic.* Translated Texts for Historian. Liverpool: Liverpool University Press, 1989.

Lieu, Samuel N. C. and Dominic. Monserrat, eds. *From Constantine to Julian: Pagan and Byzantine Views. A Source History.* London/New York: Routledge, 1996.

Limberis, Vasiliki. "« Religion » as the Cipher for Identity: The Cases of Emperor Julian, Libanius, and Gregory Nazianzus." *Harvard Theological Review* 93, no. 4 (2000): 373–400.

Long, Anthony Arthur. *Hellenistic Philosophy: Stoics, Epicureans, Sceptics.* London: Duckworth, 1986 (2nd.ed.).

Long, Jacqueline. "Structures of Irony in Julian's 'Misopogon.'" *The Ancient World* 24, no. 1 (1993).

———. Afterword: Studying Julian the author". in: Nicholas Baker-Brian and Shawn Tougher eds., *Emperor and Author: The Writings of Julian the Apostate.* Swansea: The Classical Press of Wales, 2012: 323–338.

Lopez Sanchez, Fernando, "Julian and his coinage: a very Constantinian Prince." in: Nicholas Baker-Brian and Shawn Tougher eds., *Emperor and Author: The Writings of Julian the Apostate.* Swansea: The Classical Press of Wales, 2012: 159–182.

Lössl, Josef. "Julian's Consolation to Himself on the Departure of the Excellent Salutius: Rhetoric and philosophy in the fourth century". in: Nicholas Baker-Brian and Shawn Tougher eds., *Emperor and Author: The Writings of Julian the Apostate.* Swansea: The Classical Press of Wales, 2012: 61–74.

Luchner, Katharina. "Grund, Fundament, Mauerwerk, Dach'? -Julians φιλοσοφία im seiner Briefe." in;

Christian Schäfer ed. *Kaiser Julian 'Apostata' und die philosophische reaktion gegen das Christentum*. Berlin: De Gruyter, 2008: 221–252.

Lugaresi, Leonardo. "Giuliano Imperatore e Gregorio di Nazianzo: contiguità culturale e contrapposizione ideologica nel confronto tra ellenismo e cristianesimo." *Rudiae* 10 (1998): 293–334.

Maas, Michael. ""Delivered from Their Ancient Customs": Christianity and the Question of Cultural Change in Early Byzantine Ethnography." in: Mills, Kenneth and Anthony Grafton, eds., *Conversion in Late Antiquity and the Early Middle Ages: Seeing and Believing*. Rochester NY.: Rochester University Press, 2003, 152–188.

MacCormack, Sabine. *Art and Ceremony in the Roman Empire*. Berkeley: University of California Press, 1979.

MacDonald, Dennis R. *Christianizing Homer: The Odyssey, Plato and the Acts of Andrew*. Oxford: Oxford University Press, 1994.

MacMullen, Ramsay. *Christianity and Paganism in the Fourth to Eighth Centuries*. New Haven/London: Yale University Press, 1997.

———. *Christianizing Roman Empire* (*A.D. 100–400*). New Haven: Yale University Press, 1984.

———. *Paganism in the Roman Empire*. New Haven: Yale University Press, 1980.

———. "The Preacher's Audience (AD 350–400)." *Journal of Theological Studies* n.s. 40 (1989): 303–11.

Magdalino, Paul, ed. *New Constantines: The Rhythm of Imperial Renewal in Byzantium, 4th-13th Centuries* (Papers from the Twenty-Sixth Spring Symposium of Byzantine Studies, St Andrews, March 1992). Aldershot: Variorum Ashgate, 1994.

Mahoney, Timothy A. "Do Plato's Philosopher-Rulers Sacrifice Self-Interest to Justice?" *Phronesis* 37, no. 3 (1992): 265–82.

Makrides, Vasilios N. *Hellenic Temples and Christian Churches*. New York: New York University Press, 2009.

Malley, William J. *Hellenism and Christianity: The Conflict between Hellenic and Christian Wisdom in the Contra Galilaos of Julian the Apostate and the Contra Julianum of St. Cyril of Alexandria*. Roma: Università Gregoriana Editrice, 1978.

Mallose, Pierre-Louis. "Enquête sur les relations entre Julien et Gallus." *Klio* 86, no. 1 (2004): 185–96.

Mango, Cyril. "Statuary and the Byzantine Beholder." *Dumbarton Oaks Papers* 17 (1963): 53, 55–75.

Manning, C. E. "School Philosophy and Popular Philosophy in the Roman Empire." in: Wolfgang Haase and Hildegard Temporini eds., *Aufstieg und Niedergang der römischen Welt* (ANRW) II 36.7, Berlin: De Gruyter, 1994: 4995–5026.

Marasco, Gabriele. "The Church Historians (II); Philostorgius and Gelasius of Cyzicus." in: *Greek and Roman Historiography in Late Antiquity. Fourth to Sixth Century A. D.* Leiden/Boston: Brill, 2003, 257–288.

Marasco, Gabriele, ed. *Greek and Roman Historiography in Late Antiquity. Fourth to Sixth Century A. D.* Leiden/Boston: Brill, 2003.

———. *Political Autobiographies and Memoirs in Antiquity. A Brill Companion*. Leiden/Boston: Brill, 2011.

Maraval, Piérre. *Le Christianisme de Constantin à la conquête Arabe*. Paris: PUF, 2005.

———. *Lieux saints et pelerinages d'Orient: histoire et geographie des origines à la conquête Arabe*. Paris:

Cerf, 1985.

Marcone, Arnaldo. "L'imperatore Giuliano, Giamblico e il neoplatonismo. a proposito di alcuni studi recenti." *Rivista Storica Italiana* 96 (1984): 1046–52.

———. "The forging of a Hellenic orthodoxy: Julian's speeches against the Cynics." in: Nicholas Baker-Brian and Shawn Tougher eds., *Emperor and Author: The Writings of Julian the Apostate*. Swansea: The Classical Press of Wales, 2012: 239–250.

———. "Ierone, Giuliano e la fine della storia nel dibattito tra Alexandre Kojève e Leo Strauss." in: Arnaldo Marcone ed., *L'imperatore Giuliano. Realtà storica e rappresentazione*. Milano: Mondadori, 2015: 475–489.

Marcone, Arnaldo ed. *L'imperatore Giuliano. Realtà storica e rappresentazione*. Milano: Mondadori, 2015.

Marcos, Mar. "He Forced with Gentleness". Emperor Julian's Attitude to Religious Coercion." *Antiquité Tardive* 17, no. 1 (2009): 191–204.

Markus, Robert A. *The End of Ancient Christianity*. Cambridge, UK: Cambridge University Press, 1992.

———. "Paganism, Christianity and the Latin Classics." in: J. W. Binns, ed., *Latin Literature of the Fourth Century*. London: Routledge, 1971, 1–21.

Markschies, Christoph. "The price of monotheism: some new observations on a current debate about late antiquity". in: Stephen Mitchell and Peter Van Nuffelen eds., *One God. Pagan Monotheism in the Roman Empire*. Oxford: Oxford University Press, 2011: 100–111.

Marrou, Henri-Irénee. *Histoire de l'education dans l'antiquité*. Paris: Seuil, 1948.

Martin, Annick. "Théodoret et la tradition chrétienne contre l'empereur Julien." in: Danièle Auger and Étienne Wolff, eds., *Culture Classique et Christianisme.Mélanges offerts Jean Bouffartigue*. Nanterre: Éditions A. et J. Picard, 2008.

Martin, Dale B, and Patricia Cox Miller, eds. *The Cultural Turn in Late Ancient Studies: Gender, Asceticism, and Historiography*. Durham/London: Duke University Press, 2005.

Masaracchia, Emmanuela. "Sul testo del Contra Galilaeos." in: B. Gentili ed., *Giuliano Imperatore, Edizioni quattro venti di Anna Veronesi*. Urbino: Società Italiana per 10 Studio dell'Antichita Classica, 1986, 109–120.

Mastrocinque, Attilio. "Cosmologia e impero in Giuliano l'Apostata." *Klio* 87, no. 1 (2005): 154–76.

Matthews, John. *The Roman Empire of Ammianus*. Baltimore: Johns Hopkins University Press, 1989.

Mattingly, Harold. "The Roman Virtues." *Harvard Theological Review* 30 (1937): 102–17.

Maxwell, Jaclyn L. *Christianization and Communication in Late Antiquity. John Chrysostom and His Congregation in Antioch*. Cambridge, UK: Cambridge University Press, 2006.

Mayer, Wendy "The Dymanics of Liturgical Space. Aspects of the Interaction beween John Chyrostom and his Audiences." *Ephemerides Liturgicae* 111 (1997): 104–15.

———. "John Chrysostom and His Audiences: Distinguishing Different Congregations at Antioch and Constantinople." *Studia Patristica* 31 (1997): 70–75.

———. "Who Came to Hear John Chrysostom Preach? Receving a Late Fourth-Century Preacher's Audience." *Ephemeridis Theologicae Lovanensis* 76 (2000): 73–87.

Mayer, Wendy, and Pauline Allen, eds. *John Chrysostom*. London/New York: Routledge, 2000.

Mayer, Wendy, and Bronwen Neil, eds. *St. John Chrysostom: The Cult of the Saints*. Edited by John Behr, St. Vladimir's Seminary Press Popular Patristics Series. Crestwood, NY.: St. Vladimir's Seminary Press, 2006.

Mazur, Zeke. "Unio Magica: Part Ii: Plotinus, Theurgy and the Question of Ritual." *Dionysius* 22 (2004): 29–56.

Mazza, Mario. "Giuliano o dell'utopia Religiosa: Il tentativo di fondare una chiesa pagana ?" *Rudiae* 10 (1998): 17–42.

Mazzoli, Giancarlo and Fabio Gasti, eds. *Prospettive Sul Tardoantico: Atti del Convegno di Pavia 27-28 Novembre 1997*, Bibliotheca di Athenaeum Como, 1999.

McGuckin, John A. *St Gregory of Nazianzus: An Intellectual Biography*. Crestwood, NY: St. Vladimir's Seminary Press, 2001.

———. *St. Cyril of Alexandria: The Christological Controversy: Its History, Theology, and Texts*. Leiden/New York: Brill, 1994.

McLynn, Neil. "The Fourth-Century *Taurobolium*." *Phoenix* 50, no. 3–4 (1996): 312–30.

———. "Gregory the Peacemaker." *Kyoyo-Ronso*, Hogaku Kenkyukai, Keio University, (『教養論叢』(慶應義塾大学法学研究会) 101, 1996: 183–216.

———. "Julian and the Christian Professors." in: Carol Harrison, Caroline Humfress and Isabella Sandwell eds., *Being Christian in Late Antiquity. A Festschrift for Gilian Clark*. Oxford: Oxford University Press, 2014, 120–138.

Mecella, Laura. "Il principe Ormisda alla corte romana tra Costantino e Giuliano". in: Arnaldo Marcone ed., *L'imperatore Giuliano. Realtà storica e rappresentazione*. Milano: Mondadori, 2015: 246–294.

Meredith, Anthony. "Ascetism. Christian and Greek." *Journal of Theological Studies* 27 (1976): 313–32.

———. "Porphyry and Julian against the Christians." in: Wolfgang Haase and Hildegard Temporini, eds., *Aufstieg und Niedergang der römischen Welt* (*ANRW*) II 23.2, 1980: 1119–49.

Meredith Helm, R. "Un nuevo examen de Platonópolis." *Epimeleia* 4, no. 8 (1995): 235–47.

Mertaniemi, Markus. "From *Superstitio* to *Religio Christiana*: Christians as Others from the Third to the Fifth Century." in: Maijastina Kahlos, ed., *The Faces of the Other. Religious Rivalry and Ethnic Encounters in the Later Roman World*. Turnhout: Brepols, 2011, 134–164.

Meslin, Michel. *La fête des kalendes de janvier dans l'empire romain*. Paris: Études Augustiniennes, 1970.

Meslin, Michel. "L'expérience non chrétienne du temps dans la nouvelle religiosité (IVe s. ap. J.-C.)." in: Vinciane Pirenne-Delforge and Öhnan Tunca, eds., *Représentations du temps dans les religions: Actes du colloque organisé par Le Centre d'histoire des Religions de l'Université de Liège*. Genève: Droz, 2003, 175–182.

Millar, Fergus. "Empire and City: Augustus to Julian." *Journal of Roman Studies* 73 (1983): 76–96.

Mills, Kenneth and Anthony Grafton, eds. *Conversion in Late Antiquity and the Early Middle Ages: Seeing and Believing*. Rochester NY.: Rochester University Press, 2003.

Misson, Jules. *Recherches sur le paganisme de Libanius* (Université de Louvain, Recueil de travaux publiés par les membres des Conférences d'Histoire et de Philologie). Louvain: Université de Louvain, 1914.

Mitchell, Stephen. *Anatolia: Land, Men and Gods in Asia Minor. Vol. II: The Rise of the Church*. Oxford: Clarendon Press, 1993.

———. "Ethnicity, Acculturation and Empire in Roman and Late Roman Asia Minor." In *Ethnicity and Culture in Late Antiquity*, edited by Stephen Mitchell and Geoffrey Greatrex, 117–51. London/Swansea: Duckworth/Classical Press of Wales, 2000.

Mitchell, Stephen and Peter Van Nuffelen eds. *One God. Pagan Monotheism in the Roman Empire*. Oxford: Oxford University Press, 2011.

Mitchell, Stephen and Peter Van Nuffelen. "Introduction; the debate about pagan monotheism." in: Stephen Mitchell and Peter Van Nuffelen eds., *One God. Pagan Monotheism in the Roman Empire*. Oxford: Oxford University Press, 2011: 1–15.

Moffat, Ann, ed. *Maistor: Classical, Byzantine and Renaissance Studies for Robert Browning*. Camberra: Australian Association for Byzantine Studies, 1984.

Momigliano, Arnaldo, ed. *The Conflict between Paganism and Christianity in the Fourth Century*. Oxford: Clarendon Press, 1963.

———. "The Disadvantages of Monotheism for a Universal State." *Classical Philology* 81, no. 4 (1986): 285–97.

Morris, Ian. *Death-Ritual and Social Structure in Classical Antiquity*. Cambridge, UK: Cambridge University Press, 1992.

Nadaff, Ramona A. *Exiling the Poets. The Production of Censorships in Plato's Republic*. Chicago/London: University of Chicago Press, 2002.

Nasemann, B. *Theurgie und Philosophie in Jamblichs De Mysteriis*. Stuttgart: Teubner, 1991.

Neri, Varelio. *Ammiano e il Cristianesimo*. Bologna: CLUEB, 1985.

Nesselrath, Heinz-Günther. "Kaiserlicher Held und Christenfeind: Julian Apostata im Urteil des Späteren 4. und 5. Jahrhunderts n. Chr." in: B. Bäbler and H.-G. Nesselrath, eds., *Die Welt des Sokrates von Konstantinopel: Studien zu Politik, Religion und Kultur im späten 4. und frühen 5. Jh. n. Chr.; Zu Ehren von Christoph Schäublin*. München/Leipzig: Saur, 2001, 15–43.

———. "Sophisten bei Sokrates von Konstantinopel." in: Eugenio Amato, Alexandre Roduit and Martin Steinrück, eds., *Approches de la Troisième Sophistique. Hommages à Jacques Schamp.* (*Collection Latomus 296*), Bruxelles: Latomus, 2006, 72–92.

———. "Mit, Waffen" Platons gegen ein christliches Imperium. Der Mythos in Julians Schrift „Gegen den Kyniker Herakleios"". in; Christian Schäfer ed, *Kaiser Julian 'Apostata' und die philosophische reaktion gegen das Christentum*. Berlin: De Gruyter, 2008: 207–220.

Nesselrath, Theresa. *Kaiser Julian und die Repaganisierung des Reiches, Konzept und Vorbilder*. Jahrbuch für Antike und Christentum Ergänzungsband, Kleine Reihe 9, Münster: Aschendorff, 2013.

Neusner, Jacob, ed. *History of the Jews in the Second Thorough Seventh Centuries of the Common Era*, Origins of Judaism. New York/London: Garland, 1990.

Nicolson, O. "The Pagan Churches of Maximinus Daia and Julian the Apostate." *Journal of Ecclesiastical History* 45 (1994): 1–10.

Nilsson, Martin P. "Pagan Divine Service in Late Antiquity." *Harvard Theological Review* 38 (1945): 63–69.

Nixon, C. E. V., and Barbara Saylor Rodgers, eds. *In Praise of Later Roman Emperors: The Panegyrici Latini*. Berkeley/Los Angeles: University of California Press, 1994.

Nock, Arthur Darby. *Conversion*. Baltimore: Johns Hopkins University Press, 1933.

Noethlichs, Karl-Leo. "Kaisertum Und Heidentum in 5. Jahrhundert." in: Johannes Van Oort and Dietmar Wyrwa eds., *Heiden und Christen in 5. Jahrhundert*, Leuven: Peeters, 1998: 1–31.

Norris, Frederick W. "Isis, Sarapis and Demeter in Antioch in Syria." *Harvard Theological Review* 75 (1982): 189–207.

North, John, Mary Beard, and Simon Price. *The Religions of Rome*. 2 vols. Cambridge, UK: Cambridge University Press, 1998.

Oberhelman, Steven M. *Dreams, healing and medicine in Greece: from antiquity to the present.* Farnham, Ashgate, 2013.

O' Meara, Dominic J. "Vie politique et divinisation dans la philosophie Néoplatonicienne." in: M.-O. Goulet-Cazé et al., eds., *Σοφιης Μαιητορες, « Chercheurs De Sagesse »: Hommage à Jean Pépin*, Paris: Institut d'Etudes Augustiniennes, 1992, 501–510.

———. "Aspects of Political Philosophy in Iamblichus' the Divine Iamblichus: Philosopher and Man of Gods." in: H. Blumenthal & E. G. Clark, eds, *Divine Iamblichus*, Bristol: Bristol Classical Press, 1993.

———. *The Structure of Being and the Search for the God.* Aldershot: Ashgate Variorum, 1998.

———. "Neoplatonic Cosmopolitanism: Some Preliminary Notes." in: Maria Barbanti, Rita Giardina, Paolo Mangaro & Enrico Beriti, eds., *Henosis Kai Philia = Unione E Amicizia: Omaggio a Francesco Romano*. Catania: CUECM, 2002, 310–315.

———. *Platonopolis: Platonic Political Philosophy in Late Antiquity.* London/New York: Routledge, 2003.

———. "A Neoplatonist ethics for high-level officials: Sopatros' Letter to Himerios." in: Andrew Smith ed., *The Philosopher and Society in Late Antiquity. Essays in Honour of Peter Brown*. Swansea: The Classical Press of Wales, 2005, 91–100.

O' Meara, John J. *Porphyry's Philosophy from Oracles in Augustine.* Paris: Études Augustiniennes, 1959.

Oikonomides, A. N. "Ancient Inscriptions Recording the Restoration of Greco-Roman Shrines by the Emperor Flavius Claudius Julianus（361–363 A.D.）." *The Ancient World* 15, no. 1–2（1987）: 37–42.

Opelt, Ilona. "Griechische und Lateinische Bezeichnungen der Nichtchristen: Ein Terminologischer Versuch." *Vigiliae Christianae* 19（1965）: 1–22.

Opsomer, Jan. "Weshalb nach Julian die mosaisch-christliche Schöpfungslehre der platonischen Demiurgie unterlegen ist." in: Christian Schäfer ed., *Kaiser Julian 'Apostata' und die philosophische reaktion gegen das Christentum*. Berlin: De Gruyter, 2008: 127–156.

Pack, Edgar. *Städte und Steuern in der Politik Julians: Untersuchungen zu den Quellen eines Kaiserbildes*, Collection Latomus. Bruxelles: Latomus, 1986.

Pagliara, Alessandro. "Giuliano Cesare panegirista di Costanzo II." in: Arnaldo Marcone ed. *L'imperatore Giuliano. Realtà storica e rappresentazione.* Milano: Mondadori, 2015: 128–170.

Papadoyannakis, Y. "Christian Therapeia and Politeia: The Apologetics of Theodoret of Cyrrhus against the Greeks." 2004.

Parker, Robert. *Miasma: Pollution and Purification in Early Greek Religion.* Oxford: Oxford University Press, 1983.

Paschoud, François. "Trois livres récents sur l'empereur Julien." *Revue des Études latines* 58（1980）: 107–23.

Pasquato, Ottorino, S.D.B. *Gli Spettacoli in S. Giovanni Crisostomo. Paganesimo e cristianesimo ad Antiochia e Constantinopoli nel IV secolo.* Roma: Pontificium Institutum Orientalium Studiorum, 1978.

Pellizzari, Andrea. "Testimonianze di un'amicizia: il carteggio fra Libanio e Giuliano". in: Arnaldo Marcone ed., *L'imperatore Giuliano. Realtà storica e rappresentazione.* Milano: Mondadori, 2015: 88–127.

Penati, Anna. "L'Influenza del sistema Caldaico sul pensiero teologico dell' Imperatore Giuliano." *Rivista di Filosofia Neo-scolastica* 75（1983）: 543–62.

———. "Le seduzioni della "Potenza della Tenebre" nella polemica antichristiana di Giuliano." *Vetera Christianorum* 20（1982）: 329–40.

Penella, Robert J. "Emperor Julian, the Temple of Jerusalem and the God of the Jews." *Koinonia* 23, no. 2

(1999): 15–31.

———. "Fire Parallelisms in Some Christian Accounts of the Termination of Julian's Attempt to Rebuild the Temple of Jerusalem." in: H. D. Jocelyn, ed., *Tria Lustra: Essays and Notes Presented to John Pinsent, Founder and Editor of Liverpool Classical Monthly, by Some of Its Contributors on the Occasion of Its 150th Issue*. Liverpool: Liverpool Classical Monthly, 1993, 71–74.

———. *Greek Philosophers and Sophists in the Fourth Century A.D.: Studies in Eunapius of Sardis*, Arca. Liverpool: Francis Cairns, 1990.

———. "Julian the Persecutor in Fifth Century Church Historians." *The Ancient World* 24, no. 1 (1993): 31–43.

Pépin, Jean. *La Tradition de l'allegorie, De Philon d'Alexandrie à Dante*. Paris: Etudes Augustiniennes, 1987.

Perkams, Mathias. "Eine neuplatonische politische Philosophie - gibt es sie bei Kaiser Julian?" in: Christian Schäfer ed., *Kaiser Julian 'Apostata' und die philosophische reaktion gegen das Christentum*. Berlin: De Gruyter, 2008: 105–126.

Petit, Paul. *Les étudiants de Libanius*. Paris: Nouvelles Éditions Latines, 1959.

———. *Les fonctionaires dans l'oeuvre de Libanius: Analyse Prosopographique*. Paris: Les Belles Lettres, 1994.

———. *Libanius et la vie municipale Antioche au IVe siècle après J.-C.*, Institut Français d'Archaeologie de Beyrouth, Bibliothéque Archaeologique et Historique. Paris: P. Geuthner, 1955.

———. "Recherches sur la publication et la diffusion des discours de Libanius." *Historia* 5 (1956): 479–506.

Petraki, Zacharoula. *The Poetics of Philosophical Language. Plato, Poets and Presocratics in the Republic*. Berlin: De Gruyter, 2011.

Phillips, Charles Robert. "Julian's Rebuilding of the Temple: A Sociological Study of Religious Competition." *Papers of 115th Meeting Seminar, Society for Biblical Literature* (1979): 161–71.

Potter, David. *Prophets and Emperors: Human and Divine Authority from Augustus to Theodosius*. New Haven/London: Harvard University Press, 1994.

Pouderon, Bernard and Joseph Doré, eds. *Les apologistes chrétiens et la culture grecque*. Paris: Beauchesne, 1998.

Pouderon, Bernard and Yves-Marie Duval, eds. *L'historiographie de l'église des premiers siècles*. Paris: Beauchesne, 2001.

Price, Simon. *Religions of the Ancient Greeks*. Cambridge, UK: Cambridge University Press, 1999.

———. *Rituals and Power: The Roman Imperial Cult in Asia Minor*. Cambridge, UK: Cambridge University Press, 1984.

Pugliese Carratelli, Giovanni. "Ancora su Platonopolis." *Parola del Passato* 39 (1984): 146.

Pulleyn, Simon. *Prayer in Greek Religion*. Oxford: Oxford University Press, 1997.

Quiroga. Alberto. "Julian's *Misopogon* and the Subversion of Rhetoric." *Antiquité Tardive* 17 (2009): 127–35.

Rapp, Claudia. *Holy Bishops in Late Antiquity: The Nature of Christian Leadership in an Age of Transition*. Berkeley/Los Angeles/London: University of California Press, 2003.

Rauhala, Marika. "Devotion and Deviance: The Cult of Cybele and the Others Within." in: Maijastina Kahlos, ed., *The Faces of the Other. Religious Rivalry and Ethnic Encounters in the Later Roman World.*

Turnhout: Brepols, 2011, 51–82.

Rebillard, Éric. "Conversion and Burial in Late Roman Empire." in: Kenneth Mills and Anthony Grafton, eds., *Conversion in Late Antiquity and the Early Middle Ages: Seeing and Believing*. Rochester NY.: Rochester University Press, 2003, 61–83.

———. *The Care of the Dead in Late Antiquity*. trans. Elizabeth Trapnell Rawlings and Jeanine Routier-Pucci, Ithaca/London: Cornell University Press, 2012.

Renucchi, Pierre. *Les idées politiques et le gouvernement de l'empereur Julien*. Collection Latomus 259, Bruxelles: Latomus, 2000.

Richer, Jean, ed. *L'empereur Julien: De la legende au mythe (De Voltaire à nos jours)*. Paris: Les Belles Lettres, 1981.

Riedweg, Christoph. "Mit Stoa und Platon degen die Christen: Philosophische Argumentationsstruktur in Julians *Contra Galilaeos*." in: Therese Fuhrer & Michael Erler, eds., *Akten der 1. Tagung der Karl-und-Gertrud-Abel-Stiftung vom 22.-25. September 1997 in Trier*, Stuttgart: Steiner, 1999: 55–81.

———. "Zur Handschriftlichen Überlieferung der Apologie Kyrills von Aleandrien « Contra Iulianum »." *MH* 57, no. 2 (2000): 151–65.

Roberto, Umberto. „Giuliano e la memoria politica della tetrarchia". in: Arnaldo Marcone ed., *L'imperatore Giuliano. Realtà storica e rappresentazione*. Milano: Mondadori, 2015: 70–87.

Robertson Brown, Amelia. "Hellenic Heritage and Christian Challenge: Conflict over Panhellenic Sanctuaries in Lete Antiquity". in: Harold Allen. Drake ed., *Violence in Late Antiquity. Perceptions and Practices*. Aldershot: Ashgate, 2006: 309–320.

Rohrbacher, David. *The Historians of Late Antiquity*. London/NY.: Routledge, 2002.

Rosen, Klaus. "Kaiser Julian auf dem weg vom Christentum zum Heidentum." *Jahrbuch für Antike und Christentum* 40 (1997): 126–46.

———. *Julian: Kaiser, Gott und Christenhasser*. Stuttgart: Klett-Cotta, 2006.

———. "Kaiser Julian Apsotata (361–363): Die alten Götter gegen das junge Christentum." in: Florian Schuller and Hartmut Wolff, eds., *Konstantin der Große. Kaiser einer Epochenwende*. München: Kunstverlag Josef Fink, 2007, 200–215.

Rüpke, Jörg. "Individual Appropriations and Institutional Changes: Roman Priesthoods in the Later Empire". in: Giovanni A. Cecconi, and Chantal Gabrielli, eds., *Politiche religiose nel mondo antico e tardoantico. Poteri e indirizzi, forme del controllo, idee e prassi di tolleranza*. Atti del Convegno internazionale di studi (Firenze, 24–26 settembre 2009). Bari: Edipuglia, 2011, 261–264.

Sabbah, Guy. "Ammianus Marcellinus." in: Gabriele Marasco, ed., *Greek and Roman Historiography in Late Antiquity. Fourth to Sixth Century A. D.* Leiden/Boston: Brill, 2003, 53–84.

Said, Susanne, ed. *ΗΑΛΗΝΙΣΜΟΣ. Quelques jalons pour une histoire de l'identité grecque. Actes du Colloque de Strasbourg 25–27 octobre 1989*. Leiden: Brill, 1991.

Saffrey, Henri-Dominique. *Le Néoplatonisme après Plotin*. Paris: Vrin, 2000.

———. "Les neoplatoniciennes et Les Oracles Chaldaïques." *Revue des Études Augustiniennes* 20 (1981): 9–25.

Saggioro, Alessandro. "Il sacrificio pagano nella reazione al cristianesimo: Giuliano e Macrobio." *Annali di storia dell' essegesi* 19, no. 1 (2002): 237–54.

Saliou, Catherine. "Le palais impérial d'Antioche et son contexte à l'époque de Julien. Réflexions sur l'apport des sources littéraires à l'histoire d'un espace urbain." *Antiquité Tardive* 17 (2009): 235–50.

Salway, Benet."Words and deeds: Julian in the epigraphic record." in: Nicholas Baker-Brian and Shawn Tougher eds., *Emperor and Author: The Writings of Julian the Apostate*. Swansea: The Classical Press of Wales, 2012: 137–158.

Sandwell, Isabella, and Janet Huskinson, eds. *Culture and Society in Later Roman Antioch*. Oxford: Oxbow, 2004.

Saradi-Mendelovici, Helen. "Christian Attitudes toward Pagan Monuments in Late Antiquity and Their Legacy in Later Byzantine Centuries." *Dumbarton Oaks Papers* 44 (1990): 47–61.

Scardigli, Barbara. "Tolleranza religiosa di Costanzo II?" in: Giovanni A. Cecconi and Chantal Gabrielli, eds. *Politiche religiose nel mondo antico e tardoantico. Poteri e indirizzi, forme del controllo, idee e prassi di tolleranza*. Atti del Convegno internazionale di studi (Firenze, 24–26 settembre 2009). Bari: Edipuglia, 2011, 275–286.

Schäfer, Christian. "Julian' Apostata' und die philosophische Reaktion gegen das Christentum." in: Christian Schäfer ed., *Kaiser Julian 'Apostata' und die philosophische reaktion gegen das Christentum*. Berlin: De Gruyter, 2008: 41–44.

Schäfer, Christian, ed. *Kaiser Julian 'Apostata' und die philosophische reaktion gegen das Christentum*. Berlin: De Gruyter, 2008.

Schatkin, Margaret. "The Authenticity of St. John Chrysostom's *De Sancto Babyla, Contra Iulianum et Gentiles*." in: P. Granfield & J. A. Jungmann eds., *Kyriakon. Festschrift Johannes Quasten*. Münster Aschendorff 1970, 474–489.

Scheid, John. "Les sens des rites: l'exemple romain." in: John Scheid, ed., *Rites et croyances dans les religions du monde romain*. Vandoeuvres-Genève: Fondation Hardt, 2007, 39–72.

Scheid, John, ed. *Rites et croyances dans les religions du monde romain* (Entretiens sur l'antiquité classique). Vandoeuvres-Genève: Fondation Hardt, 2007.

Schenk, Richard, ed. *Zur Theorie des Opfers: Ein interdisziplinäres Gespräch*. Stuttgart/Bad Canstadt: Fromman/Holzboog, 1995.

Schenk von Stauffenberg, Alexander. *Die Römische Kaisergeschichte bei Malalas*. Stuttgart: Kohlhammer, 1931.

Schofield, Malcolm. *Saving the City: Philosopher-Kings and Other Classical Paradigms*. London: Routledge, 1999.

———. *Stoic Idea of the City*. Cambridge, UK/New York: Cambridge University Press, 1991.

Scholl, Reinhold. *Historische Beiträge zu den Julianischen Reden des Libanios* (Palingenesia). Stuttgart: Franz Steiner, 1994.

Schoo, Georg. *Die Quellen Des Kirchenhistorikers Sozomenos* (Neue Studien zur Geschichte der Theologie und der Kirche). Neudruck der Ausgabe Berlin:Trowitzsch und Sohn 1911. Aalen: Scientia Verlag, 1973.

Schott, Jeremy M. "Founding Platonopolis: The Platonic Politeia in Eusebius, Porphyry, and Iamblichus." *Journal of Early Christian Studies* 11, no. 4 (2003): 501–31.

———. "Porphyry on Christians and Others: "Barbarian Wisdom," Identity Politics, and Anti-Christian Polemics on the Eve of the Great Persecution." *Journal of Early Christian Studies* 13, no. 3 (2005): 277–314.

Schouler, Bernard. "Hellénisme et humanisme chez Libanios." in: Susanne Said ed., *ἙΛΛΗΝΙΣΜΟΣ. Quelques jalons pour une histoire de l'identité grecque. Actes du Colloque de Strasbourg 25–27 octobre*

1989. Leiden: Brill, 1991: 267–286.

Seaver, James. "Julian the Apostate and the Attempted Rebuilding of the Temple of Jerusalem." *Res Publica Litterarum* 1, no. 273–284 (1978).

Seeck, Otto. *Briefe des Libanius: zeitlich geordnet*. Leipzig: Hinrichs, 1907. (=BLZG)

Shaw, Gregory. "Theurgy: Rituals of Unification in the Newplatonism of Iamblichus." *Traditio* 41 (1985): 1–28.

———. "Theurgy as Demiurgy: Iamblichus' Solution to the Problem of Embodiment." *Dionysius* 12 (1988): 37–59.

———. *Theurgy and the Soul: The Neoplatonism of Iamblichus*. University Park, PA.: Pennsylvania State University Press, 1995.

Sheppard, Anne. "Proclus' Attitude to Theurgy." *The Classical Quarterly* 32, no. 1 (1982): 212–24.

Shepherdson, Anne. *Controlling Contested Places: Late Antique Antioch and the Spatial Politics of Religious Controversy*. Berkeley: University of Calfornia Press, 2014.

Sievers, Gottlob Reinhold. *Das Leben des Libanius*. Berlin: Weidmann, 1868.

Silva, Filosi. "L'ispirazione neoplatonica della persecuzione di Massimino Daia." *Rivista di Storia della Chiesa in Italia* 41 (1987): 79–91.

Simmons, Michael Brand. *Arnobius of Sicca. Religious Conflict and Competition in the Age of Diocletian*. Oxford: Clarendon Press, 1995.

———. "The Function of Oracles in the Pagan-Christian Conflict During the Age of Diocletian: The Case of Arnobius and Porphyry." *Studia Patristica* 31 (1997): 349–56.

———. "Eusebius' Panegyric at the Dedication of the Church at Tyre A.D. 315: Anti-Porphyrian Themes in Christian Rhetoric of the Later Roman Empire." *Studia Patristica* 37 (2001): 597–607.

———. *Universal Salvation in Late Antiqity. Porphyry of Tyre and the Pagan-Christian Debate*. Oxford: Oxford University Press, 2015.

Simon, Marcel. "Mithra et les empereurs." in: Ugo Bianchi, ed., *Misteria Mithrae*. Leiden: Brill, 1979, 411–425.

———. *Verus Israel: A Study of the Relations between Christians and Jews in the Roman Empire AD 135–425*. London: The Littman Library of Jewish Civilization, 1986.

Siniossoglou, Niketas. *Plato and Theodoret: The Christian Appropriation of Platonic Philosophy and the Hellenic Intellectual Resistance* (Cambridge Classical Studies). Cambridge /New York: Cambridge University Press, 2008.

Sivan, Hagith. *Palestine in Late Antiquity*. Oxford: Oxford University Press, 2008.

Smith, Andrew. *Porphyry's Place in the Neoplatonic Tradition: A Study in Post-Plotinian Neoplatonism* Amsterdam: Martinus Nijhoff, 1974.

———. "Iamblichus' Views on the Relationship of Philosophy to Religion in *De Mysteriis*." in: H. Blumenthal and E. G. Clark, eds., *The Divine Iamblichus: Philosopher and Man of Gods*. Bristol: Bristol Classical Press, 1993, 74–86.

———. "Iamblichus, the First Philosopher of Religion?" *Habis* 31 (2000): 343–53.

———. "Julian's Hymn to King Helios: the economical use of complex Neoplatonic concepts." in: Nicholas Baker-Brian and Shawn Tougher eds., *Emperor and Author: The Writings of Julian the Apostate*. Swansea: The Classical Press of Wales, 2012: 229–238.

Smith, Andrew, ed. *The Philosopher and Society in Late Antiquity. Essays in Honour of Peter Brown*. Swan-

sea: The Classical Press of Wales, 2005.

Smith, Jonathan Z. *Drudgery Divine: On the Comparison of Early Christianities and the Religions of Late Antiquity*. Chicago: The University of Chicago Press, 1990.

Smith, Rowland. *Julian's Gods*. London, New York: Routledge, 1995.

———. "The Caesars of Julian the Apostate in translation and reception, 1580–ca. 1800." in: Nicholas Baker-Brian and Shawn Tougher eds., *Emperor and Author: The Writings of Julian the Apostate*. Swansea: The Classical Press of Wales, 2012: 281–322.

Stachura, Michal. "Wandlungen und Kontinuität in der Häretiker- und Heidenpolitik in den Werken von Sokrates und Sozomenos." in: Dariusz Brodka & Michal Stachura, eds., *Continuity and Change. Studies in Late Antique Historiography* (*Electrum. Studies in Ancient History. Vol. 13*). Warsaw: Jagiellonian University Press, 2007: 131–36.

Stillwell, Richard, ed. *Antioch-on-the-Orontes II: The Excavations 1933–1936*. Princeton: Princeton University Press, 1938.

Stökl Ben Ezra, Daniel. "Templisierung: die Rückkehr des Temples in die Jüdische und Christliche Liturgie der Spätantike." in: John Scheid, ed., *Rites et croyances dans les religions du monde romain*. Vandoeuvres-Genève: Fondation Hardt, 2007: 231–88.

Stroumsa, Guy G. *The End of Sacrifice. Religious Transformations in Late Antiquity*. Chicago/London: University of Chicago Press, 2009.

Struck, Peter T. "Pagan and Christian Theurgies: Iamblichus, Pseudo-Dionysius, Religion and Magic in Late Antiquity." *The Ancient World* 32, no. 1 (2001): 25–38.

Swain, Simon. *Hellenism and Empire: Language, Classicism, and Power in the Greek World. AD50–250*. Cambridge, UK: Cambridge University Press, 1996.

Szidat, Joachim. "Friede in Kirche und Staat: zum Politischen Ideal des Kirchenhistorikers Sokrates." in: B. Bäbler and H.-G. Nesselrath, eds., *Die Welt des Sokrates von Konstantinopel: Studien zu Politik, Religion und Kultur im späten 4. Und frühen 5. Jh. n. Chr.; zu Ehren von Christoph Schäublin*, München/Leipzig: Saur, 2001: 1–14.

Tanaseanu-Döbler, Ilinca. "Befreiung aus der Finsternis: Kaiser Julian und die orientalischen Kulte." in: *Religioni in contatto nel Mediterraneo Antico. Modalità di diffusione e processi di interferenza. Atti del 3°, colloquio su »Le religioni orientali nel mondo Greco e Romano«, Loveno di Menaggio (Como) 26–28 Maggio 2006. (Mediterranea. Quaderni annuali dell'Istituto di Studi sulle Civiltà Italiche e del Mediterraneo Antico. 4)*. eds. Corrine Bonnet, Sergio Ribicini and Dirk Steuernagel, Pisa/Roma: Fabrizio Serra, 2008:281–302.

Tantillo, Ignazio. "Per delle biografie dell'imperatore Giuliano." Arnaldo Marcone ed., *L'imperatore Giuliano. Realtà storica e rappresentazione*. Milano: Mondadori, 2015: 10–25.

Taylor, Lily Ross. *The Divinity of the Roman Emperor*. Middletown, Conn.: American Philosophical Association, 1981.

Teitler, Hans C. "Avenging Julian. Violence against Christians during the Years 361–363." in: Albert C. Gelion and Riemer Roukema eds., *Violence in Ancient Christianity. Victims and Perpetrators*. Leiden/Boston: Brill: 2014: 76–89.

Teja, Ramon. "*Silvia Acerbi*: una nota sobre San Mercurio El Capadocio y la muerte de Juliano." *Antiquité Tardive* 17, no. 1 (2009): 185–90.

Thelamon, Françoise. *Païens et Chrétiens au IVe Siècle: L'apport de l'« Histoire Ecclésiastique » de Rufin*

d'Aquilée. Paris: Études Augustiniennes, 1981.

Thome, Felix. *Historia Contra Mythos: Die Schriftauslegung Diodors von Tarsus und Theodors von Mopsuestia im Widerstreit zu Kaiser Julians und Salustius' Allegorischem Mythenverständnis* (Hereditas: Studien zur Alten Kirchengeschichte). Bonn: Borengässer, 2004.

Thompson, Edward Arthur. *The Historical Work of Ammianus Marcellinus*. Cambridge, UK: Cambridge University Press, 1947.

Tinnefeld, Franz. *Frühbyzantinische Gesellschaft*. München: C. H. Beck, 1977.
(『初期ビザンツ社会』弓削達訳、岩波書店、1984年)

Tougher, Shaun. "The Advocacy of an Empress: Julian and Eusebia." *Classical Quarterly* 48 (1998): 595–99.

———. "Im Praise of an Empress: Julian's Speech of Thanks to Eusebia." In *The Propaganda of Power: The Role of Panegyric in Late Antiquity*, edited by Mary Whitby, 105–23. Leiden: Brill, 1998.

———. "Julian's Bull Coinage: Kent Revisited." *Classical Quarterly* 54 (2004): 327–30.

———. *Julian the Apostate*. Edinburgh: Edinburgh University Press, 2007.

———. Reading between the lines: Julian's First Panegyric on Constantius." in: Nicholas Baker-Brian and Shawn Tougher eds., *Emperor and Author: The Writings of Julian the Apostate*. Swansea: The Classical Press of Wales, 2012: 19–34.

Toynbee, Jocelyn M.C. Death and Burial in the Roman World. London: Thames and Hudson, 1971.

Trapp, Michael. "The emperor's shadow: Julian in his correspondence." in: Nicholas Baker-Brian and Shawn Tougher eds., *Emperor and Author: The Writings of Julian the Apostate*. Swansea: The Classical Press of Wales, 2012: 105–120.

Trombley, Frank. R. *Hellenic Religion and Christianization C. 370–529*. 2 vols. Leiden: Brill, 1993/1995.

Trompf, Garry W. *Early Christian Historiography: Narratives of Retributive Justice*. London/New York: Continuum, 2000.

Turcan, Robert. *Mithras Platonicus: recherches sur l'hellenisation philosophique de Mithra*. Leiden: Brill, 1975.

———. *The Cultes of the Roman Empire*. trans. A. Nevill. Oxford: Blackwell, 1996.

Ugenti, Valerio. "Altri spunti di polemica anticristiana nel *Discorso Alla Madre Degli Dèi* di Giuliano Imperatore." *Vetera Christianorum* 29 (1992): 391–404.

Urbainczyk, Theresa. "Observations on the Differences between the Church Histories of Socrates and Sozomen." *Historia* 46, no. 3 (1997): 355–73.

———. *Socrates of Constantinople: Historian of Church and State*. Ann Arbor: Michigan University Press, 1997.

———. "Vice and Advice in Socrates and Sozomen." in: Mary Whitby ed., *The Propaganda of Power: The Role of Panegyric in Late Antiquity*, Leiden: Brill, 2000, 299–319.

———. *Theodoret of Cyrrhus: The Bishop and the Holy Man*. Ann Arbor: The University of Michigan Press, 2002.

Vaggione, Richard Paul. *Eunomius of Cyzicus and the Nicene Revolution*. Oxford: Oxford University Press, 2000.

Van Dam, Raymond. *Kingdom of Snow: Roman Rule and Greek Culture in Cappadocia*. Philadelphia: University of Pennsylvania Press, 2002.

———. *Becoming Christian: The Conversion of Roman Cappadocia*. Philadelphia: University of Pennsylva-

nia Press., 2003.

———. "The Many Conversions of the Emperor Constantine." in: Kenneth Mills and Anthony Grafton, eds. *Conversion in Late Antiquity and the Early Middle Ages: Seeing and Believing*. Rochester NY.: Rochester University Press, 2003, 127–151.

Vanderspoel, John. *Themistius and the Imperial Court: Oratory, Civic Duty, and Paideia from Constantius to Theodosius*. Ann Arbor: The Michigan University Press, 1995.

———. "Correspondence and Correspondents of Julius Julianus." *Byzantion* 69 (1999): 397–478.

Van den Berg, Robbert, "Live unnoticed! The invisible Neoplatonic politician." in: Andrew Smith ed. *The Philosopher and Society in Late Antiquity. Essays in Honour of Peter Brown*. Swansea: The Classical Press of Wales, 2005, 101–116.

Van Deun, Peter. "The Church Historians after Eusebius." in: Gabriele Marasco ed., *Greek and Roman Historiography in Late Antiquity. Fourth to Sixth Century A. D.* Leiden/Boston: Brill, 2003: 151–176.

Van Nuffelen, Peter. "Deux Fausses Lettres de Julien l'apostat: (la lettre aux Juifs, Ep. 51 [Wright] et la lettre à Arsacius, Ep. 84 [Bidez])." *Vigiliae Christianae* 56, no. 2 (2002): 131–50.

———. "Dürre Wahrheiten: Zwei Quellen des Berichts von Socrates Scholasticus über die Versorgungskrise in Antiochien 362/3." *Philologus* 147, no. 2 (2003): 352–56.

———. *Un héritage de paix et de piété: étude sur les Histoires Ecclésiqstiaues de Socrate et de Sozomène*. Leuven/Paris/Dudley, MA: Peeters, 2005.

———. "Earthquakes in A. D. 363–368 and the date of Libanius, *Oratio 18*", *The Classical Quarterly*, 56–2 (2006): 657–661.

———. "Pagan monotheism as a religious phenomenon." in: Stephen Mitchell and Peter Van Nuffelen eds., *One God. Pagan Monotheism in the Roman Empire*. Oxford: Oxford University Press, 2011: 16–33.

———. *Rethinking the Gods. Philosophical Readings of Religion in the Post-Hellenistic Period*. Cambridge UK: Cambridge University Press, 2011.

———. *Orosius and the Rhetoric of History*. Oxford: Oxford University Press, 2013.

Varner, Eric R."Roman authority, imperial authoriality, and Julian's artistic program." in: Nicholas Baker-Brian and Shawn Tougher eds., *Emperor and Author: The Writings of Julian the Apostate*. Swansea: The Classical Press of Wales, 2012: 183–212.

Vermaaseren, Maarten J. *Mithras De Geheimzinnige God*. Amsterdam: Elsevier, 1959.

Versnel, H. S., ed. *Faith, Hope and Worship: Aspects of Religious Mentality in the Ancient World*. Leiden: Brill, 1981.

———. *Coping With Gods. Wayward Readings in Greek Theology*. Leiden/Boston: Brill, 2011.

Volp, Ulrich. *Tod und Ritual in den Christlichen Gemeinden der Antike*. Leiden: Brill, 2005.

Wallace-Hadrill, David Sutherland. *Christian Antioch: A Study of Early Christian Thought in the East*. Cambridge, UK: Cambridge University Press, 1982.

Wallraff, Martin. *Der Kirchenhistoriker Sokrates: Untersuchungen zu Geschictsdarstellung, Methode und Person*. Göttingen: Vandenhoeck und Ruprecht, 1997.

Watt, John W. "Julian's Letter to Themistius - and Themistius' response?" in: Nicholas Baker-Brian and Shawn Tougher eds., *Emperor and Author: The Writings of Julian the Apostate*. Swansea: The Classical Press of Wales, 2012: 91–104.

Watts, Edward J. *City and School in Late Antique Athens and Alexandria*. Berkeley/Los Angeles: University of California Press, 2006.

———. *Riot in Alexandria. Tradition and Group Dynamics in Late Antique Pagan and Christian Communities*. Berkeley: University of California Press, 2010.

———. *The Final Pagan Generation*. Berkeley: University of California Press, 2015.

Weber, Gregor. *Kaiser, Träume und Visionen in Prinzipat und Spätantike*. Historia Einzelschriften 143. Stuttgart: Steiner, 2000.

Wessel, Susan. *Cyril of Alexandria and the Nestorian Controversy: The Making of a Saint and of a Heretic*. Oxford: Oxford University Press, 2004.

Wetzel, James. *Augustine's City of God. A Critical Guide*. Cambridge UK: Cambridge University Press, 2012.

Whitmarsh, Tim. *Greek Literature and the Roman Empire. The Politics of Imitation*. Oxford: Oxford University Press, 2001.

Wiemer, Hans-Ulrich. *Libanios und Julian: Studien zum Verhältnis von Rhetorik und Politik in vierten Jahrhundert n. Chr*., Vestigia. München: C.H. Beck, 1995.

Wienand, Johannes. *Contested Monarchy. Integrating the Roman Empire in the Fourth Century AD*. Oxford: Oxford University Press, 2015.

Wilber, D. N. "The Plateau of Daphne. The Springs and the Water System Leading to Antioch." in: Richard Stillwell ed., *Antioch-on-the-Orontes II: The Excavations 1933–1936*, Princeton: Princeton University Press, 1938, 49–56.

———. "The Theatre at Daphne: Daphne-Harbiye 20-N." in: Richard Stillwell ed., *Antioch-on-the-Orontes II: The Excavations 1933–1936*, Princeton: Princeton University Press, 1938, 57–94.

Wilken, Robert L. "The Jews and Christian Apologetics after Theodosius I Cunctos Populos." *The Harvard Theological Review*, 73, no. 3/4 (1980): 451–471.

———. *John Chrysostom and the Jews*. Berkeley: University of California Press, 1983.

———. *Christianity as Romans Saw Them*. New Haven: Yale University Press, 1984.

(『ローマ人が見たキリスト教』三小田敏夫、松本宣郎、阪本浩、道躰滋穂子訳、京都：ヨルダン社、1987 年)

Williams, Rowan. *Arius. Heresy and Tradition*. Grand Rapids: Eerdmans, 1987, 2002.

Wintjes, Jorit. *Das Leben des Libanius*, Historische Studien der Universität Würzburg. Rahden: Marie Leidorf, 2005.

Witt, Rex. E. "Iamblichus as a Forerunner of Julian." in: Heinrich Dörrie, ed., *De Jamblique à Proclus*. Vandoeuvres-Genève: Fondation Hardt, 1975: 35–65.

Woods, David. "Ammianus and Some Tribuni Scholarum Palatinarum C. 353–64." *Classical Quarterly* 47, no. 1 (1997): 269–91.

———. "The Emperor Julian and the Passion of Sergius and Bacchus." *Journal of Early Christian Studies* 5 (1997): 335–65.

———. "On the Alleged Reburial of Julian the Apostate in Constantinople." *Byzantion* 76 (2006): 364–371.

Yerkes, Royden Keith. *Sacrifice in Greek and Roman Religions and Early Judaism*. London: Adam and Charles Black, 1953.

Zecchini, G. "Latin Historiography: Jerome, Orosius and the Western Chronicles." in: Gabriele Marasco, ed., *Greek and Roman Historiography in Late Antiquity. Fourth to Sixth Century A. D.* Leiden/Boston: Brill, 2003: 316–345.

Zintzen, Clemens. "Die Wertung von Mystik und Magie in der Neuplatonischen Philosophie." in: Clemens Zintzen, ed., *Die Philosophie des Neuplatonismus*, Darmstadt: Wissenschaftlische Buchgesellschaft, 1977, 314–318.

安藤礼二『折口信夫』、集英社、2015 年。

井上文則、「ミトラス教研究の現在」『史林』87（4）、2004 年、518–543 頁。

———、「フランツ・キュモン伝に向けて—研究動向と年譜」『西洋古代史研究』10、2010 年、43–52 頁。

———、「フランツ・キュモンのミトラス教研究　『ミトラの密儀に関する文献史料と図像史料』を読む」『思想』1078、2014 年、7–25 頁。

イプセン、ヘンリク、原千代海訳、『皇帝とガリラヤ人』、『イプセン全集第 3 巻』、未来社、1989 年。

折口信夫「「壽詞をたてまつる心々」、折口信夫全集刊行会編『折口信夫全集』第 29 巻所収、中央公論社、1997 年。

折口信夫・柳田國男・石田英一郎「民俗学から民族学へ」、安藤礼二編『折口信夫対談集』所収、講談社文芸文庫、講談社、2013 年。

大類伸「西洋思潮　第三講　皇帝とガリラヤ人」『岩波講座　世界思潮』第七冊、1928 年、5–31 頁。

小高毅・水垣渉編『キリスト論論争史』日本基督教団出版局、2002 年。

小高毅編『原典　古代キリスト教思想史　2　ギリシア教父』教文館、2002 年。

小高毅編『原典　古代キリスト教思想史　3　ラテン教父』教文館、2002 年。

菅野昭正編『作家の世界　辻邦生』番町書房、1978 年。

小坂俊介「シルウァヌス反乱に関する諸史料　古代末期における歴史叙述とアンミアヌスの影響」『西洋史研究』40、2011 年、135–151 頁。

———、「カルケドン裁判考」『歴史』116、2011 年、1–30 頁。

———、「『鎖の』パウルスとアンミアヌス・マルケリヌス『歴史』その執筆態度と叙述の史料的価値をめぐって」『西洋史学』258、2015 年、108–124 頁。

———、「紀元後 4 世紀半ばのアレクサンドリアにおける騒乱と『異教徒』」『西洋古典学研究』64、2016 年、75–87 頁。

関川泰寛『アタナシオス神学の研究』教文館、2006 年。

高橋秀「辻邦生著『背教者ユリアヌス』歴史研究を超えるもの」『大学キリスト者』52 号、1973 年 5 月、39–48 頁。

辻邦生『背教者ユリアヌス』『辻邦生全集』第 4 巻、新潮社、2004 年。

辻邦生『背教者ユリアヌス』『辻邦生歴史小説集成』第 4–5 巻、岩波書店、1992 年。

辻邦生『歴史小説論』『辻邦生歴史小説集成』第 12 巻、岩波書店、1993 年。

土井健司『救貧看護とフィランスロピア——古代キリスト教におけるフィランスロピア論の生成』創文社、2015 年。

中条省平、井上明久、笠松巌編『辻邦生文学アルバム』『辻邦生全集』第 20 巻、新潮社、2006 年。

長友栄三郎『キリスト教ローマ帝国』創文社、1970 年。

南雲泰輔、「ユリアヌス帝の意識のなかのローマ皇帝像——『ひげぎらい』における法律意識の分析を中心に』『西洋古代史研究』6（2006）19–39 頁。

———、「英米学界における「古代末期」研究の展開」、『西洋古代史研究』9，2009年、49–72頁。

西村亨編『折口信夫事典　増補版』大修館書店、1998年。

坂口ふみ『「個」の誕生　キリスト教教理をつくった人びと』岩波書店、1997年。

長谷川政春「評伝　出会いの意味（二）——メレジュコーフスキイ『神々の死』」『折口信夫事典　増補版』、大修館書店、1989年、727–732頁。

———.「折口信夫の読書」『國文學　解釈と教材の研究』第30巻第1号、1985年1月、112–116頁。

秀村欣二、「背教者ユリアヌスの精神的形成——ユリアヌス研究序説」東京大学教養学部人文科学科歴史学紀要『歴史と文化』所収、1951年（『秀村欣二選集　第4巻　ギリシア・ローマ史』キリスト教図書出版社、2004年、150–178頁）。

———、「背教者ユリアヌスと古代末期世界観——ユダヤ教、キリスト教、新プラトン哲学の対比において」東京大学教養学部人文科学科歴史学紀要『歴史と文化』III所収、1958年（『秀村欣二選集　第4巻　ギリシア・ローマ史』キリスト教図書出版社、2004年、179–198頁）。

———、「ユリアヌス・ロマンの白眉」『世界』1973年5月号、278–279頁。

———、「『背教者』ユリアヌスの宗教政策」荒井献・川島重成編『神話・文学・宗教』、教文館、1977年、211–42頁（『秀村欣二選集　第4巻　ギリシア・ローマ史』キリスト教図書出版社、2004年、347–376頁）。

———、『秀村欣二選集　第4巻　ギリシア・ローマ史』キリスト教図書出版社、2004年。

保坂高殿、『多文化空間のなかの古代教会　異教世界とキリスト教　2』教文館、2005年。

松本宣郎「古代末期のローマ帝国とキリスト教」佐藤伊久夫・松本宣郎編『歴史における宗教と国家』南窓社、1990年、107–147頁。

武藤慎一『聖書解釈としての詩歌と修辞　シリア教父エフライムとギリシア教父クリュソストモス』教文館、2004年。

南川高志「「背教者」ユリアヌス帝登位の背景　紀元後4世紀中葉のローマ帝国に関する一考察」『西洋古代史研究』10、2010年、1–21頁。

———、『ユリアヌス　逸脱のローマ皇帝』山川出版社、2015年。

メレシコーフスキイ、ドミートリイ・セルゲーエヴィチ、島村苳三訳『背教者じゅりあの』ほととぎす出版所、1910年。

———、米川正夫訳『神々の死』、河出書房新社、1986年。

山沢孝至「紀元365年7月21日、東地中海の大津波　文献史料を中心に」『地域創造学研究』（奈良県立大学研究季報、谷栄一郎先生記念論文集）24–4、2014年、27–52頁。

弓削達『ローマ帝国の国家と社会』岩波書店、1964年。


中西恭子、「ユリアヌスのキリスト教批判における聖書解釈」、『聖書学論集』43、2011年、119–143頁。

———、「ユリアヌスの死生観における「死者のいる空間」と殉教者崇敬」、『死生学研究』（東京大学）、17、2012年、90–115頁。

———、「ユリアヌス『神官宛書簡断片』にみる聖域と神像の意義」、『新プラトン主義研究』12：39–52、2013年。

———、「ユリアヌスの「ギリシア人の宗教」」とナジアンゾスのグレゴリオス『ユリアヌ

ス駁論』における「ことば」と「真の愛智」」、『パトリスティカ』17:173–192、2014年。

―――、「幻影の人の叢林をゆく　西脇順三郎から見た折口信夫」『現代思想』2014年5月増刊号「総特集・折口信夫」2014年4月、180–198頁。

―――、「邂逅を書くこころ、境界を越える者　歴史小説を書く折口信夫」『三田文学』2014年秋季号、196–203頁。

―――、「ニカイアからカルケドンへ　古代末期の東方におけるキリスト論論争と教会政治史」『東洋学術研究』54（2)、2015年、111–146頁。